Gottes verbotene Worte

Was die Bibel verschweigt

Gottes verbotene Worte
Was die Bibel verschweigt

Ediert und bearbeitet
von Alfred Pfabigan

Eichborn.

Die Deutsche Bibliothek – CIP-Einheitsaufnahme

Pfabigan, Alfred:
Gottes verbotene Worte : was die Bibel verschweigt / Alfred Pfabigan . –
Frankfurt : Eichborn, 2000
ISBN 3-8218-1639-2

Erweiterte Ausgabe,
ursprünglich unter dem Titel
Die Andere Bibel in der
Anderen Bibliothek, Eichborn Verlag, Frankfurt 1991,
erschienen.

Umschlaggestaltung: Christina Hucke
Satz: Fuldaer Verlagsagentur, Fulda
Druck und Bindung: GGP Media, Pößneck
ISBN 3-8218-1639-2

Verlagsverzeichnis schickt gern:
Eichborn Verlag, Kaiserstraße 66, D-60329 Frankfurt am Main
www.eichborn.de

Vorwort

I. »Sie werden lachen: die Bibel!«, lautete die vielzitierte Antwort, die Bert Brecht 1928 auf die Frage nach dem Buch gab, das ihn in seinem dreißigjährigen Leben am meisten beeindruckt habe. Die überraschende Antwort entsprach der Wahrheit, Brecht – nicht gerade ein begeisterter Schüler – genoß den Bibelunterricht des Pastors Paul Desser im Augsburger Königlich Bayrischen Realgymnasium und hatte als Fünfzehnjähriger ein Drama mit dem Titel *Die Bibel* verfaßt. Doch niemals in seinem Leben hatte Brecht den Trost der Religion gesucht und die Kulturleistung, die in der Fixierung des Monotheismus liegt, galt ihm wenig; den Stückeschreiber, dem auch eine Begeisterung für Kriminalromane nachgesagt wird, faszinierten – so sein Biograph Klaus Völker – »die drastischen Schilderungen und das prächtige Lutherdeutsch des Buches«.

Lassen wir all die heiklen Fragen einer göttlichen Offenbarung der biblischen Botschaft fürs erste beiseite und sprechen wir zunächst einmal von einem Buch, einer Kollektivarbeit unzähliger Autoren, der Gattung nach eine Anthologie, und zwar die berühmteste Anthologie aller Zeiten, deren Entstehungszeitraum mehr als tausend Jahre umfaßt. Die Geschichte des Buchdrucks beginnt mit der Bibel, sie darf wohl den Status des meistgedruckten Buches für sich beanspruchen und ist heute in zahlreichen Versionen auch im Internet präsent. Druckquoten und Verkaufszahlen sagen wenig über die tatsächliche Zahl der Leser eines Buches aus; das gilt wohl auch für das »Buch der Bücher«. Die Zeiten, wo die Bibel als einziges Buch einer Haushaltung täglich (vor)gelesen wurde, sind lange vorbei, doch das Buch hat sich in seiner großen Zeit einen heute noch wirksamen Einfluß erobert und ist auch in unserer religiös lauen Zeit und selbst dort, wo seine spirituelle Bedeutung mit allen ihren Konsequenzen geleugnet wird, ein Basistext unserer westlichen Kultur. Die Botschaft der Bibel ist in untergründiger Form selbst bei ihren Gegnern präsent – so gibt es etwa kaum eine politische Befreiungsphantasie, die nicht Spuren des Mythos vom Exodus aufweist, die Botschaft der Bergpredigt liegt zahlreichen konkurrierenden politischen Konzeptionen zugrunde, die Erlösungsidee in ihrer trivialisierten Form steuert unser Verhalten gegenüber Konsumgütern, und die protestantische Mentalität gilt als ein Fundament des Kapitalismus. In der Bibel konstituieren sich vielfältige

Archetypen, sie ist einer jener literarischen Orte, wo alles scheinbar das erste Mal geschieht: die Schöpfung der Welt, der erste Verrat, der erste Mord, kollektive Rettung und Untergang. Was der Botschaft ihre Macht gibt, ist das sie illustrierende Netz von Bildern und Geschichten, das uns alle im Alltag umgibt und in der Hoch- und Populärkultur unentwegt reproduziert wird. Es scheint, als ob es erst der Avantgarde gelungen wäre, Kunst von der vielfältigen Bilderwelt der Mythologie im weitesten Sinne zu emanzipieren.

So gibt es also mehrere Wege zur Bibel: den Weg des Gläubigen, der die Botschaft eines heiligen Textes in einer von der Amtskirche verkündeten Form oder in einer ihr gegenüber dissidenten sucht, den Weg des kulturhistorisch Interessierten, der den Einfluß des Christentums bis in seine private Existenz verfolgt, aber auch den desjenigen, der – wie Bert Brecht – sich an einer Fülle von archaischen Erzählungen, Briefen und Reflexionen erfreut. Dem Gläubigen kommt die Bibel von Gott, dem loyalen Mitglied einer Amtskirche ist sie das Produkt der Kanonisierung, einer autoritativen Auswahl unter den Texten, die sich mit prinzipiell biblischem Material beschäftigen. Die Kanonisierung der Schriften beider Teile der Bibel war ein mehr als tausend Jahre währender, folgenschwerer und bis heute mit zahlreichen Geheimnissen umgebener Prozeß. Die Kanonisierung der alttestamentarischen Schriften der hebräischen Bibel ereignete sich in etwa im Zeitraum von 300 bis 150 vor unserer Zeitrechnung, die endgültige Festlegung des alttestamentarischen Kanons für Katholiken erfolgte 1545 während des Konzils von Trient. Der Kanon von Trient ist um sechs Bücher – die sogenannten deuterokanonischen – weiter als der jüdische, er enthält auch jene Schriften, die in den protestantischen Bibeln als »apokryph« bezeichnet werden. »Apocrypha: das sind Bücher, so der heiligen Schrifft nicht gleich gehalten/ vnd doch nützlich vnd gut zu lesen sind« – so Martin Luther. Die Kanonisierung der neutestamentlichen Schriften ist eng mit der Entwicklung des Römischen Reiches, dem Aufstieg des Christentums zur Staatsreligion und der Spaltung in ein westliches und ein östliches Reich verbunden. Die heute gültige Kanonisierung hat sich zunächst im Westen durchgesetzt, der Status des Neuen Testaments mit seinen 27 Büchern war um 400 fixiert und wurde am Tridentinum bestätigt. Hinter diesem bewußt farblos beschriebenen Prozeß verbergen sich Kämpfe, deren Ausmaß das im Anhang unserer Edition abgedruckte Gelasianische Dekret verrät. Das Dekret verwirft eine Unzahl von Autoren und Texten, schließt sie aus der Römischen und Katholischen Kirche aus und verdammt ihre Verfasser und deren Anhänger »unter der unauflöslichen Fessel des Anathema in Ewigkeit«. Die aggressive Sprache des Dekrets verrät uns: An vielen der apokryphen Texte klebt das Blut der Menschen, die einstmals an sie geglaubt haben.

Für den Gläubigen mag der Kampf darum, welche Texte Bestandteil des Kanons werden und welche der Verdammnis anheimfallen sollen, ein spirituelles Ereignis gewesen sein. Für den historischen Blick stellt sich der Prozeß der Kanonisierung als ein unauflösliches Amalgam institutioneller, politischer und schlicht geographischer Gegebenheiten dar, dessen genauer Ablauf heute nicht mehr feststellbar ist. Ohne Zweifel gibt es unter den Texten, die sich mit Themen und Personen aus dem biblischen Umfeld beschäftigen, eine nachvollziehbare Hierarchie. Schon Origines – 250 im Zuge der Decischen Verfolgung gefoltert und 553 am 5. ökumenischen Konzil verurteilt, auch er ein Opfer des Kanonisierungsprozesses – hat zwischen allgemein anerkannten Schriften, bewußt lügnerischen und zweifelhaften unterschieden. Doch eine Legende illustriert die teilweise Willkürlichkeit der Kanonisierung treffend: Man hätte bei der Redaktion des endgültigen Textes der Bibel die fraglichen Bücher vor einen Altar gelegt; die »echten« hätten zu hüpfen begonnen, während die »unechten« auf der Stelle liegengeblieben seien. Das geographische Feld, in dem die Texte der jüdisch-christlichen Mythologie über Jahrhunderte hinweg entstanden sind, ist mit allen seinen partikularen politisch-kirchlichen Gebilden noch heute weitgehend unüberschaubar. Die Textmasse, aus der die Redaktoren in einem Prozeß, der letztlich mehrere Jahrhunderte währte, ihre Auswahl trafen, war buchstäblich unendlich. Der Prozeß der Kanonisierung war sicherlich eine Kulturleistung, die Straffung eines Komplexes von heterogenen mythologischen Texten zu jener einen großen Erzählung, zu jenem einen Buch, das die geistige Grundlage der Weltgeltung der christlichen Religion bildete. Doch gleichzeitig ist die Bibel ein trügerisches Buch, die Harmonie und Zielgerichtetheit des Textes basieren auf Gewalt. Gestützt auf den mit der Kanonisierung verbundenen Machtanspruch, sind unzählige Erzählungen eliminiert oder marginalisiert worden, ein machtvoller Konformismus hat sich gebildet und die zwanglose Multikulturalität abgelöst, den Pluralismus der Traditionen in allen jenen Geschichten, die sich rund um biblische Figuren gruppieren. Betrachtet vom Standpunkt einer Ökonomie des Reichtums an Erzählungen und Standpunkten, bedeutet die Bibel einen kulturellen Verarmungsprozeß, in dessen Verlauf ein über mehrere Erdteile reichendes Netz von über Jahrhunderte entstandenen Dokumenten der jüdisch-christlichen Mythologie und Volkspoesie zerstört wurde. Die Kanonisierung hat ein wunderbares – virtuelles – Buch zerstört und an seine Stelle einen im Vergleich zum Original ärmlichen Extrakt gesetzt, der auf Klischees basiert. Die Kirchen mit ihrer Mischung aus politischer und spiritueller Macht haben sich sozusagen den Leser der Bibel geschaffen, das Buch vermag zu beeindrucken, aber kaum zu überraschen. Die ungeheure Verbreitung der »siegreichen« Texte lief parallel zur völligen Marginalisierung ihrer erfolglosen Konkurrenten, die wir heute nur mehr an den schwer zugänglichen Orten spezieller Editionen finden. Diese Editionen sind verdienstvoll, Texte, für deren Lektüre man früher verbrannt wurde, liegen jetzt zum Selbststudium auf, doch viele von ihnen sind an entlegenen Stellen erschienen, ihr primäres Erkenntnisinteresse ist ein historisch-quellenkritisches und in manchen herrscht eine dem poetischen Wert der Texte gegenüber verächtliche sprachliche Verwilderung vor.

Die Texte, die dieses virtuelle Buch bilden und die wir uns als potentielle Konkurrenten des Kanons denken können, zerfallen in unterschiedliche Kategorien. Der Begriff »apokryph« ist recht unbestimmt und wird heute eher abwertend verwendet: Er bezeichnet etwas Ungewisses, Verdächtiges, Unechtes oder gar Unterschobenes. Das griechische Verb »apokryphein« bedeutet allerdings zunächst einmal nur »verbergen«, »unsichtbar machen« und »verheimlichen«; das Wort »apokryphos« steht im Gegensatz zu dem Wort »phanerós«, das »offenkundig« oder »öffentlich« bedeutet – diese Bedeutungsverschiebung ins Negative hängt wohl eng mit dem Kanonisierungsprozeß zusammen. Doch das Verborgene ist in der Tradition gleichzeitig etwas Besonderes: Schon die Sibyllinischen Bücher in Rom, die Annalen von Ägypten und Tyrus und die heiligen Texte der antiken Mysterienkulte blieben der Priesterkaste und einigen wenigen Eingeweihten vorbehalten. Das gnostische Selbstverständnis knüpfte an diese Tradition an: Seine Geheimlehren waren wegen ihres anspruchsvollen Inhalts nur Eingeweihten, die sich ihres Inhaltes würdig erwiesen hatten, zugänglich und verzichteten durch eine bewußt rätselhafte Diktion auf die allgemeine Verständlichkeit. In einem hier unter dem Titel *Der Brief des Petrus an Jakobus* abgedruckten gnostischen Text, einem Bestandteil der *Kerygmata Petri*, warnt der Apostel seinen Amtsbruder, er möge die heiligen Schriften geheimhalten: »Denn fällt das Geheimnis, dann wird unser Glaube gemein; dann wird unser heiliges Wort der Wahrheit in viele abweichende Meinungen zersplittert werden. (...) Siehe darauf, daß die Neubekehrten die Glaubenssätze nicht verwirren, daß sie alles entsprechend der Überlieferung deuten und nicht durch Unwissenheit und Zweifel der Seele in den Irrtum hinabgezogen werden. Denn jeder irrende Lehrer reißt andere in den Abgrund des Verderbens mit.« Nicht zufällig entwickelte sich gerade in der Auseinandersetzung mit der Gnosis allmählich eine Gleichsetzung von »apokryph« mit »betrügerisch« und »ketzerisch«.

Der erwähnte alttestamentarische Kanon galt vornehmlich beim palästinensischen, hebräisch oder aramäisch sprechenden Judentum, während das um Alexandrien gruppierte hellenistische Judentum Texte benützte, die teilweise nie in einer hebräischen Urfassung existiert hatten. Im Prozeß der

Kanonisierung bekam der Begriff »Apokryphen« eine gewissermaßen technische Dimension und meint seit Hieronymus, dem Übersetzer der lateinischen Vulgata, die im hebräischen Kanon fehlenden, in der griechischen Übersetzung des Alten Testaments jedoch enthaltenen jüdischen Schriften, die nach dem Beschluß des Tridentinums mehrheitlich für den Katholizismus Geltung bekamen. Allmählich erweiterte sich der Begriff und umfaßt jetzt im weiteren Sinne jene Texte, die im Lauf der Jahrhunderte als unecht oder theologisch nicht haltbar ausgeschieden wurden. Als Pseudepigraphen versteht ihr Sammler und Kommentator Emil Kautzsch jene Schriften, die »fälschlich irgendeiner hervorragenden Persönlichkeit des hebräischen Altertums zugeschrieben wurden«. Die pseudepigraphischen Texte laufen unter falschen Namen – das lädt dazu ein, die Art ihrer Entstehung als Fälschung zu bezeichnen. Doch dieser moderne Begriff wird den antiken Gewohnheiten der Autorschaft nicht gerecht. Tatsächlich war es nicht zeitfremd, einen Text mit einem fremden Namen zu signieren, und jener Presbyter, der unter dem Namen des Apostels Paulus die *Thekla-Akten* verfaßte, handelte im besten Gewissen und fühlte sich von seiner Liebe zum Apostel getrieben. So wurde der Begriff »Apokryphen« immer weiter und umfaßt heute genauso jene Texte, in denen sich die jüdische und die hellenistische Tradition miteinander konfrontierten, wie auch volkstümlich-legendäre Überlieferungen sowie Texte, die in den jeweiligen Regionalkirchen eine hohe Stellung hatten. Die Textmasse altjüdischer Schriften außerhalb der Bibel ist allmählich zu einer unendlichen geworden und wird durch die Funde der letzten Jahrzehnte von Texten der Essener bzw. der Gemeinschaft von Qumran vergrößert.

Auch der Textkomplex neutestamentlicher Apokryphen ist gigantisch und wächst ständig. Schon im ersten und zweiten Jahrhundert wurden von Anhängern Jesu Herrenworte gesammelt, verändert, erfunden; Evangelien entstanden im pseudepigraphischen Verfahren, setzten sich in gewissen Regionen durch und verschwanden wieder; Briefe im Namen der Apostel tauchten auf und Weltuntergangsszenarien wurden entwickelt. Neubekehrte fühlten sich bemüßigt, ihre frühere Weltsicht in die Biographie des Jesus zu integrieren oder sich durch eine spezielle Ausformung dieser Biographie von gewissen Lehren der neuen Religion zu distanzieren. Je weiter sich die Texte vom ursprünglich hebräischen, später römischen Zentrum entfernten, desto stärker mischten sich die Berichte über Jesus und seine Lehren mit der jeweilig regionalen Mythologie. Anleihen bei der internationalen Mythologie wurden genommen, und der Figur des Jesus wurden plötzlich Taten zugeschrieben, mit denen schon denkbare Vorgänger wie etwa der Buddha geprunkt hatten. Kurz: die Konfrontation zwischen den Kulturen lief in einem Zeitraum von mehr als einem Jahrtausend zu einem nicht geringen Teil über

Texte, deren Authentizitätsanspruch im modernen Sinn prinzipiell fragwürdig war. Darin liegt wohl eine spezielle Würde und Bedeutung der apokryphen Texte: Sie sind ein Dokument eines Verständigungsmechanismus zwischen den Kulturen, der sich unter anderem des Mediums der bildhaft aufgeladenen Erzählung bediente. Das wohl prägnanteste Beispiel ist das in unserer Ausgabe nur fragmentarisch abgedruckte *Barnabas-Evangelium*, das in Teilen ein gemessen am Kanon korrektes Bild des Leben Jesu und seiner Lehre zeichnet, diesen aber gleichzeitig in der Rolle eines Propheten Mohammeds auftauchen läßt; ein anderes wichtiges Beispiel eines interkulturellen Dialogs ist der lange für authentisch gehaltene Briefwechsel zwischen Seneca und dem Apostel Paulus, der eine Versöhnung der beiden Kulturtypen »Christ« und »Rhetor« versucht. Das hellenistische Judentum wiederum gab dem Moses zwar den ägyptischen Namen Moysos, insistierte aber darauf, daß er unter den Griechen Musäus genannt wurde und unter diesem Namen den Orpheus in der Dicht- und Sangeskunst unterrichtete. So nimmt diese Zentralfigur des Alten Testaments gleichzeitig einen prominenten Platz in der griechischen Mythologie ein. Die Kanonisierung hat dieser Interaktion zwischen den Kulturen einen Riegel vorgeschoben. Unter den apokryphen Texten finden sich solche mit »hohem« intellektuellen Anspruch genauso wie »naive« Volkspoesie, solche, die eine milde Botschaft verkündeten, koexistierten mit fanatischen Strafphantasien, und schließlich bemächtigte sich auch der rätselhafte Skeptizismus der Gnosis des Lebens Jesu. Seit den Funden im oberägyptischen Nag Hammadi wächst auch dieser Komplex ständig und hat eine ungeheure Konjunktur im öffentlichen Interesse erfahren. Vor allem das populäre Interesse an östlichen Religionen wirkt auch auf die christliche Mythologie, und die Idee, daß sich Jesus nach seinem Tod etwa nach Indien zurückgezogen habe, wird in mehreren Bestsellern mit fragwürdiger Quellenbasis verkündet. Autoren wie der »Schreibknecht Gottes«, Jakob Lorber, und die Nähe gewisser Lehren Rudolf Steiners, der sein Wissen aus einem virtuellen Werk, der sogenannten *Akasha-Chronik* bezog, zu den Apokryphen sowie die Stimmung des New Age haben Texte hervorgebracht, die eine extreme Ausdehnung des Begriffes »Apokryphen« provoziert haben.

II. Aus dieser Konstellation, der Verarmung der poetischen Substanz der jüdisch-christlichen Mythologie durch den Kanonisierungsprozeß, und dem Erlebnis der intensiven Suche vieler Menschen nach alternativen religiösen Ausdrucksmitteln ist das Projekt der *Anderen Bibel* entstanden, dessen Neuausgabe nun unter dem Titel *Gottes verbotene Worte* vorliegt. Für Hans Magnus Enzensberger, der dieses Projekt durch Jahre ventilierte und es dann in seiner »Anderen Bibliothek« veröffentlichte, und mich war das keineswegs ein religionswissenschaftliches Projekt, das sich den Regeln der »Werktreue« oder der »Textkritik« unterstellen sollte. Ein Buch sollte zusammengestellt werden, dessen Textfundus im weitesten Sinne aus der geistigen Welt der Bibel schöpft und das aufgebaut, geschrieben und gedruckt ist wie eine Bibel, in dem aber ganz andere Geschichten, Reflexionen und Lehren enthalten sein sollten als im Original. Der Bogen der herangezogenen Texte reicht von altjüdischen außerbiblischen Texten – etwa essenischen Ursprungs – über koptische, aramäische, gnostische Texte bis zu den Zeugnissen sogenannter »naiver Volksreligionen« und bis zu Fälschungen. Das Wichtigste bei der Realisierung des Projekts waren wohl der »Tonfall«, in dem die Texte dargeboten werden sollten, die Prinzipien der Auswahl und die damit verbundenen Montagetechniken. Für mich ist die Aura der Bibel an die ledergebundene Lutherbibel meines Großvaters gebunden, ihre Sprache – Lutherdeutsch, sorgfältig angepaßt an die Umgangssprache der Jahrhundertwende – war Vorbild und ersetzte das »Wissenschaftlerdeutsch« der meisten Editionen apokrypher Schriften. Da die *Andere Bibel* im Aufbau weitgehend dem Original folgt, also mit der Schöpfung und dem Sündenfall beginnt, Psalmen, Sprüche, Evangelien, Apostelgeschichten enthält und mit einer Apokalypse endet, mußten sich die gewählten Texte diesem Aufbau fügen – das schloß, von wenigen Ausnahmen abgesehen, Wiederholungen aus und drängte neben der sprachlichen Bearbeitung zur Montage. Die »klassischen« Editionen wurden ebenso benützt wie manchmal recht entlegene Quellen, Texte wurden gekürzt und trotz evidenter historischer Beziehungslosigkeit zusammengehängt – ich denke, auch die frühchristlichen Redaktoren haben ein ähnliches Verfahren gewählt, und auch sie haben wohl verbindende Zwischentexte ungeachtet ihrer Ehrfurcht vor der Überlieferung selbst verfaßt. Ein Text wie das *Evangelium des Barnabas*, hier schon vorgestellt als wichtiger Berührungspunkt zwischen Christentum und Islam, darf in einer *Anderen Bibel* nicht fehlen – doch die letzte Edition des Werkes in der bemerkenswerten Übersetzung von Saffiya M. Linges (Bonndorf im Schwarzwald, 1994) hat einen Umfang von 320 Seiten, so daß von dem Text nur das der offiziellen Version vom Tod Jesu dissidente Teilstück ausgewählt wurde. Auch habe ich mir erlaubt, die Technik der Zuschreibung eines eigenen Textes an einen Autor von denkbarer kanonischer Reputation zu benützen.

Diese Imitation, ein Produkt des »Als-ob«, hatte eine Unzahl von Motiven. Die *Andere Bibel* ist weder das Werk eines ernsten Bibelforschers, keines Theologen aus dem Seminar, keines lockeren Radiopfarrers und auch keines Satirikers, der sich über die Religion lustig machen will. Sie versteht sich auch nicht als »Konkurrenz« zur Bibel – es wäre ja ein lächerliches Unterfangen gewesen, die Arbeit kreativer Intelligenzen, die von ihrem Gegenstand besessen waren und ihr Werk über Jahrhunderte schufen, in der Zeitspanne eines halben Jahres als einzelner einholen zu wollen. Dennoch war es ein reizvolles Projekt, den Basistext unserer Kultur sozusagen umzuschreiben, und es hat zu einem Gedankenexperiment eingeladen: Was wäre gewesen, wenn sich die Geschichte anders entwickelt hätte, wenn die Würfel im Prozeß der Kanonisierung anders gefallen wären – wäre dann ein Text entstanden, der das Potential zu einer ähnlichen Geschichtsmächtigkeit hat wie die Bibel, der – da ja Religion zu einem nicht geringen Teil ein Werk der Kommentatoren ist – diese zu ähnlichen Denkleistungen stimuliert hätte? Daneben spielten ästhetische Gesichtspunkte eine große Rolle – die *Andere Bibel* war eben nicht als »heiliges Buch« konzipiert, sondern als ein Buch zum Lesen, ein Buch voller Geschichten und Gedanken, schönen, lächerlichen und weisen, ein Buch, das auch den Leser ansprechen sollte, der zum Original eine distanzierte Beziehung hat. Der ganze unterdrückte Schatz der jüdisch-christlichen Mythologie mit seiner unbezwingbaren poetischen Kraft, der Schönheit und Grausamkeit seiner Bilderwelt sollte in einer Alternativversion mitgeteilt werden. Ein wenig ging es hier auch um historische Gerechtigkeit: Wenn die Bibel das Buch der Sieger ist, dann war die *Andere Bibel* das Buch der Verlierer – wobei wir berücksichtigen müssen, daß manche Texte der Verlierer lange Zeit auf unsere Kultur einen stärkeren Einfluß hatten als die kanonischen Fassungen und daß beispielsweise die Offenbarung des Petrus auch Dantes Bild der Hölle vorformte.

Das Verhältnis zwischen den kanonischen Texten und der hier versammelten Dissidenz ist recht elastisch, manchmal sind wir mit gigantischen Unterschieden konfrontiert, manchmal mit Übereinstimmungen, manchmal mit minimalen Variationen – wer sie registriert, sollte nicht vergessen, daß auch kleine Details gelegentlich als religiöse Motivation von Kriegen dienten, die heute vergessen sind. Die unlösbare Frage, wie die Menschheit in ihre als ausweglos angenommene Lage geraten ist, beschäftigt untergründig die meisten Texte. Im *Buch Ephraim* und der »Apokalypse des Moses« wird sie symbolisiert durch die unaufhebbare Kommunikationslosigkeit zwischen Gott und den Menschen und durch die entsetzliche Einsamkeit der ersten Frau während der ersten schmerzvollen Niederkunft. Die Antworten variieren und sind nicht zwingend mit der heutigen christlichen Sozialphilosophie verbunden. Der »Abgrund« wird gezeigt und der »Ort der Wahrheit« wird aufgesucht, doch beide bleiben im christlichen Sinn unbestimmt und begründen ein letztlich nur Eingeweihten lösbares Rätsel. Dokumente der Resignation wechseln mit solchen der Rebellion, Anklagen gegen den Schöpfer koexistieren mit Bekundungen infantilen Gehorsams, Zeugnisse der menschlichen Selbsterhöhung alternieren mit solchen der gezielten Selbsterniedrigung, die den Sündenfall wettzumachen trachtet, in manchen Partien geht es schlicht um die Erarbeitung einer weisen, durch Menschen- und Selbsterkenntnis gestützten souveränen Haltung, die der Moderne spätestens seit Montaigne wesenseigen ist: »Wer das All erkennt, sich selbst aber verfehlt, der verfehlt das Ganze.« Manche Geschichten gehen gut aus, andere enden fatal, und am Ende werden uns von einem Vorgänger des Nostradamus die Zeichen und die Geheimnisse der Endzeit erschlossen.

Auch die Gestalt des Erlösers weist zahlreiche neue Facetten auf – im *Evangelium des Israeliten Thomas* erleben wir ihn als aufsässiges Wunderkind, Thomas der Zwilling führt ihn als Liebhaber der Salome vor, doch die *Thomas-Akten* (hier: 2. Apostelgeschichten) zeigen seinen Kampf gegen den schmutzigen fleischlichen Umgang zwischen einem Ehepaar. Das *Barnabas-Evangelium* läßt gar den Judas den Kreuzestod sterben und datiert das Weltelend mit dieser vom Satan inszenierten Täuschung. Petrus, dem der kanonische Text den dreimaligen Verrat des Herrn unterstellt, agiert hier als der einzige, der – loyal zu Jesus, doch leider erfolglos – den folgenschweren Betrug zu verhindern sucht. Das ist eines der zahlreichen Beispiele für die Politik gewisser apokrypher Texte, ein Beleg dafür, wie die Dissidenz des kanonischen Christentums gezielt nach Lücken in der biblischen Argumentation suchte und sie ebenso gezielt nützte, um plausible Alternativen zu entwickeln. Jesus verschwindet am Ende dieses apokryphen Evangeliums, doch wir, die heutigen Leser dieser »never ending story« wissen, daß es ihn wohl nach Indien gezogen hat.

Zahlreiche literarische Genres werden in der *Anderen Bibel* angespielt: Fragmente der hellenistisch-orientalischen Romanliteratur, der historische Bericht vom Aufstieg und vom Fall eines großen Reiches, die (im Fall der Judith fatale) Liebesgeschichte, der Aphorismus, der literarische Brief, das Gedicht, die Fantasy-Literatur. Wenn etwa Johannes seine geistige Macht einsetzt, um ein Rudel von Wanzen zu bewegen, seine Bettstatt frei zu machen, dann lesen wir wohl ein an kindliche Gemüter adressiertes Märchen. Im *Evangelium des Nikodemus* können wir tatsächlich die Akten des Strafverfahrens gegen Jesus studieren, und die sogenannte »Apokalypse Abrahams« (hier: 1. Abraham) ist wohl schlichter antiheidnischer Agitprop. Wenn Helena erwähnt wird, die magische »Erste Ennoia« jenes Magiers Simon, der als Ahnherr der bekämpften Gnosis gilt, dann wird sie als ehemalige Insassin eines Bordells diffamiert. Der aus der Schrift des Irenäus

Gegen die Häretiker entnommene Text belegt die argumentativ rauhe Atmosphäre, in der sich das frühe Christentum gegen seine Konkurrenten durchsetzte. Manche Texte nehmen Partei in bis heute aktuellen Streitfragen – das *Jakobus-Evangelium* etwa belegt durch eine minutiöse gynäkologische Untersuchung Marias nach der Geburt die Jungfräulichkeit der Herrenmutter und falsifiziert so die damals gängige Behauptung, ein gewisser Panthera sei der biologische Vater des Jesuskindes gewesen.

Dem am Kanon geschulten Gemüt ist das alles wohl eine grauenvolle Wirrnis, doch die Freiheit, die darin liegt, daß diese Texte nicht das »Heilige« verwalten und an normierte Gebote und eine Heilsbotschaft gebunden sind, erweitert ihren Handlungsspielraum und stimuliert die Phantasie. Wer kann nicht ins Sinnen kommen ob eines Satzes wie »Alles geschieht zweimal, einmal im Himmel und einmal auf der Erde. Darum ist die Zukunft dem Kundigen kein Geheimnis«. Und auch der gnostische Imperativ »Werdet als Vorübergehende!« könnte aus der Feder eines Songwriters wie Leonard Cohen stammen. Manchmal präzisiert die *Andere Bibel* Konstellationen des Originals – der erste Mord etwa hat sich wegen einer (schönen) Frau ereignet, und ihr Name war Lebuda. Generell ist die *Andere Bibel* um einiges deutlicher als ihr Vorbild, das quälende Prinzip der Wiederholung, das die arme Eva mehrere Male den Ränken Satans erliegen läßt, verstärkt jene »Frauenfeindlichkeit«, die ob des Faktums des weiblichen Anteils am Sündenfall dem Christentum generell nachgesagt wird. Analog dazu wird etwa im *Nikodemus-Evangelium* die Schuld der Juden an der Hinrichtung des Herrn – eine der Grundlagen des Antisemitismus – vergrößert. Die Geschichte vom keuschen Joseph, die hier verwendet wird, ist um einiges »schärfer« als die kanonische Version, die Technik der Montage ermöglichte es, sie mit der Liebesgeschichte zwischen Joseph und Asenath zu kombinieren, wo – so wagen wir zu prophezeien – der keusche Jüngling die ihm entsprechende Gattin finden wird. Hungersnöte, Naturkatastrophen, Elend, Gefahr und wunderbare Rettung, Hohn und Trost gehören genauso zur Handlungswelt der *Anderen Bibel* wie Mord, Aufruhr, Krieg, Verrat, Kampf der Generationen mit bösen Eltern und mordlüsternen Söhnen, Eifersucht und sexueller Exzeß. Das Böse und das Gute treten in extremer Gestalt auf – die *Andere Bibel* ist, so denke ich, vor allem in ihren grausamen Passagen um einiges direkter als das kanonische Vorbild. Zwischen den kanonischen Texten und vielen Apokryphen herrscht ein ähnliches Verhältnis wie zwischen »Hochkultur« und »Populärkultur«, und die *Andere Bibel* praktiziert jenen direkten Zugriff auf die Emotionen der Leser, der auch die Populärkultur auszeichnet, und macht so die unleugbare Koalition zwischen Hollywood und der christlichen Mythologie, die in unzähligen Filmen eine Bekräftigung erfahren hat, nachvollziehbarer. Die gewalttätige Judith zumindest löst wohl beim Leser einen inneren »film noir« aus, der hier allerdings auf das Prinzip »The Woman has to pay« verzichtet und ausnahmsweise mit dem Triumph der Femme fatale endet. In unzähligen Werken der Populärkultur werden die Nachfolgerinnen der Judith für diesen Triumph büßen müssen.

III. Der Gemeinplatz, daß die Bücher ihre Schicksale haben, lautet im Original ein wenig komplizierter: Procaptu lectoris habent sua fata libelli, und das übersetzt Manfred Fuhrmann so: Je nach Fassungsvermögen des Lesers haben die Bücher ihr Schicksal. Dennoch steht es keinem Autor, der das Schicksal seines Buches beklagt, zu, sich auf seine Leser herauszureden. In seinen Überlegungen zur »Rolle des Lesers« stellt Umberto Eco klar, daß der Autor das Modell eines möglichen Lesers vorhersehen muß, der vermeintlich in der Lage ist, interpretativ mit dem Text so umzugehen, wie es der Autor selbst auf generative Weise tat: »Auf der kleinsten Ebene wählt jeder Texttypus ausdrücklich ein sehr allgemeines Modell eines möglichen Lesers durch die Wahl 1. eines spezifischen linguistischen Codes, 2. durch einen bestimmten literarischen Stil und 3. durch spezialisierte Referenzen aus.« Das heißt wohl, daß die den Autor befremdenden Reaktionen, welche die *Andere Bibel* ausgelöst hat, durch linguistischen Code, Stil und Referenzen determiniert und damit vorhersehbar waren. Alle drei Faktoren verweisen in einer unaufhebbaren Weise auf das »Heilige« – das hätte dem Autor schon während seiner Arbeit klarwerden müssen. Schon das Montieren, Redigieren und Schreiben mit der oftmaligen gemurmelten Lektüre verschiedener Textvarianten hat mich mit einem eigenartigen Effekt konfrontiert: Texte, wie die in der *Anderen Bibel* gesammelten, Texte, die von Schuld, Strafe, Gnade, Verzeihung und der Liebe Gottes auch zu denen handeln, die gegen ihn rebellieren, involvieren zwingend. »Die Bizarrerien der ›Anderen Bibel‹, ihr esoterisches Gemunkel und ihre Mirakelsucht«, so Adolf Holl im *Spiegel*, »erinnern an die biblische Prosa und Poesie, aber auf einem gleichsam psychedelisch gereizten Erregungsniveau.« Doch geht es hier wohl auch um mehr: Die Idee der Erlösung ist uns eingeschrieben und beherrscht selbst die Konsumwelt. Die immerwährende Kraft der Erschütterung, die dem Christentum eignet, findet sich auch in diesen Texten: Geschickt spielen sie auf dem Klavier einer unterbewußten Befindlichkeit und werden dabei von dem gewählten Tonfall verstärkt. Ich habe beim Verfassen des Buches viel über die Effekte des religiös inspirierten Schreibens gelernt: Es ist ein bemerkenswertes Erlebnis, einen in mehreren Textvarianten vorliegenden, farblosen und nichtssagenden apokryphen Text lustlos vor sich hin zu murmeln, und – siehe da! – auf einmal springt der Funken über, man ändert ein Detail und plötzlich klingt das Ganze anders: tiefer, unmittelbarer, frömmer – heilig. Wenn man Umberto Ecos Ideen auf »heilige Texte« anwendet, dann ist Religion auch eine Sache des Tonfalls.

Die Unschuld an der Rezeption der *Anderen Bibel* kann ich also nicht für mich reklamieren; dennoch war ich überrascht, daß mein poetisches Projekt hauptsächlich als religiöses aufgenommen wurde. Welch eine paradoxe Situation: Ein nichtreligiöser Autor hatte hier für das Publikum ein im weitesten Sinne religiöses Werk verfaßt. So fand ich mich auf einmal in einer eigenartigen Gesellschaft: Jakob Lorbers Anhänger sandten mir freundliche Gaben, die Parapsychologen wollten sich mit mir über inspiriertes Schreiben austauschen, und die selbsternannten Bibelforscher rückten mir zu Leibe. Die *Andere Bibel* ist ernster genommen worden, als ihr Autor es beabsichtigt hat, und stand auf einmal im Mittelpunkt eines Skandals: *Il Messaggero* verkündete in einer Schlagzeile: »Scandalosa poesia dell'altra Bibbia«. Das Buch würde die entlegenen Apokryphen »mitten ins heutige esoteriksüchtige Publikum schleudern«, meinte Günther Nenning, und sei »ein Handbuch der Ketzerei« – das war wohl als Kompliment gedacht. Die kirchlichen Reaktionen waren leicht gereizt, man unterstellte mir die Austragung frühkindlicher Konflikte mit der Amtskirche, nur ein aufrechter Oberkirchenrat aus Oldenburg vertraute einem Journalisten an, das Buch enthalte »aufregende und anregende Gedanken«, über die er gerne einmal predigen würde.

Die *Andere Bibel* verzichtete auf jeden Selbstkommentar, und dieses Prinzip wurde von den Rezensenten vielfach getadelt. Adolf Holl vermutete im *Spiegel* eine Simulation der strengen Haltung der europäischen Reformatoren, die ihre Bibelübersetzungen unter das Motto stellten, Gottes Wort lege sich selbst aus , sei sui ipsius interpres. Ein anderer Rezensent sah das Abendland untergehen, ortete die Kommentarlosigkeit der *Anderen Bibel* als Bestandteil der »Hybris unserer Zeit« und tadelte, »der unkundige Leser könnte die ›Andere Bibel‹ als Sammlung frühchristlicher Fantasy-Literatur à la Stephen King oder Marion Zimmer-Bradley mißverstehen, da er die existentielle Dimension der apokryphen Texte nicht kennt«. Ich meine allerdings, daß diese existentielle Dimension heute nicht mehr rekonstruierbar ist und daß wir vielleicht ein anderes Bild von der Literatur des Stephen King bekommen, wenn wir sie auf die existentielle Dimension der heutigen Zeit beziehen. Je kompetenter der Autor einer Rezension war, desto dringender forderte er den erlösenden Kommentar. War es wirklich das wissenschaftliche Interesse, das die Kritiker motivierte, ein Interesse, dem sie ohnedies in zahlreichen ihnen zugänglichen Editionen hätten nachgehen können? Oder hat nicht die Kombination von sprachlicher Bearbeitung und Kommentarlosigkeit die Wirkung des grauenerregenden Materials verstärkt, das Texte wie die *Andere Bibel* bündeln? Steckt in der religionswissenschaftlichen Verfremdung nicht auch eine trefflich organisierte Abwehrreaktion auf das angsterregende Material, mit dem das Christentum arbeitet? Mein Respekt vor der religionswissenschaftlichen Forschung sank auf jeden Fall in dem Moment, als ich bemerkte, daß die »Weston School of Theology«, MA, meinen nach dem pseudepigraphischen Autorenprinzip selbstverfaßten *Brief des Abtalion* in die Liste wissenschaftlicher Editionen von Apokryphen aufnahm. Dort wird der Text wohl seine Langzeitwirkung tun – ein namhafter deutscher Gelehrter hat mir schon mitgeteilt, daß er ihn als exemplarische Konfrontation christlicher und antiker Werthaltungen betrachte, und hat – obwohl der kommentierende Begleittext das pseudepigraphische Prinzip nicht verhüllt – nähere bibliographische Details erfragt.

Den Grund all der Aufregungen um das »Biberl« (so nochmals Adolf Holl) haben mir wohl am besten die Reaktionen meiner »naiven« Leser erschlossen: Sie verlangten mehr oder minder energisch die Aufschlüsselung der »Geheimnisse« des Buches. Ohne Zweifel enthalten zahlreiche der in der *Anderen Bibel* enthaltenen Texte Geheimnisse, die sich – wer weiß – dereinst dem Kundigen erschließen werden. Doch meine eigene Kompetenz, den auf Aufklärung begierigen Lesern diese zu verschaffen, war gering. Ich hatte von Lesern geträumt, die als religiöse Menschen das emotionelle Beiwerk ihres Glaubens besser verstehen wollten, von kulturhistorisch interessierten, die am Schatz einer reichen Überlieferung partizipieren wollten, und vor allem von solchen, die – wie ich selbst – süchtig nach »schönen« jüdisch-christlich-orientalischen Geschichten waren. Rein alphabetisch betrachtet, steht eine »Bibel« im Bücherregal gar nicht so weit von Borges und seinem Versuch, die kürzeste Geschichte aus *Tausend und eine Nacht* neu zu erzählen.

IV. Doch es gibt ein Verpflichtungsverhältnis zwischen einem Autor und seinen Lesern, vor allem wenn er am Entstehen von Bedürfnissen, die diese artikulieren, nicht ganz unschuldig ist. Wie wäre also ein Versuch beschaffen, all den unglücklich Suchenden mit einer kleinen Leseanleitung zur Hand zu gehen? Ludwig Feuerbach wird heute vorschnell mit dem zu seiner Zeit vielleicht gerechtfertigten Schlagwort »Klassiker der Religionskritik« abgefertigt. Tatsächlich hat Feuerbach als wesentlicher Theoretiker eines Segments des modernen Selbstbewußtseins einen Beitrag geleistet, der uns helfen kann, eine zeitgemäße Lesehaltung gegenüber den archaischen Texten der *Anderen Bibel* zu entwickeln. Seine Gedanken sind fruchtbar für die Klärung des Verhältnisses des frühen Christentums zu den Geheimnissen der modernen Seele.

Für Feuerbach markierte die Existenz der Religion einen zentralen Unterschied zwischen Mensch und Tier. Die Religion war ihm das erste und individuelle Selbstbewußtsein des Menschen und damit der Philosophie entwicklungsmäßig vorgelagert. Die Differenz zwischen der Philosophie und der Religion hat Feuerbach in der Bildhaftigkeit dieser festgemacht: »Die Religion ist wesentlich dramatisch ...« Den Satz, daß Religion »eine Invention des menschlichen Herzens« sei, hat er in der zweiten Auflage seiner Schrift »Das Wesen des Christentums« zwar getilgt – nun heißt es: »Die Religion ist der Traum des menschlichen Geistes.« Auch für Feuerbach ist Gott ein den Mangel an Theorie ersetzender Begriff, die letzte Grenze der Abstraktion: »Id quo majus nihil cogitari potest, Deus est.« Es läge nahe, hier mit Wittgenstein zu fordern: »Wovon man nicht sprechen kann, darüber muß man schweigen.« Doch der postmoderne Ausweg aus Wittgensteins sprachasketischem Dilemma ist der, daß man das Unbesprechbare erzählen oder zumindest beschreiben kann – und das unternehmen die Texte der *Anderen Bibel.* Feuerbach wird vor allem nicht müde, uns darauf hinzuweisen, daß die Theologie längst zur Anthropologie geworden sei: Zwischen den Prädikaten des göttlichen und menschlichen Wesens, folglich auch zwischen göttlichem und menschlichem Wesen sei kein Unterschied: »Das Bewußtsein Gottes ist das Selbstbewußtsein des Menschen, die Erkenntnis Gottes die Selbsterkenntnis des Menschen ... Im Christentum konzentriert sich der Mensch nur auf sich selbst ... Gott ist des Menschen eigenes Wesen ... Gott (ist) die höchste, letzte Gewißheit von der absoluten Wahrheit seines Wesens ... Die Persönlichkeit Gottes ist die von allen Bestimmungen und Begrenzungen der Natur befreite Persönlichkeit des Menschen ... Die Vorsehung ist die Überzeugung des Menschen vom unendlichen Wert seiner Existenz ... Der Mensch ist der Anfang der Religion, der Mensch der Mittelpunkt der Religion, der Mensch das Ende der Religion.«

Feuerbach hätte den Apokryphen, die in seiner Argumentation kaum eine Rolle spielen, wohl den Charakter eines »heiligen Textes« ebenso abgesprochen, wie er es im Grunde schon mit den kanonischen Schriften tat: »Ein wahrhaft gutes oder vielmehr göttliches Buch ist aber nur ein solches, wo nicht einiges gut, anderes schlecht, einiges ewig, anderes zeitlich, sondern wo alles wie aus einem Gusse, alles ewig, alles wahr und gut ist.« Feuerbach mag hier seinem Denken konsequent folgen, doch gleichzeitig stößt sein Projekt einer Anthropologisierung der Religion an eine aus dem Zeitgeist erklärbare Grenze. Feuerbach hat sich im Grunde auf einige ausgewählte Positionen beschränkt, seine »Anthropologie« ist allgemein und unpersönlich geblieben, die Konfrontation mit sich selbst, die er unternommen hat, war unvollständig und trug biedermeierliche Züge – gerade jener grausame Teil der religiösen Geschichten, von denen die *Andere Bibel* überquillt, ist bei ihm ausgespart. Der »Traum« ist nur unvollständig gedeutet, für jenes Projekt, alle verleugneten, unbewußten Teile in sich hochsteigen zu lassen, das die Freudsche Traumdeutung unternommen hat, war wohl Feuerbachs Zeit noch nicht reif, da fehlte es an Voraussetzungen, die Schopenhauer, Nietzsche und andere geschaffen haben und auf die sich Sigmund Freud beziehen konnte.

Freud erwähnt in seinen drei wichtigsten religionstheoretischen Schriften, *Totem und Tabu*, *Die Zukunft einer Illusion* und *Der Mann Moses und die monotheistische Religion* Feuerbach nicht – eine charakteristische Weise des Umgangs mit philosophischen Vordenkern, die ihn in seiner Jugendzeit beeindruckt haben, wissen wir doch aus einem Brief an Eduard Silberstein, daß der neunzehnjährige Freud Feuerbach »unter allen Philosophen« am meisten verehrte und bewunderte. Daß der späte Freud den Wahrheitsgehalt der Religion nicht als »materiellen«, sondern als »historischen« annahm und etwa Moses als eine historische Person wertete, über deren Herkommen er allerdings hochspekulative Aussagen traf, trennt ihn wohl von Feuerbach. Freud positioniert einen Teil des religiösen Glaubens in das Feld der kollektiven »Erinnerungsspuren« an frühere Geschehnisse: »Die archaische Erbschaft des Menschen umfaßt nicht nur Dispositionen, sondern auch Inhalte, Erinnerungsspuren an das Erleben früherer Generationen«. Da der Inhalt des Unbewußten ja überhaupt kollektiv ist, markieren diese Erinnerungsspuren eine Brücke zwischen Individual- und Massenpsychologie. Freud folgt Feuerbach in seiner konsequenten Anthropologisierung, indem er beispielsweise das Vater-Sohn-Verhältnis für eine zentrale Konstante jeder Religion hält: »Gott ist der erhöhte Vater, die Vatersehnsucht ist die Wurzel des religiösen Bedürfnisses«. Religiöse Vorstellungen gehören zu den – notwendigen – Illusionen, »großartigen Erleichterungen für die Einzelpsyche«, Erfüllungen der ältesten, stärksten, dringendsten Wünsche der Menschheit: »Durch das gütige Walten der göttlichen Vorsehung wird die Angst vor den Gefahren des Lebens beschwichtigt, die Einsetzung einer sittlichen Weltordnung versichert die Erfüllung einer Gerechtigkeitsforderung, die innerhalb der menschlichen Kultur so oft unerfüllt geblieben ist, die Verlängerung der Existenz durch ein zukünftiges Leben stellt den örtlichen und zeitlichen Rahmen bei, in dem sich diese Wunscherfüllungen vollziehen sollen.« Das ist, mehr als achtzig Jahre nach Feuerbach formuliert, bar jeder Sprengkraft und dennoch ein Schlüssel nicht nur zu den Rettungsphantasien der *Anderen Bibel,* sondern auch zu den Liedtexten der Populärkultur, sind doch über das Spiritual, über Rhythm and Blues und Soul zahlreiche dieser Phantasien immer noch in unserem Alltag präsent. Freud verweist uns auf archetypische Phantasiesysteme, und der Sprachgestus der *Anderen Bibel* unterstreicht diesen ihnen wesenseigenen Charakter.

Doch Freud hat zum Verständnis heiliger Texte zwei Gedanken beigetragen, die den von Feuerbach gesetzten Rahmen einer allgemeinen Anthropologie überschreiten: Der Begriff der Heiligkeit steht bei ihm im Feld einer prinzipiellen Ambivalenz. »Sacer«, meint Freud, bedeute nicht nur »heilig« oder »geweiht«, sondern auch etwas, was wir nur mit »verrucht«, »verabscheuenswert« übersetzen können. Tatsächlich berührt sich in der *Anderen Bibel* die höchste Liebe mit Ausdrucksformen eines extremen Sadismus – das hat sie mit dem kanonischen Original gemeinsam. Auch die Religion unterliegt der Erkenntnis, die der Psychiater Eugen Bleuler erstmals formulierte: daß die Ambivalenz der Normalfall ist.

Seit *Totem und Tabu* siedelte Freud religiöse Phänomene im Feld der (zwangs)neurotischen Symptome an. Die Zahl der Texte der *Anderen Bibel*, denen wir pathologische Qualität attestieren können, ist nicht gering. Pathologisch und historisch folgenschwer ist wohl die Belastung der Frau mit dem sexualisierten Sündenfall, die aus der jüdischen Tradition in unsere Kultur geraten ist. Ist es ein Zufall, daß in jenen zeitgenössischen Filmen, die das Phantasma von der »bösen Verführerin« am erfolgreichsten illustrieren – etwa *Basic Instinct* oder *Fatal Attraction* –, ein jüdischer Schauspieler brilliert? Pathologische Qualität haben auch die Phantasie von der Maria, die die Schuld der Eva wiedergutmachen soll, die *Andreas-Akten* (hier in 2. Apostelgeschichten) mit ihrem Kampf gegen die »abscheuliche und schmutzige« Angewohnheit des ehelichen Geschlechtsverkehrs, die Selbstkastration eines Ehebrechers in den *Johannes-Akten* (hier: 3. Apostelgeschichten) und die ausgeklügelten Strafphantasien der *Offenbarung des Petrus*, die Prozeduren der *120 Tage von Sodom* des Marquis de Sade vorwegnehmen.

Die Geschichten der *Anderen Bibel* handeln in durchaus zeitgemäßer Weise von einer Welt, in die wir hineingeworfen sind, und kennen die Regel nicht und nicht das Spiel. Das ist das immerwährende Thema von »Religion«, und weder Theologie noch Religionswissenschaft lösen dem modernen Leser das damit verbundene Geheimnis. Feuerbach und Freud haben einen Beitrag geleistet, diesem Geheimnis näher zu kommen. Wer also einen »heiligen Text« ergriffen liest, meint vielleicht, ein Fremdes zu denken und denkt sich doch im modernen, von Feuerbach und Freud geprägten Selbstverständnis selbst und wird in der Lektüre auf das sokratische »erkenne dich selbst« zurückgewiesen. Der Schlüssel zum Geheimnis des Textes liegt im Leser – das ist die einzige Leseanleitung für die *Andere Bibel*, die zu geben ihr Autor imstande ist.

Das
Alte Testament

Verzeichnis der Bücher des Alten Testaments

Das Buch Ephraim 23
Das Buch Adam und Eva 35
Das Erste Buch Abraham 45
Das Zweite Buch Abraham 51
Das Erste Buch Joseph 61
Das Zweite Buch Joseph 67
Das Buch Artapanus 85
Das Testament Hiobs 93
Das Testament Salomos 115
Das Buch Judith 125
Das Buch der Alexandriner 149
Die Lieder Salomos 167
Die Sprüche der Väter 177
Des Propheten Hesekiel Buch vom Jüngsten Gericht 197
Die Offenbarung des Baruch 199

Das Buch Ephraim

Die Erschaffung der Welt.

Du mein HERR und Gott! Sei meinem Werk gnädig!

Mit der Kraft unseres HErrn Jesus, des Messias, will ich mit der Schrift über den Ursprung der zwölf Stämme beginnen, die da genannt ist Schatzhöhle, und die der heilige Ephraim als erster erzählt hat.

Am Anfang, am ersten Tag, dem heiligen Sonntag, dem Erstgeborenen aller Tage, schuf Gott Himmel und Erde, das Wasser, die Luft und das Licht; denn er schuf die Engel und Erzengel, die Throne, Fürsten, Herrschaften, Machthaber, die Cherubim und Seraphim und alle Orden und Heere der Geister. Und er schuf die Finsternis und das Helle, den Tag und die Nacht, die Winde und Stürme. Sie alle wurden erschaffen am ersten Tag.

Und der Heilige Geist schwebte über dem Wasser. Und durch sein Schweben ward das Wasser gesegnet und ward schöpferisch. Vgl. 1.Mos. 1,2

Da kam die Kraft in das Wasser und es ward heiß und kochend, und ward gleich einem Sauerteig.

Der Vogel brütet seine Eier durch seines Leibes Hitze aus und wärmt seine Jungen, indem er die schützenden Flügel ausbreitet. Also wurde durch die Wirkung des Heiligen Geistes der Sauerteig der Schöpfung an das Wasser gebunden, als er, der Paraklet, darüber schwebte.

Und am zweiten Tag* schuf Gott den unteren Himmel und nannte ihn Firmament; denn das Firmament ist anders beschaffen als der obere Himmel und ähnelt dem oberen feurigen Himmel keineswegs. * Vgl. 1.Mos. 1,6ff.

Der zweite Himmel ist nämlich aus reinem Licht, doch der erste ist von fester Substanz und hoher Feuchtigkeit.

Und Gott schied am zweiten Tag die Wasser voneinander in ein oberes und ein unteres. Und dieses stieg am zweiten Tag über den Himmel empor gleich einem dichten Nebel und lagerte sich oberhalb des Firmaments in der Luft und liegt nun unbeweglich dort und ergießt sich nach keiner Seite.

Und am dritten Tag* befahl Gott dem Wasser unterhalb des Firmaments, es solle sich an einem Orte sammeln und das Trockene solle sichtbar werden.

* Vgl. 1.Mos. 1,9-13

Da nun die Wasserdecke von der Erdoberfläche hinweggezogen wurde, zeigte sich, wie beweglich sie war. Und das Wasser sammelte sich in den Meeren unterhalb und oberhalb der Erde.

Und Gott schuf dem Wasser in der Erde Höhlen und Gänge und machte Raum für die Dünste, die da aufsteigen aus dem Inneren der Erde und für die Wärme und Kälte, die sie antreiben.

Denn es ist die Erde einem Schwamm gleich, der auf dem Wasser ruht.

Und am selbigen Tage befahl Gott der Erde, sie solle von unten allerlei Kraut aufkeimen lassen.

Und die Erde ward in ihrem Innern schwanger mit Samen, Pflanzen, Wurzeln und Bäumen.

Am vierten Tag* aber schuf Gott Sonne, Mond und Sterne.

* Vgl. 1.Mos. 1,14-19

Und da sich die Wärme der Sonne über die Erdoberfläche ausbreitete und das Wasser verdunstete, verlor sie ihre Schlaffheit und wurde fest.

Und die Wärme ließ alle Samen, Pflanzen, Wurzeln und Bäume keimen, welche die Erde am dritten Tag empfangen hatte.

Am fünften Tage* schuf Gott auf der Erde allerlei Getier, wilde Tiere und solche, die auf der Erde herumkrochen, jedes nach seiner Art.

* Vgl. 1.Mos. 1,20-23

Am sechsten Tage* aber, dem Freitag, formte Gott den Adam** aus Staub** und die Eva aus seiner Rippe†.

* Vgl. 1.Mos. 1,24-31 ** 1.Mos. 2,7 † Vgl. 1.Mos. 2,21f.

Am siebenten Tage* aber ruhte Gott von allen seinen Werken, und darum wurde dieser Tag Sabbat genannt. * 1.Mos. 2,2

Die Erschaffung des ersten Menschen.

2 Also schuf Gott den Adam: Am sechsten Tag, dem Freitag, herrschte Ruhe unter all den Mächten der Schöpfung. Da sprach Gott: Wohlan, lasset uns den Menschen machen, ein Bild, das uns gleich sei!* Und er meinte die Auserwählten. * 1.Mos. 1,26

Unter den Engeln war Furcht und Zittern, als sie diese Worte hörten, und sie sprachen: Ein großes Wunder wird uns heute offenbar werden, die Gestalt Gottes, unseres Schöpfers werden wir in seinem Ebenbild erkennen.

Da breitete sich Gottes Rechte über die ganze Welt und er sammelte alles, was da kreuchte und fleuchte in ihr.

Und er nahm aus der ganzen Erde ein Staubkörnchen und von all dem Wasser einen Tropfen und von aller Luft einen Hauch und von all dem Feuer ein wenig Wärme.

Und vor den Augen der Engel mischte er die vier schwachen Elemente in seiner Handfläche und bildete daraus den Adam.

Zu welchem Zwecke aber schuf Gott den Adam aus den vier Elementen, wenn nicht dazu, daß ihm alles untertan* werde auf Erden! * 1.Mos. 1,28

Er nahm ein Körnchen von der Erde, damit alle Naturen, so aus Staub sind, dem Adam dienen. Und er nahm einen Tropfen aus dem Meer, damit alles im Meer und in den Flüssen ihm zu eigen sei. Und er nahm einen Hauch aus der Luft, auf daß alles in der Luft ihm dienstbar sei. Und er nahm ein wenig Wärme, damit die Feuerwesen und Gewalten ihm beistünden.

Also bildete Gott den Adam mit seinen heiligen Händen nach seinem Bild.

Da nun die Engel des Adams ansichtig wurden, waren sie von seinem herrlichen Anblick und der Schönheit seines Antlitzes tief bewegt. Denn sein Antlitz und der Glanz seiner Augen waren wie die Sonne, und sein Körper leuchtete wie ein Kristall.

Und es streckte sich der neue Mensch und stand mitten auf der Erde.

Der Platz aber, da er geschaffen ward, ist Jerusalem, und er setzte seine Füße auf die Stätte, da das Kreuz unseres Erlösers aufgerichtet werden sollte.

An der Stätte zog er das Gewand des Königtums an, und dort setzte ihm Gott die Krone der Herrlichkeit auf das Haupt.

Und er ward zum König, Priester und Propheten gemacht, und Gott setzte ihn dort auf den Thron seiner Herrlichkeit und gab ihm die Herrschaft über alle Geschöpfe. Und es versammelten sich alle wilden Tiere und alles Vieh und die Vögel vor Adam, und er redete mit ihnen und gab ihnen Namen* und sie beugten ihr Haupt vor ihm. * Vgl. 1.Mos. 2,20

Alles Belebte, was Gott geschaffen hatte, verehrte ihn und diente ihm. Und die Engel und die Gewalten hörten die Stimme Gottes, die da sprach: Adam, sei mein Priester, König und Prophet. Ich setze dich zum Herrn über alle von mir geschaffenen Geschöpfe, und sie sollen dir dienen und dir zu eigen sein.

Und da die Engel diese Worte hörten, fielen sie auf die Knie und huldigten Adam.

Die Rebellion des Satan.

3 Da der Anführer der unteren Orden sah, wie alle dem Adam huldigten, wurde er von Neid erfüllt und verweigerte sich und wandte sich ab und sprach zu seinen Mächten: Verehrt ihn nicht und preist ihn nicht mit den Engeln! Wahrlich, mir sollte er huldigen! Denn ich bin Feuer und Geist, er aber ist bloß aus einem Staubkörnchen gebildet.

Also sprach der Empörer und wurde ungehorsam und trennte sich aus eigenem Willen von Gott.

Da ward er gestürzt, daß er fiel und seine Schar, und es geschah zu der zweiten Stunde des sechsten Tages, und taten ihren großen Fall aus dem Himmel, und die Kleider ihrer Herrlichkeit wurden ihnen genommen.

Und sein Name ward genannt Satana, weil er sich abgewandt hatte, und Scheda, weil er gestürzt worden war, und Daiwa, weil er das Kleid seiner Herrlichkeit verlor.

Und von Stund an ist Satan nackt mit all seinem Heer und sind bloß bis auf den heutigen Tag und häßlich anzuschauen.

Da aber Satan vom Himmel gestoßen, ward Adam erhöht und fuhr in einem feurigen Wagen zum Paradies hinauf. Und die Engel huldigten ihm, und die Seraphim heiligten ihn, und die Cherubim segneten ihn.

Das geschah aber zur dritten Stunde des Freitags.

Und da Adam in das Paradies kam, wies ihm Gott einen Baum*, von dessen Früchten er nicht essen sollte. * Vgl. 1.Mos. 2,17

Und er warf einen tiefen Schlaf über ihn und Adam entschlief. Und Gott nahm seiner Rippen eine vom Zwerchfell der rechten Seite, und er baute ein Weib aus der Rippe* und nannte sie Eva. * Vgl. 1.Mos. 2,21f.

Und da Adam beim Erwachen das Weib erblickte, freute er sich von ganzem Herzen. Und sie weilten drei Stunden im Paradies und waren mit Glorie bekleidet und glänzten in Herrlichkeit.

Hoch oben gelegen war das Paradies, und noch die höchsten Berge überragte es um drei Spannen nach dem Maß des Geistes.

Mose, der Prophet, aber sprach: Und Gott der HERR pflanzte einen Garten in Eden, gegen Morgen, und setzte den Menschen darein, den er gemacht hatte. 1.Mos. 2,8

Eden aber ist die heilige Kirche, und sie ruht auf Gottes Barmherzigkeit, die Gott allen Menschen erweisen will.

Und Gott in seiner Weisheit wußte von den Ränken, die der Satan gegen Adam plante, und kam ihnen zuvor und nahm Adam in den Schoß seiner Barmherzigkeit auf.

Denn so steht es geschrieben in einem Psalm des frommen Mannes David: HERR, Gott, du bist unsere Zuflucht für und für.* * Ps. 90,1

Und das meint: Du läßt uns in deiner Barmherzigkeit wohnen.

Und als der fromme David Gott um die Erlösung der Menschen anflehte, da sprach er: Gedenke an deine Gemeinde, die du vor alters gegründet hast.* Und das meint: HERR, gedenke der Barmherzigkeit, die du unserem schwachen Geschlecht erweisen wolltest. * Vgl. Ps. 74,2

Denn Eden ist die heilige Kirche und das Paradies der Ort der ewigen Ruhe und das Erbteil des Lebens, das Gott allen Gerechten bereitet hat.

Satan versucht Eva. Vgl. 1.Mos. 3,1-7

4 Und Gott hatte Adam ins Paradies gebracht, damit er dort herrsche als König und Prophet und ihm in Ehren diene als Priester der heiligen Kirche.

Denn so steht es geschrieben beim frommen Mann Moses, daß Adam den Garten Eden bebauen* und bewahren solle, und zwar durch seine priesterlichen Lobpreisungen und durch den ihm von Gott in seiner Barmherzigkeit übertragenen Befehl.

* Vgl. 1.Mos. 2,15

Und Gott gab das Paradies Adam und Eva zur Heimstatt und Wohnung.

Und die Schrift hat wahr gesprochen. Denn in der Mitte des Paradieses steht der Baum des Lebens. Und er ist ein Vorbild des heiligen Kreuzes, des wahren Lebensbaumes, der auf der Mitte der Erde errichtet werden soll.

Da nun aber Satan mitansehen mußte, wie Adam und Eva im Paradiese glänzten, wurde er von Neid und Haß verzehrt und ausgetrocknet. Und er fuhr in die Schlange hinein und wohnte von nun an in ihr. Und in ihrem Körper flog er durch die Luft zu des Paradieses Grenzen.

Weshalb aber fuhr er in die Schlange und verbarg sich in ihr?

Es wußte Satan von der Häßlichkeit seines Anblickes, und hätte Eva seine Gestalt gesehen, wäre sie wohl geflohen.

Denn willst du einen Vogel die griechische Sprache lehren, so bringe einen großen Spiegel und stelle ihn zwischen ihn und dich. Dann rede du mit ihm in griechischer Sprache.

Und der Vogel wird sich rückwärts wenden und wird seine eigene Gestalt im Spiegel erblicken und wird sich freuen ob des vermeintlichen Artgenossen, der zu ihm spricht.

Also wird er ihm in Ruhe sein Ohr neigen und die Worte des Redenden hören, aufmerken und so allmählich die fremde Sprache erlernen.

Ebenso fuhr Satan in die Schlange und wohnte darin. Zum richtigen Zeitpunkt aber, da Adam die Eva auf ein kurzes verlassen hatte, und sie zum ersten Mal alleine war, rief er sie bei ihrem Namen.

Und da sie sich ihm zuwandte, sah sie in ihm ihr Bild, und er redete zu ihr nach ihrer Art und täuschte sie mit seinen lügenhaften Worten. Denn wahrlich, die Natur des Weibes ist schwach!

Und da sie von ihm über den Baum gehört hatte, lief sie eilends hin und pflückte die Frucht des Ungehorsams vom Lebensbaum und aß sie auf der Stelle.

Da ward ihre Schande bloß, und sie ward gewahr ihrer häßlichen Nacktheit. Und sie lief davon und verbarg sich unter einem anderen Baum und bedeckte ihre Scham mit Blättern.

Doch rief sie den Adam, und er kam zu ihr, und sie reichte ihm die Frucht des Ungehorsams, und er nahm sie und aß davon.

Da erkannte auch er, daß er nackt war. Und sie gingen hin und machten sich Schürzen aus Feigenblättern und bedeckten sich damit.

Und sie waren drei Stunden mit den Schürzen der Schande bekleidet, und zur Mittagsstunde empfingen sie ihr Urteil.

Und Gott machte ihnen Kleider aus den Fellen* der Bäume, das sind die Baumrinden. Denn die Rinden der Bäume im Paradies waren zarter als Linnen, ja zarter als königliche Seidengewänder.

* Vgl. 1.Mos. 3,21

Und Gott bekleidete sie mit diesem dünnen Fell, das den Baum der Schmerzen bedeckte.

Die Vertreibung aus dem Paradies. Der erste Mord. Vgl. 1.Mos. 3,23f. und 1.Mos. 4,1-16

5 Es war zur dritten Stunde, daß sie eintraten ins Paradies; drei Stunden hatten sie sich seiner Herrlichkeit erfreut, drei Stunden war ihre Schande offenbar, und zur neunten Stunde wurden sie vertrieben.

Und da sie trauernd hinausgingen, redete Gott mit Adam und tröstete ihn und sprach: Gräme dich nicht, Adam, denn groß ist meine Liebe zu dir und ich will dein Erbteil wiederherstellen.

Um deinetwillen verfluchte ich die Erde, doch dich befreie ich von dem Fluch.

Der Schlange schloß ich die Füße in den Bauch und gab ihr den Staub* der Erde zur Nahrung. Eva aber gab ich ins Joch der Untertänigkeit.**

* Vgl. 1.Mos. 3,14 ** Vgl. 1.Mos. 3,16

Du hast mein Gebot mißachtet, darum vertreibe ich dich, doch fürchte dich nicht, denn ich will dir Gnade erweisen.

Als Fremdlinge sollt ihr von nun an draußen in der Welt des Fluchs leben, doch wenn die Zeit vollendet ist, die ich bestimmt habe, will ich euch meinen Sohn senden.

In einer Jungfrau wird er wohnen und einen menschlichen Leib wird er anziehen, und durch ihn wird deine Erlösung und deine Rückkehr ins Paradies bewirkt werden.

Darum befiehl deinen Kindern, daß sie nach deinem Tod deinen Leib mit Öl und Myrrhe salben und ihn in jene Höhle legen, darin ich euch Wohnung gewähre, von nun an bis zu der Zeit, da ihr aus der Umgebung des Paradieses auf die Erde ziehen werdet.

Und wer von deinem Geschlecht in jenen Tagen noch lebt, der soll deinen Leichnam nehmen und mit sich forttragen und ihn in der Erdenmitte niederlegen, da ich es ihn weise. Denn dort, in der heiligen Stadt Jerusalem, wird dir und deinen Kindern die Erlösung zuteil werden.

Und Gott offenbarte Adam die ganze Zukunft und all die Leiden, die sein Sohn an seiner statt auf sich nehmen wollte.

Da aber Adam und Eva das Paradies verlassen hatten, ward die gewaltige Pforte hinter ihnen geschlossen, und der Cherub mit dem bloßen hauenden Schwert stand davor.

Und Adam und Eva stiegen ab über den Paradiesberg und fanden auf einem Berggipfel eine Höhle und bargen sich darin.

Es waren Adam und Eva aber noch jungfräulich, und da Adam wünschte, Eva zu erkennen, ging er zu den Grenzen des Paradieses und brachte von dort Gold, Weihrauch und Myrrhe* und segnete die Höhle und weihte sie. Und er gab der Höhle einen Namen und nannte sie Schatzhöhle und bestimmte sie zum Bethaus für sich und seine Söhne.

* Vgl. Mat. 2,11

Und Adam und Eva verließen den heiligen Berg und stiegen hinab bis zu seinen Grenzen und dort erkannte Adam sein Weib Eva. Und sie ward schwanger und gebar den Kain samt seiner Schwester Lebuda. Und Adam erkannte sie ein zweites Mal und abermals ward sie schwanger und gebar den Abel samt seiner Schwester Kelimat.

Da nun die Kinder groß geworden waren, sprach Adam zu Eva: Kain soll Kelimat heiraten, die mit Abel geboren ward, und Abel die mit Kain geborene Lebuda.

Doch Kain empörte sich gegen seinen Vater und wollte nicht gehorchen und sprach zu seiner Mutter: Ich heirate meine Schwester und Abel soll die seine nehmen! Es war aber Lebuda sehr schön.

Da Adam diese Worte hörte, ward er sehr zornig und sprach: Du Frevler, es ist gegen das Gesetz, daß du deine mit dir geborene Schwester zur Frau begehrst!

Nehmt euch aber von den Baumfrüchten und den Lämmern und besteigt den Gipfel des heiligen Berges und geht in die Schatzhöhle und bringt dort euer Opfer dar. Dort betet vor Gott und verbindet euch jeder mit seinem Weib.

Doch nachdem Adam, der erste Priester, mit seinen Söhnen Kain und Abel auf den Gipfel des heiligen Berges hinaufgegangen war, fuhr Satan in Kain, und er trieb ihn, daß er seinen Bruder töte der Lebuda wegen, doch auch weil Gott sein Opfer nicht angenommen hatte, anders denn Abels Opfer.

Da wuchs der Neid Kains gegen seinen Bruder Abel. Und da sie den heiligen Berg hinunterstiegen, nahm er einen Feldstein und erhob sich gegen seinen Bruder Abel und tötete ihn.

Und er empfing das Todesurteil und er hatte Mühe und Plage bis ans Ende seiner Tage. Und Gott vertrieb ihn in die Gegend von Nod, jenseits von Eden, gegen Morgen.

Und er nahm seine Schwester mit sich und wohnte daselbst.

Adams Tod. Vgl. 1.Mos. 5,3-12

6 Einhundert Jahre lang trauerten Adam und Eva um Abel.

Und Adam erkannte abermals sein Weib und sie gebar einen Sohn, und er nannte ihn Seth*.

* Vgl. 1.Mos. 4,25

Und Seth glich dem Adam an Vollkommenheit und war ein schöner und riesengroßer Mann, der Vater aller Riesen, die vor der großen Flut die Erde bewohnten.

Und Seths Sohn hieß Enos, und Enos zeugte den Kenan und Kenan den Mahalaleel.

Dies aber sind die Erzväter, die in Adams Tagen geboren wurden.

Denn Adam lebte neunhundertdreißig Jahre, und da sein Sterbetag nahte, war Mahalaleel im einhundertfünfunddreißigsten Jahr.

Und Adam rief den Seth und seine Söhne zu sich und segnete sie und betete für sie.

Und er gebot seinem Sohn Seth und sprach: Höre, du mein geliebter Sohn Seth und achte genau auf meine Worte! Denn du sollst sie zu deiner Stunde dem Enos anbefehlen, und Enos soll sie dem Kenan sagen zu seiner Zeit, und Kenan dem Mahalaleel, und sollen diese Worte sich fortpflanzen durch die Geschlechter.

Nach meinem Tod sollt ihr meinen Leib nehmen und mit Öl salben und ihn in die Schatzhöhle legen. Und welcher eurer Kinder übrig bleibt, wenn ihr dieses Land in der Nähe des Paradieses verlaßt, der soll meinen Leib mitnehmen und ihn in der Erde Mitte hintragen und dort niederlegen.

Denn dort wird sein die Stätte der Erlösung für mich und meine Nachkommen.

Dich aber, geliebter Sohn Seth, setze ich ein als Führer der Söhne deines Volkes. So leite sie denn an zur Gottesfurcht, auf daß sie sich rein und heilig halten! Und haltet euch und eure Kinder fern von dem Geschlecht des Mörders Kain und seinen Kindern!

Da nun das Wort vom Sterben Adams kund ward, kamen alle seine Kinder und Kindeskinder zu ihm, der Enos, der Kenan und der Mahalaleel, mitsamt ihren Weibern und Kindern.

Und Adam segnete sie alle und betete für sie. Und im neunhundertdreißigsten Jahr von der Schöpfung an gerechnet verließ der Urvater Adam diese Welt am vierzehnten Nisan, an einem Freitag in der neunten Stunde.

Das war aber dieselbe Stunde, da der Menschensohn am Kreuz seine Seele dem Vater zurückgab.

Und wie es Adam ihm aufgetragen hatte, salbte Seth seinen Leichnam mit Öl.

Und weil Adam der erste Gestorbene war auf Erden – Abel aber ward ermordet –, war große Trauer um ihn. Und sie trauerten einhundertvierzig Tage, ehe sie seinen Leichnam auf die Spitze des Berges brachten, und begruben ihn in der Schatzhöhle.

Und da sie ihn begraben hatten, trennte sich das Geschlecht des Seth von dem des Mörders Kain.

Und Seth nahm seinen erstgeborenen Sohn Enos und zog mit ihm und Kenan und Mahalaleel und ihren Weibern und Kindern zum heiligen Berg, da Adam begraben lag.

Kain aber und sein Geschlecht blieben unten in der Ebene, da Kain den Abel erschlagen hatte.

Leben und Tod des Erzvaters Seth.

7 Es war nun der Seth der Führer der Söhne seines Volkes und leitete sie an zur Reinheit und Heiligkeit. Und das Leben seiner Sippe war Gott wohlgefällig, daß man ihnen den Ehrennamen Kinder Gottes gab.

Gott ehrend und fürchtend lebten sie am heiligen Berg und stiegen an Stelle der Schar der gefallenen Engel hinauf an die Grenzen des Paradieses zum Lobpreis Gottes.

Und sie lauschten dem Lobgesang der Engel aus dem Paradies und antworteten ihnen mit ihrem Preisen und waren aller anderen Pflichten und Mühen ledig.

Und das Paradies war nur um ein Geringes höher als sie, nicht mehr denn dreißig Ellen, nach dem Maß des Geistes, und hatten keine Arbeit und keine Sorge und mußten weder säen noch ernten. Denn sie nährten sich von den lieblichen Früchten der wunderbaren Bäume und ergötzten sich an dem Wohlgeruch, der vom Paradies ausging.

Heilig war die Sippschaft des Seth, denn Gott hatte sie geheiligt, und ihre Weiber waren ehrbar, ihre Söhne lauter und ihre Töchter keusch und züchtig.

Und unter den Söhnen gab es weder Aufruhr noch Neid, noch Jähzorn oder Feindschaft; und unter den Töchtern gab es weder unreine Begierden noch unzüchtige Reden. Und nie vernahm man unter ihnen einen Fluch oder eine Lüge, denn sie schworen: Beim reinen Blut Abels!

Täglich zogen sie des Morgens mit ihren Weibern und Kindern auf den Gipfel des heiligen Berges und beteten dort Gott an. Und Seth segnete sie vor dem Leichnam des Vaters Adam und sie hoben ihre Augen, blickten hin zum Paradies und priesen Gott.

Und ihre Tage vergingen in unendlichem Glück.

Seth aber lebte neunhundertundzwölf Jahre. Und da er fühlte, daß seine Stunde gekommen war, rief er seine Söhne Enos, Kenan und Mahalaleel und Jared, der war der Sohn des Mahalaleel und dessen Sohn Henoch mitsamt ihren Weibern und Kindern.

Und er segnete sie und betete für sie und sprach zu ihnen: Ich beschwöre euch bei Abels reinem Blut, daß keiner von euch von diesem heiligen Berg hinabsteige in die Ebene zu den Kindern des Mörders Kain und daß ihr euch nicht mit ihnen vermischt! Denn Feindschaft ist zwischen ihm und uns seit dem Tag, da er Abel tötete.

Und er segnete seinen Sohn Enos und gab ihm die Botschaft Adams und machte ihn zum Führer der Kinder seines Volkes.

Und schwören ließ er ihn, daß er sie zur Reinheit und Heiligkeit anleiten und daß er Adams Leichnam geziemend Ehre erweisen wolle.

Darauf starb Seth in seinem neunhundertundzwölften Jahr. Es war aber der siebenundzwanzigste Tag des gesegneten Monats Ab und ein Montag und die dritte Stunde.

Und sein erstgeborener Sohn Enos salbte den Leichnam, und sie betrauerten ihn vierzig Tage und begruben ihn in der Schatzhöhle.

Lamech tötet Kain.

8 Und Enos war der Führer der Kinder seines Volkes und hielt sich an die Gebote, die ihm sein Vater Seth gegeben hatte, und diente Gott in der Schatzhöhle. Und die Kinder seines Volkes leitete er in aller Reinheit und Heiligkeit und ermahnte sie zur Beharrlichkeit im Gebet.

Und in der Zeit des Enos, im achtundzwanzigsten Jahr, geschah es, daß Lamech* in der Gegend von Nod den Mörder Kain tötete. * Vgl. 1.Mos. 4,23

Und so geschah es: Lamech war blind und pflegte durch die Wälder zu streifen und stützte sich dabei auf seinen Sohn, der war noch ein kleiner Knabe, und der lenkte ihm den Arm auf das Wild, sooft er welches sah.

Und Lamech hörte die Stimme des Kain, der im Wald herumstreifte, weil er nirgends Ruhe fand. Doch in seiner Blindheit hielt Lamech Kain für ein wildes Tier, das im Wald herumjagt.

Und er nahm seinen Bogen, hob den Arm, spannte den Bogen und schoß, ohne zu zielen. Und er traf den Kain zwischen die Augen, so daß er hinfiel und starb.

Lamech aber glaubte, er habe ein Wild getroffen, und sprach zu seinem Knaben: Geh hin und bring mir das Wild, das ich erlegt.

Doch da sie hinkamen, sprach der Knabe, der Lamech stützte: Weh uns, Vater! Es ist Kain, den du getötet hast. Da schlug Lamech entsetzt die Hände zusammen und traf seinen Sohn und tötete ihn.

Das war zu der Zeit des Enos. Und Enos lebte neunhundertundfünf Jahre.

Und da seine Stunde nahte, kamen alle Erzväter zu ihm, sein erstgeborener Sohn Kenan und Mahalaleel, Jared, Henoch und Methusalah mitsamt ihren Weibern und Kindern.

Und er segnete sie und betete für sie und sprach zu ihnen: Ich beschwöre euch bei Abels reinem Blut! Steigt nicht hinab in die Ebene und in das Lager der Sippe des Mörders Kain und vermischt euch nicht mit ihnen! Denn Feindschaft ist zwischen ihnen und uns seit dem Tag, da der Kain den Abel tötete.

Und er segnete seinen erstgeborenen Sohn Kenan und gab ihm die Botschaft Adams und wies ihn an, der Schatzhöhle sein Leben lang zu dienen und sein Volk in Reinheit und Heiligkeit zu leiten.

Und Enos starb am dritten Tag des ersten Tischri, an einem Samstag, im dreiundfünfzigsten Lebensjahr des Methusalah.

Und sein Erstgeborener, Kenan, salbte ihn, und sie betrauerten ihn vierzig Tage und begruben ihn dann in der Schatzhöhle bei seinen Vätern Adam und Seth.

Der Fall der Sethiden.

9 Und Kenan lebte 920 Jahre und diente vor der Schatzhöhle und leitete sein Volk in Reinheit und Heiligkeit.

Und da er starb, gab er die Botschaft Adams an seinen Erstgeborenen, Mahalaleel, und der trat den Dienst vor Gott an.

Und er war seinem Volk ein guter Führer und verharrte Tag und Nacht im Gebet und ermahnte sein Volk zur Heiligkeit und Lauterkeit.

Und er lebte achthundertfünfundneunzig Jahre, bis seine Stunde nahte.

Und es kamen alle Erzväter zu ihm, sein Erstgeborener, Jared, mit Henoch, Methusalah, Lamech und Noah samt ihren Weibern und Kindern.

Und er segnete sie und betete für sie und sprach zu ihnen: Ich beschwöre euch bei Abels reinem Blut, daß keiner von Euch vom heiligen Berg herabsteige in die Ebene zu den Kindern des Mörders Kain! Denn ihr alle kennt die

Feindschaft zwischen ihnen und uns seit dem Tag, da Kain den Abel schlug.

Und er segnete seinen Erstgeborenen, Jared, und gab ihm die Botschaft Adams und setzte ihn zum Führer der Söhne seines Volkes.

Und Mahalaleel starb am zweiten Nisan, an einem Sonntag um die dritte Stunde, im vierunddreißigsten Lebensjahr Noahs.

Und sein Erstgeborener, Jared, salbte ihn mit Öl und sie betrauerten ihn vierzig Tage und begruben ihn in der Schatzhöhle.

Dann trat Jared den Dienst vor Gott an, und er war seinem Volk ein guter Führer und in allen Tugenden vollkommen und harrte aus im Gebet bei Tag und bei Nacht.

So trefflich war seine Führerschaft, daß Gott sein Leben länger dauern ließ als das seiner Vorgänger.

Doch in Jareds fünfhundertstem Jahr geschah es, daß die Kinder Seths die Schwüre brachen, die sie ihren Vätern gegeben hatten, und begannen vom heiligen Berg hinabzusteigen in die Ebene und in das Lager der Schlechtigkeit und der Kinder Kains.

So vollzog sich der Fall der Kinder Seths.

Und da das erste Jahrtausend der Geschichte der Menschheit in das vierzigste Jahr Jareds fiel, geschah dies im Jahr eintausendvierhundertundsechzig nach der Schöpfung.

Das Buch Adam und Eva

Die Not Adams und Evas.

Und Gott der HERR trieb den Adam aus dem Paradies ob seiner Sünde, und es begann das irdische Leben des Adam und der Eva.

Und sie bauten sich eine Hütte und weilten da sieben Tage und trauerten und waren betrübt. Nach sieben Tagen aber quälte sie der Hunger und sie suchten nach Speise und fanden keine.

Da sprach Eva zu Adam: Ach, mein Herr, mich hungert gar sehr! Geh und suche uns etwas zu essen. Vielleicht sieht Gott der HERR uns gnädig an und ruft uns voll Erbarmen wieder ins Paradies.

Und Adam machte sich auf und zog sieben Tage durch das Land, doch fand er keine der Speisen, die sie im Paradies gegessen hatten.

Da sprach Eva: Ach, mein Herr, willst du, so töte mich. Vielleicht ist dir dann der HERR gnädig und läßt dich heim ins Paradies, denn nur meinetwegen wurdest du von dort vertrieben.

Doch Adam entgegnete ihr und sprach: Laß ab von deiner Rede, Eva, auf daß der HERR nicht einen zweiten Fluch über uns verhängt! Denn wie könnte ich meine Hand gegen mein eigenes Fleisch* erheben. Laß uns gemeinsam nach Nahrung suchen, damit wir nicht gänzlich dahinschwinden.

* Vgl. 1.Mos. 2,21f.

Und sie zogen gemeinsam durch das Land und suchten neun Tage lang, doch fanden sie nichts von dem, das sie im Paradies genossen hatten, sondern nur Speisen tierischer Art.

Da sprach Adam zu Eva: Engelsbrot waren wir gewöhnt, doch hier gibt es nur Nahrung für Tiere. Darum wollen wir trauern vor dem Angesichts des HERRN, unseres Schöpfers. Laß uns Buße tun, Eva! Vielleicht vergibt uns Gott der HERR und zeigt uns Erbarmen und weist uns etwas zu, davon wir leben können.

Der zweite Fall der Eva.

2 Da sprach Eva zu Adam: Ach, mein Herr, sage mir: Was ist Buße und wie soll ich Buße tun? Achte darauf, daß wir uns nicht eine Anstrengung auferlegen, die wir nicht tragen können, daß wir den HERRN abermals erzür-

nen. Sag mir also, mein Herr, wieviel Buße willst du leisten? Denn ich bin es doch, die dir Mühe und Not bereitet hat.

Und Adam antwortete und sprach: Du kannst nicht so viel Buße tun wie ich, doch tu soviel, als dein Körper erträgt. Ich selbst will vierzig Tage fasten. Du aber mach dich auf und geh zum Tigris. Und nimm einen Stein und stelle dich darauf und zwar dort, wo der Fluß am tiefsten ist. Und keine Rede gehe aus deinem Mund! Denn es sind unsere Lippen unrein vom Genuß der verbotenen Frucht, und wir sind nicht würdig, den HERRN zu bitten.

So bleibe im Wasser siebenunddreißig Tage. Ich aber will zum Jordan ziehen und dort vierzig Tage im Wasser stehen. Vielleicht schenkt uns dann Gott der HERR seine Gnade.

Da ging Eva zum Tigris und tat, wie ihr Adam geheißen. Und Adam ging zum Jordan und stellte sich dort auf einen Stein und das Wasser reichte ihm bis an den Hals.

Und Adam sprach: Ich bitte dich, du Wasser des Jordan, betrübe dich mit mir und sammle alles schwimmende Getier um mich, auf daß es mit mir traure. Nicht sich sollen sie schlagen, sondern mich, denn sie taten keine Sünde, ich aber bin ein großer Sünder unter ihnen.

Und alsbald kamen alle Tiere des Jordan und umgaben ihn und der Fluß blieb von Stund an stehen und floß nicht weiter.

Doch da achtzehn Tage vergangen waren, wurde Satan zornig und nahm die Lichtgestalt eines Engels an und ging zu Eva an den Tigris. Und da er die Eva dort weinend fand, stellte er sich so, als sei er mit ihr betrübt, und fing auch an zu weinen und sprach: Steig aus dem Fluß und weine nicht länger, laß ab von der Trauer und den Klagen! Warum bist du in Kümmernis gleich deinem Manne Adam? Gott der HERR in seiner Gnade hat eure Klage gehört und eure Buße angenommen. Wir Engel baten flehentlich für euch. Mich aber hat der HERR gesandt, euch aus dem Fluß zu holen und euch die Nahrung zu geben, die ihr im Paradies hattet und um die ihr trauert. Darum komm heraus aus dem Fluß, ich will euch zu einem Ort führen, wo Nahrung und Speise eurer harrt.

Da traute Eva dem Satan zum zweiten Mal und stieg aus dem Wasser. Und von seiner Kälte zitterte ihr Fleisch wie Gras im Wind und sie fiel zu Boden, doch Satan richtete sie auf und führte sie zu Adam.

Da Adam sie erblickte und den bösen Feind hinter ihr, weinte und schrie er und sprach: Weh mir, weh dir, Eva! Sage mir, Eva, wo bleibt deine Buße? Abermals hast du dich von unserem Widersacher verführen lassen! Denn er war es, dessentwegen wir aus dem Paradies und seinen geistlichen Freuden vertrieben wurden.

Die Feindschaft zwischen Satan und den Menschen.

3 Da Eva dies vernahm, erkannte sie, daß es der Teufel war, der ihr geraten hatte, aus dem Fluß zu steigen, und sie fiel auf ihr Antlitz und tobte vor Trauer, Wut und Schmerz, und sie rief laut und sprach: Verfluchter Teufel, was bekämpfst du uns ganz ohne Grund? Was steht zwischen dir und uns? Was haben wir dir getan, daß du uns voll List verfolgst? Nenne mir den Grund deiner unermeßlichen Bosheit! Nicht wir haben dir deine Herrlichkeit und deine Ehre entzogen. Darum sage mir, du schlimmer Feind, was verfolgst du uns bis zum Tod in Haß und Neid?

Da seufzte der Teufel und sprach: Ach Adam, all meine Feindschaft und mein Neid und mein Schmerz geht gegen dich, denn um deinetwillen ward ich vertrieben und entfremdet von meiner Herrlichkeit, die ich im Himmel genossen habe. Um deinetwillen bin ich aus der Schar der Engel verstoßen worden und lebe jetzt hier auf der Erde im Elend. Antwortete ihm Adam: Sage mir, was habe ich dir getan und was ist meine Schuld dir gegenüber? Keiner von uns hat dich geschädigt oder verletzt!

Da antwortete ihm der Teufel und sprach: Sprich nicht so zu mir, Adam! Um deinetwillen bin ich aus dem Paradies verstoßen und aus der Schar der Engel verbannt worden. Denn da Gott den Atem des Lebens in dich blies und dich schuf nach seinem Ebenbild, rief mich Michael. Und er hieß mich, dich zu verehren im Angesicht Gottes. Und Gott der HERR sprach: Siehe, Adam, ich schuf dich nach meinem Bild und Gleichnis.

Und Michael kam herauf und sprach zu allen Engeln: Verehre das Ebenbild Gottes, wie es Gott der HERR befiehlt. Er selbst fiel aber als erster auf die Knie vor dir, Adam. Und dann rief er mich und sprach: Verehre Gottes Ebenbild. Ich aber antwortete ihm und sprach: Was drängst du mich? Ich werde ihn nicht anbeten, denn er ist geringer und jünger als ich. Lange ehe er geschaffen ward, war ich geschaffen! Er möge auf die Knie fallen und mich verehren. Und da die Engel, die ich anführte, dies hörten, wollten sie dich auch nicht verehren.

Und Michael sprach zu mir: Bete an des HERRN Ebenbild! Weigerst du dich, so wird Gott der HERR in Zorn geraten deinetwegen. Ich aber antwortete ihm und sprach: Zürnt er mir, dann will ich in den Himmel steigen und meinen Stuhl über die Sterne Gottes erhöhen.*

* Vgl. Jes. 14,13

Und Gott der HERR ward zornig über mich und meinesgleichen und verbannte mich aus seiner Herrlichkeit mitsamt meinen Engeln, und wir wurden aus unseren himmlischen Wohnungen in die Welt vertrieben und auf die Erde verstoßen um deinetwillen. All unsere Herrlichkeit haben wir verloren und leben seither in großer Betrübnis. Und wir sahen dich in Wonne und Freude leben und ertrugen es nicht. Darum umgarnte ich dein Weib und brachte es dahin, daß ihr um ihretwillen aus der himmlischen Wonne und Freude vertrieben wurdet, wie ich vertrieben ward aus meiner Herrlichkeit.

Da Adam aber diese Rede Satans vernommen hatte, weinte er laut und betete und sprach: HERR Gott im Himmel, in deiner Hand liegt mein Leben! Schütze mich vor meinem Feind, der meine Seele zu verderben sucht, und gib mir die Herrlichkeit, die er verloren hat. Und der Teufel verließ ihn und Adam hielt aus in seiner Buße und stand vierzig Tage im Wasser des Jordan.

Die Geburt des Kain.

4 Und Eva sprach zu Adam: Bleibe doch am Leben, mein Herr! Du darfst leben, denn du hast weder den ersten noch den zweiten Fall getan. Meine Schuld ist alles, denn ich habe mich verführen lassen und habe Gottes Gebote nicht gehalten. Darum entferne ich mich jetzt vom Licht des Lebens. Ich will gen Westen ziehen und dort verweilen, bis der Tod mich holt. Und sie zog gen Westen und baute sich eine Wohnung und weinte und trauerte. Doch war sie schwanger.

Und da die Zeit nahte, da sie gebären sollte, da suchten sie große Schmerzen heim. Und sie warf sich auf die Knie und rief den HERRN an und sprach: Erbarme dich meiner, HERR, und hilf mir! Doch der HERR erhörte sie nicht und seine Barmherzigkeit war nicht um sie. Und sie sprach bei sich: Wer wird meinem Gatten Adam verkünden, was hier mit mir geschieht? Euch, ihr Himmelsleuchten, bitte ich: Wenn ihr gen Osten heimkehrt, berichtet meinem Herrn Adam, wie es mir hier ergeht.

Es war aber zu dieser Stunde, daß Adam zu sich sprach: Ich vernehme eine Klage der Eva. Vielleicht kämpft die Schlange abermals gegen sie. Und er zog zu ihr hin und fand sie in tiefer Traurigkeit. Und Eva sprach: Ach Adam, dein Anblick erquickt meine schmerzerfüllte Seele! Doch bitte jetzt du den HERRN für mich, daß er mich gnädig ansehe und von meinen argen Schmerzen befreie! Und Adam bat den HERRN für Eva.

Da stellten sich zwölf Engel und zwei himmlische Geister zur Rechten und Linken der Eva. Und Michael, der auf der rechten Seite stand, berührte sie vom Antlitz bis zur Brust und sprach zu Eva: Gesegnet seist du Eva um Adams willen! Weil er mit aller Kraft zu Gott dem HERRN gebetet hat, bin ich gesandt worden, dir beizustehen. Darum mache dich bereit zu gebären.

Und Eva gebar einen strahlenden Knaben. Und der stand von ihrem Schoße auf und lief hin und pflückte einen Halm – das ist Kenah – und brachte ihn seiner Mutter und ward genannt Kain. Adam aber nahm Eva und den Knaben und führte sie zurück gen Osten.

Kain schlägt seinen Bruder Abel.

5 Und Gott der HERR sandte durch Michael allerlei Samen und der gab sie dem Adam und lehrte ihn, die Erde zu bearbeiten und zu säen und zu ernten, auf daß er Nahrung habe für sich und seine Nachkommen. Und Eva ward schwanger und gebar einen Sohn, dessen Name war Abel. Und Kain und Abel blieben beieinander.

Und Eva sprach zu Adam: Mein Herr! Im Schlaf sah ich unseren Sohn Abel und er blutete. Und ich sah unseren Sohn Kain und seine Hand war befleckt vom Blut seines Bruders und er leckte daran; das macht mir Furcht. Und Adam sprach: Weh, daß nicht etwa Kain den Abel erschlage! Trennen wollen wir die beiden und jedem einen Ort für sich verschaffen.

Also machten sie den Kain zum Ackerbauer, den Abel aber zum Hirten. Danach aber erschlug Kain den Abel.

Adam aber war einhundertunddreißig Jahre alt, da Abel erschlagen ward im Alter von einhundertundzweiundzwanzig Jahren.

Eine Vision Adams.

6 Und Adam wohnte seinem Weib bei und zeugte einen Sohn und nannte ihn Seth. Und er sprach zu Eva: Siehe, ich zeugte dir einen Sohn anstatt des Abels, den Kain erschlug. Und danach lebte er noch achthundert Jahre und zeugte dreißig Söhne und dreißig Töchter, daß die Zahl seiner Kinder war dreiundsechzig. Und die verbreiteten sich über die Erde mit ihren Kindern und Kindeskindern und machten sich die Erde untertan.

Und Adam sprach zu Seth: Höre, mein Sohn, ich will dir künden, was ich nach unserer Vertreibung aus dem Paradies gehört und gesehen habe. Da deine Mutter und ich beim Gebete waren, sandte Gott den Erzengel Michael zu mir. Und ich sah einen Wagen, dem Winde gleich, mit feurigen Rädern, und ward in ihm entrückt ins Paradies der Gerechtigkeit. Und ich sah Gott den HERRN sitzen, doch sein Anblick war mir unerträglich gleich brennendem Feuer. Und links und rechts von meinem Wagen waren viel tausend Engel.

Da ich dies sah, fürchtete ich mich und warf mich zu Boden und betete Gott den HERRN an. Und er sprach zu mir: Siehe, du wirst sterben. Meinem Gebot warst du ungehorsam und auf die Stimme deines Weibes hast du gehört, obwohl ich sie deiner Hand überwies, daß sie dir zu Willen sei. Doch du hast dich ihr gefügt und warst meinem Gebot ungehorsam.

Da fiel ich zur Erde und betete den Herrn an und sprach: Mein HERR, allmächtiger und barmherziger, getreuer und heiliger Gott, schone den, der deiner Majestät gedenkt, und bekehre meine Seele. Ich fühle, daß ich sterbe und daß der Atem des Lebens mich verläßt. Verwirf nicht vor deinem Angesicht, den du aus Erdenkot gebildet hast! Entziehe dem, den du großgezogen, nicht deine Gnade. Und siehe, da sprach der HERR ein Wort, das dich betrifft: Weil ich dich geschaffen nach meinem Ebenbild, darum soll dein Same in alle Ewigkeit mir dienen dürfen.

Da warf ich mich nieder und betete zu Gott dem HERRN: Du bist der ewige Gott und der Höchste. Und alles, das da lebt, bringt dir Preis und Lob. Du bist das alles überstrahlende wahre Licht, das lebendige Leben, die unbegreifliche Kraft. Die Geister preisen dich und am Menschengeschlecht wirkst du deine Barmherzigkeit.

Und da ich so den HERRN angebetet hatte, nahm mich der Erzengel Michael an der Hand und trieb mich ein zweites Mal aus dem Paradies zur Strafe und auf Befehl des HERRN. Und Michael berührte mit seinem Stab die Flüsse, die das Paradies umgaben, und sie gefroren zu Eis.

Da ging ich hinüber und der Erzengel brachte mich an den Ort, von dem er mich entrückt hatte. Und noch viele andere Geheimnisse kenne ich, die mir offenbart wurden, weil ich vom Baum des Lebens gegessen habe, und weiß die künftige Geschichte dieses Alters der Welt.

Adam bekennt seinen Söhnen seine Verfehlungen.

7 Adam war in seinem neunhundertunddreißigsten Jahr und er wußte, daß seine Tage gezählt waren, und sprach: Alle meine Söhne sollen sich bei mir versammeln, auf daß ich sie segne und zu ihnen spreche, bevor ich sterbe.

Da versammelten sich die Söhne in drei Teilen vor dem Bethaus, allwo sie Gott den HERRN zu preisen pflegten. Und sie fragten ihn: Was ist dir, o Vater, daß du uns hast versammelt? Warum verläßt du nicht dein Bett? Und Adam antwortete ihnen und sprach: Ach, meine Söhne, furchtbare Schmerzen quälen mich. Und die Söhne antworteten ihm: Vater, wie geht es einem, den furchtbare Schmerzen quälen?

Seth, sein ältester Sohn, aber sprach: Herr, ist's nicht an dem, daß dich verlangt nach der Paradiesfrucht, die du einst gegessen hast, und liegst deshalb so betrübt hier? Sage es mir, dann will ich ganz nahe an die Pforten des Paradieses gehen und mir Asche aufs Haupt streuen und mich zu Boden werfen und den HERRN anflehen. Mag sein, daß er mich erhört und einen Engel sendet und dir von der Frucht gibt, nach der du verlangst.

Antwortete Adam und sprach: Nein, mein Sohn, es ist nicht das Verlangen nach jener Frucht, das mich so quält. Die furchtbaren Schmerzen sind es, die mich quälen. Erwiderte Seth: Was ist Schmerz, Vater? Verhehl es mir nicht und gib mir eine Antwort.

Da hob Adam an und sprach: Hört mir zu, ihr Söhne: Da Gott mich und eure Mutter schuf, gab er uns einen Platz im Paradies und schenkte uns die Früchte aller Bäume zur Nahrung. Doch gab er uns auch ein Verbot und sprach: Vom Baum der Erkenntnis des Guten und des Bösen, der da steht in der Mitte des Paradieses, von dem dürft ihr niemals essen!* Und Gott teilte das Paradies und gab jedem von uns einen Teil, mir und eurer Mutter. So waren die Bäume des Ostens und des Nordens mir zu eigen und die des Westens und des Südens eurer Mutter.

* Vgl. 1.Mos. 3,3

Und Gott gab uns auch zwei Engel, die sollten uns bewachen. Doch es kam die Stunde, da die Engel sich hinaufbegaben vor das Antlitz Gottes, um ihn anzubeten. Und diese Stunde nutzte Satan, der Widersacher, und verführte eure Mutter, daß sie von der verbotenen Frucht aß. Und sie gab mir die Frucht, und wehe, ich aß sie.

Und alsbald ward der HERR zornig über uns und sprach zu mir: Von meinem Wort bist du abgewichen und mein strenges Gebot hast du gebrochen! Strafen will ich dich darum und deinen Körper will ich quälen mit siebzig Plagen und vielen Schmerzen! Vom Kopf, den Augen und den Ohren an, bis zu den Fußnägeln, sollt ihr leiden, du und die Deinen. Und so ist es geschehen, und Gott der HERR hat dies alles mir und den Meinen gesandt.

Solches sprach Adam zu seinen Söhnen und ward ergriffen von großen Schmerzen und schrie und sprach: Wehe mir, was soll ich Unglücklicher tun? Und da Eva seine Tränen sah, da weinte auch sie und sprach: Ach Gott, mein HERR, so hilf ihm doch und übertrage seine Schmerzen auf mich! Ich war es doch, die gesündigt hat. Und sie sprach zu Adam: Ach Herr, gib mir doch einen Teil deiner Schmerzen! Es ist doch meine Schuld, daß du nun leidest.

Die Schlange beißt Seth.

8 Da sprach Adam zu Eva: Mache dich auf, nimm meinen Sohn Seth und gehe mit ihm zu den Flüssen, die das Paradies umgeben, und streut Staub auf euer Haupt und werft euch zu Boden und klagt im Angesicht Gottes. Vielleicht erbarmt sich Gott der HERR meiner und sendet seinen Engel zum Baum seiner Barmherzigkeit, woraus das Öl des Lebens fließt, und gibt euch davon, daß ihr mich salbt und mich rettet vor den Schmerzen, die mich verzehren.

Da gingen Seth und seine Mutter zu den Toren des Paradieses. Und siehe, es kam ihnen ein Tier entgegen und fiel den Seth an und biß ihn. Dieses Tier war aber der böse Feind, die Schlange. Als Eva dies sah, da weinte sie und sprach: Wehe mir, wehe mir! Am Tag der Auferstehung werden alle Sünder mich verfluchen und sagen: Es war Eva, welche die Gebote des HERRN mißachtet hat. Und sie wandte sich gegen das Tier und sprach: Du böses Tier, fürchtest du dich nicht, Gottes Ebenbild zu bekämpfen? Was drohst du mir mit deinen Zähnen? Da antwortete ihr das Tier in der Sprache der Menschen: Anmaßend ist deine Rede, o Eva, und deine Anschuldigungen richten sich gegen dich selbst! Wer war es denn, wenn nicht du, welche der Menschen Herrschaft über die Tiere zerstört hat? Und war es nicht dein eigener Mund, der sich öffnete, die Frucht zu essen, die Gott der HERR euch verboten hatte? Deine Sünde war es, die die Schöpfung verwandelt hat!

Da sprach Seth zu dem Tier: Dich schelte Gott der HERR! Schweig still, du verfluchter Feind der Wahrheit, du verderblicher Verwirrer! Laß ab von Gottes Ebenbild und fürchte den Tag, an dem Gott der HERR dich zur Verantwortung ziehen wird! Da gehorchte das Tier und sprach: Ich lasse ab von dir, weil du Gottes Ebenbild bist. Es hatte das Tier aber dem Seth mit den Zähnen eine tiefe Wunde beigebracht.

Michael prophezeit die Ankunft Christi.

9 Seth aber und seine Mutter zogen fort in die Nähe des Paradieses, das Öl der Erbarmung zu erlangen und Adam damit zu salben. Und sie kamen vor die Tore des Paradieses und warfen sich zu Boden und bedeckten ihr Antlitz mit Staub und beteten laut und klagten, damit sie Gott den HERRN gnädig stimmten, daß er sich Adams erbarme und ihm das wunderbare Öl sende zur Linderung seiner Schmerzen.

Und da sie viele Stunden gebetet hatten, kam der Erzengel Michael zu ihnen und sprach: Gott der HERR hat mich zum Meister des menschlichen Leibes gemacht und mich zu euch gesandt. Und ich sage dir Seth, du Mann Gottes, laß ab von deinen Bitten um das Öl des Erbarmens zur Linderung der Schmerzen deines Vaters Adam. Denn dieses Öl wird dir versagt bleiben und wirst nichts davon erhalten, sondern erst in den letzten Tagen, wenn 5500 Jahre vergangen sind, wird der liebreiche König Christus, der Sohn Gottes, auf die Erde kommen, und er wird den Leib Adams und die Leiber der Toten wieder auferwecken.

Und Gottes Sohn wird im Wasser des Jordan getauft werden und wird mit dem Öl des Erbarmens alle salben, die an ihn glauben. Und von da an in alle Ewigkeit wird das Öl des Erbarmens denen zuteil werden, die aus Wasser und heiligem Geist ins ewige Leben wiedergeboren werden. Und dann wird der Tag kommen, da Christus, der liebreiche Gottessohn, hinabsteigen und deinen Vater hinauf ins Paradies zum Baum der Barmherzigkeit führen wird.

Darum geh jetzt heim zu deinem Vater, denn seine Tage sind gezählt. Sechs Tage noch, dann wird seine Seele den Leib verlassen und werden große

Wunder geschehen, und Zeichen wirst du sehen auf der Erde, am Himmel und an den Sternen.

Und Michael verließ den Seth. Der aber zog heim mit seiner Mutter und brachte vielerlei Wohlgerüche mit sich: Safran, Kalmus, Zimt und Narde.

Der Tod Adams.

10 Da nun Seth und seine Mutter heimgekehrt waren, erzählten sie Adam, daß die Schlange den Seth angegriffen und ihm eine tiefe Wunde zugefügt habe. Da sprach Adam zu Eva: Weh dir, was hast du getan? Vergehen und Sünde hast du über uns und über unser Geschlecht gebracht und große Plage. Darum sage ich dir: Nach meinem Tod sollst du deine Vergehen meinen Söhnen bekennen. Denn die aus uns entstehen, werden unzufrieden sein, und die Plage wird sie matt und müde machen. Und sie werden sich gegen uns kehren und werden uns verfluchen und sprechen: Wehe uns, all unsere Übel haben unsere Eltern über uns gebracht, die von Anbeginn waren. Da weinte und seufzte Eva.

Und wie der Erzengel Michael gesagt hatte, kam Adams Sterbestunde nach sechs Tagen. Und da Adam spürte, daß seine Todesstunde gekommen war, wandte er sich zu seinen Söhnen und sprach: 930 Jahre währte mein Leben. Wenn ich nun gestorben bin, begrabt meinen Leib gen Osten in der Nähe meiner Wohnung. Und nach diesen Worten gab er seinen Geist auf.

Da verfinsterte sich die Sonne und der Mond und die Sterne sieben Tage lang. Und Seth hielt seines Vaters Leib von oben her umschlungen und beklagte ihn. Eva aber hielt die Hände über den Kopf und schaute zu Boden und alle ihre Söhne weinten.

Da erschien der Erzengel Michael und stellte sich zu Häupten Adams und sprach zu Seth: Erhebe dich von deines Vaters Leichnam! Komm her zu mir und vernimm, was Gott der HERR über ihn befohlen hat. Denn er ist sein Gebilde, darum erweist er ihm Erbarmen. Und es bliesen alle Engel die Trompeten und sprachen dazu: Gepriesen seist du, HERR, daß du dich deiner Kreatur erbarmst.

Und Seth sah, wie Gott der HERR den Leichnam Adams aufnahm und ihn in den ausgestreckten Händen hielt und dem Michael übergab, und er hörte Gottes Wort, und Gott sprach: Ich übergebe ihn dir, und du sollst ihn hüten bis zum Tage des Gerichts, und büßen soll er bis zur Endzeit, dann aber will ich sein Leid in Freude verwandeln. Dann will ich ihn auf den Thron dessen setzen, der ihn zu Fall gebracht hat.

Und der HERR sprach zu den Engeln Michael und Uriel: Bringt mir drei

Stücke feines Leinen und breitet sie über Adam und seinen Sohn Abel und begrabt die beiden nebeneinander.

Und das Heer der Engel zog vor dem Adam her und weihte seine letzte Ruhestätte. Michael und Uriel aber begruben Adam und Abel nahe dem Paradies. Und keiner sah das, außer Seth und seiner Mutter. Und Michael und Uriel sprachen zu ihnen: So haltet es von nun an! Wie ihr es gesehen habt, so bestattet eure Toten.

Evas Testament, Tod und Begräbnis.

11 Und nach dem Tode Adams vergingen sechs Tage, da merkte Eva, daß ihre Stunde gekommen war. Und sie versammelte alle ihre Söhne und ihre Töchter, den Seth mitsamt seinen 30 Brüdern und 30 Schwestern, und sprach zu ihnen: Hört mich an, ihr Kinder, ich will euch verkünden: Da ich und euer Vater Gottes Gebot mißachteten, sprach Michael der Erzengel zu uns: Um eurer Sünden willen wird Gott der HERR über eure Nachkommen sein Zorngericht bringen und wird sie richten zuerst mit Wasser*, dann aber mit Feuer**, und wird richten das ganze Menschengeschlecht.

* Vgl. 1.Mos. 7 ** Vgl. z.B. Off. 8,7-10

Darum hört mich an, ihr Kinder: Macht euch Tafeln aus Stein und aus Lehm und schreibt darauf die Geschichte des Lebens eurer Eltern, wie ihr sie von uns gehört habt. Denn wenn Gott der HERR die Erde mit Wasser strafen wird, werden die Tafeln aus Lehm verschwinden, doch die aus Stein werden bleiben. Und wenn Gott der HERR die Erde mit Feuer strafen wird, werden die Tafeln aus Stein verschwinden, die aus Lehm aber werden gehärtet.

Und Eva breitete die Hände zum Gebet gen Himmel aus und betete den HERRN an und dankte ihm und gab den Geist auf. Und ihre Söhne begruben sie unter lautem Weinen.

Sie trauerten vier Tage, und der Erzengel Michael trat zu ihnen und sprach zu Seth: Mann Gottes, höre mich an! Nicht länger als sechs Tage sollst du um deine Toten trauern. Achte die Ruhe am siebenten Tag, sie ist das Zeichen der Auferstehung im Zeitalter nach dem Gericht; denn es ruhte auch der HERR am siebenten Tag von allen seinen Werken. Und Seth ging hin und machte die Tafeln.

Das Erste Buch Abraham

Dies ist das Buch von der Berufung Abrahams, des Sohnes Tharahs und Enkels Nahors, des Serugsohnes und Enkels Regus, des Arphachsadsohnes und Enkels Sems, des Sohnes Noahs und Enkel Lamechs, des Methusalemsohnes und Enkels Henochs, des Sohnes Jared.

Vgl. 1.Mos. 11,27 bis 1.Mos. 12,3

Abraham dient den Götzen.

1 Einst hobelte ich an den hölzernen Göttern meines Vaters Tharah und an denen Nahors, meines Bruders, und sann in meinem Herzen, welcher Gott in Wahrheit der starke sei.

Denn es war mein Los, im Auftrag meines Vaters den Opferdienst an seinen Göttern zu verrichten, an den hölzernen und an den steinernen und an denen aus Gold und denen aus Silber. Und ich war ein gehorsamer Sohn und tat, wie er mir aufgetragen hatte.

Und eines Tages ging ich in den Tempel, den Göttern zu dienen, und fand den Merumat, den Steingott, und er war vornübergefallen und lag zu Füßen des Nachon, des Eisengottes.

Da verzagte ich, denn ich wußte, daß ich alleine den Merumat nicht bewegen konnte ob seiner Größe und seines Gewichts. Und ich ging hin und tat es meinem Vater kund, und er folgte mir und ging mit mir in den Tempel.

Und wir hoben den Merumat auf, um ihn auf seinen Platz zu stellen, ich aber faßte ihn am Kopf. Und es geschah, daß der Kopf vom Körper brach und zu Boden fiel.

Da nun mein Vater den Kopf des Gottes am Boden liegen sah, sprach er zu mir: Du Abraham! Und ich antwortete ihm und sprach: Hier bin ich! Und er sandte mich heim und hieß mich, ihm ein kleines Beil zu bringen.

Und ich gehorchte, und mein Vater nahm einen großen Stein und hieb daraus einen anderen Merumat, doch dem fehlte der Kopf. Und er hob den Kopf vom Boden auf und setzte ihn auf den neuen Merumat, den alten aber zerschlug er.

Abraham handelt mit Götzen.

2 Und es formte mein Vater noch fünf andere Götter und gab sie mir und hieß mich, sie auf den Straßen zu verkaufen.

Da sattelte ich meines Vaters Esel und lud sie auf und zog in die Herbergen, meine Ware zu verkaufen. Und ich traf Kaufleute aus Fandana in Syrien, die hatten Kamele und zogen nach Ägypten, um dort Papyrus aus dem Nil zu kaufen.

Und da ich mit ihnen sprach, schrie eines der Kamele und schreckte meinen Esel, so daß er davonlief und die Götter zu Boden warf. Und es waren drei der Götter zerbrochen, zwei aber blieben ganz.

Da nun die Syrer sahen, daß ich Götter mit mir führte, sprachen sie: Du Tor, warum hast du uns nicht gesagt, daß du Götter verkaufst? Wahrlich, wir hätten sie gekauft, bevor der Esel des Kameles Schrei vernommen! Jetzt aber sind sie zerbrochen. Darum gib uns wenigstens die anderen Götter, und wir wollen dir einen gerechten Preis zahlen, für die zerbrochenen wie auch für die ganz gebliebenen.

Und diese Reise erleichterte mein Herz, denn ich war voll Sorge gewesen, wie ich dem Vater den Kaufpreis bringen könnte. Und ich nahm die zerbrochenen Götter und warf sie in den Gurfluß. Und sie versanken in der Tiefe und waren von nun an nicht mehr gesehen.

Abraham zweifelt an der Macht der Götzen.

3 Und ich zog heim, doch mein Sinn war verwirrt und tiefe Unruhe war in meinem Herzen. Und sprach bei mir: Ist es nicht ein böses Tun, dem sich mein Vater verschreibt? Welcher ist es, den ich in Wahrheit Gott nennen kann? Ist nicht mein Vater seiner Götter Gott? Denn sie entstehen durch seine Kunst und mit seinem Werkzeug. Wär's nicht gerecht, daß die Götter meinen Vater anbeten, der doch ihr Schöpfer ist? Ach welch ein Wahn ist doch in meines Vaters Werken!

Denn es fiel der Merumat zu Boden und konnte sich in seinem eigenen Tempel nicht erheben und mußte warten, bis ich kam. Doch auch ich konnte ihn nicht auf seinen Platz stellen und mußte warten, bis mein Vater kam. Und beide waren wir zu schwach und so fiel der Kopf des Merumat zu Boden. Da setzte mein Vater den Kopf auf einen anderen Steingott, den er mit einer kleinen Axt verfertigt hatte.

Und nun wurden drei Götter von einem Esel zertrümmert; doch weder konnten sie sich selbst retten, noch den Esel bestrafen nach Gebühr. Und ich warf ihre Reste in den Fluß, dort ruhen sie und kehren nicht wieder.

Und ich sprach bei mir: Wenn es sich so verhält, was vermag dann Merumat, der Götze meines Vaters? Kann er einen Menschen retten, kann er sein Bittgebet erhören oder ihn belohnen, der doch eines fremden Steines Kopf besitzt und selbst aus einem anderen Stein gefertigt ist?

Abraham versucht mit seinem Vater über die Götzen zu sprechen.

4 Solches bedenkend, gelangte ich zu meines Vaters Haus und tränkte den Esel und gab ihm Heu und nahm das Geld und gab es meinem Vater Tharah.

Und er sah das Geld und freute sich in seinem Herzen und sprach: Der Segen aller Götter möge auf dir ruhen, Abraham, denn du hast die Götter zu einem guten Preis verkauft und meine Arbeit war nicht vergeblich.

Ich aber sprach: Mein Vater Tharah, höre mich an! Du bist es, der diese Götter gesegnet hat; du bist ihr Gott, denn du hast sie geschaffen. Ihr Segen aber ist Verderben und ihre Hilfe eitel. Die selber sich nicht helfen konnten, wie können sie dir helfen oder mich segnen?

Ich bin es, der dir von Nutzen war, denn durch meine Klugheit habe ich dir den Kaufpreis für die zerbrochenen Götzen gebracht.

Da aber mein Vater diese Worte vernahm, da zürnte er mir heftig, weil ich seine Götzen geschmäht hatte.

Abraham verbrennt den Götzen Barisat.

5 Da ging ich hinaus und dachte über den Ärger meines Vaters nach, und er rief mich und sprach: Abraham! Und ich antwortete ihm: Hier bin ich.

Und er sprach: Geh und sammle die Späne von dem Tannenholz, aus dem ich Götter schnitzte, bevor du kamst. Wirf sie ins Feuer und bereite mir ein Mittagsmahl darauf.

Und ich gehorchte und sammelte die Späne des Tannenholzes, und siehe, da fand ich in dem Kehricht zu meiner Linken einen kleinen Gott. Und auf seiner Stirne stand sein Name geschrieben und der war Barisat und das heißt Sohn des Feuers.

Und ich sagte meinem Vater nicht, daß ich in den Spänen den hölzernen Gott Barisat gefunden hatte.

Ich legte aber die Späne ins Feuer, meinem Vater das Mahl zu bereiten. Und da ich wegging, stellte ich den Barisat an das angefachte Feuer und sprach zu ihm: Gib acht auf das Feuer, Barisat, du Gott! Gib acht, daß es nicht verlöscht, bis ich wieder komme. So es aber erlischt, blas es an, damit es wieder brennt. Und ich ging fort zu meinen Geschäften.

Und da ich wieder zum Herd kam, lag der Barisat auf dem Rücken und seine Füße steckten in der Glut und waren ganz und gar verbrannt.

Da lachte ich und sprach: Groß ist deine Macht, o Barisat, und trefflich vermagst du das Feuer anzuzünden und die Speise zu kochen. Und da ich dies bei mir sprach und lachte, verbrannte er langsam im Feuer und ward zu Asche.

Ich aber brachte die Speise meinem Vater, und er aß. Und ich reichte ihm Wein und Milch, und er trank und freute sich und pries seinen Götzen Merumat.

Da sprach ich zu ihm: O Vater Tharah, preise nicht deinen Götzen Merumat! Preise vielmehr deinen Götzen Barisat! Denn er liebt dich so sehr, daß er sich selbst zum Kochen deiner Speise ins Feuer geworfen hat.

Da fragte er mich: Wo ist Barisat jetzt? Ich antwortete ihm und sprach: In der Feuersglut ist er verbrannt zu Asche.

Er aber sprach: Groß ist die Macht des Barisat! Gleich mache ich einen anderen, der wird mir morgen ein köstliches Mahl bereiten.

Abraham klagt die Götzen seines Vaters an.

6 Und da ich die Worte meines Vaters hörte, lachte ich in meinem Sinn, in meinem Herzen aber seufzte ich voll Zorn und Ärger und sprach bei mir: Wie kann denn das von seiner Hand gemachte Bildwerk ihm Hilfe leisten? Ist unser Geist denn, da wir solches glauben, nicht etwa ganz in Unvernunft und der Torheit gefangen? Dabei ist er doch der Geist, dem die Seele untertan ist und der Körper der Seele!

Und ich sprach bei mir: Und sollte ich auch Übles erdulden, so will ich doch meinen Sinn auf Reines richten und meinem Vater mein Herz eröffnen.

Und ich trat vor meinen Vater und redete ihn an und sprach: Vater Tharah, höre mich an, deinen Sohn! Unvernünftig bist du in deinem Sinn, wenn du diese Götter verehrst.

Denn siehe, die Götter deines Bruders Haran in ihrem heiligen Tempel sind um vieles verehrungswürdiger als die deinen. Ist doch Zucheus, der Gott deines Bruders Haran, mehr denn dein Götze Merumat; denn Zucheus ist aus Gold, und Gold steht bei unserem Volk in hohem Ansehen.

Und wird Zucheus alt, dann wird er eingeschmolzen und neu geschaffen. Doch wenn dein Götze Merumat verwittert oder zerbricht, dann wird er nicht erneuert, denn er ist bloß aus Stein.

Und gleiches sage ich dir über deinen Götzen Joavon. Und Barisat ist im Feuer verbrannt und ward zu Asche und ist nicht mehr.

Du aber sprichst: Gleich mache ich einen anderen, der wird mir morgen ein köstliches Mahl bereiten.

Siehe doch, der Götze ward gänzlich verzehrt vom Feuer!

Abraham preist Gott den HERRN.

7 Und ich sprach: Wahrlich, verehrungswürdiger als die Gebilde, die du anbetest, ist das Feuer, denn manches, was sonst niemandem unterworfen ist, fällt ihm anheim. Und Hölzernes, wie der Barisat, den du verehrst, wird dem Feuer leicht zum Gespött.

Doch verehrungswürdiger als das Feuer ist das Wasser, denn es überwindet das Feuer und stillt den Durst der Erde.

Doch will ich's nicht Gott nennen, denn verehrungswürdiger als das Wasser ist die Erde, und das Wasser ist ihr unterworfen und verneigt sich vor ihr. Und weil die Erde die Natur des Wassers überwindet, ist sie verehrungswürdiger denn dieses.

Doch auch sie will ich nicht Gott nennen, denn sie dient dem Menschen und wird von der Sonne ausgetrocknet.

Darum ist die Sonne verehrungswürdiger als die Erde, denn sie macht das ganze Weltall mit ihren Strahlen hell.

Doch auch sie will ich nicht Gott nennen, denn Nacht und Wolken verdunkeln ihren Lauf.

Und den Mond und der Sterne Heer, die zu ihrer Zeit ihr Licht verdunkeln, will ich nicht Gott nennen.

Höre mich, mein Vater Tharah, daß ich dir verkündige, nicht die wir für Götter halten, sondern den Gott, der alles geschaffen hat.

Wo ist er aber, und was ist er doch? Wer ist er, der den Himmel rötete und die Sonne vergoldete und den Mond und die Gestirne glänzend machte?

Wer ist er, der die Erde inmitten der Gewässer trocken machte? Wer hat dich geschaffen, o Vater Tharah? Wer ist es, der mich bewegt, so zu sprechen? Wer du auch bist, ich flehe dich an, daß du dich offenbarst!

Gott offenbart sich und zerstört das Haus Tharas.

8 Und da ich dies im Hofe des Hauses meines Vaters Tharah gesprochen hatte, öffnete sich der Himmel und es regnete Feuer aus den Wolken und eine mächtige Stimme rief: Abraham, Abraham!

Da antwortete ich und sprach: Hier bin ich!

Und die Stimme sprach: In deinem Herzen hast du den allmächtigen Gott gesucht, der alles geschaffen. Ich bin es, dein Gott und Schöpfer.

Ziehe hinweg von deinem Vater Tharah! Verlasse das Haus, auf daß du nicht auch den Tod findest in deines Vaterhauses Sünden.

Und ich war gehorsam und ging hinaus. Und da ich kaum das Hoftor erreicht hatte, ertönte des Donners Schall und Feuer fiel vom Himmel und verbrannte den Tharah, sein Haus und alles, was darinnen war, vierzig Ellen tief.

Das Zweite Buch Abraham

Der Erzengel Michael besucht den Abraham.

Da der letzte Tag des Vaters Abraham sich näherte, rief der HERR den Erzengel Michael zu sich und sprach: Mache dich auf den Weg, und geh zu meinem Diener Abraham und sag ihm, daß seine Stunde gekommen ist. Denn seines kurzen Lebens* Tage sind erfüllt, und er soll vor seinem Tod sein Haus bestellen.

* Vgl. 1.Mos. 25,7

Und Michael gehorchte und zog auf die Erde und kam zu Abraham. Der aber war vom Alter gezeichnet und saß vor seinen Pflugstieren und herzte seinen Sohn Isaak. Und da Abraham den Erzengel Michael erblickte, erhob er sich und beugte sich nieder zur Erde und sprach zu ihm: Gott möge dich beschützen und dir eine glückliche Reise gewähren.

Da antwortete ihm Michael: Ich danke dir, edler Greis, für deine milden Worte. Und Abraham antwortete ihm und sprach: Lieber Bruder, setz dich ein wenig an meine Seite und raste.

Dann wollen wir zu meinem Haus gehen, und ich will dich zu einem Mahl laden. Und du magst bei mir ruhen, denn siehe, es will Abend werden. Morgen aber magst du hinziehen, wohin du willst. Denn die Dunkelheit ist gefährlich und ein wildes Tier könnte dir Schaden antun.

Da antwortete Michael und sprach: Edler Mann, ich fürchte, dir zur Last zu fallen. Doch sag mir deinen Namen, ehe ich dein Haus betrete.

Und Abraham sprach: Abram nannten mich einst meine Eltern, doch Gott der HERR änderte meinen Namen und nannte mich Abraham*. Und er schloß einen Bund mit mir und sprach: Erhebe dich und zieh fort aus deinem Haus, denn ich will dir und deinem Samen ein neues Land geben.**

* Vgl. 1.Mos. 17,5 ** Vgl. 1.Mos. 15,18

Und ich gehorchte und zog in das Land, das der HERR mir gewiesen hatte, und daselbst sprach er: Von nun an sollst du nicht mehr Abram heißen, sondern Abraham.

Da antwortete ihm der Erzengel und sprach: Ehrwürdiger Greis und Mann Gottes! Obzwar ich fremd bin, kenne ich deine Geschichte. Ich hörte, du seist einst vierzig Stadien gerannt und hättest ein Rind geholt* und hättest es geschlachtet, da du in deinem Haus Engeln Herberge gabst.

* Vgl. 1.Mos. 18,7

Und da sie noch redeten, erhoben sie sich und gingen zu Abrahams Haus.

Der aber rief einen seiner Knechte und sprach zu ihm: Gehe und bring ein Reittier für den Fremden, denn er ist müde von der Reise.

Doch Michael entgegnete ihm: Behellige deinen Diener nicht! Laß uns lieber fürbaß schreiten zu deinem Haus, denn das Zusammensein mit dir behagt meinem Herzen.

Den Abraham plagt eine Vorahnung.

2 Und sie zogen dahin. Und da sie sich der Stadt nahten, kamen sie zu einem Tamariskenbaum, der hatte wohl dreihundert Äste. Und sie hörten eine Stimme, die sang aus den Zweigen: O du Heiliger, vergiß nicht die Botschaft, um derentwillen du gesandt wurdest!

Und Abraham hörte die Stimme wohl, doch barg er das Geheimnis im Herzen und sprach bei sich: Was mag das für ein Geheimnis sein, das ich vernahm?

Und da er sein Haus betrat, sprach er zu seinen Dienern: Eilt euch, geht zu den Schafen, holt derer drei und schlachtet sie. Dann bereitet uns ein festliches Mahl, denn heute ist ein Freudentag.

Und die Diener gehorchten und holten die Schafe, Abraham aber rief seinen Sohn Isaak und sprach zu ihm: Du, mein lieber Isaak, geh und gieß Wasser in die Schüssel, daß wir dem Gast die Füße waschen.

Und da Isaak getan hatte, wie ihm geheißen war, sprach Abraham: Wahrlich, mir ist als sei es das letzte Mal, daß ich in dieser Schüssel einem Gast die Füße wasche.

Da nun Isaak diese Worte hörte, weinte er und sprach: Geliebter Vater! Schrecke mich nicht mit solchen Reden! Und Abraham, da er die Tränen seines Sohnes sah, weinte, und auch der Erzengel Michael brach in Tränen aus.

Und die Tränen des Erzengels fielen in die Schüssel und wurden zu Edelsteinen.

Michael bittet für Abraham.

3 Da aber Sarah das Jammern in ihren Gemächern hörte, kam sie heraus und fragte Abraham: Lieber Gatte und Herr, was ist geschehen, daß ihr alle weint?

Und Abraham antwortete ihr und sprach: Nichts Schlimmes ist geschehen, darum gehe zurück in deine Gemächer und besorge das deine. Denn wir wollen unserem Gast nicht lästig sein.

Da zog sich Sarah zurück und besorgte das Mahl.

Und da die Sonne sich zum Untergang neigte, verließ Michael das Haus und wurde in den Himmel aufgenommen, um Gott den HERRN anzubeten. Denn Sitte ist es im Himmel, bei Sonnenuntergang den HERRN anzubeten, und Michael ist der Engel Erster.

Und sie alle beteten den HERRN an und gingen dann fort, ein jeglicher an seine Stätte.

Michael aber blieb und sprach zum HERRN: HERR, im Namen deiner Herrlichkeit, ich habe dir etwas zu vermelden.

Da antwortete ihm Gott und sprach: So berichte denn!

Und Michael sprach: HERR, du sandtest mich zu Abraham, um ihm die Botschaft zu geben: Der HERR ruft dich! Verlasse deinen Leib und geh aus dieser Welt.

Doch HERR, ich wage es nicht, ihm dies zu vermelden, denn er ist ein gastlicher Mann und gerecht und dein wahrer Freund.

Darum bitte ich dich, entlaste mich und sende ihm den Gedanken an seinen Tod in sein Herz. Denn ich möchte es ihm nicht verkünden.

Eine schwere Pflicht ist es nämlich, einem Sterblichen zu sagen: Deine Zeit ist gekommen. Noch schwerer aber ist es zu sagen: Verlaß diese Welt und gib deinen Leib auf.

Hab Mitleid mit ihm, wie er von allem Anfang an Mitleid mit den Menschen hatte.

Da sprach der HERR zu Michael: Stehe auf und gehe hin in das Haus meines Freundes Abraham und bleibe bei ihm als sein Gast und speise mit ihm und geh mit ihm zur Ruhe. Ich aber will seinem Sohn Isaak im Traum den Tod seines Vaters verkündigen.

Trauer in Abrahams Familie.

4 Und Michael ging wieder in das Haus Abrahams und traf dort alle an, wie sie ihm gerade ein Mahl bereiteten, und sie aßen und tranken und aller Herzen wurden froh und Abraham sprach zu seinem Sohn Isaak: Steh auf, mein Kind, und bereite dem Gast ein Lager, auf daß er sich ausruhe, und stell ihm die Lampe auf den Leuchter.

Und Isaak tat, wie ihm sein Vater geheißen, und sprach danach: Vater, heute möchte ich in eurer Nähe schlafen.

Da entgegnete ihm Abraham: Denk an unsren Gast, dem wir nicht lästig fallen wollen! Geh in deine Kammer und nächtige dort. Und Isaak war betrübt über diesen Befehl, doch gehorchte er.

In der siebenten Stunde der Nacht aber wachte er auf und rannte zur Tür des väterlichen Hauses und schrie und rief: Ach Vater, laß mich ein, damit ich deine Gegenwart genieße, bevor du mir weggenommen wirst.

Da erhob sich Abraham von seinem Lager und öffnete die Tür, und Isaak trat ein und hängte sich unter Tränen an seines Vaters Hals und küßte und herzte ihn.

Und sie weinten beide, und da Michael das sah, weinte er mit ihnen.

Und Sarah hörte das Weinen in ihrer Kammer und schrie: O Abraham, mein geliebter Herr, was sollen deine Tränen? Hat dir etwa der Gast den Tod deines Vetters Lot gemeldet? Oder hat uns sonst etwas Böses getroffen?

Da antwortete ihr Michael: Keine Botschaft über Lot habe ich euch gebracht, o Sarah. Nein, ich gedachte eurer Güte, mit der ihr alle Menschen übertrefft, und auch Gott der HERR gedachte eurer.

Da fragte Sarah den Abraham: Was weinst du, da doch ein Gottesmann bei uns eingekehrt ist?

Da antwortete ihr Abraham: Woher weißt du, daß er ein Gottesmann ist?

Und Sarah antwortete ihm und sprach: Wahrlich, ich sage dir: Er ist einer von den Dreien, die einst im Hain Mamre* unsere Gäste waren. Und du zogst hin und holtest ein Rind und ließest es schlachten und sprachst zu mir: Erhebe dich und bereite alles, auf daß wir mit diesen Gästen in unserem Haus speisen können.

* Vgl. 1.Mos. 18

Da antwortete ihr der Abraham und sprach: Trefflich hast du das bedacht, o Weib. Denn auch ich erkannte, als ich die Füße des Fremden wusch, daß es die gleichen Füße sind, die ich einst im Hain Mamre wusch. Und da ich nach seinem Begehren fragte, antwortete er mir: Ich führe deinen Vetter Lot aus Sodom weg, und so erfuhr ich das Geheimnis.

Der Traum Isaaks.

5 Da sprach Abraham zu Michael: So sag mir nun, du Gottesmann, und offenbare mir, weshalb du zu mir kamst?

Michael aber erwiderte ihm: Frage deinen Sohn Isaak, er wird es dir kundtun.

Da wandte sich Abraham an seinen Sohn und sprach: Geliebter Sohn, erzähle mir den Traum, der dich so sehr geschreckt hat. Tu mir kund, warum du dich so ängstigst!

Und Isaak hob an zu erzählen: Im Traum sah ich die Herrlichkeit der Gestirne, die Sonne aber diente mir als Kranz auf meinem Haupt. Doch ich sah auch einen riesengroßen Mann, und er leuchtete vom Himmel wie das Licht und war wohl des Lichtes Vater.

Und er trat hinzu und nahm mir die Sonne vom Haupt und ließ mir nur ihre Strahlen, und die trug ich in meinem Leib.

Da weinte ich bitterlich und sprach: Herr, ich bitte dich, raube mir nicht die Zierde meines Hauptes, das Licht meines Hauses und meine ganze Herrlichkeit!

Und auch die Sonne, der Mond und alle die Gestirne riefen: Laß uns unseren Schmuck!

Doch da antwortete mir die Lichtgestalt: Lieber, weine nicht, weil ich dir das Licht deines Hauses genommen. Denn ich bringe es aus dem Reich der Mühsal in das Reich der Ruhe und von der Erniedrigung in die Höhe. Sein Weg führt nun von der Enge in die Weite und die Finsternis vertauscht es mit dem ewigen Licht.

Da sprach ich zu ihm: Herr, dann erfülle mir eine Bitte und nimm auch die Strahlen fort. Und er antwortete mir: So warte denn zwölf Stunden, dann will ich auch die Strahlen fortnehmen.

Und da der lichte Mann so zu mir gesprochen hatte, sah ich meines Hauses Sonne in den Himmel fahren und mein Kranz war mir unsichtbar geworden. Die Sonne aber glich meinem Vater.

Da sprach Michael zu Abraham: Dein Sohn Isaak hat die Wahrheit gesprochen. Du warst es, dessen Ende er träumte. Deine Seele wird in den Himmel aufgenommen werden, dein Leib aber wird hier auf Erden bleiben, bis siebentausend Zeiten sich erfüllt haben, denn dann wird ein jeder Körper auferweckt werden.

Nun weißt du alles, o Abraham, darum bestelle dein Haus und ordne die Angelegenheiten deiner Familie, denn das Ende deiner Haushaltung naht.

Da antwortete ihm Abraham und sprach: Eine Bitte habe ich an dich, Herr. Da ich meinen Leib verlassen soll, so gewähre mir die leibliche Aufnahme, daß ich zuvor all die Kreaturen schauen kann, die Gott, mein HERR, im Himmel und auf Erden geschaffen hat. Und Michael sprach: Nicht an mir liegt es, das zu entscheiden. Doch will ich zu Gott, dem HERRN, gehen und ihm dein Begehren vermelden. Und so er es erfüllt, will ich dir alles zeigen.

Die leibliche Himmelfahrt Abrahams.

6 Und Michael zog in den Himmel und legte Fürsprache für Abraham ein vor dem HERRN.

Da sprach der HERR zu ihm: Gehe hin und bringe Abraham im Leib herauf und zeige ihm alles und erfülle alle seine Wünsche, wie es sich einem treuen Freund gegenüber geziemt!

Und Michael eilte zur Erde und hob Abraham auf einer Wolke empor und brachte ihn zum Weltenstrom.

Zwei Tore sah der Abraham da, das eine klein, das andere groß, und zwischen den beiden saß ein Mann auf einem glänzenden Thron und Engel umringten ihn. Bald weinte der Mann, bald lachte er, doch das Weinen überstieg das Lachen ums siebenfache.

Da fragte Abraham den Michael: Wer ist es, der bald weint, bald lacht und dessen Weinen das Lachen um das siebenfache übersteigt?

Und Michael antwortete ihm: Ist's möglich, daß du ihn nicht erkennst? Und Abraham sprach: Nein, ich erkenne ihn nicht.

Da sprach Michael zu Abraham: Blick auf diese beiden Tore, das kleine und das große. Jenes führt ins Leben, dieses ins Verderben. Der Mann aber, der zwischen den Toren sitzt, ist Adam, der erste Mensch, den der HERR einst geschaffen hat.

Und er setzte ihn zwischen die beiden Tore, damit er jede Seele bei ihrem Austritt aus dem Körper schaue, denn sie alle stammen ja von ihm ab.

Wenn er aber weint, dann ob der vielen Seelen, die ins Verderben gehen. Wenn er aber lacht, dann ob der wenigen Seelen, die in die Seligkeit eingehen.

Sieh, wie viel er weint, und wie wenig er lacht! Denn die Mehrzahl der Menschen zieht durch die breite Straße ins Verderben und darum übersteigt sein Weinen siebenfach sein Lachen.

Abrahams Furcht vor der engen Pforte.

7 Da fragte ihn Abraham und sprach: So aber einer nicht durch die enge Pforte eingehen kann, vermag der auch nicht ins ewige Leben einzugehen? Und er weinte und jammerte: Weh mir, was soll ich tun? Mein Körper ist breit, nie werde ich durch die enge Pforte eingehen können, durch die nicht einmal ein Knabe kommt.

Doch Michael sprach: Fürchte dich nicht und sei nicht traurig, Vater Abraham! Du und alle, die dir gleichen, werden die Pforte leicht durchqueren können.

Und während sie also redeten, trieben des HERREN Engel an die sechzigtausend Seelen durch die weite Pforte ins Verderben.

Fragte Abraham den Michael: So gehen denn alle diese ins ewige Verderben? Und Michael antwortete ihm und sprach: So steht es geschrieben, doch laßt uns forschen unter diesen Seelen, ob es nicht wenigstens eine gerechte darunter gibt.

Und sie zogen hin und trafen einen Engel, der aus dem Haufen der Sechzigtausend eine Seele hervorgezogen hatte. Es war aber die Seele eines Weibes und ihre Missetaten wogen genauso viel wie ihre guten Werke. Und solche weilen weder in der Seligkeit noch im Verderben, sondern an einem Zwischenort. Die anderen Seelen aber trieb der Engel ins Verderben.

Da fragte Abraham den Michael: Sag an, o Herr, ist das der Engel, der die Seele aus dem Leib holt? Und Michael antwortete ihm: Das ist der Tod. Er führt die Seelen zum Ort des Gerichts, auf daß der Richter das Urteil über sie spreche.

Abel, der Richter über die Sünder.

8 Und Abraham sprach zu Michael: Herr, führe mich zum Ort des Gerichts, auf daß ich sehe, was dort geschieht.

Da setzte Michael den Abraham auf eine Wolke und führte ihn ins Paradies und brachte ihn zum Ort des Gerichts.

Und es brachte der Engel eine Seele und stellte sie vor den Richter.

Die Seele aber rief: Hab Erbarmen mit mir, o Herr!

Doch der Richter sprach: Wie kann ich mit dir Erbarmen haben, da du kein Erbarmen hattest mit deiner Leibesfrucht, deiner Tochter! Hast du sie nicht getötet? Da entgegnete ihm die Seele: Keinen Mord habe ich begangen, o Herr, es ist meine Tochter, die mich verleumdet hat.

Da ließ der Richter den Chronisten kommen. Und Cherubim erschienen mit zwei Büchern. Und ein riesengroßer Mann begleitete sie, der auf dem Haupt drei Kränze trug.

Und der eine Kranz war höher als die beiden anderen, und diese Kränze hießen Zeugniskränze.

Und der Mann trug in seiner Hand ein goldenes Schreibrohr, und der Richter sprach zu ihm: Nenne uns die Sünden dieser Seele!

Und der Mann nahm aus den Händen der Cherubim das eine Buch und suchte nach den Sünden jener Weiberseele und fand sie auch.

Da sprach der Richter: O du verfluchte Seele! Hast du nicht nach dem Tod deines Mannes mit deinem Eidam Hurerei getrieben und so deine Tochter ums Leben gebracht?

Und der Richter tat auch ihre anderen Sünden kund und was sie von Jugend auf alles verbrochen hatte.

Da das Weib dies vernahm, schrie sie laut: Weh mir, weh mir tausendmal! Alle Sünden, die ich in der Welt beging, habe ich vergessen, doch hier sind sie alle verzeichnet.

Da packten die Engel sie und übergaben sie ihren Peinigern.

Abraham aber fragte den Michael: Sag mir, Herr, wer ist der Richter? Und wer ist der Mann, der die Sünden nachweist?

Und Michael antwortete ihm und sprach: Der hier sitzt ist Abel, der als erster Zeugnis ablegte, ihm gab Gott das Amt zu richten. Der riesengroße Mann aber, der den Nachweis der Sünden führt, ist der große Lehrer Henoch, der Schreiber der Gerechtigkeit.

Der HERR sandte sie hierher, damit sie ihm Kenntnis geben von den Sünden und den gerechten Taten jedes Einzelnen.

Da fragte ihn Abraham: Doch wie ist es möglich, daß Henoch das Gewicht einer Seele abschätzen kann, da er doch selbst den Tod nicht kostete?

Und Michael antwortete ihm: Nicht gestattet ist es Henoch, ein Urteil zu fällen, es ist Gott der HERR, der das Urteil spricht. Henoch aber hat es aufzuschreiben.

Denn einst hat Henoch den HERRN gebeten: HERR, laß mich kein Urteil über die Seelen sprechen, daß ich keiner unrecht tue.

Da sprach der HERR zu Henoch: Du sollst der sein, der die Sünden einer Seele aufschreibt, wenn sie begnadigt wird. Und wenn eine Seele nicht bereut und nicht begnadigt wird, wirst du ihre Sünden aufgezeichnet finden, die Seele aber wird ihre gerechte Strafe finden.

Abrahams Erbarmungslosigkeit.

9 Und da Abraham die Stätte des Gerichts gesehen hatte, trug ihn die Wolke zurück zur Erde.

Und er erblickte einen Mann, der Ehebruch mit dem Weib eines anderen trieb, und er wandte sich um und sprach zu Michael: Siehst du diesen Frevel? Wohlan, sende Feuer aus dem Himmel, daß es die beiden verzehre.

Und es fiel ein Feuer vom Himmel und verzehrte die beiden Ehebrecher. Denn der HERR hatte Michael angewiesen, dem Abraham jeden Wunsch zu erfüllen.

Und Abraham blickte um sich und sah Menschen, die ihre Freunde verleumdeten. Da rief er: Die Erde öffne sich und verschlinge sie!

Und die Erde tat sich auf und verschlang sie lebendig.

Und die Wolke brachte den Abraham an eine öde Stätte, da sah er Menschen, die sich anschickten zu morden. Und er sprach zu Michael: Siehst du diese Missetäter! Wohlan, wilde Tiere mögen aus der Wüste kommen und sie zerreißen!

Und kaum hatte er's gesagt, da kam ein Rudel wilder Tiere und zerriß die Übeltäter.

Da sprach der HERR aus dem Himmel zu Michael: Jetzt bring mir aber den Abraham zurück in sein Haus und laß ihn nicht mehr weiter meine Schöpfung durchwandern! Denn kein Erbarmen hat er mit den Sündern.

Ich aber habe Mitleid mit ihnen, auf daß sie in sich gehen, Reue empfinden und ihr Leben ändern. Denn wahrlich, noch ist nicht aller Tage Abend und manche können Rettung finden.

Und Michael brachte Abraham zur neunten Stunde in sein Haus zurück.

Doch Sarah, weil sie ihren Gatten nicht mehr vor Augen hatte und ratlos war über sein Schicksal, hatte der Kummer aufgezehrt, und sie war gestorben. Und Abraham fand bei seiner Heimkehr ihren Leichnam und betrauerte sie und begrub sie.

Der Tod huldigt dem Abraham.

10 Da nun der Todestag Abrahams gekommen war, sprach Gott der HERR zu Michael: Es geht nicht an, daß der Tod die Seele meines Dieners Abraham auf die gewöhnliche Weise holt, denn er ist mein Freund, den ich liebe.

Darum geh hin und schmücke den Tod mit himmlischer Zier und sende ihn so zu Abraham, auf daß er ihn erblicke.

Und Michael gehorchte und schmückte den Tod mit himmlischer Zier und sandte ihn so zu Abraham, daß er ihn schaue.

Der Tod aber setzte sich in die Nähe Abrahams. Und da Abraham den Tod neben sich sitzen sah, erschrak er heftig.

Doch der Tod sprach zu ihm: Gegrüßet seist du, heilige Seele! Gegrüßet seist du, Freund des HERRN, unseres Gottes! Gegrüßet seist du, Trost der Wandersleute.

Und Abraham entgegnete ihm: Du bist wohl ein Diener des höchsten HERRN und bist mir willkommen. Doch bitte ich dich, sag mir, wer du bist, dann geh ins Haus und nimm Speis und Trank und verlasse mich wieder. Denn seit ich dich neben mir sitzen sah, ist meine Seele verwirrt. Du bist ein hoher Geist, ich aber ein sterblicher Mensch, und bin nicht wert, in deiner Nähe zu weilen. Deine Zierde ist nicht von dieser Welt, und ich ertrage deine Glorie nicht.

Da antwortete ihm der Tod: Abraham, ich sage dir, in der ganzen Schöpfung des HERRN kann sich keiner an Edelmut mit dir messen. Gott der HERR selbst hat die Schöpfung durchforscht und keinen gefunden, der dir gleicht.

Da antwortete Abraham dem Tod und sprach: Herr, was du sprichst macht keinen Sinn! Du sprichst über diese Welt, doch ich sehe, daß deine Zierde nicht von dieser Welt ist.

Und der Tod sprach darauf: Wisse denn, Abraham, daß ich diese Zierde dir zu Ehren angelegt habe! Denn nur wenn ich zu einem gehe, der so gerecht ist wie du, schmücke ich mich mit himmlischem Zierat.

Doch komme ich zu einem Sünder, dann ist mein Leib von stinkender Fäulnis, und auf dem Haupt trage ich einen Kranz aus seinen Sünden, und Furcht und Verzweiflung befällt jeden, der mich sieht.

Da fragte ihn Abraham: Woher stammt diese Fäulnis? Und der Tod antwortete ihm: Von Anfang war eklige Fäulnis meine Natur.

Da sprach Abraham: So bist du der, den sie Tod nennen.

Und der Tod sprach zu ihm: Ich bin das bittere Wort, ich bin der Vater der Tränen.

Abrahams Tod.

11 Da sprach Abraham: So zeig uns doch deine Fäulnis. Und der Tod zeigte ihm seine Fäulnis.

Und er hatte zwei Köpfe. Deren einer hatte eines Drachen Antlitz, und durch ihn starben manche ganz unversehens unter Schilden. Der andere aber glich einem Schild, und er tötet jene, die durch Schwert oder Bogen fallen.

Und als die Diener Abrahams die beiden Köpfe sahen, da erschraken sie derart, daß sie vom Leben zum Tode kamen. Doch Abraham betete zum HERRN und erweckte sie.

Gott der HERR aber versenkte die Seele des Abraham wie in Träume und der Erzengel Michael kam und trug sie sanft in den Himmel.

Den Leib seines Vaters aber begrub Isaak an der Seite seiner Mutter Sarah. Und er pries Gott den HERRN, den Vater, den Sohn, den Heiligen Geist, denn ihm gebührt Ehre, Ruhm und Anbetung in alle Ewigkeit. Amen.

Das Erste Buch Joseph

Joseph rühmt die Gnade des HERRN.

Da Joseph im Sterben lag, berief er seine Söhne und Brüder an sein Lager und gab ihnen sein Testament. Und dieses ist die Abschrift seiner Rede:

Meine Brüder, meine Kinder! Hört die letzte Rede Josephs, den Israel liebt! Hört, ihr Söhne, die letzten Worte eures Vaters.

Viel Schlimmes habe ich in meinem Leben gesehen, den Neid und den Tod, doch niemals verriet ich die Wahrheit des HERRN.

Einst haßten mich meine Brüder, doch der HERR liebte mich. Und sie trachteten, mich zu töten, doch der Gott meiner Väter schützte mich; da stießen sie mich in eine Grube, doch der HERR im Himmel befreite mich.

Und sie verkauften mich als Sklaven, doch der HERR gab mir die Freiheit, und ich lag im Kerker und seine starke Hand schützte mich.

Hunger litt ich, doch der HERR nährte mich, einsam und krank war ich, doch der HERR tröstete mich und zeigte sich mir.

Und selbst in der Gefangenschaft erwies er mir seine Huld und befreite mich von meinen Banden.

Und da ich verleumdet ward, verteidigte er mich gegen die bitteren Reden der Ägypter, und da die Neider mich arglistig erniedrigten, erhöhte er mich.

Joseph im Haus des Potiphar.

2 Denn da ich nach Ägypten kam, setzte mich Potiphar, der Oberkoch des Pharao, zum Hüter* seines Hauses ein. * Vgl. 1.Mos. 39,4

Und ich hatte gegen sein Weib zu kämpfen, das war schamlos und drängte mich, mit ihr zu sündigen. Vgl. 1.Mos. 39,7

Doch der Gott meines Vaters, der Gott Israels, rettete mich vor ihrer Begierde und der verzehrenden Flamme der Sünde.

Und da sie mich ins Gefängnis warfen und schlugen und verspotteten, ließ der HERR mich bei dem Kerkermeister Gnade finden. 1. Mos. 39,20

Denn denen, die ihn fürchten, steht der HERR bei in Dunkelheit, Trübsal und Not.

Wahrlich, Gott ist größer denn wir sterblichen Menschenkinder und kennt weder Scham noch Kleinmut noch Schwäche. Immer und überall ist der HERR bei den Seinen, und verläßt er sie für kurze Zeit, dann nur, um ihrer Seele Sinn zu prüfen.

Und mich hat er geprüft mit zehn Versuchungen, ich aber habe allen standgehalten. Denn wahrlich, die Langmut gibt dem Menschen Kraft und die Geduld gibt ihm Schutz.

Die Begierde der Ägypterin.

3 So hört denn, was ich alles von der Ägypterin zu erdulden hatte! Oft drohte sie mir mit dem Tod, weil ich nicht bei ihr liegen wollte, und oft ließ sie mich deswegen züchtigen.

Dann wieder sprach sie zu mir mit sanfter Stimme: Du sollst mein Herr sein und alles Meinige soll dein sein, so du dich mir hingibst.

Da blieb ich standhaft und dachte an meines Vaters Jakob Worte und ging in meine Kammer und betete zum HERRN.

Und in all den sieben Jahren fastete ich, und dennoch erschien ich den Ägyptern wie einer, der üppig lebt.

Denn so verhält es sich mit dem Fasten: Das Antlitz aller, die da fasten im Namen des HERRN, ist von strahlender Anmut.

Und wenn mir die Ägypterin Wein gab, dann trank ich ihn nicht und gab meine Speise und meinen Trank den Armen für die nächsten drei Tage.

Doch oft wachte ich des Morgens traurig auf und weinte bitterliche Tränen über die Ränke meiner Herrin.

Denn kein Mitleid hatte sie mit mir, und niemals ließ sie von mir ab!

Des Nachts kam sie unter einem Vorwand in meine Kammer und stellte sich, als ob sie mich halten wollte wie einen Sohn, denn sie hatte kein männliches Kind.

Da betete ich zu Gott dem HERRN, und er schenkte ihr einen Sohn.

Dennoch kam sie wieder und hielt mich wie einen Sohn in ihren Armen und versuchte dabei, mich zur Hurerei zu reizen.

Und ich ward verwirrt, doch da sie mich verlassen hatte, kam ich wieder zu mir selbst und durchschaute sie und wurde betrübt ob ihrer Sünde und klagte viele Tage lang.

Auch sprach ich ihr von Gott dem HERRN und seiner Lehre, auf daß sie ablasse von ihrem schlimmen Begehren.

Die Ränke der Ägypterin.

4 Doch all das schuf mir keine Abhilfe, denn nun trachtete sie, mir zu schmeicheln, und nannte mich mit Worten einen heiligen Mann und

rühmte vor ihrem Gatten meine Keuschheit. Doch wenn wir allein waren, versuchte sie, mich zu Fall zu bringen.

So sprach sie vor den Menschen laut von meiner Keuschheit, doch wenn wir allein waren, flüsterte sie mir zu: Hab keine Furcht vor meinem Mann! So sehr hab ich ihn von deiner Keuschheit überzeugt, daß er keinem glauben würde, der ihm Schlimmes über uns hinterbrächte!

Da kasteite ich mich und schlief auf der Erde in einem Sack und flehte den HERRN an, mich vor ihren Ränken zu behüten.

Doch auch das schuf keine Abhilfe; denn nun fand sie einen anderen Vorwand und kam zu mir und bat mich um Unterricht in unserer Lehre und sprach: Wahrlich, wenn du dich mir hingibst, dann will ich von den Götzen lassen! Und die Sache deines Gottes will ich vertreten vor meinem Mann, und Sorge will ich tragen, daß er abfällt von seinen Göttern, und gemeinsam wollen wir wandeln im Gesetze deines HERRN.

Doch da entgegnete ich ihr fest: Du Törin, der HERR mein Gott will nicht, daß die, die ihn fürchten, unrein wandeln! Vor allem aber verabscheut er die Ehebrecher!

Zwar schwieg sie darauf still, doch drängte sie mich weiterhin, ihre Begierde zu stillen. Da fastete und betete ich noch mehr, auf daß der HERR mich aus ihren Schlingen errette.

Ein Engel rettet den Joseph.

5 Doch auch das schuf keine Abhilfe. Und eines Tages kam sie zu mir und sprach: Nun gut, du willst nicht ehebrechen. So will ich hingehen und den Potiphar vergiften und mich zur Witwe machen und dich nach dem Gesetze zum Manne nehmen.

Da ich dies hörte, zerriß ich voll Verzweiflung mein Gewand und schrie: Weib, Weib, so fürchte doch den HERRN! Laß ab von deinem bösen Plan, sonst droht dir Verderben, denn ich werde deine ruchlose Absicht allen kundmachen.

Da bat sie mich voll Furcht, über ihren bösen Plan zu schweigen.

Doch mein Widerstand stachelte ihre Begierde auf und trieb sie weiter, und sie sandte mir Geschenke und alle erdenklichen Genüsse, auf daß ich sie lieben möge.

Und sie sandte mir eine Speise, die war verwünscht mit Zauberei. Doch da mir der Eunuch die Schüssel überreichte, blickte ich auf und sah einen fürchterlichen Mann, der reichte mir statt der Schüssel ein Schwert. Und dieses Zeichen sagte mir, daß ihre List gegen die Reinheit meiner unsterblichen Seele gerichtet war.

Und ich klagte zum HERRN und ließ die Speise und alle anderen, die sie mir sandte, unberührt.

Und da sie am nächsten Tag zu mir kam und die volle Schüssel sah, fragte sie mich: Warum hast du diese Speise nicht gegessen?

Da antwortete ich ihr und sprach: Mit Tod hast du diese Speise angefüllt! Hast du nicht versprochen: Von nun an will ich nicht mehr dem Götzen dienen, sondern dem HERRN.

Nun aber sollst du erfahren, daß ein Engel des HERRN mir deine Schlechtigkeit enthüllt hat, und ich habe die Speise aufbewahrt, daß ich dich überführe und damit du Buße tust.

Und ich will dir zeigen, daß der HERR die Keuschen schützt, und daß der Unkeuschen Bosheit nichts gegen sie vermag.

Und ich nahm vor ihren Augen die Speise und aß sie und sprach: Der Gott meiner Väter und der Engel Abrahams werden mit mir sein.

Da fiel sie mir zu Füßen auf ihr Antlitz und versprach mir, von nun an rein zu leben.

Ich aber hob sie auf und war zufrieden.

Die Ägypterin droht mit Selbstmord.

6 Doch auch das schuf keine Abhilfe, denn ihr Trieb zur Unzucht war stärker als ihr guter Vorsatz.

Tagelang seufzte sie nun tief und verfiel, obzwar sie nicht krank war.

Und da Potiphar das sah, fragte er sie: Weshalb ist dein Antlitz so verfallen? Und sie antwortete ihm und sprach: Mein Herz hat schweren Kummer und Gram drückt mein Gemüt. Er aber wähnte sie krank und ließ einen Arzt holen.

Und da er gegangen war, kam sie in meine Kammer und sprach: Sieh zu, ich will mich erdrosseln oder in einen Brunnen stürzen, wenn du mir nicht sogleich zu Willen bist.

Da merkte ich, daß der Geist des Beliar sie verwirrte und betete zum HERRN und sprach dann zu ihr: Du unglückseliges Weib, laß ab von deiner Verblendung und deiner Verwirrung! Töricht macht dich dein sündiges Verlangen!

Bedenke! So du dich selbst tötest, wird Setho, das Kebsweib deines Mannes, dich beerben. Und die wird deine Kinder schlagen und dein Andenken von der Erde zu tilgen trachten.

Und da antwortete sie zufrieden: Nun endlich sehe ich, daß du mich dennoch liebst, denn du sorgst dich um mein und meiner Kinder Leben. Noch ist Hoffnung in mir, daß du meine Begierde stillen wirst.

Und in ihrer Verblendung erkannte sie nicht, daß ich Gottes wegen so zu ihr sprach und nicht ihretwegen. Denn wer einer schlimmen Leidenschaft verfallen ist und ihr dient, wie jene unselige Ägypterin aus Memphis, der bezieht alles, was er hört, auf sein schlimmes Ziel.

Die Ägypterin verleumdet den Joseph.

7 Und es war, ihr Brüder und Kinder, um die sechste Stunde, da sie von mir wegging. Und ich warf mich auf die Knie und betete zum HERRN den ganzen Tag und die folgende Nacht, er möge mich vor der Ägypterin erlösen.

Doch da ich am Morgen unter Tränen aufstand, kam sie in meine Kammer und raste vor Lust. Da berührte sie mich am ganzen Körper und faßte nach meinen Kleidern und versuchte mich mit Gewalt zum fleischlichen Umgang mit ihr zu bewegen.

Und da sie mich wie rasend festhielt, entwand ich mich ihr und ließ mein Gewand in ihren Händen und entfloh ihr als ein Nackter.

Da wurde sie zornig wie noch nie und verleumdete mich bei ihrem Mann, und er ließ mich in seinem Haus einsperren.

Am nächsten Tag aber ließ er mich geißeln und schickte mich in das Gefängnis des Pharao.

Doch da ich nun in Fesseln lag, grämte sich das ägyptische Weib und ward krank vor Trauer.

Und sie kam zu meinem Gefängnis und hörte, wie ich Gott den HERRN mit froher Stimme pries, daß er mich erlöst hatte von ihrer Gier.

Und nicht einmal im Kerker ließ sie mich unbehelligt schmachten, sondern sandte mir eine Botschaft: Teile mit mir das Lager, dann will ich dich aus deinen Ketten befreien lassen und dich reich belohnen.

Doch damit konnte sie mich nicht in Versuchung führen. Denn Gott der HERR liebt den mehr, der in der finsteren Grube fastet in Keuschheit als den, der ausschweifend in Palästen schwelgt.

Auch strebt der, der in Keuschheit lebt, nach Ruhm, und weiß der HERR in seiner Gnade, daß ihm dies nützt, dann unterstützt er ihn.

Oft kam sie zu mir in den Kerker und lauschte in der tiefen Nacht meinem Gebet. Und ich vernahm wohl ihr Seufzen, doch schwieg ich.

Lob der Keuschheit.

8 Denn da ich noch in ihrem Haus lebte, entblößte die Ägypterin oft ihre Arme, ihre Brüste und den Hort ihrer Schenkel und legte sich so, daß ich mich auf sie legen sollte, denn sie war ein schönes Weib und gar herrlich

geschmückt, mich zu verführen. Doch Gott der HERR hat mich vor ihren Ränken bewahrt.

Und daraus erseht ihr, was Geduld, Fasten und Gebet alles bewirken können.

Darum bewahrt eure Keuschheit und eure Reinheit in Geduld und Demut, dazu aber fastet und betet, dann wird der HERR selbst unter euch weilen und eure Keuschheit lieben. Denn mit wem der HERR ist, den wird er retten aus Neid, Sklaverei und Kerker. Amen.

Das Zweite Buch Joseph

Die Schönheit der Asenath.

Und es geschah am fünften Tag des zweiten Monats im ersten der sieben fetten Jahre, daß Pharao den Joseph aussandte, auf daß er Umschau halte im Land, ob alles seinen Plänen entspreche.

So kam er denn am achtzehnten Tag des vierten Mondes in das Gebiet von Heliopolis und sandte seine Diener aus, auf daß sie alles Korn der Gegend einsammelten. Und das Korn war an Menge dem Sand am Meer gleich.

In jener Stadt aber lebte ein Mann mit Namen Pentephres, und der war der Oberste unter den Satrapen und Fürsten des Pharao und war ein Priester zu Heliopolis. Unermeßlich war sein Reichtum, doch war er dennoch klug und milde und galt unter den Fürsten und Beratern des Pharao als der Klügste.

Und er hatte eine Tochter von achtzehn Jahren, mit dem Namen Asenath, ein schlankes blühendes Mädchen, schöner denn alle Jungfrauen des Landes. Und sie war ungleich den ägyptischen Jungfrauen und gleich den Töchtern Israels: Schlank war sie wie Sarai*, blühend wie Rebecka** und schön wie Rahel†.

* Vgl. 1.Mos. 12,11 ** Vgl. 1.Mos. 24,16 † Vgl. 1.Mos. 29,17

Bis ans Ende der Welt war der Ruf ihrer Schönheit ergangen, und die Großen dieser Welt begehrten sie zu freien, und unter den Fürsten und Satrapen und den jungen und kräftigen Königssöhnen war ein großer Streit um sie.

Und es hörte der Erstgeborene des Pharao von ihr und bat seinen Vater und sprach: Mein Vater, ich bitte dich! Gib mir die Asenath zum Weib, die Tochter deines Dieners Pentephres, des ersten Mannes zu Heliopolis.

Doch der Pharao, sein Vater, entgegnete ihm: Es ziemt sich nicht, daß du dir ein Weib wählst, das im Rang tiefer steht als du, der du der künftige König des Landes bist. Auch ist die Tochter des Moabiterkönigs Joakim dir verlobt. Wahrlich, die wird eine Königin nach meinem Sinne werden, denn ihre Schönheit ist über alle Maßen. Die nimm zum Weib!

Die Tugenden der Asenath.

2 Doch Asenath war eine stolze Jungfrau und jeder Mann gereichte ihr zum Ekel. Noch nie hatte sie eines Mannes Auge berührt, denn Pentephres hatte an seinem Haus einen Turm, und der war groß und hoch und hatte ganz oben einen Söller, und in dem Söller waren zehn Zimmer, und dort hauste Asenath.

Und das erste Zimmer war ein prächtiger Raum, mit einem marmornen Fußboden und edlen Steinen an den Wänden und einer Decke, die war aus reinem Gold. Und all die Götter der Ägypter aus Gold und aus Silber geformt befanden sich in diesem Raum, und Asenath verehrte sie voller Furcht und brachte ihnen täglich Opfer dar.

Im zweiten Raum aber waren zahlreiche Schränke, und die waren gefüllt mit dem Schmuck der Asenath und all ihrem Gold und Silber und unzähligen goldgewirkten Kleidern und Edelsteinen.

Und der dritte Raum war die Vorratskammer der Asenath, und er enthielt alle Güter dieser Welt.

In den sieben anderen Räumen aber lebten sieben Jungfrauen, die dienten der Asenath. Und alle waren sie wunderschön und glichen den Himmelssternen und waren in derselben Nacht geboren wie Asenath und liebten sie aus ganzem Herzen.

Und kein Mann hatte mit diesen sieben Jungfrauen je ein Wort gewechselt und auch kein Knabe.

Und in dem ersten großen Zimmer, da die Jungfernschaft der Asenath gehegt und gepflegt wurde, waren drei Fenster.

Das erste Fenster war sehr groß und blickte auf den Hof gen Osten; das zweite Fenster blickte gen Süden und das dritte auf die Straße.

Und gen Osten gerichtet war ein goldenes Bett, mit purpurnem Lager, gewoben aus Scharlach und feinem Linnenstoff. Das aber war das Bett der Asenath, darin sie allein ihre Nächte verbrachte und in dem noch nie ein anderer Körper gelegen hatte, weder der eines Mannes noch der eines Weibes.

Und rund um das Haus des Pentephres war ein Hof und um den Hof ging eine hohe Mauer aus großen behauenen Quadersteinen.

Vier Tore hatte der Hof, und die waren mit Eisen beschlagen, und an jedem Tor wachten achtzehn kräftige junge Männer.

In dem Hof aber war der Garten der Asenath und dort wuchsen kostbare Bäume aller Art, die dufteten und trugen zur Erntezeit reichliche Früchte.

Und auf der rechten Seite des Hofes floß eine Quelle und die speiste einen großen Behälter und der ergoß sich in einen Bach, der durch des Hofes Mitte floß und all die wunderbaren Pflanzen bewässerte.

Asenaths Stolz.

3 Am achtundzwanzigsten Tag des vierten Mondes im ersten Jahr der sieben fetten Jahre kam Joseph in das Gebiet von Heliopolis.

Und er sandte zwölf Männer aus seinem Gefolge in die Stadt zu Pentephres und ließ ihm im Namen des Pharao sagen: Mittag ist es und Zeit zum Speisen, und die Sonnenhitze ist groß, darum will ich bei dir einkehren und mich unter deines Hauses Dach erquicken.

Und da Pentephres dies hörte, freute er sich und sprach: Gepriesen sei der HErr, und gepriesen sei auch der Gott Josephs! Glücklich bin ich zu nennen, denn Joseph hält mich wert der Einkehr unter meinem Dach.

Und er rief den Aufseher seines Hauses zu sich und sprach: Setze mir das Haus instand und bereite ein Mahl! Doch eil dich, denn Joseph, der Held Gottes, kommt noch heute zu uns.

Es waren aber Pentephres und sein Weib gerade vom Erbgut der Familie gekommen und hatten dort geerntet. Und da Asenath hörte, daß ihre geliebten Eltern heimgekommen seien, sprach sie voll Freude: Ich will hingehen und Vater und Mutter begrüßen.

Und sie eilte in das Zimmer, da ihre Kleider lagen, und nahm ein feines Linnenkleid und legte es an.

Prächtig war die Jungfrau anzusehen: Ihr Kleid war aus Scharlach und Gold gewirkt und der Gürtel war gülden, und sie trug kostbare Spangen an den Armen und güldene Binden an den Beinen und um den Hals wunderbaren Schmuck aus seltenen Steinen, die auf beiden Seiten geschliffen waren. Doch auf all ihren Schmuck waren die Namen der ägyptischen Götter eingraviert. Und um die Schläfe band sie sich ein Diadem und setzte einen Turban aufs Haupt und verhüllte es mit einem Schleier.

So stieg die königliche Jungfrau von ihrem Söller die Treppe hinab und kam zu Vater und Mutter und grüßte sie. Und Pentephres und sein Weib hatten Freude an ihrer Tochter, weil sie sich geschmückt hatte wie eine Gottesbraut.

Da ließen sie alles herbeibringen, was sie am Erbgut geerntet hatten, und schenkten es ihrer Tochter. Und Asenath erfreute sich an all dem Guten, am Obst, an Trauben, Datteln, Feigen und Granaten, denn all die Früchte waren reif und wohlschmeckend.

Und Pentephres wandte sich an seine Tochter und sprach: Mein Kind! Und Asenath antwortete gehorsam: Ja, mein Vater! Und er sprach zu ihr: Setz dich hier zwischen uns, denn ich habe dir etwas zu sagen.

Und Asenath gehorchte und setzte sich zwischen Vater und Mutter, und Pentephres nahm sie in seine Arme und küßte sie und sprach: Sieh, meine Tochter, Joseph, der Held Gottes und der getreue Diener des Pharao, kommt heute zu uns. Groß ist seine Macht im Ägypterland, denn der Pharao hat ihn zum Herrscher über unser Land bestellt, und er sammelt nun den Überschuß ein und rettet uns vor der drohenden Hungersnot. Und dieser Joseph ist ein gottesfürchtiger Mann und hat noch nie ein Weib berührt und ist klug und an Weisheit und Wissen stark. Mächtig ist sein Gott und dessen Geist waltet in ihm. Darum, liebes Kind, will ich dich ihm zum Weib geben und ihn dir zum Bräutigam für alle Zeit.

Doch da die Jungfrau diese Worte ihres Vaters hörte, ward sie zornig und ihr Antlitz bedeckte sich mit Schweiß und sie blickte von der Seite auf ihren Vater und sprach: Wie ist dir, mein Vater, daß du solche Dinge sprichst! Wahrlich, dieser Joseph ist meiner nicht wert! Willst du mich etwa einem Manne zum Weib geben, der flüchtig war und den sie einst verkauften?

Ist er nicht der Sohn eines Hirten aus Kanaan? Und hat ihn nicht der eigene Vater verstoßen? Und hat er nicht ruchlos gegen seinen Herrn gefehlt und bei seiner Herrin geschlafen? Und hat man ihn nicht schmählich geißeln lassen und in den Kerker geworfen dessentwegen? Und hat man ihn nicht bloß deswegen freigelassen, weil er dem Pharao einen Traum deutete nach Art der alten Weiber im Ägypterland?

Nein, mein Vater! Lieber heirate ich den erstgeborenen Sohn des Pharao, der über das ganze Land herrschen wird.

Und da Pentephres diese Rede vernahm, freute es ihn nicht mehr, sich mit seiner Tochter über den Joseph zu besprechen, denn ihr stolzer Zorn schreckte ihn.

Asenath ändert ihre Meinung so sehr, daß sie die Beherrschung verliert.

4 Und es kam einer der Diener des Pentephres herbei und meldete und sprach: Herr, Joseph, der Diener des Pharao, steht vor unserer Tür.

Und da Asenath das hörte, lief sie fort und ließ Vater und Mutter zurück und stieg auf ihren Söller und betrat ihr Zimmer und stellte sich an das große Fenster, das nach Osten schaut. Denn so meinte sie, den Joseph am besten beobachten zu können, wenn er das elterliche Haus betrat.

Und Pentephres und seine Frau gingen hinaus, Joseph zu begrüßen, und all ihre Verwandten und ihre Dienerschaft gingen mit ihnen.

Und da sich des Hofes Pforten öffneten, die gen Osten schauten, fuhr Joseph auf des Pharaos Wagen herein und es zogen ihn vier Pferde, weiß wie Schnee, und der Wagen war aus reinem Gold gefertigt.

Joseph aber trug einen kostbaren weißen Rock und sein Umhang war von purpurner Farbe aus feinem golddurchwirkten Linnen. Sein Haupt schmückte ein güldener Kranz mit zwölf auserlesenen Edelsteinen, die da glänzten wie die Sonne. Und in seiner Rechten trug er einen Königsstab und einen Ölzweig, der viele Früchte trug.

Und da Joseph den Hof betreten hatte, mußten ihn alle verlassen, die dem Haushalt des Pentephres fremd waren, und die Wärter schlossen die Pforten.

Und Pentephres und sein Weib und seine Verwandten kamen und warfen sich vor Joseph auf die Erde nieder. Nur eine fehlte, das war die Asenath.

Und Joseph reichte ihnen allen die Hand und begrüßte sie.

Da die Jungfrau aber Joseph sah, ward sie in ihrer Seele bewegt und ihr Herz pochte heftig. Auch wankten ihre Knie und sie zitterte am ganzen Leib und fürchtete sich sehr und hatte die Herrschaft über sich selbst verloren.

Und sie seufzte und sprach bei sich: Weh mir, was habe ich da getan! Wohin soll ich Unglückselige fliehen? Wo soll ich mich vor dem Angesicht dieses Mannes verbergen? Was wird Joseph, dieser Gottessohn, von mir denken, die ich so Schlimmes über ihn gesprochen habe?

Weh mir Unseliger! Wohin soll ich gehen, um mich zu verbergen? Denn wahrlich, er trägt ein großes Licht in sich, und er weiß alles, und nichts Verborgenes entgeht ihm, und er sieht jedes Versteck.

Du Gott Josephs, sei mir gnädig, daß er mir meine üble Rede nicht nachträgt. Was soll ich tun, ich Elende! Den Sohn eines Hirten aus Kanaan habe ich ihn genannt, und nun kommt er gleich der Himmelssonne zu uns auf seinem güldenen Wagen. Und er betritt unser Haus und erhellt es mit seinem Lichte.

Töricht war ich, daß ich ihn so dreist verachtete und Schlimmes über ihn sprach und nicht wußte, daß er ein Gottessohn ist.

Denn wenn ein Mann so schön ist, dann war es kein irdischer Schoß, der ihn geboren hat. Unverstand war es, daß ich meinem Vater so schlimme Worte gab.

Ach Vater, gib mich dem Joseph zur Magd oder gar zur Sklavin. Wahrlich, ewig will ich diesem Manne dienen.

Joseph verabscheut die Asenath.

5 Und Joseph ging in das Haus des Pentephres und setzte sich auf einen Thron, und sie wuschen ihm die Füße, und die Diener deckten ihm eine eigene Tafel, denn es war dem Joseph ein Greuel, gemeinsam mit den Ägyptern zu speisen.

Und da Joseph seinen Blick gen Himmel richtete, sah er Asenath, wie sie von ihrem Söller herunterspähte, und sprach zu Pentephres: Wer ist dieses Weib, das da an des Söllers Fenster steht und mich schamlos anstarrt? Ich bitte dich, schick sie fort. Denn es fürchtete der Joseph, daß auch diese ihn behelligen möchte, wie ihn einst das Weib des Potiphar mit ihrer Begierde verfolgt hatte.

Es wollten nämlich alle Weiber und Töchter der ägyptischen Fürsten und Satrapen, daß er bei ihnen liege. Und auch die Weiber der anderen Ägypter und ihre Töchter litten schwer unter seiner Schönheit und sandten ihm Boten mit Gold, Silber und wertvollen Geschenken.

Doch Joseph jagte sie alle voll Zorn davon und sprach zu sich: Niemals will ich sündigen vor Gott dem HERRN und vor dem Antlitz meines Vaters Israel!

Denn Joseph dachte immerfort an Gott den HERRN, und an die Mahnungen seines Vaters Jakob. Der hatte nämlich oft seine Söhne ermahnt und zu ihnen gesprochen: Ihr Söhne! Hütet euch vor den fremden Weibern und laßt euch nicht mit ihnen ein, denn der Umgang mit ihnen bringt Verderben und Untergang!

Also sprach Joseph zu Pentephres: Mach, daß dieses Weib das Haus verlasse!

Doch Pentephres antwortete ihm und sprach: Herr, die du dort auf dem Söller stehen siehst, ist keine Fremde, sondern unsere Tochter Asenath. Eine reine Jungfrau ist sie, und sie verschmäht jeden Mann, und bis heute hat sie keines anderen Mannes Auge erblickt als deines. Doch wenn du willst, dann wird sie hier erscheinen und dich begrüßen, denn als unsere Tochter soll sie dir wie eine Schwester sein.

Und als Joseph vernahm, daß die Jungfrau jeden Mann verschmähte, da freute er sich im Herzen und sprach: Wenn dies eure jungfräuliche Tochter ist, dann möge sie kommen, und ich will sie von heute an als meine Schwester lieben.

Joseph segnet Asenath im Namen des HERRN.

6 Und die Mutter der Asenath stieg auf den Söller und nahm ihre Tochter und führte sie dem Joseph zu und sprach: Begrüße deinen Bruder! Er ist bis heute jungfräulich geblieben und hat jedes fremde Weib verschmäht, so wie du alle fremden Männer verschmäht hast.

Und Asenath sprach zu Joseph: Sei mir willkommen, Herr, Gesegneter deines Gottes!

Da antwortete ihr Joseph und sprach: Jungfrau! Dich segne Gott, der alles geschaffen hat.

Und Pentephres wandte sich an seine Tochter und sprach: So komm und küsse deinen Bruder!

Doch als sie gehorchen wollte, da legte Joseph seinen rechten Arm auf ihre Brust und sprach: Halt ein! Es ziemt sich nicht für einen gottesfürchtigen Mann, der Gott mit seinem Munde preist, der das ewige Brot mit seinem Mund genießt, der den unsterblichen Trank trinkt und mit dem heiligen Öl gesalbt wird, daß er mit diesem Mund ein fremdes Weib küßt. Auch ziemt es ihm nicht, daß er mit dem Mund tote, stumme Götzen preist, und daß er Erwürgtes genießt und aus unreinen Gefäßen trinkt und sich mit des Verderbens Salbe salbt.

Ein gottesfürchtiger Mann küßt nur solche, die mit dem Mund den lebendigen Gott verehren. Er küßt also seine Mutter und seine Schwester, seiner Mutter Kind, und die Schwestern aus seinem Stamm und seine Gattin, die sein Lager teilt.

Das gleiche aber gilt für ein gottesfürchtiges Weib: Es ziemt sich nicht, daß sie einem fremden Manne einen Kuß gibt, denn dies ist vor Gott dem HERRN ein Greuel.

Und Asenath hörte die strengen Worte Josephs und Betrübnis erfüllte ihr Herz und sie seufzte und ihre Augen füllten sich mit Tränen. Doch als Joseph ihre Tränen sah, da fühlte er Mitleid, denn er erkannte, daß sie sanft, gütig und gottesfürchtig war.

Und er legte seine Rechte auf ihr Haupt und sprach: HERR, du Gott des Hauses Israel! Allmächtiger Gott, der du das All belebst und es mit deinem Licht erfüllst und den Irrtum zur Wahrheit wendest und den Tod zum Leben! HERR, segne doch diese Jungfrau! Belebe sie und erneuere sie durch deinen Heiligen Geist! Laß sie vom ewigen Brote genießen und aus dem Kelch des ewigen Lebens trinken, und nimm sie auf in dein Volk, das du berufen hast, bevor das All geworden. Führe sie zu deiner Ruhestatt, die du deinen Auserwählten bereitet hast und schenke ihr das ewige Leben in deiner Gnade!

Asenath tut Buße.

7 Und der Segen des Joseph machte das Herz Asenaths jubeln, und glücklich stieg sie hinauf auf ihren Söller. Doch dort fiel sie kraftlos auf ihr Lager nieder, und ihr Herz war verwirrt von Trauer, Freude und Angst.

Denn da Joseph zu ihr über Gott den HERRN und seine Gebote sprach, hatte sich viel Schweiß über ihr Antlitz ergossen.

Und sie brach in lautes, bitteres Weinen aus und wandte sich voll Reue ab von den Göttern, die sie einst verehrt hatte, und schmähte ihre Götzenbilder. So blieb sie in ihrem Zimmer bis es Abend ward.

Und Joseph aß und trank, und da er weiterziehen wollte, hieß er seine Knechte die Pferde einspannen.

Da sprach Pentephres zu Joseph: Herr, bleibe diese Nacht in meinem Haus und zieh morgen des Wegs weiter.

Doch Joseph entgegnete ihm und sprach: Nein, heute muß ich ziehen, denn heute ist der Tag, an dem Gott mit der Erschaffung aller Dinge begonnen hat. Doch am achten Tag will ich zu euch zurückkehren und will eine Weile bei euch verweilen.

Und Joseph verließ das Haus und Pentephres zog mit den Verwandten in das Erbgut. Einzig Asenath blieb mit ihren sieben Jungfrauen im Hause zurück und war ohne Anteil an der Welt und weinte bis zur Zeit des Sonnenuntergangs.

Da aß sie weder Brot, noch trank sie Wasser und des Nachts blieb sie wach und schlug in Tränen ihre Brust.

Danach aber erhob sie sich von ihrem Lager und stieg festen Schritts die Treppe des Söllers hinab und ging zur Pforte. Doch die Pforte war verschlossen und vor ihr lag die Türhüterin mit ihren Kindern und schlief.

Da nahm sie den Vorhang von der Tür und füllte ihn mit Asche und trug diese auf den Söller und streute sie auf den Boden. Und sie schloß fest ihre Tür und schob den Eisenriegel vor und seufzte und stöhnte und vergoß viele Tränen.

Es war aber eine unter ihren Jungfrauen, die liebte Asenath vor allen anderen, und die vernahm ihr Stöhnen. Und sie stand auf und weckte die anderen Jungfrauen und sie gingen zu ihrer Tür und fanden sie fest verschlossen.

Und weil Asenath darinnen so laut seufzte und stöhnte, fragte die Jungfrau ihre Herrin: Geliebte Herrin, sag an, was gibt es, was macht dich so betrübt? Öffne die Tür, damit wir dich trösten.

Doch Asenath entgegnete ihr von innen: Ach ihr Jungfrauen, ein schweres Leid hat mich getroffen! Ich ruhe auf meinem Lager, doch bin ich wie gelähmt und kann mich nicht bewegen und leide an allen Gliedern. Darum geht in eure Kammern und ruhet euch aus und laßt mich allein.

Und die Jungfrauen gehorchten und gingen in ihre Kammern, Asenath aber erhob sich von ihrem Lager und öffnete die Tür ihres Schlafgemachs und ging ruhigen Schrittes in ihr zweites Zimmer und öffnete einen ihrer Schränke.

Da lag ein Kleid von schwarzer Farbe, das ganz düster anzusehen war. Es hatte Asenath dieses Kleid einst getragen, als ihr Bruder gestorben war. Und dieses Kleid nahm sie nun und trug es in ihr Schlafgemach und schloß die Tür wieder fest zu und legte den Riegel vor.

Und die Jungfrau legte ihre königlichen Gewänder ab und zog das Trauerkleid an. Sie löste den goldenen Gürtel und nahm an seiner Stelle einen Strick und legte ihren prächtigen Turban ab und ihr Diadem und nahm es und warf ihren Schmuck bei jenem Fenster, das gegen Norden sah, hinaus den Armen zum Wohle.

Dann aber ging sie hin und nahm all die unzähligen Götzenbilder aus Gold und Silber, die sie in ihrem Zimmer hatte, und zerbrach sie in kleine Stücke und warf sie durch das gleiche Fenster den Armen und Bedürftigen zum Wohle.

Und auch das königliche Mahl, das die Diener und Mägde ihr bereitet hatten, all das Fleisch und den Fisch und die gebratenen Kälber, warf sie durch das nach Norden gelegene Fenster den Hunden zum Fraß.

Und sie schüttete Asche am Boden aus und löste ihr prächtiges Haargeflecht und streute Asche auf ihr Haupt. Dann zog sie ein Bußgewand an und setzte sich auf den Boden und schlug sich die Brust mit den Fäusten und weinte und seufzte die ganze Nacht bis zum frühen Morgen.

Doch da sie sich am Morgen erhob und das eklige Gemisch aus der Asche und ihren Tränen sah, da fiel sie wiederum mit ihrem Antlitz in den Schmutz, bis daß die Sonne unterging.

Und so verbrachte sie die nächsten sieben Tage, während Joseph seines Amtes waltete, und enthielt sich jeder Nahrung.

Asenath bekehrt sich.

8 Beim Morgenrot des achten Tages aber, da die Vögel zu singen begannen und die Hunde die Wanderer anbellten, erhob sich Asenath vom Boden und aus dem Schmutzhaufen, in dem sie so lange geweilt hatte.

Ihr Körper war erschöpft und ihre Glieder waren vom vielen Fasten geschwächt, kraftlos war die Jungfrau geworden und alle Stärke hatte sie verlassen.

So lehnte sie sich an die Wand unter dem Fenster, das da gen Osten sah. Und den Kopf ließ sie hängen und die Finger der rechten Hand waren um das rechte Knie geschlossen, und ihr Mund war geschlossen, denn sie hatte in den sieben Tagen des Fastens kein Wort gesprochen.

In ihrem Herzen aber klagte sie und sprach: Ach ich arme Asenath! Wohin soll ich mich wenden, zu wem soll ich flüchten? Wer wird meine Klage vernehmen, die Klage einer hilflosen und verlassenen Jungfrau?

Denn alle hassen mich nun, auch meine Eltern, weil ich mich von den Göttern abgewandt habe und sie zerstörte und den Armen gab, damit Menschenwerk durch Menschenhand vernichtet werde.

Ach, einst habe ich jeden Mann gehaßt und alle meine Freier und habe sie ob ihrer Schwäche mißachtet. Doch nun, da ich selbst schwach bin, werde ich von allen mißachtet und meine Trübsal gereicht ihnen zur Freude.

Keine Hoffnung ist mir, denn der HERR und Gott des Helden Joseph haßt alle Götzenanbeter. Ein eifersüchtiger und fürchterlicher Gott ist er, so heißt es, und ein Schrecken für alle, die fremde Gottheiten verehren. Sicherlich hat er auch mich gehaßt und verachtet, die ich tote, stumme Götzenbilder verehrte und pries.

Zwar vermeide ich nun ihre Opfer und mein Mund hat ihnen den Dienst aufgekündigt, doch fehlt mir der Mut, den HERRN, den Gott des Himmels, anzurufen, den Höchsten und Mächtigsten, dessen Diener mein Held Joseph ist. Denn wahrlich, wie könnte ich es wagen, ihn anzurufen, wo doch mein Mund befleckt ist von Götzenopfern.

Doch oft habe ich auch gehört, der Gott der Hebräer sei ein wahrer Gott und ein lebendiger und barmherzig sei sein Wesen. Mitleidig nennen sie ihn und nachsichtig und erbarmungsvoll und milde. Es heißt, daß er es einem Armen nicht zur Sünde anrechnet, wenn er sich unwissentlich vergangen hat, und daß er es dem nicht zur Schuld anrechnet, der in Trübsal ist und bereut. Darum will ich's wagen, ich Arme, und will mich in seine Arme flüchten und ihm alle meine Sünden bekennen und will zu ihm flehen, daß er sich meiner erbarme. Mag sein, daß er mir Gnade erweist, nun, da er mich in meiner Demut und meiner Einsamkeit sieht.

Sie nennen ihn den Vater der Waisen und den Tröster der Betrübten und den Helfer der Verfolgten, also wird er wohl eine verzweifelte und in ihrer Not verlassene Jungfrau schützen. Darum will ich's wagen, ich Arme, und will ihn anrufen.

Also erhob sich Asenath von der Wand, an der sie sich angelehnt hatte, und warf sich auf die Knie und richtete sich gegen Osten und hob den Blick zum Himmel und öffnete den Mund und betete zu Gott.

Asenaths Gebet.

9 Zu dir, HERR, flüchte ich in meiner Not und bitte dich: Errette mich vor den Verfolgern, ehe sie mich ergreifen. HERR, strecke deine reinen und furchtbaren Hände nach mir aus, wie ein Vater, der die Kinder liebt, und reiß mich aus der Hand des ewigen Feindes.

Denn ein Kind bin ich vor dir, das voll Furcht zum Vater und zur Mutter flieht. Denn sieh, es verfolgt mich der alte, wilde Löwe, der Vater aller ägyptischen Götter.

Ich aber habe alle Götter der Ägypter fortgeworfen und sie zerbrochen. Jetzt aber will mich der Löwe, der Vater dieser Götter, der Satan, der ewige Feind, voll Wut verschlingen.

Darum bitte ich dich, o HERR, befreie deine Dienerin aus seinen Händen. Schütze mich vor seinem Maul, auf daß er mich nicht zerfleische und mich nicht in die Feuerglut werfe oder mich dem Sturm überlasse oder mich gar in des Meeres Tiefe schleudere.

Denn dort würde mich das größte Ungeheuer verschlingen und auf ewig wäre ich verloren.

Darum bitte ich dich, HERR, errette mich! Errette die Einsame und Schutzlose, errette die Waise, die von ihren Eltern verleugnet wird!

Denn da ich die Götterbilder zerbrochen habe, weil ich sie hasse, sprechen meine Eltern: Asenath ist nicht mehr unsere Tochter! So bist du meine letzte Hoffnung, HERR, und meine Zuflucht.

Denn du bist der Vater der Waisen, der Retter der Verfolgten und der Helfer der Bedrückten.

Rette mich, süßer, guter und milder Vater! Und verzeih mir, daß ich unwissentlich soviel an dir gesündigt habe!

Verzeih mir auch, daß ich gegen meinen Herrn Joseph gefrevelt habe! Ich Arme konnte doch nicht wissen, daß er dein Sohn ist!

Schlechte Menschen hatten mich getäuscht und mir eingeredet, er sei ein Hirtensohn aus Kanaan. Und ich Törin ließ mich täuschen und schätzte ihn gering und sprach schlecht von ihm.

Doch wahrlich, seine Schönheit ist übermenschlich. Keiner ist so weise und so mächtig wie dieser göttlich schöne Mann.

Ach HERR, nur dir will ich es anvertrauen: Aus ganzem Herzen liebe ich diesen Mann.

So erhalte ihn denn in deiner Gnade und gib mich ihm zur Sklavin, daß ich ihm die Füße wasche und ihm sein Lager richte und ihn bediene auf alle Weise mein Leben lang!

Der Erzengel Michael besucht den Turm der Asenath.

10 So betete die Asenath zum HERRN, und da sie geendet hatte, ging der Morgenstern am Himmel im Osten auf. Und da Asenath ihn sah, freute sie sich und sprach: Gott der HERR hat wohl mein Flehen erhört und mir diesen Stern als Boten und Herold des Lichtes eines großen Tages gesandt.

Und der Morgenstern spaltete den Himmel und ein unbeschreibliches Licht leuchtete.

Da Asenath dies sah, warf sie sich aufs Antlitz in die Asche, und ein Mann stand vor ihr, dessen Haupt von einem Strahlenkranz umhüllt war. Und der Gottesbote sprach: Asenath, erhebe dich!

Da antwortete sie und sprach: Wer ist es, der mich ruft? Ist doch meines Zimmers Türe fest verriegelt und der Turm von großer Höhe. Wie kann da einer in mein Zimmer kommen?

Doch der Gottesbote rief ein zweites Mal: Asenath, erhebe dich!

Da sprach sie: Ich will dir gehorchen, doch sag mir, wer du bist.

Und er sprach: Michael bin ich, der Anführer des Heeres des höchsten Gottes. So steh auf und stell dich auf deine Füße, damit ich zu dir sprechen kann.

Und Asenath gehorchte, und ihre Augen sahen einen Mann, der ähnelte dem Joseph an Tracht und Kranz und Königsstab. Doch sein Antlitz glich einem Blitz, und seine Augen waren wie der Glanz der Sonne, und sein Haupthaar glich einer brennenden Fackel, und seine Hände und Füße glichen glühenden Eisen, von denen Funken sprühten.

Da fürchtete sich Asenath und fiel auf ihr Antlitz, denn alle ihre Glieder zitterten vor Furcht und sie konnte nicht mehr auf den Füßen stehen.

Doch der Engel sprach zu ihr: Hab keine Furcht, Asenath, stell dich auf deine Füße, damit ich zu dir sprechen kann.

Und die Jungfrau erhob sich und vernahm die Worte des Engels: Zaudere nicht, sondern geh in dein Zimmer und leg ab dein Büßerkleid. Dann entferne die Asche von deinem Haupt und wasche dein Antlitz mit klarem Wasser und leg ein reines, unberührtes Kleid von weißer Farbe an. Dann gürte deine Hüften mit einem zweifachen jungfräulichen Gürtel. Und komm zurück zu mir, auf daß ich dir bestelle, weswegen der HERR mich zu dir gesandt.

Und die Jungfrau gehorchte und ging in ihr zweites Zimmer und legte ab ihr Büßergewand und öffnete ihre Truhe und nahm ein weißes und unberührtes Kleid. Und sie gürtete sich mit dem ersten Gürtel der Jungfräulichkeit über der Brust und mit dem zweiten über der Hüfte und legte das weiße Kleid an.

Und dann entfernte sie von ihrem Haupt die Asche und wusch ihre Hände und ihr Antlitz mit reinem Wasser. Dann aber nahm sie den seidenen Schleier und verhüllte ihr Haupt damit.

Die Botschaft des HERRN an Asenath.

11 So trat die Jungfrau vor den Erzengel, und er sprach zu ihr: Nimm den Schleier von deinem Haupt, denn du bist eine reine Jungfrau und dein Haupt gleicht dem eines Jünglings.

Da nahm Asenath den Schleier von ihrem Haupt, und der Gottesbote sprach zu ihr: Sei guten Mutes, du reine Jungfrau, denn Gott der HERR hat dein Gebet erhört. Er hat die Opfer deines siebentägigen Fastens gesehen und die Not, die du gelitten, und den Schmutz, der durch deine Tränen und die Asche entstanden ist.

Sei also nun guten Muts, du reine Jungfrau Asenath, denn dein Name wird in das Buch des Lebens eingetragen und wird in Ewigkeit nicht mehr daraus getilgt werden.

Preise den heutigen Tag, denn es ist der Tag deiner zweiten Geburt und du wirst vom Brot des Lebens essen und den Becher des Heils trinken und mit dem Salböl der Unsterblichkeit gesalbt werden.

Freue dich, du reine Jungfrau Asenath, denn Gott der HERR gibt dich heute dem Joseph zur Braut, und er wird dein Bräutigam sein auf ewig.

Und einen neuen Namen gibt dir der Herr: Von nun an heißt du nicht mehr Asenath, sondern Zufluchtsstadt, denn die Völker werden sich zu dir flüchten und rasten unter deinen Flügeln und Schutz bei dir finden. Schutz und Schild wirst du dem sein, der bereut, denn die Reue ist die wahre Tochter des HERRN und sie erweicht Gott.

Gott der HERR ist der Vater der Reue, und die Reue selbst ist der Hort der Jungfrauen und sie liebt euch und bittet für euch beim Höchsten um einen Platz im Buch des ewigen Lebens.

Wunderschön ist die Reue, jungfräulich, rein und von milder Sanftmut, und darum liebt sie Gott der HERR und alle Engel ehren sie. Auch ich liebe sie sehr, und sie ist meine Schwester, und wie sie euch, die Jungfrauen, liebt, so liebe ich euch, die Bereuenden.

Darum will ich jetzt zu Joseph ziehn und ihm Kunde geben von dir und deinem Wesen.

Und heute noch wird er zu dir kommen und sich an deinem Anblick erfreuen und wird von Liebe zu dir erfüllt werden.

Dein Bräutigam wird er werden, und du wirst seine Braut werden auf alle Zeiten.

Darum höre mich, Asenath: Leg an dein Hochzeitskleid, jenes älteste und beste, das schon seit langer Zeit in deiner Kammer liegt. Und dann leg an deinen kostbarsten Schmuck und schmücke dich wie eine rechte Braut und sei bereit, dem Joseph zu begegnen.

Und da Asenath diese Botschaft des Engels vernommen hatte, ward ihr Herz voll Freude und sie fiel auf ihr Antlitz und küßte seine Füße und sprach dabei: Gepriesen sei der HERR, der dich gesandt hat, mich aus der Finsternis zu retten und mich aus tiefstem Abgrund ins Licht zu führen. Und auch dein Name, Michael, sei ewig gepriesen. Doch wenn ich wirklich Gnade gefunden habe vor dem Antlitz des HERRN, und wenn alles so sein soll, wie du es mir verkündet, dann möchte ich ein Wort zu dir sprechen.

Und der Engel antwortete ihr und sprach: So sprich das Wort!

Da sprach Asenath: Herr, ich bitte dich, setz dich ein wenig auf meine Lagerstatt. Rein ist sie und unbefleckt und kein Mensch hat je auf ihr geweilt, weder Mann noch Weib. Dann will ich dir einen gedeckten Tisch vorsetzen, und du magst Brot essen und guten alten Wein dazu trinken, dessen Duft zum Himmel steigt. Und dann magst du deines Weges ziehen.

Da sprach der Engel zu ihr: So eile dich und decke den Tisch.

Die wunderbare Honigwabe.

12 Da stellte Asenath einen Tisch vor ihn hin und ging, Brot zu holen. Der Engel aber sprach: Bring mir auch eine Honigwabe!

Da stand sie still und war verlegen und betrübt, denn in ihrer Vorratskammer gab es keine Honigwabe.

Der Engel aber fragte sie: Was stehst du still?

Und sie antwortete ihm und sprach: Gedulde dich ein wenig, mein Herr, denn ich will eine Magd zu meinem Erbgrundstück senden und dir eine Honigwabe holen lassen.

Doch der Engel entgegnete ihr: Geh in deine Vorratskammer, denn dort liegt eine Honigwabe auf dem Tisch, die bringe mir!

Da sprach Asenath: Herr, verzeih mir, doch in meiner Vorratskammer gibt es keine Honigwabe.

Doch der Engel ermahnte sie: Geh nur, du wirst finden, was du suchst.

Da ging die Jungfrau in ihre Vorratskammer und fand auf dem Tisch eine große Honigwabe, weiß wie Schnee, und der Honig darin war wie Himmelstau und duftete wie der Lebensduft.

Da sprach Asenath bei sich: Stammt diese Wabe aus dem Mund des Engels? Und sie nahm die Wabe und legte sie auf den Tisch.

Doch der Engel sprach zu ihr: Nun also, was sagtest du: In meinem Haus gibt es keine Honigwabe?

Da antwortete sie ihm und sprach: Herr, niemals habe ich eine Honigwabe in meine Kammer gebracht. Als du von ihr sprachst, ist sie entstanden. Aus deinem Mund stammt sie, denn ihr Duft gleicht dem Duft des Balsams.

Da lächelte der Engel über ihre verständige Antwort und rief sie zu sich und streckte die Rechte aus und berührte sie am Haupt.

Doch Asenath fürchtete sich, denn von der Hand des Engels gingen Strahlen aus wie von glühendem Eisen, und sie blickte voll Angst und zitternd auf die Engelshand.

Doch er lächelte und sprach: Glücklich zu preisen bist du, Asenath, denn unaussprechliche Geheimnisse des HERRN sind dir enthüllt. Selig sind, die Gott dem HERRN in Reue anhängen, denn sie werden von dieser Wabe essen. Denn diese Wabe stammt von den Bienen des Paradieses, die sie fertigten aus den Blumen des ewigen Gartens, und in ihr ist der Geist des

Lebens. Und von ihr genießen die Engel und die guten Geister und alle die Auserwählten Gottes. Und wer von der Wabe ißt, der stirbt nicht in Ewigkeit.

Und Michael streckte seine Rechte aus und brach einen kleinen Teil von der Wabe und aß ihn.

Und einen zweiten Teil brach er, den legte er der Asenath in den Mund und sprach zu ihr: So iß! Und Asenath gehorchte.

Und er sprach zu ihr: Jetzt hast du vom Brot des ewigen Lebens gegessen und den Becher der Unsterblichkeit getrunken und bist gesalbt mit dem Öl der Unverweslichkeit. Frische Kräfte werden dich nun erfüllen und dein Gebein wird den Zedern im Paradies gleichen, und die Blumen des Lebens werden aus deinem Fleisch sprießen. Ewig wird deine Jugend währen und nie wirst du das Alter schauen und den Verlust deiner Schönheit beklagen. Und auf ewig sollst du einer Stadt gleichen: Reich und schön und wohlbefestigt.

Und der Engel rieb an der Wabe und aus den Zellen kamen Bienen ohne Zahl, zehntausende oder gar hunderttausende.

Sie alle aber waren weiß wie Schnee und ihre Flügel waren purpurfarbig und sie waren mit scharfen Stacheln bewehrt, doch taten sie kein Leid.

Vielmehr setzten sie sich alle auf Asenath und bedeckten sie vom Kopf bis zu den Füßen. Und große Bienen gleich Bienenköniginnen kamen aus den Waben und setzten sich ihr ins Gesicht und auf die Lippen und fertigten nun in ihrem Mund eine Wabe, die der glich, die vor dem Engel lag.

Und alle Bienen zehrten von der Wabe, die im Mund der Jungfrau Asenath lag. Dann sprach der Engel zu den Bienen: Jetzt geht wieder an euren Platz!

Da flogen die Bienen davon und stiegen aufwärts in den Himmel.

Die aber der Asenath weh tun wollten, fielen leblos zu Boden.

Und der Engel streckte seinen Stab über die toten Bienen und sprach: Erhebt euch und geht an euren Platz! Und all die toten Bienen flogen davon und sammelten sich im Hof der Asenath und blieben in den Bäumen.

Michael segnet die sieben Jungfrauen.

13 Und der Engel sprach zu Asenath: Hast du dies alles gesehen? Und sie antwortete: Ja, Herr, was ich sehen konnte, habe ich gesehen.

Da streckte der Engel seine Rechte aus und rührte eine Ecke der Honigwabe an. Da loderte ein Feuer auf dem Tisch, das verbrannte die Wabe, den Tisch aber verschonte es. Auch stieg ein süßer Wohlgeruch auf und erfüllte das ganze Zimmer.

Da sprach Asenath zu Michael: Herr, sieben Jungfrauen dienen mir, die in einer Nacht mit mir geboren sind und mit mir gemeinsam aufgezogen wurden. Ich liebe sie wie meine Schwestern und bitte dich, daß ich sie rufen darf und du sie segnest, wie du mich gesegnet hast.

Da sprach der Engel: So rufe sie!

Und Asenath rief die sieben Jungfrauen und stellte sie dem Engel vor, und er sprach zu ihnen: Gott der HERR segnet euch und sendet euch in sieben Städte. Und dort sollt ihr Säulen der Zuflucht sein, und die Auserwählten jener Städte sollen auf euch vertrauen in alle Ewigkeit.

Und dann wandte sich der Erzengel an Asenath und Sprach: Nimm diesen Tisch hinweg.

Und während Asenath dies tat, verschwand er schnell aus ihren Augen und etwas, das einem Wagen mit vier Pferden glich, fuhr auf gen Himmel.

Doch dieser Wagen ähnelte einer Feuersäule und die Pferde glichen dem Blitz, der Engel aber stand auf jenem Wagen. Und Asenath sprach zu sich: Ach, ich Arme! Eine törichte und alberne Jungfrau bin ich. Gar viel Unsinn habe ich gesprochen, da dieser, der einem Menschen glich, in meinem Zimmer weilte. Doch nun zieht er wieder an seinen Ort in den Himmel. Darum bitte ich dich, o HERR, sei deiner Sklavin gnädig und schone deine Dienerin, so ich unwissentlich Vermessenes gesprochen habe.

Asenath schmückt sich für Joseph.

14 Und da sie dies bedachte, kam ein Diener Josephs und meldete: Bereitet euer Haus, denn heute kommt Joseph, der Held des HERRN!

Da rief Asenath den Hausverwalter und sprach: Schmücke schnell das Haus und richte uns ein großes Mahl! Denn heute kommt Joseph, der Held Gottes, zu uns.

Doch ihr Antlitz war so eingefallen vom Fasten und den sieben Tagen voll Leid und Not, daß der Verwalter aufseufzte und ihre rechte Hand nahm und sie küßte und sprach: Herrin, was ist dir? Dein Antlitz ist ganz eingefallen.

Da antwortete sie ihm und sprach: Ein Übermaß an Kummer ist auf mein Haupt gefallen und der Schlaf hat meine Augen gemieden.

Da entfernte sich der Hausverwalter und schmückte das Haus und deckte die Tafel.

Und Asenath gehorchte den Befehlen des Engels und ging in ihr zweites Zimmer und öffnete ihre große Truhe und nahm heraus ihr bestes Kleid, das leuchtete wie ein Blitz. Und einen reinen königlichen Gürtel legte sie um, der war aus Gold und Edelsteinen, und goldene Spangen tat sie auf ihre Arme, und ihre Beine schmückte sie mit goldenen Binden.

Dann aber legte sie ihren kostbarsten Schmuck um den Hals und krönte ihr Haupt mit einem goldenen Kranz. Und in dem Kranz über ihrer Stirn war ein großer Saphir, und der war umgeben von sechs Edelsteinen.

Ihr königliches Haupt aber umhüllte die Jungfrau mit einem wunderbaren Schleier.

Doch da sie an die Worte des Verwalters über ihr eingefallenes Gesicht dachte, seufzte sie betrübt und sprach: Oh weh mir ob meiner Häßlichkeit, denn sieht mich Joseph so, dann wird er mich verschmähen.

Also sprach sie zur Dienerin: Bring mir reines Wasser aus dem Brunnen. Und das Wasser goß sie in ein Becken und beugte sich darüber, ihr Antlitz zu waschen.

Doch da sah sie wie in einem Spiegel ihr Antlitz plötzlich leuchten, und ihre Augen glichen dem Morgenstern und ihre Wangen glichen reifen Früchten und ihre Lippen glichen roten Rosen. Ihr Haupthaar aber war einem Weinstock gleich, wie er einst im Paradies reiche Früchte trug, und ihr Hals glich einer wohlgeformten Zypresse.

Und da Asenath diese wunderbare Verwandlung sah, war sie erstaunt und Freude erfüllte sie. Und sie wusch nicht ihr Antlitz, weil sie Angst hatte, sie könnte ihre blühende Schönheit zerstören.

Und der Hausverwalter kam, um zu melden, daß alles geschehen sei, wie sie angeordnet. Doch da er sie erblickte, erfüllte ihn große Furcht und er zitterte und warf sich der Jungfrau zu Füßen und sprach: Herrin, was ist dir? Woher stammt diese wunderbare Schönheit, die dich umfängt? Mir scheint, Gott der HERR hat dich dem Joseph zur Braut erwählt.

Die Ankunft Josephs.

15 Und in diesem Augenblick kam ein Knabe und meldete der Asenath: Siehe, unser Gast Joseph steht vor den Pforten des Hofes.

Da stieg Asenath die Treppe vom Söller hinab und stellte sich in ihres Hauses Halle, Joseph zu begrüßen.

Ihre sieben Jungfrauen aber begleiteten sie.

Und da Joseph den Hof betreten hatte, wurden die Tore geschlossen und alle Fremden mußten draußen bleiben.

Und Joseph staunte ob der Schönheit Asenaths da er ihr entgegenging und sprach: Sag schnell, o Jungfrau, wer bist du?

Da antwortete ihm Asenath und sprach: Herr, ich bin deine Sklavin Asenath, und ich habe die Götzenbilder von mir entfernt und zerstört. Und da ich sieben Tage gefastet und bereut hatte, kam ein Bote vom Himmel zu mir und reichte mir das Brot des Lebens und ließ mich aus dem geweihten Kelch trinken und sprach zu mir: Dem Joseph bist du zur Braut bestimmt und dein Bräutigam wird er sein für alle Zeiten.

Und einen neuen Namen will ich dir geben: Von nun an heißt du Stadt der Zuflucht, und viele Völker werden durch dich Zuflucht nehmen zum höchsten Herrn. Ich aber will zu Joseph gehen und will ihm die Worte des HERRN über dich, Asenath, sagen.

Darum frage ich dich, o Herr, ob der Bote auch zu dir gekommen ist und zu dir von mir gesprochen hat?

Und Joseph antwortete ihr und sprach: Gesegnet bist du, Asenath, vom höchsten Gott! Gepriesen sei dein Name ewiglich! Gott hat dich zu seiner Ehre erschaffen und seine Söhne werden deine Zufluchtsstadt bewohnen und er wird über sie herrschen durch dich.

Ja, der Gottesbote kam zu mir und sagte mir die Worte des HERRN. Darum nähere dich mir, du reine Jungfrau, und bleib nicht in der Ferne stehen.

Und Joseph streckte seine Arme aus und umarmte Asenath, und Asenath umarmte Joseph und beide küßten sich lange.

Da erfüllte sie der Geist. Und mit dem ersten Kuß gab Joseph der Asenath das Leben und mit dem zweiten Kuß die Weisheit, und mit dem dritten Kuß schenkte er ihr den Geist der Wahrheit.

Das Buch Artapanus

Abraham.

In seinem Buch über die Juden berichtet Artapanus: Der Name der Juden ist Ermiuth, das heißt auf Griechisch Judaioi, doch sie selber nennen sich Hebräer seit der Zeit des Abraham.

Und Abraham war einst mitsamt seiner Familie zu Phareton, dem König der Ägypter gezogen* und lehrte ihn die Kunst, die Sterne zu deuten.

* 1.Mos. 12,10-20

Gezählte zwanzig Jahre blieb Abraham in Ägypten, dann zog er heim* nach Palästina. Viele Juden aber, die ihn einst begleitet hatten, blieben in Ägypten, denn die Fruchtbarkeit des Landes war groß. * Vgl. 1.Mos. 13,1

Wenig wissen wir von Abraham, doch gibt es verborgene Schriften ohne Namen, die setzen ihn in Beziehung zu den Riesen*, die da lebten in Babylon und ob ihrer Gottlosigkeit von den Göttern vernichtet wurden.

* Vgl. 1.Mos. 6,4

Doch einer von ihnen überlebte und sein Name war Bel und er blieb in Babylon. Da baute Bel einen Turm* und wohnte in ihm und nannte ihn Bel Belon. * Vgl. 1.Mos. 11,1ff.

Und Abraham war ein großer Meister in der Kunst, die Sterne zu deuten. Zunächst zog er nach Phönizien und lehrte dort seine Kunst, dann erst lebte er in Ägypten.

Joseph.

2 In seinem Buch über die Juden berichtet Artapanus: Joseph war der Sohn des Jakob und der Enkel des Abraham.

Und er überragte seine Brüder an Verstand und Einsicht dermaßen, daß sie ihm nachstellten, ihn umzubringen. Vgl. 1.Mos. 37,18-24

Doch Joseph erkannte ihre böse Absicht und traf Vorsorge und bat benachbarte Araber*, sie möchten ihn nach Ägypten bringen. Und die erfüllten seine Bitte, denn damals waren die arabischen Könige die Oheime Israels, nämlich Söhne Abrahams und Brüder Isaaks. * Vgl. 1.Mos. 37,28

Also kam Joseph nach Ägypten und wurde vom König zum Verwalter über ganz Ägypten gesetzt. Vgl. 1.Mos. 41,41

Dort war ehedem keine Ordnung in der Verteilung des Ackerlandes, und es gab keine Grenzsteine und die Schwächeren wurden von den Stärkeren benachteiligt.

Joseph aber teilte das Land auf und ließ Grenzsteine setzen und machte viel verwildertes Land fruchtbar und gab manches davon den Priestern.

Auch erfand er die Maße und wurde deshalb von den Ägyptern recht sehr geliebt.

Und er heiratete Asenath*, die Tochter des Priesters von Heliopolis, und sie schenkte ihm viele Kinder. * Vgl. 1.Mos. 41,45

Da kam auch sein Vater Jakob mitsamt den Brüdern und vieler Habe nach Ägypten und siedelte sich in der Stadt Kaisan an. Vgl. 1.Mos. 46

So ging es denen, die Hermiuth hießen, wohl im Land Ägypten, und sie bauten einen Tempel in Athos und einen in Heliopolis.

Es war Joseph zunächst der Verwalter des Ägypterlandes. Doch ließ er das Getreide von sieben Jahren zu einem ungeheuren Berg aufsparen und wurde so zum Herrscher über das Land.

Mose.

3 In seinem Buch über die Juden berichtet Artapanus: Dann aber starb Jakob und es starb sein Sohn Joseph, den sie auch Mempsasthenot nannten, und es starb der Ägypter König zu seiner Zeit.

Da wurde Palmanothes König und baute den Tempel von Kessa und das Heiligtum von Heliopolis; doch den Juden war er ein schlechter König und behandelte sie nicht nach ihrem Verdienst.

Und Merris war die Tochter des Palmanothes, die verlobte er mit Chenephres, dem Beherrscher der Landschaft um Memphis; es gab nämlich damals noch viele Könige in Ägypten.

Doch da der Schoß der Merris ungesegnet blieb, nahm sie ein jüdisches Kind an und nannte es Moysos. So hieß nämlich Mose unter den Ägyptern, unter den Griechen aber wurde er in seinem Mannesalter Musäus genannt und war der Lehrer des Orpheus.

Und er war ein kluger Mann und schenkte den Menschen viele nützliche Dinge: Er erfand Schiffe und allerlei Gerät zum Befördern großer Steine und die vielgelobten ägyptischen Waffen und Wagen zum Krieg und die Geräte zur Bewässerung und die Philosophie.

Auch teilte er die Stadt in sechsunddreißig Bezirke ein und jeder Bezirk verehrte den Gott seiner Wahl. Den Priestern aber wies er die heiligen Buchstaben zu, die Zeichen der Katzen, Hunde und Ibisse.

Auch gab er ihnen ein erlesenes Gelände, damit er die Herrschaft des Chenephres stärke.

Zuchtlos war der Pöbel in den alten Zeiten und oft erhob er sich gegen seine Beherrscher. Könige wurden von ihm vertrieben oder eingesetzt, bald die einen, bald die anderen. Doch den Moysos liebte das Volk und die Priester ehrten ihn wie einen Gott und nannten ihn Hermes, weil er die heiligen Buchstaben zu deuten vermochte.

Als Chenephres dies sah, wurde er neidisch auf seinen angenommenen Sohn und suchte nach einem schicklichen Grund, den Moysos zu vernichten.

Da kamen die Äthiopier mit einem Heer und fielen in Ägypten ein. Und Chenephres meinte, die Gelegenheit sei günstig, und machte den Moysos zum Anführer eines Heeres und sandte ihn gegen den Feind.

Die Soldaten, die er dem Moysos gegeben hatte, waren aber Bauern und unerfahren in der Kriegskunst. So hoffte Chenephres, der Feind würde den Moysos leicht vernichten wegen der Untüchtigkeit seiner Soldaten.

Moysos aber zog in die Gegend von Hermopolis mit einem Heer von hunderttausend Bauern und hieß sie dort ein Lager bauen.

Zuvor hatte er schon kriegskundige, in den Schlachten bewährte Feldherren gesandt, die den Platz besetzt hatten.

Und es währte der Krieg zehn Jahre, so berichten die Einwohner von Heliopolis.

Da aber so viele Soldaten an einem Ort lagerten, gründete Moysos eine Stadt und machte den Ibis zum heiligen Tier darin, denn es ist der Ibis ein nützliches Tier und verzehrt viele Tiere, die dem Menschen schädlich sind.

Die Stadt aber nannten sie Hermopolis.

Und die Äthiopier fanden Gefallen an Moysos, und er lehrte sie die Beschneidung, und sie übten sie aus mitsamt ihren Priestern.

Als nun der Krieg zu Ende war, empfing Chenephres Moysos mit freundlichen Worten, doch sann er von nun an Böses in seinem Herzen.

Und er nahm dem Moysos unter einem Vorwand die Truppen fort und sandte sie an Äthiopiens Grenze, des Schutzes wegen oder um den Backsteintempel in Diospolis einzureißen und einen aus Steinen vom benachbarten Gebirge zu bauen.

Zum Herrn über den Bau aber machte er den Nacherota.

Und der zog mit Moysos nach Memphis und fragte ihn, was wohl den Menschen besonders nützlich sei.

Und Moysos nannte die Rinder, weil sie das Land bestellen.

Als Chenephres dies vernahm, befahl er den Soldaten, daß sie seinem Stier Apis ein Heiligtum bauen sollten. Und dorthin ließ er die von Moysos als heilig bezeichneten Tiere bringen und ließ sie dort töten und verscharren, auf daß die Soldaten lernten, die Befehle des Moysos zu mißachten.

Also wurden die Ägypter dem Moysos entfremdet, und Chenephres bezeichnete im voraus seine Mörder. Einstweilen jedoch beschwor er seine Freunde, dem Moysos nichts von dem geplanten Anschlag zu verraten.

Und weil sich keiner fand, den Moysos zu töten, tadelte und schalt Chenephres den Chanetot, der bei ihm am meisten galt. Da gab ihm Chanetot sein Wort, den Moysos bei günstiger Gelegenheit zu töten.

Und als Merris starb, beauftragte Chenephres den Moysos und den Chanetot, den Leichnam in einem außerhalb der Grenzen Ägyptens liegenden Landstrich zu bestatten. Denn er hoffte, Chanetot würde die Gelegenheit nützen und Moysos ermorden.

Doch einer von den Mitwissern entdeckte dem Moysos den Plan, und so konnte er sich in acht nehmen.

Er bestattete also Merris und nannte den Fluß und die Stadt dortselbst Meroe. Und die Bewohner dieser Stadt verehren die Merris nicht weniger als Isis.

Es hatte nun Aaron, der Bruder des Moysos, von dem Anschlag erfahren und sandte einen Boten und riet, nach Arabien zu fliehen.

Und Moysos folgte ihm und durchschiffte den Nil bei Memphis und zog nach Arabien.

Doch als Chanetot von der Flucht des Moysos vernommen hatte, da setzte er ihm nach, um ihn aus dem Weg zu räumen.

Und Moysos sah ihn herbeistürmen mit gezogenem Schwert und kam ihm zuvor und packte seine Hand und zog das Schwert und durchbohrte den Chanetot.

So flüchtete Moysos nach Arabien und tat sich dort mit Raguel zusammen und heiratete dessen Tochter*. * Vgl. 2.Mos. 2,18f.

Raguel aber war der König des Landes und wollte gegen die Ägypter ziehen und den Moysos heimführen und so der Tochter und dem Eidam ein Reich verschaffen.

Doch Moysos hielt ihn davon ab, denn er kannte seine Landsleute. Also verbot Raguel den Feldzug, doch sandte er die arabischen Stämme, Ägypten zu plündern.

Und genau zu jener Zeit starb Chenephres, und er war als erster der Menschen von der Elephantiasis geplagt. Und diese Krankheit hatte ihm Gott als Strafe gesandt, weil er den Juden wollene Kleider verboten und Kleidung aus Leinwand zu tragen befohlen hatte, damit sie so jedermann kenntlich gemacht leichter gezüchtigt werden könnten.

Da flehte Moysos zu Gott, er möge die Stämme von den Mißhandlungen der Ägypter befreien.

Und Gott war ihm gnädig und eine feurige Flamme* erschien ihm, ohne daß an dem Platz ein Wald oder sonst ein Gehölz war. * Vgl. 2.Mos. 3,2

Da fürchtete sich Moysos und wollte flüchten, doch die göttliche Stimme hieß ihn, nach Ägypten ziehen, die Juden befreien und sie wieder in ihr altes Vaterland führen.

Also faßte Moysos Mut und beschloß, die Ägypter mit Krieg zu überziehen. Zuvor aber besprach er sich mit seinem Bruder Aaron.

Als aber der Ägypterkönig von der Anwesenheit des Moysos vernahm, da rief er ihn zu sich und fragte ihn nach seinem Auftrag.

Und Moysos sagte, der Herr der Welt habe ihn beauftragt, die Juden zu befreien.

Da ließ der König ihn in den Kerker werfen. Doch des Nachts öffneten sich die Tore des Gefängnisses von selbst und einige der Wächter wurden von Schlaf übermannt und ihre Waffen zerbrachen, die anderen starben gar.

Und Moysos verließ den Kerker und ging zum Königspalast und die Türen öffneten sich und er trat ein in das Schlafgemach des Königs. Und weil die Wächter schliefen, weckte er den König.

Der erschrak gewaltig und befahl dem Moysos, ihm den Namen des Gottes zu sagen, der ihn gesandt hätte, denn er wollte ihn verspotten.

Moysos aber sagte ihm etwas ins Ohr, da fiel Pharao wortlos zu Boden und die Sinne verließen ihn und Moysos mußte ihn wiederbeleben.

Dann aber schrieb er den Namen Gottes auf eine Tafel und versiegelte sie.

Und als einer der Priester die Schrift auf der Tafel verwischte, da starb er sogleich unter furchtbaren Krämpfen.

Und der König sprach zu Moysos: So beweise deine Wunder!

Und Moysos warf seinen Stab von sich und siehe, da wurde eine Schlange* daraus. Und dieweilen alle staunten, nahm er sie beim Schweif und verwandelte sie wieder in einen Stab.

* Vgl. 2.Mos. 7,12

Ein wenig später aber zog er zum Nil und schlug das Wasser* mit dem Stab, und der Fluß stieg übers Ufer und überschwemmte das ganze Land und tut dies seither regelmäßig und wird es tun in alle Ewigkeit.

* Vgl. 2.Mos. 7,17

Da strömten die Wasser zusammen und kochten über und vernichteten alles Getier; die Menschen aber kamen um vor Durst. Und der König ging in sich und ließ den Moysos rufen und sprach: So bring denn dies wieder in seinen alten Stand, dann will ich die Stämme in einem Monat ziehen lassen.

Da ging Moysos zum Fluß und schlug das Wasser und zügelte sein Ungestüm.

Da berief der König die Priester von jenseits Memphis zu sich und sprach: Tut mir die gleichen Zeichen, sonst will ich euch töten und die Tempel zerstören.

Da machten ihm diese Gaukler mit ihren Zaubersprüchen einen Drachen und änderten die Farbe des Flusses.

Das erfreute das Herz des Königs, und er quälte die Juden mit jeglicher Strafe und Pein. Vgl. 2.Mos. 5

Doch als Moysos das sah, tat er andere Zeichen; er schlug den Boden mit dem Stab und brachte Läuse* hervor und die quälten die Ägypter und bissen sie, daß ihre Leiber mit Geschwüren bedeckt waren. * Vgl. 2.Mos. 8,17

Und es war da keiner unter den Ärzten der Ägypter, der sie heilen konnte, und das Leben der Juden wurde um ein weniges leichter.

Und Moysos ließ durch den Stab Frösche kommen, und Heuschrecken und Mücken. Vgl. 2.Mos. 8,7ff.

Dies aber ist der Grund, daß die Ägypter in jeden Tempel den Stab stellen, ähnlich der Isis, weil die Erde die Isis ist, die solche Wunder hervorbringt, wenn sie mit dem Stab geschlagen wird.

Doch weil das Herz des Pharao hart blieb und er weiter gegen die Kinder Israel raste, ließ Moysos des Nachts Hagel und Erdbeben* aufkommen.

* Vgl. 2.Mos. 9,23

Und die dem Beben entkamen, wurden vom Hagel vernichtet; die aber, die dem Hagel entkamen, wurden vom Beben getötet.

Alle Häuser der Ägypter wurden zerstört und die meisten Tempel, und der König ging in sich und entließ die Juden.

Die Juden aber erbaten sich von den Ägyptern viele Becher und ebenso viele Kleider und Schätze in großer Menge und zogen los und kamen nach Tagen an das Rote Meer.

Was nun geschah, wird von den Geschichtsschreibern verschieden berichtet. Die Memphiten sagen, Moysos, der das Land sehr gut gekannt habe, habe die Ebbe abgewartet und so das Volk trockenen Fußes durchs Meer geführt.

Eine andere Geschichte erzählen die Heliopolitaner: Es verfolgte der König die Juden mit einer großen Streitmacht und mit auserlesenen Tieren, weil sie das Eigentum der Ägypter mit sich führten.

Doch eine göttliche Stimme wies den Moysos an, mit dem Stab das Meer zu schlagen und es voneinander zu teilen. Vgl. 2.Mos. 14,16

Und Moysos gehorchte und schlug mit dem Stab das Wasser und teilte so die Flut und die Kinder Israel zogen trockenen Fußes hindurch.

Und die Ägypter folgten ihnen und gingen hinein, doch da strahlte vor ihnen ein Feuer auf und das Meer schlug über ihnen zusammen.

So kamen die Ägypter um durch Feuer und Wasser.

Die Juden aber entrannen der Gefahr und verbrachten vierzig Jahre in der Wüste.

Und Gott ließ ihnen Brot und Mehl vom Himmel regnen, das an Glanz dem Schnee glich.

Und Moysos war groß von Gestalt und sein lockiges Haar war grau und rötlich und er war majestätisch anzusehen.

Und all dies hat er im Alter von 89 Jahren vollbracht.

Das Testament Hiobs

Dies ist das Buch der Geschichte des Hiob mit dem Beinamen Jobab.

Der sterbende Hiob erzählt seine Geschichte.

1 Da Hiob merkte, daß seine Stunde gekommen war, wollte er sein Hauswesen bestellen und rief seine sieben Söhne und seine drei Töchter zu sich. Und die Namen der Söhne waren Tersi, Choros, Yon, Nike, Phoros, Phiphe und Phruon, die Töchter wurden Hemera, Kasia und Amaltheas Horn genannt. Vgl. Hiob 42,13f.

Er sammelte seine Kinder im Kreis um sich und sprach: Merket auf, ihr Kinder, damit ich euch erzählen kann, was mir zustieß und wie der HERR mich prüfte.

Ich, euer Vater Hiob, stamme aus dem Hause Esau, des Bruders des Jakob. Und eure Mutter Dina stammt aus dem Hause Jakob, und euer Geschlecht ist gesegnet.

Mein erstes Weib aber starb, und zehn meiner Kinder starben mit ihr. So hört mir also zu, denn ich will euch verkünden, welches Leid mir widerfahren ist.

Hiob hat eine Erscheinung und zerstört den Götzen.

2 Ehe der HERR mir den Namen Hiob gab, hieß ich Jobab. Und ich wohnte neben einem Götzenbild, dem huldigten viele und brachten ihm Brandopfer dar.

Und ich fragte mich, ob das wohl der HERR sei, der den Himmel, die Erde und uns Menschen geschaffen. Und große Sehnsucht nach dem Wissen war in mir.

Da weckte mich des Nachts eine laute Stimme, die rief meinen Namen, und ein überirdisches Licht erleuchtete meine Kammer. Die Stimme aber sprach: Stehe auf, Jobab, den ich von nun an Hiob nennen will, denn ich will dir eröffnen, wer der ist, über dessen Wesen du sinnst.

Denn der, dem sie huldigen und Opfer bringen, ist nicht Gott, sondern der Satan, der mit seiner Macht die Menschen täuscht.

Da ich dies hörte, fiel ich auf mein Lager nieder und sprach: HERR, ich danke dir, denn du kamst zu meiner Seele Heil.

Nicht dulden will ich, daß der Satan die Menschen täuscht, und daß ihm geopfert wird. Darum bitte ich dich, gib mir die Erlaubnis hinzugehen und den Götzen zu zerstören.

Wer wollte mich daran hindern, mich, den König dieses Landes. So aber der Götze zerstört ist, kann ihm keiner mehr huldigen.

Da antwortete mir die Stimme, die sich in dem Licht verbarg, und sprach: Reinige diese Stätte, wenn du magst, doch höre zuvor, was der HERR dir durch mich verkündigen läßt.

Und ich antwortete: Ich höre, o Stimme, und will alles tun, was der HERR seinem Diener befiehlt.

Und die Stimme sprach: Das ist die Botschaft des HERRN an seinen Diener Hiob: So du Satans Tempelstätte zerstörst, wird der böse Feind voll Zorn seine Macht gegen dich richten. Die Macht über dein Leben ist ihm nicht gegeben, doch kann er dir viele Plagen senden.

Dein Hab und Gut wird er dir rauben und deine Kinder wird er töten. Doch harrst du aus, dann will ich deinen Namen hochberühmt machen unter allen Geschlechtern der Erde bis ans Ende der Tage.

Und alles, was dir der Böse nehmen wird, soll dir doppelt erstattet werden.

Dann sollst du die Größe des HERRN erkennen, der ohne Maß jedem, der ihm gehorcht, alles Gute vergilt. Und bei der Auferstehung soll deine Geduld geehrt werden und du sollst erweckt werden.

Wahrlich, du gleichst dem Faustkämpfer, der die Mühen und die Schläge des Kampfes geduldig erträgt und so den Siegeskranz erringt. Und du wirst erkennen die Macht, die Wahrhaftigkeit und die Gerechtigkeit des HERRN, der seinen Auserwählten die Kraft gibt.

Ich aber, liebe Kinder, antwortete und sprach: Ich will ausharren bis zum Tode! Und der Engel zeichnete mich mit dem Siegel und ging von mir.

Und noch in der gleichen Nacht erhob ich mich und sammelte fünfzig meiner Knechte und ging zum Heiligtum der Götzendiener und zerstörte es. Dann aber zog ich heim und ließ die Tore fest verriegeln.

Satan verkündet dem Hiob seine Feindschaft.

3 So hört, was weiter geschah, ihr Kinder, und staunt.
Da ich die Tore verrammeln ließ, gab ich den Türhütern den Auftrag: So heute einer nach mir fragt, sendet ihn fort. Sprecht zu ihm: Hiob kann dich nicht empfangen, denn er ist mit einer dringenden Sache beschäftigt.

Doch kaum war ich in meiner Kammer, da klopfte es an meiner Tür, und es war Satan, doch hatte er sich in einen Bettelmann verwandelt. Und mit süßlicher Stimme sprach er zur Pförtnerin: So melde doch dem König Hiob, ich wolle ihn sprechen.

Und da die Pförtnerin mir dies anzeigte, hieß ich sie den Bettelmann fortsenden.

Da Satan dies hörte, ging er weg, zog einen Mantel über seine Schulter und kam abermals und sprach zur Pförtnerin: Ach Weib, der Hunger nagt in meinen Eingeweiden, darum bitte ich dich, reich mir ein Stück Brot.

Und ich hörte diese Worte und sandte ihm ein Stück verbranntes Brot und ließ ihm sagen: Nie wieder sollst du von meinem Brote essen, denn von nun an herrscht Feindschaft zwischen uns beiden.

Doch die Pförtnerin in ihrer Torheit wußte nicht, daß es der Satan war, und schämte sich ob des verbrannten Brotes. Und sie holte von ihren eigenen Broten ein schönes Stück und reichte es ihm.

Und er nahm es an, doch wußte er, was geschehen war, und sprach zur Pförtnerin: Geh ins Haus, du schlimme Magd, und hol mir das Stück Brot, das dein Herr dir gegeben hat.

Da ward die Magd betrübt und sprach unter Tränen: Zu Recht nennst du mich eine schlimme Magd! Wär ich's nicht, hätte ich getan, wie mein Herr mich geheißen hat.

Und sie lief ins Haus und holte das verkrustete, aschenfarbige Brot und sprach: Mein Herr läßt dir sagen: Nie wieder sollst du von meinem Brote essen, denn von nun an herrscht Feindschaft zwischen uns beiden. Dies gebe ich dir gerade noch, damit nicht das Gerede entstehe, ich hätte meinem Feind auf seine Bitte nichts gegeben.

Und Satan sandte die Magd in meine Kammer mit dieser Botschaft: Meine ganze Macht will ich gegen dich wenden, und deinen Körper will ich machen wie dieses verbrannte Brot! In einer Stunde will ich wiederkommen und dich ausplündern.

Ich aber ließ ihm antworten: So tue, wonach dir der Sinn steht! Was auch immer du über mich verhängen willst, ich bin bereit zu tragen, was du mir aufládst.

Da zog Satan fort von meinem Haus und stieg hinauf zur Himmelsfeste und beschwor den HERRN, daß er ihm Gewalt gebe über all mein Gut. Und er empfing die Gewalt von Gott und nahm mir all das Meine.

Das glückliche und gerechte Leben des Hiob vor der Heimsuchung.

4 Hört also die Geschichte meines Elends, ihr Kinder, und vernehmt, was mir alles genommen wurde.

In jenen Tagen besaß ich einhundertdreißigtausend Schafe, und von denen hatte ich siebentausend zur Schur gesondert, die Armen und die Bedürftigen zu kleiden. Und ein Rudel Hunde hatte ich, achthundert an der Zahl, um mein Haus zu bewachen. Und neuntausend Kamele besaß ich, davon waren dreitausend bestimmt zum Dienst für jede Stadt. Denn die belud ich mit Gütern und sandte sie in die Städte und Dörfer meines Reichs, die Schwachen und die Bedürftigen zu versorgen. Auch hatte ich einhundertdreißigtausend Esel, aus denen sonderte ich fünfhundert zum Verkauf und verteilte den Erlös an die Witwen und die Armen. Vgl. Hiob 1,3

Die Hungernden und Darbenden kamen aus aller Herren Länder zu mir und die vier Türen meines Hauses standen ihnen immer offen. Denn meinen Dienern hatte ich befohlen, die Türen stets offen zu lassen, daß kein Bettler je vor einer geschlossenen Tür umkehre aus Scham und so unbeschenkt von dannen ziehe.

Auch sollte es keinen Bettler schrecken, wenn er mich, den Hausherrn, an einer Türe sitzen sah, sondern er sollte zur anderen gehen und dort empfangen, was er brauchte.

Und ich hatte in meinem Haus dreißig Tische aufgestellt, um allezeit die Fremden bewirten zu können. Und zwölf gedeckte Tische hatte ich, die waren für die Witfrauen bestimmt. Und kam ein Fremdling und bat um eine Gabe, dann mußte er sich zuerst am Tisch sättigen, ehe er empfing, worum er gebeten hatte. Keinen schickte ich mit leerer Tasche von meiner Türe fort und auch ein Teil des Erlöses meiner Äcker war für die Armen bestimmt.

Und von meinen dreitausendfünfhundert Joch Ochsen hatte ich fünfhundert ausgewählt, die konnte sich jeder zum Pflügen leihen, wann immer er sie haben wollte.

Und fünfzig Backöfen hatte ich, von denen zwölf für den Tisch der Armen bestimmt waren.

Da waren manche meiner Gäste ob meines Eifers um die Armen so gerührt, daß sie darum baten, mit mir gemeinsam den Armendienst zu versehen. Und andere, denen der Mangel an Mitteln dies nicht erlaubte, baten mich: Gewähre uns die Gnade und leihe uns Geld! Dann wollen wir in die großen Städte ziehen und Handel treiben, auf daß wir von dem Erlös die Armen unterstützen können. Dann wollen wir dir dein Geld gerne rückerstatten!

Und da ich dies hörte, freute sich mein Herz, daß sie das Geld zum Armendienst bei mir borgen wollten. Und ich lieh ihnen soviel als sie wollten, ohne jedes Pfand nur gegen Schuldschein.

Sie aber trieben Handel mit meinem Geld und hatten das eine Mal Glück und gaben den Erlös den Armen, das andere Mal hatten sie Unglück und wurden ausgeplündert. Dann kamen sie zu mir und sprachen: Herr, wir bitten dich, sei großmütig zu uns! Wir wollen zusehen, daß wir es dir nach und nach ersetzen können.

Da holte ich den Schuldschein hervor und las ihn mit lauter Stimme und siegelte ihn zum Zeichen der Tilgung und sprach: Was ich euch gab, war für die Armen bestimmt. Daher will ich nichts von euch zurück.

So hielt ich es auch mit meinen anderen Schuldnern. Und wenn einer zu mir kam und sagte: Ich habe keine Mittel, sie an die Armen zu verteilen, daher möchte ich sie heute an deinen Tischen bedienen, dann gestattete ich es ihm und nannte ihn Freund und aß auch selbst an seinem Tische.

Und wenn es Abend wurde und er nach Hause gehen wollte, zahlte ich ihm seinen Lohn aus und sprach: Ich weiß, daß du ein Arbeiter bist und daher Anspruch auf deinen Lohn hast. Also nimm ihn und zieh heim.

Nie aber tat einer eine Arbeit für mich, ohne seinen gerechten Lohn zu empfangen.

Und so blühte meine Haushaltung. Die Knechte, die die Kühe molken, riefen laut: Es scheint die Milch in Strömen aus dem Gebirge zu uns zu fließen! Und die Butter häufte sich auf meinen Pfaden und meine Herden warfen soviel Junge, daß sie ob ihrer Menge auf den Felsen und den Bergen lagerten. Wahrlich, da war alles in Überfluß!

Doch so groß war meine Sorge um die Witwen und Waisen, daß meine Diener, die für sie Speisen kochen mußten, ganz kraftlos wurden des Kochens wegen, und sie wurden rücksichtslos und verwünschten mich und schrien: Wer von denen gäbe uns schon sein eigen Fleisch zur Sättigung! Doch in meinem Edelmut suchte ich sie zu besänftigen.

Ich hatte nämlich sechs Harfen und eine Zither mit zehn Saiten. Und nach jedem Mahl der Witwen pflegte ich, aufzustehen und ihnen vorzuspielen und sie sangen dazu.

Und damit lenkte ich ihren Sinn auf Gott, daß sie den HERRN durch ihren Gesang lobpriesen.

Und wenn meine Mägde murrten, nahm ich die Harfe und sang vom Lohn der Vergeltung für gute Werke. So brachte ich sie dahin, daß sie aufhörten zu murren.

Doch etwas bekümmerte mich: Meine Söhne aßen nicht mit den Armen, sondern nahmen ihre Mahlzeit nach dem Armendienst ein und speisten beim ältesten der Brüder.

Und mit ihnen gingen meine drei Töchter und überließen ihre Arbeit an den Armen den Mägden.

Da aber meine Söhne den Sklaven und Armendienern oft hart zusetzten, brachte ich jeden Morgen nach dem Aufstehen für sie ein Opfer dar, und zwar entsprechend ihrer Zahl dreihundert Tauben und fünfzig Zicklein und zwölf Schafe.

Dies alles überreichte ich nach dem Mahl den Armen und sprach dabei: Nehmt dies als Dreingabe zum Mahl und betet mir für meine Kinder.

Denn ich fürchtete, daß sich meine Kinder vor dem HERRN durch Prahlerei versündigen und etwa voll Hochmut sprechen möchten: Die Kinder eines reichen Mannes sind wir und Eigner vieler Güter! Weswegen sollen wir die Armen bedienen? Ein solcher Hochmut ist aber vor Gott ein Greuel!

Und ich brachte dem HERRN ein auserlesenes Kalb zum Opfer, denn ich fürchtete, daß meine Söhne in ihrem Herzen Böses dächten wider Gott.

Hiobs Eigentum wird geplündert. Vgl. Hiob 1,14-17

5 So hielt ich es sieben Jahre, nachdem der Engel mich belehrt hatte. Doch da nun dem Satan Gewalt über mich gegeben ward, ging er ohne Milde gegen mich vor.

Und er verbrannte die siebentausend Schafe, die der Witwen Kleidung dienten, und die dreitausend Kamele und die fünfhundert Joch Ochsen.

Das alles tat er selbst, kraft der Vollmacht, die ihm über mich gegeben war.

Den Rest meiner Herden aber raubten meine Mitbürger.

Zwar hatten sie einst Wohltaten ohne Zahl von mir empfangen, doch jetzt erhoben sie sich und nahmen mir, was von meinen Herden übrig geblieben war.

Doch das raubte mir nicht die Ruhe des Herzens und als mir meine Diener den Verlust meines Eigentums meldeten, da pries ich den HERRN und lästerte ihn nicht.

Und so erkannte Satan meine Standhaftigkeit und ersann einen anderen Anschlag auf mich.

Er verwandelte sich in den König der Perser und eroberte meine Stadt und sammelte alle Schurken um sich und sprach zu ihnen: Seht diesen Jobab, der sich nun Hiob nennt! Die Güter des Landes verschleudert er und verschenkt sie an Blinde und Lahme.

Und er war es, der den Tempel des großen Gottes zerstört und sein Bild zu Boden geworfen hat. Das soll ihm vergolten werden, was er tat an dem Gotteshaus. Kommt mit mir und nehmt ihm alles, was er besitzt an Land und Getier und Gütern.

Die Schurken aber antworteten ihm: Hab acht, o Herr, denn er hat noch sieben Söhne und Töchter! Trag Vorsorge, daß jene nicht in fremde Länder flüchten und wiederkehren mit einer gewaltigen Streitmacht und uns überfallen und schließlich vernichten.

Da sprach Satan zu ihnen: Habt keine Furcht! Mit Feuer und Schwert hab ich den Großteil seiner Macht schon vernichtet. Seine Kinder will ich umbringen.

Der Tod von Hiobs Kindern. Vgl. Hiob 1,18ff.

6 Und nach diesen Worten zog der böse Feind hin und machte die Erde beben und ließ über meinen Kindern das Haus zusammenfallen und tötete sie.

Und da dies meine Mitbürger bemerkten, da faßten sie Mut und plünderten mein Haus und setzten mir hart zu.

All das, meine Kinder, mußten meine Augen schauen: An meinen Tischen und in meinen Lagern wüteten gemeine und ehrvergessene Menschen! Und schwach war ich und wie gelähmt, einem Weibe gleich, dessen Hüften von den vielen Wehen erschlafft sind, und konnte keinen Laut von mir geben.

Doch ich wußte, daß dies der Kampf mit dem Teufel ist, den mir die Stimme im Licht verkündet hatte, und dachte an das verheißene Glück.

Und ich glich einem Menschen, der auf dem Schiff zu einer Stadt hinfährt, um ihren Reichtum zu schauen und seinen Wohlstand zu vermehren. Und das Schiff dieses Menschen ist voll von Waren, mit denen er in der Stadt Handel zu treiben gedenkt. Doch da er mitten auf dem Meer den hohen Wellengang sieht und der Strömung Hindernis, wirft er alles ins Meer und spricht dabei: All das will ich gerne verlieren, so ich nur in jene Stadt gelange, denn dort kann ich Besseres gewinnen als dieses Schiff und seine Fracht.

Als aber der letzte Bote kam und mir vom Tode meiner Kinder sprach, da erfaßte Entsetzen mein Herz und ich zerriß meine Kleider. Und ich schrie und sprach: Der HERR hat es gegeben, der HERR hat es genommen. Wie es dem HERRN gefällt, so geschehe es! Sein Name sei gepriesen, was auch immer geschieht!

Hiobs Krankheit.

7 So hatte Satan all mein Gut vernichtet, und er erkannte nun, daß mich nichts vom Abfall von meinem HErrn bewegen konnte. Da zog er abermals in die Himmelsfeste und erbat von Gott meinen Körper, damit er eine weitere Plage über mich bringen könne.

Und der HERR übergab mich seinen Händen, daß er mit meinem Leibe nach seinem Belieben tue, mein Leben aber schone.

Und Satan kam zu mir, als ich auf meinem Thron saß und meiner Kinder Tod beklagte. Und er überfiel mich einem Sturmwind gleich und stürzte meinen Thron zu Boden, so daß ich drei Stunden darunter lag und mich nicht befreien konnte.

Und er schlug mich mit einer fürchterlichen Plage vom Scheitel bis zur Sohle.

Tiefes Grauen erfaßte mich, und ich verließ voller Angst die Stadt und zog hinaus und setzte mich auf einen Düngerhaufen. Denn es war mein Fleisch um und um wurmicht* geworden und ekliger Saft tropfte zu Boden und Eiter floß aus meinem Leib.

* Hiob 7,5

Doch sooft ein Wurm aus mir herauskroch, nahm ich ihn und legte ihn zurück und sprach: Bleib hier an deinem Platz, wohin ich dich gelegt, denn dies ist der Wille des HERRN.

Und so verbrachte ich achtundvierzig Jahre auf dem Düngerhaufen außerhalb der Stadt und litt furchtbare Schmerzen.

Ach, meine Kinder, mit eigenen Augen mußte ich sehen, wie mein erstes Weib gleich einer Sklavin das Wasser in ein vornehmes Haus trug. Und so verdiente sie das wenige Brot, das sie mir brachte.

Da weinte ich und sprach: O der verfluchte Hochmut der Herren dieser Stadt! Wie können sie mein Weib wie eine Sklavin behandeln? Doch dann faßte ich mich wieder in Geduld.

Hiobs Weib rebelliert gegen ihren Herrn.

8 Doch nach elf Jahren verweigerten sie ihr selbst das wenige Brot und gaben ihr kaum ihre eigene Nahrung, so daß sie mir nichts mehr bringen konnte.

Und sie nahm das Wenige und teilte es zwischen sich und mir und sprach schmerzerfüllt: Weh mir! Bald kann sich mein Herr nicht mehr mit Brot sättigen. Und sie zögerte nicht, zum Markt zu gehen und von den Brotverkäufern Reste zu erbetteln und sie mir zu bringen.

Da aber der Satan das merkte, verwandelte er sich in einen Händler. Und es begab sich, daß mein Weib zu ihm kam, und sie bettelte ihn an, denn sie hielt ihn für einen Menschen.

Satan aber sprach zu ihr: Zahle mit Geld, dann nimm, was du willst.

Und sie antwortete ihm und sprach: Woher soll ich, Ärmste der Armen, Geld nehmen? Weißt du nicht, was mir zugestoßen ist? Hast du Erbarmen, dann schenk mir Brot, wenn nicht, dann laß mich ziehn.

Da sprach Satan zu ihr: Keinen Unschuldigen trifft ein solches Unglück! Wohlan, da du jetzt kein Geld hast, verpfände mir doch das Haar auf deinem Haupt und nimm dir drei Brote. Davon könnt ihr drei Tage leben.

Und mein Weib sprach zu sich: Was nützt mir das Haar auf meinem Haupt, wenn mein Gatte Hunger leidet? Und so gering schätzte sie ihres Haares Pracht, daß sie zu ihm sprach: Steh auf und nimm mein Haar.

Da nahm Satan eine Schere und schnitt ab vor aller Augen die Pracht ihres Haares und gab ihr drei Brote dafür.

Sie aber nahm die Brote und ging hinweg, um sie mir zu bringen. Und Satan folgte ihr, und da sie ging, berückte er ihr Herz.

Und da sie mir nahte, schrie sie und sprach: O Hiob, o Hiob! Wie lange noch willst du auf dem Düngerhaufen vor der Stadt sitzen! Ach du Tor, der du immer noch auf die Rettung hoffst!

Und wie geht es mir, deinem Weib? Als Magd muß ich ziehen von Haus zu Haus, denn alle deine Freunde haben dich vergessen und meine Söhne und Töchter, für dich ich mich vergeblich und in Schmerzen abgemüht.

Du aber sitzest in Fäulnis und von Würmern befallen und nächtigst unter freiem Himmel, und ich schinde mich des Tags und ängstige mich des Nachts, ob ich dir auch genügend Brot bringen kann. Kaum reicht die Speise für mich, und dennoch teile ich mit dir.

Wahrlich, oft schon habe ich mir aus Hunger in meinem Herzen gedacht, ob's nicht an der Zeit wäre, die Leiden zu beenden.

Nun höre, was mir heute geschehen ist: Ich ging zum Markt und legte ab meine Scham und bettelte um Brot. Der Händler aber sprach zu mir: Bezahle, sonst gebe ich dir kein Brot.

Da erzählte ich ihm die Geschichte unseres Elends, er aber höhnte mich und sprach: So du kein Geld hast, Weib, gib mir dein Haupthaar, dann will ich dir drei Brote geben, die sollen euch drei Tage zur Nahrung reichen.

Da war ich im Herzen betrübt und sprach: Es sei, schere mich!

Und er erhob sich und schor mir mit einer Schere schimpflich mein Haar, die Menge aber stand dabei und gaffte.

Und keiner war darunter, der nicht im Herzen staunte: Soweit ist es gekommen mit Sitido, dem Weib Hiobs! Einst saß sie in einem Thronsaal, der war von vierzehn Vorhängen verhängt, und man mußte Tür um Tür durchschreiten, bis man zuletzt gewürdigt wurde, vor sie zu kommen. Heute aber läßt sie sich am Markt für ein wenig Brot das Haar scheren.

Einst trugen ihre vollbeladenen Kamele die Güter für die Armen in alle Länder, heute aber darbt sie selbst.

Seht an! Einst hatte sie sieben Tische in ihrem Haus zu speisen die Armen, heute aber verkauft sie ihres Haares Pracht.

Denkt euch; ehedem wusch sie ihre Füße in einem Becken aus Gold, doch heute irrt sie barfuß umher und tauscht ihr Haupthaar gegen einige Brote.

Blickt sie an! Sie, die sich einst in golddurchwirkten Byssus hüllte, trägt heute Lumpen und verkauft die Zierde ihrer Weiblichkeit.

So und noch anders tönte es von allen Seiten!

Doch genug der Worte, Hiob, nur ein Letztes sei dir noch gesagt: Mein Herzeleid hat meinen Körper zerstört. Darum bitte ich dich: Steh jetzt auf, iß dich satt und dann sprich ein Wort* dem HERRN zum Trotz und stirb!

* Hiob 2,9

Hiob besiegt den Satan.

9 Da entgegnete ich ihr: Blick auf mich! Siebzehn Jahre lebe ich schon in meiner Plage und ertrage die Würmer in meinem Leib! Doch wahrlich, die Würmer haben mein Herz nicht derart gequält wie das Wort, das du soeben gesprochen: Sprich doch ein Wort dem HERRN zum Trotz und stirb!

Den Untergang der Kinder und unserer Habe vermag ich wie du zu ertragen. Doch willst du wirklich, daß wir dem HERRN zum Trotz jetzt ein Wort sprechen und dadurch des größten Reichtums verlustig gehen?

Denk an die großen Güter, die wir hatten! Das Gute haben wir aus der Hand des HERRN genommen, also wollen wir auch das Schlimme dankbar aus seiner Hand empfangen!

Üben wir uns in Geduld, bis daß der HERR sich rühren läßt und sich unser wieder erbarmt.

Siehst du denn nicht Satan hinter dir? Deinen Sinn hat er verwirrt und jetzt will er mich in die Irre führen.

Zu einem jener unverständigen Weiber will er dich machen, die seit Evas Zeiten der Männer Einfalt täuschen.

Und ich wandte mich an den, der hinter meinem Weib stand, und sprach zu ihm: Versteck dich nicht länger, sondern tritt hervor! Zeigt denn der Löwe seine Kraft im Käfig? Fliegt denn der Vogel noch im Korbe auf? Komm hervor und kämpfe mit mir.

Da kam Satan aus seinem Versteck hinter meinem Weib hervor und sprach unter Tränen: Ach Hiob! Ich gebe auf und räume das Feld vor dir. Zwar bist du nur Fleisch und ich bin ein Geist, doch bist du in deinem Unglück stärker als ich in meiner Macht.

Wahrlich, zwischen uns war's wie in einem Ringkampf. Der eine rang den anderen nieder und lag oben und verschloß ihm mit Sand den Mund und brach ihm jedes Glied. Doch der unten trug's mit Tapferkeit und gab nicht nach, bis der oben liegende laut schrie.

Und so lagst du unter mir, Hiob, und ich schlug dich, doch du bist Sieger geblieben.

Und Satan war beschämt und zog ab und ließ mich drei Jahre lang in Frieden.

Darum sage ich euch, ihr Kinder, habt immer Geduld und harrt aus in allem, was euch trifft! Denn wahrlich, die Geduld ist die größte aller Tugenden!

Freunde besuchen den Hiob. Vgl. Hiob 2,11ff.

10 Und ich lebte schon zwanzig Jahre in meiner Plage. Da hörten auch die Könige der Nachbarländer von meinem Elend und kamen her mich zu trösten, ein jeglicher aus seinem Land.

Und da sie mir nahten von ferne, erkannten sie mich nicht, und sie schrien auf und weinten laut und zerrissen ihre Gewänder und bestreuten sich mit Staub.

Und keiner von ihnen sprach ein einziges Wort zu mir. Doch nicht aus Mitleid schwiegen sie, sondern sie sannen nach über mein einstiges Glück.

Denn da ich ihnen einst meine Edelsteine zeigte, waren sie voll Erstaunen und schlugen ihre Hände über dem Kopf zusammen und riefen: Wahrlich, trüge man die Edelsteine unserer Reiche zusammen und legte sie auf einen Haufen, dann käme der Haufen dem deinen nicht gleich!

Auch war ich ob meiner Abstammung aus dem Hause Esaus von edlerem Geschlecht als alle Ostländer.

Doch da sie in die Stadt Ausitis gekommen waren und nachgefragt hatten, wo Jobab sei, der über Musri herrschte, da hatte man ihnen geantwortet: Er sitzt auf einem Düngerhaufen vor der Stadt und hat sie seit zwanzig Jahren nicht mehr betreten.

Und sie hatten auch nach meinem Hab und Gut gefragt, und die Leute hatten ihnen erzählt, welches Schicksal mich getroffen hatte.

Und sie verließen die Stadt und meine Mitbürger begleiteten sie und zeigten mich ihnen.

Da sträubten sie sich und erkannten mich nicht.

Und Themans König Eliphas faßte sich ein Herz und wandte sich an mich und fragte: Sag an, bist du Jobab, unser Mitkönig? Da brach ich in Tränen aus und streute Erde auf mein Haupt und nickte und sprach: Ich bin es.

Der Schmerz der Freunde.

11 Als die Freunde aber sahen, daß ich mit dem Kopf nickte, da verließ sie ihre Kraft und wie betäubt fielen sie zu Boden. Und drei Stunden lagen sie Toten gleich am Boden und ihr Gefolge war bestürzt.

Dann aber standen sie auf und sprachen zueinander: Wahrlich, er ist es! Und sieben Tage lang saßen sie daraufhin beieinander und besprachen mein Geschick.

Da gedachten sie meiner Mildtätigkeit und all der Güter, die ich den Armen gesandt hatte, und all der Fremden, die ich in meinem Haus verköstigt hatte.

Und sie fragten einander: Wie kann ein gerechter Mann solches Elend erleiden?

Und da sie sieben Tage untereinander geredet hatten, nahm Elihu das Wort und sprach zu seinen Mitkönigen: Kommt, laßt uns näher treten und ihn genauer ausforschen, ob er wirklich unser Bruder Jobab ist.

Es ging aber von meinem Körper ein derart widriger Geruch aus, daß ich siebzig Schritte weit von ihnen lag. Darum traten sie näher und ihr Gefolge war mit ihnen und streute Wohlgerüche aus, meinen Gestank zu überdecken.

Drei Tage streuten sie. Und da sie an meiner Seite standen, fragte mich Elihu: Sag an, bist du Jobab, unser Mitkönig? Bist du es, der einst reich war an Ansehen? Bist du es, der einst gleich war dem Sonnenlicht zur Mittagszeit? Bist du es, der einst gleich war dem Mondenlicht und den Gestirnen zur Mitternacht? Da antwortete ich ihm und sprach: Ich bin es. Da brach er in bitteres Weinen aus und die anderen Könige stimmten ein samt ihrem Gefolge, und ward ein großes Seufzen und Schneuzen und Wehklagen.

Das Klagelied des Eliphas. Vgl. Hiob 4 und 5

12 Vernehmt also, liebe Kinder, die Klage des Eliphas, denn er hob als erster an und sprach: Ich will euch vom Reichtum Hiobs erzählen!

Bist du es, der einst siebentausend Schafe ausgesondert hatte zur Schur, den Armen zur Kleidung? Bist du es, der dreitausend Kamele bestimmt hatte, zur Beförderung der Güter der Armen? Wo ist nun deines Thrones Pracht?

Bist du es, der tausend Rinder ausgesondert hatte zum Pflügen für die Armen? Wo ist nun deines Thrones Pracht?

Bist du es, der einen Thron aus Edelsteinen besaß? Nun aber sitzt du im Staub! Wo ist nun deines Thrones Pracht?

Wer war dein Widersacher, als du inmitten deiner Kinder weiltest? Du glichest einem Baum, der voll war von duftenden Äpfeln! Wo ist nun deines Thrones Pracht?

Warst nicht du es, der siebzig Tische für die Armen gedeckt hatte? Wo ist nun deines Thrones Pracht?

War dein Haus nicht voll von Rauchgefäßen für den Wohlgeruch? Doch nun lebst du im Gestank. Wo ist nun deines Thrones Pracht?

Goldene Lampen hattest du einst auf silbernen Leuchtern, doch nun wartest du, daß der Mond deine Nacht erhelle. Wo ist nun deines Thrones Pracht?

Einst gab dir der Weihrauchbaum duftende Salbe, doch nun sitzt du in der Fäulnis da. Wo ist nun deines Thrones Pracht?

Die Ungerechten und die Frevler hast du verlacht, doch nun bist du zum Spott geworden. Wo ist nun deines Thrones Pracht?

Bist du Hiob, der diesen großen Ruhm besaß? Wo ist nun deines Thrones Pracht?

Hiob offenbart den Freunden seinen Glauben.

13 Und da Eliphas die Klage sang, erhob sich großer Lärm, denn auch die Mitkönige taten ihre Meinung kund. Und da endlich Ruhe geworden war, erhob ich meine Stimme und sprach: Schweigt still, ihr Freunde, denn ich will euch nun belehren über meinen Thron und über die Pracht und Herrlichkeit, die er unter den Heiligen haben wird.

Mein Thron steht in der anderen Welt und seine Pracht und Herrlichkeit werden zur Rechten des ewigen Vaters strahlen. Die Welt wird vergehen und alle ihre Güter mit ihr und ihre Anhänger werden untergehen.

Mein Thron steht in dem heiligen Land und seine Pracht leuchtet in einem Reich, das ewig bestehen wird. Die Flüsse trocknen aus und ihrer Wellen Überschwang stürzt in des Abgrunds Tiefen.

Doch in dem Land, da mein Thron steht, fließen die Flüsse ewiglich und trocknen nicht aus und versiegen nicht.

Könige vergehen und Fürsten schwinden, ihr Ruhm und ihre Prahlerei gleicht einem Spiegelbild. Mein Reich aber besteht auf ewige Zeiten und seine Pracht und Herrlichkeit ruht auf des Vaters Wagen.* * Vgl. Hes. 1,15-21

So sprach ich zu ihnen und sie hörten mir schweigend zu.

Doch Eliphas ward zornig und sprach zu den Freunden: Was nützt es, daß wir hier mit unserem Gefolge weilen, um ihn zu trösten, der uns derart schmäht? Laßt uns heimkehren!

Wahrlich, er sitzt hier und die Würmer quälen ihn und Gestank ist rund um ihn, doch er erhebt sich über uns und spricht: Es schwinden die Königreiche hin mitsamt ihren Fürstentümern, doch mein Reich wird ewig dauern.

Und Eliphas erhob sich in heftiger Erregung und wandte sich ab und sprach voll tiefer Betrübnis: Heim will ich ziehen, denn er ist mir unerträglich! Ich kam, ihn zu trösten, doch er setzt uns vor unserem Gefolge herab.

Die Rede Bildads.

14 Da beschwor ihn Bildad und hielt ihn zurück und sprach: Es ziemt sich solche Rede nicht zu einem Menschen, der Kummer hat und Schmerzen leidet.

Erinnere dich doch, Eliphas, wie es dir erging, da du zwei Tage krank gelegen!

Darum laßt uns geduldig prüfen, wie es mit Jobab steht. Mag sein, daß er ob der Erinnerung an sein früheres Glück in Wahnsinn verfallen ist.

Denn wer würde in seiner Lage nicht den Gleichmut verlieren?

Darum will ich näher zu ihm treten und ihn befragen, wie es mit ihm steht.

Und Bildad näherte sich mir und fragte: Bist du Hiob? Und ich antwortete ihm: Ich bin's.

Und er fragte mich: Ist wohl dein Geist zugegen? Und ich antwortete ihm: Mein Geist ist zugegen, doch haftet er nicht mehr am Irdischen, denn unbeständig ist die Erde gleich denen, die sie bewohnen. Mein Geist haftet aber am Himmlischen, denn im Himmel gibt es keine Veränderungen mehr.

Darauf sprach Bildad: Recht hast du gesprochen; die Erde ist unbeständig und verändert sich im Lauf der Zeit. Bald herrscht Krieg, bald Frieden, manche werden belohnt, manche werden bestraft.

Im Himmel, so heißt es, herrscht die ewige Beständigkeit. Doch wenn dein Geist sich dorthin begeben hat, dann will ich dir nun eine Frage stellen, und kannst du sie beantworten, dann will ich dir eine andere Frage stellen, und gibst du auch auf sie eine besonnene Antwort, dann wissen wir: Dein Geist ist bei dir.

Bildads Fragen.

15 Und er sprach: Worauf hoffst du? Da antwortete ich ihm und sprach: Auf Gott den Lebendigen.

Und er fragte mich wiederum: Wer hat dir all dein Hab und Gut genommen und dir die quälenden Schmerzen gesandt? Und ich antwortete: Gott war es.

Und er fragte abermals: Hoffst du auf Gott? Wie kannst du dann wagen, ihn zu bezichtigen, er habe dir ungerechterweise dieses Leiden zugefügt und dein Hab und Gut dir genommen?

Denn wenn er es war, der gab und wieder nahm, hätte er besser gar nichts geben sollen. So nämlich ein Krieger seinem König ein treuer Waffenträger war, entehrt ihn dieser nicht. Die Tiefe und die Weisheit des HERRN vermag keiner zu fassen. Wer dürfte es also wagen, den HERRN einer ungerechten Handlung zu bezichtigen! Klär mir dieses Rätsel, Hiob!

Und noch eines sage ich dir: Ist der Geist bei dir, dann tu mir kund, warum die Sonne sich im Osten erhebt und im Westen untergeht; des Morgens aber, wenn wir aufstehen, sehen wir sie wieder im Osten sich erheben? Belehre mich darüber, wenn du ein Diener Gottes bist.

Hiobs Antwort.

16 Und ich entgegnete ihm also: Ich habe noch Verstand und mein Geist ist bei mir. Gerne künde ich dir die Großtaten des HERRN, doch niemals wird sich mein Mund gegen Gott versündigen, das sei mir fern!

Wer sind denn wir, daß es uns erlaubt ist, uns mit dem Himmlischen so viel zu beschäftigen, die wir nur Fleisch sind und unseren Anteil an der Erde, am Staube haben?

Doch damit ihr wißt, daß mein Geist noch bei mir ist, will ich euch nun eine Frage stellen: Die Speise geht durch den Mund in den Körper ein und mit dem gleichen Mund wird das Wasser getrunken und beide ziehen durch den Schlund. Doch wenn sie nun ausgeschieden werden, dann trennen sie sich voneinander. Sagt an, wer scheidet sie voneinander?

Da antwortete mir Bildad: Keine Antwort ist auf deine Frage.

Da sprach ich zu ihm: Da du nicht einmal die Ausscheidungen des Körpers begreifst, was schickst du dich an, das Himmlische zu verstehen?

Da mischte sich der dritte König ein, Zophar von Naema, und sprach: Nein, Lieber, wir wollten nicht Dinge erforschen, die Sterblichen zu Recht verborgen sind. Wir wollten nur ergründen, ob dein Geist noch bei dir ist. Und nun erkennen wir voll Freude, daß dein Verstand sich nicht geändert hat.

Sag an, was sollen wir für dich tun? Die Ärzte dreier Königreiche sind mit uns, tu einen Wink und sie werden sich deiner annehmen. Vielleicht kannst du dich wieder erholen.

Doch ich entgegnete ihnen: Mich heilt und pflegt ein Größerer! Es ist unser aller HERR und Gott, der auch die Ärzte schuf.

Sitidos Klage und Tod.

17 Und da ich mit ihnen sprach, kam Sitido, mein Weib, und Lumpen bedeckten ihren Leib. Heimlich hatte sie den Dienst ihres Herrn verlassen, denn man hatte sie eingesperrt, auf daß keiner meiner Mitkönige sie erblicke und mitnehme.

Und sie kam und warf sich den Königen zu Füßen und sprach unter Tränen: Ach Eliphas und ihr beiden anderen Könige, denkt daran, wie ich bei euch war und wie ich mich gekleidet habe! Und jetzt seht an, in welchem Aufzug ich vor euch liege!

Da brachen die Bruderkönige in Tränen aus, und sie verstummten in ihrem Gram und dem meines Weibes.

Und Eliphas nahm seinen purpurnen Königsmantel und zerriß ihn und legte ihn meinem Weib um die Schulter.

Sie aber sprach zu den Königen: Ich bitte euch, laßt eure Diener im Schutt des Hauses graben, das über meinen Kindern zusammenstürzte, damit ich endlich ihr Gebein in einem Grab bergen kann. Denn bisher fehlten mir die Mittel, meinen Kindern ein Begräbnis zu bereiten.

Weh mir, bin ich denn ein wildes Tier? Habe ich denn eines Tieres Schoß? Zehn Kinder habe ich geboren, zehn Kinder sind mir gestorben, doch keines durfte ich begraben.

Da gaben ihr die Bruderkönige nach und wollten ihre Leute zum Graben schicken, doch ich hielt sie zurück und sprach: Haltet inne! Eure Mühe ist vergeblich, ihr findet meine Kinder nicht, denn Gott, der HERR und Schöpfer, hat sie in seinen Himmel aufgenommen.

Da wandte sich ihr Sinn abermals gegen mich und sie sprachen: Wahrlich, wiederum scheint uns, dein Sinn ist nicht bei dir! Tu uns also nun deine Wahrheit kund und sage uns, was mit deinen Kindern geschehen ist.

Da sprach ich zu ihnen: So tut mir den Gefallen und richtet mich auf, daß ich stehen kann.

Und sie richteten mich auf und stützten meine Arme beiderseits.

Und ich stand und pries den Vater im Himmel. Und nach dem Gebet sprach ich zu ihnen: Erhebt nun eure Augen gen Osten und schauet meine Kinder, gekrönt mit der Herrlichkeit des Himmels.

Und sie taten, wie ich sie geheißen hatte, und auch Sitido tat so und sie sahen, was sie sehen sollten, und fielen zu Boden und Sitido sprach: Jetzt weiß ich: Gott der HERR denkt an mich. Jetzt will ich in die Stadt gehen und den Lohn für meinen Sklavendienst entgegennehmen.

Und sie ging in die Stadt und trat in den Stall der Rinder, die ihr Herr uns geraubt hatte. Und sie legte sich wohlgemut in eine Krippe und starb in Frieden einen sanften Tod.

Ihr Dienstherr aber suchte sie und fand sie nicht. Und da er des Abends in den Stall ging, fand er sie tot.

Und viele kamen, und wer sie sah, weinte und schrie um sie. Der Lärm hallte durch die ganze Stadt und alle kamen, um seine Ursache zu ergründen.

Da lag Sitido, und um sie herum standen die Tiere und trauerten ihretwegen.

Und sie nahmen ihren Leib und trugen ihn zu dem Haus, das über unseren Kindern zusammengefallen war, und begruben sie dortselbst.

Unter den Armen der Stadt aber war ein großes Jammern: Seht an, so handeln sie gegen Sitido, die doch wahrlich des Ruhmes und der Ehre wert war. Jetzt aber gewährt man ihr nicht einmal ein richtiges Begräbnis.

Die Rede Elihus. Vgl. Hiob 32-37

18 Und Eliphas und die anderen Bruderkönige setzten sich zu mir und rechteten mit mir und führten große Reden. Nach siebenundzwanzig Tagen aber erhoben sie sich und wollten heimkehren, jeder in sein Land.

Da erhob sich Elihu, der Sohn Baracheels von Bus, der lange geschwiegen hatte, und sprach: Wartet noch ein wenig, ihr Könige, daß auch ich meine Meinung sage! Wahrlich, lange genug haben wir den Hiob ertragen und das Geprahle von seiner Gerechtigkeit.

Jetzt ist's genug! Am Anfang hatte ich Mitleid mit ihm ob seines früheren Glückes. Doch dieses Glück hat ihn alles Maß verlieren lassen, und nun meint der Tor, er habe einen Thron im Himmel.

Doch ich meine, daß er am Himmlischen gar keinen Anteil hat. Und Elihu beschimpfte mich mit frechen Worten, und der Satan hatte es ihm eingegeben.

Dies alles könnt ihr in der Chronik des Eliphas lesen, liebe Kinder.

Gott der HERR rechtfertigt seinen Diener Hiob. Vgl. Hiob 38-41

19 Und da Elihu mit seinen ruchlosen Worten zu Ende gekommen war, erschien mir Gott, der HERR. Und er redete aus Sturm und Wolken und zeigte mir, daß aus Elihu nicht ein Mensch, sondern ein böses Tier geredet hatte.

Durch die Wolke sprach er zu mir, und ich hörte seine Stimme samt den vier Königen mit mir.

Und er wandte sich an den Eliphas und sprach zu ihm: O du törichter Eliphas! Was sündigst du und deine Freunde und sprichst schlecht von meinem geliebten Diener Hiob!

Steht auf und bittet ihn, daß er Opfer für euch bringe, auf daß eure Sünden getilgt werden. Denn wäre es nicht um seinetwillen, dann hätte ich euch vernichtet!

Da gingen sie hin und brachten mir die Opfergaben und ich nahm sie und weihte sie dem HERRN. Und der HERR in seiner Gnade nahm das Opfer an und nahm die Sünde von ihnen hinweg.

Eliphas flucht dem Elihu und preist den HERRN.

20 Und Eliphas und Bildad und Zophar wurden einsichtig und sie erkannten die Gnade des HERRN. Elihu aber ward nicht vergeben.

Und der Geist ergriff den Eliphas und er sang einen Lobgesang. Und die Freunde priesen ihn mitsamt ihrem Gefolge.

Das aber war das Lied des Eliphas: Durch Gottes Gnade sind die Sünden uns getilgt und unsere Missetat ist uns vergeben.

Fluch sei Elihu, ihm, der mißgetan! Erloschen ist nun seine Leuchte, ihr Glanz ist gar verschwunden, kein Angedenken werde ihm zuteil.

Und seiner Lampe Schein klagt ihn nun an! Er ist ein Kind der Finsternis und nicht des Lichts. Und seinen Ruhm und seine Pracht, die erben nun die Türhüter der Finsternis.

Sein Reich, es ist verschwunden, und sein Thron vermodert. Sein Lager sei von nun an in der Unterwelt!

Verfiel er doch der Schlange Schönheit und des Drachen Schuppen, und seine Galle und sein Gift ward ihm zur Speise.

Und Gott den HERRN macht er sich feind und fürchtete ihn nicht, doch reizte er die Freunde auf zum Zorn.

Und darum hat der HERR ihn ganz verlassen, und alle Heiligen, sie haben ihn verdammt.

In Zorn und Wut soll er sein Leben enden, denn weder trägt er Mitleid in dem Herzen, und nicht den Frieden spricht sein Mund, vielmehr trieft seine Zunge Natterngift.

Doch ist der HERR gerecht und seine Urteilssprüche wahr.

Er richtet alle Welt ohn Ansehn der Person.

Und kommen wird der Tag, da wird der HERR erscheinen und die bekränzten Heiligen, sie werden ihm sein Loblied singen.

Segen sei den Heiligen und jubeln mögen sie in ihrem Herzen, gleich unserem Freunde Hiob! Denn sie haben die Heiligkeit errungen, auf die sie gehofft haben.

Der HERR hat uns verziehen und unsere Schuld ist getilgt. Fluch sei dem Bösewicht Elihu und gepriesen sei unser Freund Hiob!

Das zweite Glück Hiobs.

21 Und da Eliphas sein Lied beendet hatte und alle ihm geantwortet hatten, erhoben wir uns alle und zogen in die Stadt und betraten das Haus, das wir noch heute bewohnen.

Und ein großes Mahl hielten wir dem HERRN zur Ehre.

Ich aber zog hin nach meiner Gewohnheit, den Armen Gutes zu tun.

Und alle meine Freunde und die anderen, die Gutes tun wollten, kamen nun zu mir, da der Bann des Satans gebrochen war, und fragten mich: Hiob, was wünschst du von uns?

Da antwortete ich ihnen und sprach: Gebt mir jeder ein Lamm, damit ich der Armen Blöße decken kann.

Und jeder brachte mir ein Lamm und ein Goldstück.

Doch alles, was ich hatte, segnete der HERR und ließ zu doppeltem Besitz mich kommen.

Der sterbende Hiob verteilt seine irdischen Güter.

22 Nun, meine Kinder, ist meine Stunde gekommen. Ich aber sage euch: Vergeßt nicht den HERRN! Spendet den Armen Gutes und achtet die Schwachen!

Hütet euch vor den Weibern fremder Völker!

Nun aber will ich verteilen, was ich besitze, und jeder von euch kann über seinen Teil frei verfügen. Und die Diener holten alles herbei und verteilten es unter den Söhnen Hiobs. Den Töchtern aber gab er nicht Geld. Da wurden sie traurig und sprachen zu ihm: Herr, unser Vater! Was übergehst du uns? Sind wir nicht auch deine Kinder wie unsere Brüder?

Und ich entgegnete meinen Töchtern: O meine geliebten Töchter, murret nicht! Ich habe eurer nicht vergessen, sondern will euch ein Erbteil geben, das weit besser ist als das eurer sieben Brüder.

Und ich rief meine Tochter Hemera und sprach zu ihr: Nimm diesen Ring und gehe ins Gewölb und bring die drei goldenen Schreine. Dann will ich euch euer Erbe geben.

Und Hemera gehorchte und brachte die drei Schreine. Und ich öffnete sie und nahm drei bunte Gürtel heraus. Und diese Gürtel waren von unbeschreiblicher Schönheit, als stammten sie nicht von dieser Erde, sondern vom Himmel, und sprühten Feuerfunken gleich den Strahlen der Sonne.

Und jeder meiner Töchter reichte ich einen Gürtel und sprach: Umgürtet euch die Brust damit, auf daß es euch wohl ergehe bis ans Ende eurer Tage.

Die drei wunderbaren Gürtel.

23 Und die zweite Tochter, Kasia mit Namen, sprach zu ihm: Was macht diese Gürtel wertvoller als das Erbteil unserer Brüder? Sag mir, was sollen uns diese Gürtel nützen und wie können wir von ihnen leben?

Da antwortete ihr Hiob und sprach: Wahrlich, mehr als dieses Leben werden euch diese Gürtel sichern! Ja, liebe Kinder, kennt ihr denn nicht den Wert dieser Gürtel? Der HERR selbst in seiner Gnade hat mich dieser Gürtel für würdig erachtet an dem Tag, da er sich entschloß, meinen Leib von den Würmern und den quälenden Schmerzen zu befreien.

Er rief mich zu sich und sprach: Steh auf, Hiob, und umgürte einem Manne gleich deine Lenden. Dann will ich dir eine Frage stellen, und die sollst du mir beantworten.

Ich tat, wie er mich geheißen hatte, und sogleich schwanden die Schmerzen aus meinem Körper und die Würmer verließen mich.

Und alsbald ward mein Leib wieder so kräftig, als hätte er nie Qualen erlitten, und mein Herz gewann an Stärke und vergaß sein Leid.

Und der HERR sprach zu mir in seiner Macht und zeigte mir die Vergangenheit und die Zukunft.

Darum sage ich euch, o Töchter, nehmt diese Gürtel, dann seid ihr gefeit vor den Einflüsterungen des Satans, des bösen Feindes, und geschützt vor seinen Angriffen.

Denn diese Gürtel sind ein Geschenk des Vaters! Darum umgürtet euch damit, ehe ich sterbe! Dann werdet ihr der Wunder teilhaftig werden, die ich eben sehe, und könnt Gottes Schöpfung preisen.

Da erhob sich die, welche Hemera hieß, und gürtete sich, wie der Vater sie geheißen hatte. Und es wandelte sich ihr Herz, und sie vergaß der irdischen Dinge.

Ihre Rede glich der Rede eines Engels und nach Art der Engel sandte sie ein Lied zu Gott empor. Und dieses Lied legte sich wie ein Kleid über sie und verwandelte ihr Äußeres.

Da umgürtete sich auch die Kasia und ihr Herz wandelte sich, und von nun an trachtete sie nicht mehr nach irdischen Dingen.

Eine neue Sprache empfing sie vom HERRN und mit ihr pries sie seine Macht und die Schöpfung.

Und so du nachforschen willst den Geheimnissen der Schöpfung, magst du die Lieder der Kasia hören.

Da nahm auch die dritte Tochter, Amaltheas Horn genannt, ihren Gürtel und legte ihn an. Und gleich begann ihr Mund die Sprache derer zu reden, die in der Höhe sind, und ihr Herz ward verwandelt und dem Irdischen entrückt. Und nach Art der Cherubim pries sie die Macht des HERRN und seine Herrlichkeit.

Und so du die Herrlichkeit des Vaters erkennen willst, findest du sie aufgezeichnet in den Gebeten der Amaltheas.

Der Tod Hiobs.

24 Und es vollendeten die drei Jungfrauen ihren Gesang.
Am Lager Hiobs aber weilten der HERR und der Heilige Geist und ich, Nereus, der Bruder Hiobs, den manche auch Nachor nennen.

Und ich ließ mich neben meinem Bruder nieder und lauschte dem Wunderbaren, das seine Töchter verkündeten, und schrieb alles nieder, mit Ausnahme der Lobgesänge der Jungfrauen und deren Deutungen. Denn diese sind Zeugnisse von des HERRN Größe und ihre Kraft ist groß.

Und Hiob weilte noch drei Tage bei uns, dann legte er sich ein letztes Mal auf sein Lager und war krank. Doch fühlte er keine Schmerzen, denn er trug den Gürtel des HERRN.

Und nach weiteren drei Tagen erblickte er die Engel des HERRN, die gekommen waren, seine Seele zu holen.

Da erhob er sich und griff nach seiner Zither und gab sie seiner Tochter Hemera.

Und der Kasia reichte er ein Rauchfaß und der Amaltheas Horn eine Pauke, damit sollten die Jungfrauen die begrüßen, die zu seiner Seele kamen.

Doch da sie die Instrumente ergriffen hatten, sahen sie leuchtende Wagen vom Himmel herabfahren. Auch sahen sie, wie der Lenker des größten Wagens ausstieg und sich vor Hiob bis zum Boden neigte.

Doch nur die jungfräulichen Töchter Hiobs sahen dies, uns anderen blieb es verborgen.

Und der Engel umarmte Hiob und nahm seine Seele und brachte sie auf seinem Wagen gen Osten.

Wir aber nahmen seinen Leichnam und hüllten ihn in Linnen und trugen ihn zu seinem Grab. Und an der Spitze zogen Hiobs jungfräuliche Töchter und trugen ihre Gürtel und sangen Preislieder auf ihren Vater.

Da weinte ich, sein Bruder Nereus, und mit mir weinten die sieben Söhne und die Armen, Waisen, Witwen und Krüppel.

Und alle schrien wir: Weh uns, denn heute wurde uns die Kraft der Schwachen fortgenommen! Der HERR hat den Blinden ihren Blick genommen und den Waisen ihren Vater und den Fremden ihren Gastgeber und den Witwen ihren Mantel.

Weh uns! Wer wollte diesen Gottesmann nicht beweinen?

Und da wir den Leichnam zum Grabe brachten, stellten sich die Witwen und Waisen im Kreis auf und ließen nicht zu, daß wir ihn zur ewigen Ruhe betteten. So währte es drei Tage, bis wir ihn zum guten Schlaf in sein Grab legen konnten.

Seinem Namen aber sei Ruhm in alle Ewigkeit, Amen!

Das Testament Salomos

Gepriesen seist du, Gott, der du dem Salomo so große Macht verliehen hast! Ruhm und Lobpreis sei dir in alle Ewigkeit! Amen!

Der Dämon Ornias bringt Schande über einen Jüngling.

1 Einst lebte in Jerusalem ein Jüngling, der stand meinem Herzen nahe. Und da ich dem HERRN zur Ehre einen Tempel bauen ließ und viele Bauleute beschäftigte, da zeigte ich ihm meine Huld und machte ihn zum Oberaufseher.

Doch jeden Tag zur Zeit des Sonnenunterganges schlich sich ein böser Geist mit Namen Ornias herbei und raubte dem Jüngling die Hälfte seines Lohnes und seiner Speise. Auch nahm er den Daumen der rechten Hand des Jünglings in sein ekliges Maul und saugte daran, so daß jener ganz abgezehrt wurde.

Und weil ich ihn liebte, ließ ich ihn zu mir rufen und fragte ihn: Sag an, o Jüngling! Habe ich dich nicht weit mehr geliebt als alle anderen Arbeiter am Tempel des HERRN? Habe ich dir nicht doppelten Lohn und Kost gewährt? Doch es scheint mir, daß dir meine Liebe gar nicht gut anschlägt, denn täglich wirst du abgezehrter.

Da antwortete der Jüngling und sprach: Hab Geduld mit mir, mein König, und höre, was mir zugestoßen ist: Täglich nach Sonnenuntergang, wenn wir uns von der Arbeit am Gottestempel ausruhen, sucht mich ein böser Geist heim. Und dieser Dämon raubt mir die Hälfte meines Lohnes und meiner Speise und dann nimmt er den Daumen meiner rechten Hand in sein Maul und saugt daran. Und damit schwächt er mich und ängstigt meine Seele, und mein Leib wird täglich abgezehrter.

Da fühlte ich Mitleid mit dem Jüngling und ging zum Tempel des HERRN und betete dort aus ganzer Seele einen Tag und eine Nacht, daß mir der HERR die Kraft gäbe, den Dämon zu fangen. So huldigte ich ihm und pries ihn, den HERRN des Himmels und der Erde.

Und er erhörte mich und sandte mir den Erzengel Michael. Und Michael reichte mir einen Ring aus Gold mit einem eingravierten Siegel aus Edelstein und sprach: Nimm diesen Ring, Salomo, Sohn des David! Gott der HERR sendet ihn dir als Geschenk. Dieser Ring hat die Kraft, alle Geister zu bezwingen, die männlichen wie auch die weiblichen, und mit seiner Hilfe wirst du die heilige Stadt Jerusalem erbauen.

Da jauchzte meine Seele und ich pries Gott, den HERRN des Himmels und der Erde.

Am nächsten Morgen aber ließ ich den Jüngling rufen und übergab ihm den Ring und sprach: So der Geist wiederum über dich kommt, wirf ihm diesen Ring an die Brust und sprich: Folge mir! Der König Salomo ruft dich! Dann aber eile zu mir und laß dich von dem Geist durch nichts betören.

Und zur gewohnten Stunde überfiel der Geist Ornias den Jüngling wie brennendes Feuer und wollte seinen Anteil von dessen Lohn und Speise.

Doch der Jüngling war mir gehorsam und nahm den Ring des HERRN und warf ihn dem Dämon an die Brust und rief dabei: Folge mir! Der König Salomo ruft dich!

Da zeterte und jammerte der Dämon und schrie: O Jüngling, warum hast du das getan? Nimm weg diesen Ring und gib ihn dem Salomo, dann will ich dich mit allem Gold und Silber dieser Erde belohnen.

Doch der Jüngling blieb standhaft und sprach: Nein, im Namen des HERRN, des Gottes Israels, nein! Denn bringe ich dich jetzt nicht zu Salomo, dann wirst du mich weiter plagen.

Und er packte den Ornias und zerrte ihn zu meinem Palast und trat in meinen Thronsaal und sprach: Mein König, ich bringe dir den Dämon nach deinem Befehl. Er steht gefesselt vor deiner Tür und wimmert und will mir all die Schätze der Erde geben, so ich ihn freilasse.

Die Geschichte des Dämons.

2 Da erhob ich mich von meinem Thron und begab mich zu dem Dämon, der bei meinem Anblick zitterte und bebte.

Wer bist du? fragte ich ihn, und er antwortete mir und sprach: Mein Name ist Ornias.

Da stellte ich ihn zur Rede und fragte ihn nach seiner Herkunft und seinem Treiben und er gab mir Auskunft und sprach: Mein Sternbild ist der Wassermann, und ich wandle in drei Gestalten und wirke im Schlaf. So aber ein irdischer Mann Gier nach einem Weib empfindet, verwandle ich mich in ein schönes Weib. Doch wenn er mich berührt, dann empfindet er großes Ärgernis. Auch vermag ich vom Himmel zur Erde zu fliegen und zeige mich manchmal in der Gestalt eines Löwen.

Mein Ahn ist der Engel Uriel, der Liebling des HERRN, doch hat er mich verstoßen ob meiner Sünden.

Und da ich den Namen des Erzengels Uriel hörte, warf ich mich zu Boden und pries den HERRN. Dann nahm ich das Siegel und drückte es ihm auf die Stirn und bestimmte ihn zur Arbeit im Steinbruch. Denn viele Steine hatte ich mir über das Meer für den Tempel kommen lassen, die lagen noch an der Küste, doch nun sollte sie mir der Dämon behauen.

Und er fürchtete sich vor den eisernen Fesseln und wollte mich versuchen und sprach: Du großer König, ich bitte dich, laß mich frei! Alle Dämonen will ich dir zuführen und sie dir dienstbar machen.

Und da ich sah, daß er sich nicht fügen wollte, warf ich mich auf die Knie und bat den Erzengel Uriel um Hilfe. Und der Engel erhörte mein Gebet und stieg herab vom Himmel und ließ die Ungeheuer des Meeres frei und bezwang mit ihrer Hilfe den mächtigen Dämon Ornias.

Und mein Wille geschah, und er wurde bestimmt, Steine zu behauen und den Bau des Tempels zu vollenden, den ich begonnen hatte.

Da pries ich Gott, den HERRN des Himmels und der Erde, und bannte Ornias mit meinem Ring und sprach: Jetzt zieh hin und hole mir den Obersten der Geister. Und ich betete zum HERRN, er möge mir Weisheit verleihen.

Ein Gebet des Salomo um Weisheit.

3 Du Gott meiner Väter und HERR des Erbarmens, der du das All durch dein Wort gemacht hast!

Du hast dem Menschen die Weisheit verliehen, auf daß er herrsche über die anderen Geschöpfe und die Welt leite in Heiligkeit und Gerechtigkeit und Aufrichtigkeit bis zum Tag des Gerichts.

Darum bitte ich dich, verstoße mich nicht aus der Schar deiner Kinder und gib mir Weisheit als Stütze und Teilhaberin meiner Macht. Zwar bin ich dein Knecht und der Sohn deiner Magd*, doch bin ich auch ein schwacher und kurzlebiger Mensch, der die ewigen Gesetze nicht versteht.

* Vgl. 1.Kön. 1,17

Denn wahrlich, auch einer, der unter den Menschen als vollkommen gälte, wäre ein Nichts, entbehrte er deiner Weisheit.

Du hast mich ausgezeichnet unter den Söhnen und Töchtern meines Volkes und hast mich zum König und Richter über sie gesetzt.

Und du hast befohlen, dir einen Tempel auf deinem heiligen Berg zu bauen und eine Opferstätte in der Hauptstadt, ein Abbild des heiligen Zeltes, das du uns am Anfang geschenkt hast.

Doch die Weisheit, dieses Werk zu vollenden, ist nur dir gegeben, denn es ist deine Weisheit, die einst die Erde geschaffen hat und die entscheiden kann, was recht ist nach deinen Geboten und wohlgefällig deinen Augen.

Darum flehe ich dich an: Sende mir einen Anteil deiner Weisheit vom heiligen Himmel und vom Thron deiner Heiligkeit, auf daß auch ich törichter Mensch erkenne, was dir wohlgefällig ist!

Gib mir Anteil an deinem Wissen und an der Kraft deines Verstehens, behüte mich mit deinem Sonnenglanz, damit ich besonnen handle.

Dann werden dir meine Werke angenehm sein, und ich werde dein Volk gerecht regieren und des Thrones meines Vaters würdig sein.

Denn unmöglich ist es dem Sterblichen, Gottes Willen zu ergründen, nichtig sind seine Gedanken und sein Handeln ist gemein. Wahrlich, schwer trägt die Seele des Sterblichen am vergänglichen Leib und sein Geist ist eingeengt durch das irdische Zelt.

Kaum versteht er die Angelegenheiten dieser Welt und das vor seinen Augen Liegende.

Doch welcher Sterbliche könnte himmlische Dinge verstehen?

Keiner kann deinen Ratschluß verstehen, so du ihm nicht Weisheit schenkst und deinen Heiligen Geist aus der Höhe sendest.

Denn darin liegt für uns Sterbliche der einzige Pfad zur Rettung, und nur so können wir lernen, was dir wohlgefällig ist. Darum bitte ich dich, mich durch die Gabe deiner Weisheit zu retten.

Ein böser Vater.

4 Und es geschah, daß sich ein Greis unter den Bauleuten vor meinem Thron zu Boden warf und mich anflehte und sprach: Erhöre mich, König Salomo, Sohn Davids!

Da antwortete ich ihm und fragte ihn nach seinem Begehren. Und er sprach: König, ich bitte dich um deinen Schutz. Denn mein Sohn prügelt mich täglich und schlägt mich ins Gesicht und auf den Kopf.

Da empfand ich Mitgefühl und ließ den Sohn vor meinen Thron bringen und klagte ihn an.

Doch er antwortete mir mit fester Stimme: Ein Schurke, wer so gegen seinen Vater handelt! Nie habe ich meinen Vater geschlagen. Glaub mir König und sei mir gnädig, denn Unrecht ist es schon, von solchem Frevel nur zu reden.

Diese Rede rührte mich, und ich mahnte den Greis zur Besinnung.

Doch er weigerte sich und sprach: Übergib meinen Sohn dem Henker! Und da er so sprach, lachte der Dämon Ornias.

Da wurde ich zornig, weil er in meiner Gegenwart gelacht hatte, und sandte alle fort und winkte den Dämon zu mir und sprach: Verfluchter Hund, bin ich es, den du auslachst?

Der Dämon antwortete mir: Sei mild, großer König, nicht deinetwegen lache ich, sondern wegen jenes verfluchten Greises. In drei Tagen wird sein Sohn, der arme Jüngling, sterben, doch er will ihn noch heute schmählich beseitigen.

Da erstaunte ich und beschwor den Dämon, daß er die Wahrheit spreche. Und er antwortete mir: Ich spreche die Wahrheit, großer König.

Da ließ ich ihn abführen und sandte nach dem Greis und seinem Sohn und ermahnte sie zur Versöhnung. Und dem Alten sagte ich: Komm in drei Tagen mit deinem Sohn wieder hierher.

Da verneigten sich die beiden und zogen heim.

Ich aber ließ wieder den Ornias kommen und sprach: Gib Antwort! Woher ist dir das Wissen, daß dieser Jüngling dem Tod geweiht ist?

Da antwortete mir der Dämon und sprach: Wir Dämonen wandeln am Himmelsfirmament und fliegen durch die Sterne hin und hören die Ratschlüsse des HERRN über das Schicksal der Menschen. Dann aber verwandeln wir uns und ziehen hin und töten die, denen es bestimmt ist, mit Gewalt oder durch Krankheit oder Feuer oder Schwert.

Und ich sprach zu ihm: Wie ist es möglich, daß die Pforte des Himmels auch Dämonen offen steht?

Da antwortete er mir: Alles geschieht zweimal, einmal im Himmel und einmal auf der Erde. Darum ist die Zukunft dem Kundigen kein Geheimnis.

Offen sind die Pforten des Himmels und viel Irdisches war des Eintritts schon würdig.

Doch wir Dämonen sind des ewigen Herumziehens müde, denn unser ist kein Platz im Himmel zur Ruhe. Darum fallen wir herab, wie die Blätter von den Bäumen fallen.

Die Menschen aber, die uns sehen, meinen in ihrer Torheit, Sterne fielen vom Himmel. Doch dem ist nicht so. Es ist unsere Schwäche, die uns zu Fall bringt. Und weil nichts ist, woran wir uns halten können, fallen wir wie die Blitze auf die Erde und entzünden die Städte und stecken die Dörfer in Brand.

Doch die Sterne sind ewig, denn ihrer ist ein fester Platz am Himmel.

Und da ich dies vernommen hatte, befahl ich, den Dämon fünf Tage einzusperren. Und ich sandte nach dem Greis, doch er wollte nicht kommen. Und da er kam, war er traurig und betrübt.

Da fragte ich ihn: Alter, wo ist dein Sohn? Und er antwortete mir und sprach: Großer König, Gott hat mir meinen einzigen Sohn genommen, und voll Trauer sitze ich an seinem Grab.

Da wußte ich, daß der Dämon wahr gesprochen hatte, und pries Gott, den HERRN des Himmels und der Erde.

Der Sieg über den Dämon Ephiphas.

5 Und Adares, der König von Arabien, sandte mir einen Brief, und er schrieb: Ich Adares, Arabiens König, entbiete dir, dem König Salomo, meinen Gruß!

Viel haben wir gehört von der Weisheit, die dir verliehen wurde. Obwohl du nur ein Sterblicher bist, hat der HERR dir die Kenntnis und die Macht über alle Geister gegeben, über die in der Luft, im Wasser, auf der Erde und unter der Erde.

Vernimm also unser Leid: Ein Geist plagt das Land Arabien. Und dieser Geist weht des Morgens zur dritten Stunde als ein Wind durch unser Land.

Sein Hauch aber ist fürchterlich, und er tötet Mensch und Tier und nichts, was da lebt, kann bestehen vor diesem Dämon. Darum bitte ich dich, laß uns Anteil haben an der Weisheit, die dir der HERR verliehen hat!

Hab Erbarmen und sende uns einen Menschen, der diesen Geist bannen kann.

Leih mir dein Ohr! Die Macht über mich, mein Volk und mein Land soll dein sein! Ganz Arabien wird dich preisen, wenn du uns deine Huld erweist.

Verschmähe nicht unsere demutsvolle Bitte! Rette uns und werde unser Herr für alle Zeit! Nun aber, leb wohl, großer König.

Und ich las den Brief und faltete ihn in der Mitte und reichte ihn meinem Diener und sprach: Warte sieben Tage, dann erinnere mich an diesen Brief. Denn der Tempelbau war vollendet, nur lag da noch ein großer Schlußstein, den wollte ich einsetzen lassen, und er sollte der Hauptschlußstein werden.

Und so versammelte ich alle Bauleute und alle Dämonen, den Stein auf die Tempelzinne zu heben. Und obwohl sie ihre Kräfte anspannten und vereinigten, konnten sie den Stein nicht bewegen.

Und da sie es sieben Tage lang versucht hatten, erinnerte ich mich an das Schreiben des Adares.

Da rief ich meinen Diener und befahl ihm: Sattle dein Kamel und nimm einen Schlauch und meinen Ring mit dir. Dann zieh nach Arabien, zu dem Ort, der von dem schlimmen Wind geplagt wird.

Dort öffne den Schlauch und halte den Ring davor. Und wenn der Schlauch anschwillt, so ist es der Dämon, der in ihm bläst.

Dann binde ihn schnell zu und drück ihm das Siegel mit dem Ring auf! Und lade den Schlauch auf das Kamel und eile heim zu mir! So reise denn wohl.

Und der Diener tat, wie ich ihn geheißen hatte, und reiste nach Arabien.

Die Untertanen des Adares aber bezweifelten, daß er den Dämon in seinem Schlauch fangen könnte.

Er aber erhob sich des Morgens zur dritten Stunde und stellte sich dem tödlichen Wind entgegen. Und er legte den Schlauch auf die Erde und hielt den Ring davor. Und bald blähte sich der Schlauch und der Dämon war in ihm gefangen nach meinem Willen.

Und mein Diener drückte mein Siegel darauf und schnürte den Schlauch zu im Namen des HERRN und hielt den Dämon gefangen.

Und er weilte noch drei Tage an dem Ort, auf daß er den Bewohnern einen Beweis gebe.

Und von nun an verschonte sie der tödliche Wind und sie wußten, daß der Dämon gefangen war.

Mein Diener aber legte den Sack auf sein Kamel. Und da die Araber nun gerettet waren, gaben sie ihm zahlreiche Geschenke und lobten Gott den HERRN.

Und mein Diener brachte den Dämon in die heilige Stadt Jerusalem und legte den Schlauch an der Pforte des Tempels nieder.

Und da ich am anderen Morgen zum Tempel kam, war mein Herz bekümmert wegen des Schlußsteins.

Da erhob sich der Schlauch und machte sieben Schritte und fiel vornüber und grüßte mich.

Und ich erstaunte über die Kräfte des gefangenen Dämons und hieß ihn aufstehen.

Und da er sich aufblähte und sich mir gegenüber stellte, fragte ich ihn: Wer bist du?

Da kam eine Stimme aus dem Inneren des Schlauches und sprach: Ich bin der Dämon aus Arabien und werde Ephiphas genannt.

Und ich sprach: Wie heißt der Engel, der dich zu bezwingen vermag?

Er aber antwortete mir: Der mich bezwingen kann, wird dereinst aus einer Jungfrau geboren werden und die Engel werden ihn anbeten, doch die Juden werden ihn ans Kreuz schlagen.

Der Dämon Ephiphas hilft beim Bau des Tempels.

6 Da fragte ich ihn nach seiner Macht und er antwortete mir und sprach: Gar vieles vermag ich! Könige kann ich mir untertan machen und Häuser forttragen und Berge versetzen.

Und ich sprach: Vermagst du diesen Stein auf des Tempels Zinne zu bringen? Da antwortete mir der Dämon: Das vermag ich, o König, und noch mehr. Gemeinsam mit dem Dämon, der im Roten Meere lebt, kann ich dir die blaue Säule, die dort liegt, emporheben; die magst du hinstellen, wo du willst.

Und er trat zu dem riesigen Stein und hob ihn hoch und kletterte mit ihm die Leiter hinauf auf des Tempels Zinne.

Da erfüllte sich mein Herz mit Freude, denn die Schrift hatte sich erfüllt. Denn es steht nämlich geschrieben*: Der Stein, den einst die Bauleute verwarfen, der ward zum Schlußstein. * Jes. 28,16

Und abermals sprach ich zu ihm: Zieh hin und hole mir die Säule aus dem Roten Meer. Und Ephiphas gehorchte und vereinigte seine Kraft mit der des Dämons aus dem Roten Meer und brachte die blaue Säule aus Arabien.

Und ich erwog und bedachte, jene beiden Geister könnten die ganze Erde in einem Augenblick erschüttern, und ich versiegelte sie mit meinem Ring und sprach: Haltet mir treulich Wache von heute an in alle Ewigkeit!

Und sie gehorchten und blieben daselbst und hielten die Säule bis zu dieser Stunde als einen Beweis der mir von Gott verliehenen Weisheit.

Übergroß hängt die blaue Säule in der Luft, getragen von den gehorsamen Dämonen, die für uns Sterbliche unsichtbar sind. Und wer genau hinaufblickt, der sieht, daß der Säulenfuß ein wenig schief ist, und so wird es bleiben in alle Ewigkeit, Amen.

Der Dämon des Exodus gibt sich zu erkennen.

7 Und ich fragte den anderen Dämon, der die Säule aus dem Roten Meer gebracht hatte: Wer bist du? Nenn mir deinen Namen und sage, welche Macht dir gegeben ist.

Und der Dämon antwortete mir und sprach: Großer König Salomo, Liebling Gottes, ich heiße Abezethibu. Einst weilte ich im ersten Himmel, der da heißt Ameluth. Und ich bin ein lästiger, befiederter Geist mit nur einem Flügel, der jedem Lebewesen unter dem Himmel nachstellt.

Ich war zugegen, da das Herz Pharaos verhärtet ward, da Mose zu ihm ging. Ich war es, den Jannes und Jambres* bei ihrem Streit mit Moses angerufen haben. Und ich war es, der bei all seinen Zeichen und Wundern mit dem Moses wetteiferte. * Vgl. 2.Tim. 3,8

Da fragte ich ihn, wieso wir ihn im Roten Meer gefunden hatten, und er antwortete: Auch beim Auszug der Israeliten verhärtete ich das Herz Pharaos und seiner Diener und reizte sie auf.

Und ich machte, daß sie den Kindern Israel nachjagten. Und ich schloß mich ihnen an, und wir folgten deinem Volk und gelangten alle ans Rote Meer.

Und die Kinder Israel überquerten es trockenen Fußes, doch da sie am anderen Ufer angelangt waren, kehrte das Wasser wieder und bedeckte Wagen und Reiter der Ägypter, daß nicht einer aus ihnen übrig blieb. Darunter war auch ich, und das Wasser deckte mich zu, und ich blieb im Roten Meer unter der Säule wohl verwahrt, bis Ephiphas kam.

Da hieß ich ihn die Säule bis ans Ende der Welt tragen.

Dann aber schmückte ich mit Gottes Hilfe den Tempel mit jeder Zier. Und mein Herz war froh und ich lobte den HERRN.

Ein Besuch der Königin von Saba. Vgl. 1.Kön. 10,1-13

8 Und da die Königin des Südreichs, Saba genannt, den Tempel sah, den ich dem HERRN zur Ehre gebaut hatte, erfüllte Bewunderung ihr Herz. Und sie sah den Altar und die Cherubim und Seraphim, die den Gnadenstuhl beschatten, die Edelsteine an den Leuchtern, die in bunten Farben leuchten, und die Smaragden, Saphire und Diamanten.

Und sie bewunderte die heiligen Geräte aus Erz, Silber und Gold und die ehernen Säulen. Zuletzt betrachtete sie das gegossene Meer* und die sechsunddreißig Stiere.

* Vgl. 1. Kön. 7,23-26

Unzählige Menschen hatten das alles vollbracht, doch keiner von ihnen hatte mehr als ein Goldtalent erhalten, und keine Hilfe war ihnen gewesen, außer der der Dämonen.

Und da sie dies vernommen hatte, sprach die Königin zu mir: Du hast mehr Weisheit und Gutes, denn das Gerücht ist, das ich gehöret habe.

Und sie gab mir ein Geschenk von einer Million Sekel an Gold, Silber und Erz.

Die Sinnlichkeit entfremdet Salomo dem HERRN. Vgl. 1.Kön. 11

9 Ich nahm mir Weiber aus allen Ländern und Reichen, und ihre Zahl war gar groß und mein Herz hing an ihnen. Und da ich zog in das Reich des Königs der Jebusiter, sah ich ein schönes Weib und begehrte sie. Und ich sprach zu den Priestern: Ich bitte euch, gebt mir Sulamith zur Frau, denn alles zieht mich zu ihr hin.

Sie aber antworteten mir und sprachen: Willst du unsere Tochter heiraten, dann mußt du auch unsere Götter anbeten, den großen Raphan und den Moloch, den mächtigsten von allen. Dann sei die Sulamith dein.

Ich aber sprach: Ich bete keine fremden Götter an!

Die Priester aber drangen in die Jungfrau und sandten sie in mein Reich und sagten ihr: Sprich zu Salomo: Nicht teilen will ich das Lager mit dir, bis daß du meinem Volke gleichst. Und nimm auch fünf Heuschrecken mit und zerreibe sie in des Raphan und des Moloch Namen.

Wahrlich, wunderschön war das Mädchen, und ich konnte meine Lust nach ihr nicht zähmen und war wie von Sinnen und ließ sie die Heuschrekken zerreiben und opferte mit ihr den Götzen Raphan und Moloch. Dann endlich holte ich die Jungfrau in meinen Palast und genoß ihren Leib.

Doch der HERR ward zornig und entzog mir meinen Anteil an seiner Weisheit und seither gleicht, was ich spreche, dem leeren Stroh.

Und ein Sklave meiner Weiber wurde ich und baute ihnen Götzentempel für ihr ruchloses Treiben.

Ich Unglückseliger befolgte den Rat des Bösen und die Herrlichkeit des HERRN wich ganz von mir. Alt bin ich heute und mein Geist ist verdunkelt und die Dämonen und die Weiber spotten meiner.

Darum schreibe ich mein Testament. Ihr aber, die Ihr es leset, betet zum HERRN für die Letzten und nicht für die Ersten, auf daß sie endlich Gnade fänden in alle Ewigkeit. Amen.

Das Buch Judith

Nebukadnezar besiegt König Arphaxad.

Im zwölften Jahr der Regierung Nebukadnezars, welcher in Ninive über die Assyrer herrschte, befestigte Arphaxad, der Meder König, seine Hauptstadt, und er baute rings um Ekbatana Mauern aus behauenen Steinen, deren Höhe siebzig, deren Breite aber fünfzig Ellen betrug. Und Türme ließ er bauen, deren Höhe hundert Ellen und deren Breite sechzig Ellen betrug. Und die Tore der Stadt machte er so hoch wie die Türme und vierzig Ellen breit, damit seine Streitmacht und die Scharen seines Fußvolks ausziehen könnten.

Da unternahm der König Nebukadnezar einen Feldzug gegen den König Arphaxad in der großen Ebene Ragau, und mit ihm zogen alle, die das Gebirge bewohnen, und alle Anwohner des Euphrat und des Tigris und des Hydaspes und die Untertanen Ariochs, des Königs der Elymäer. Viel Volk sammelte sich wider die Söhne des Cheleud.

Doch Nebukadnezar sandte auch Botschaften zu allen, die da wohnen in Persien und gen Westen, in Kilikien und Damaskus, auf dem Libanon und dem Antilibanon und an der Küste des Meeres, und zu denen, die da wohnen unter den Völkern des Karmel und in Gilead und im oberen Galiläa und in der großen Ebene Esdrelom, und zu denen, die da wohnen in Samaria und seinen Städten und jenseits des Jordans bis Jerusalem und in Beth-Anoth* und in Halhul* und Kedes bis zum Fluß von Ägypten und in Thachpanhes** und Raemses*** und in dem ganzen Land Gosen bis über Tanis und Memphis hinaus, und zu denen, die da wohnen in Ägypten bis an das Gebirge des Mohrenlands.

* Vgl. Jos. 15,59 u. 58 ** Vgl. Jer. 43,7 *** Vgl. 2.Mos. 1,11

Doch alle Bewohner der ganzen Erde verachteten das Wort Nebukadnezars, des Königs der Assyrer, und leisteten ihm keine Gefolgschaft, denn sie fürchteten ihn nicht und er galt ihnen nicht mehr als irgendein anderer. Darum schickten sie seine Gesandten unbeschenkt und mit Schande zurück.

Da ergrimmte Nebukadnezar in seinem Zorn wider alle diese Länder und Völker und schwor bei seinem Thron und bei seiner Herrschaft, daß er sich rächen werde an Kilikien und Damaskus und dem ganzen Syrien, und werde mit dem Schwert erwürgen alle, die da wohnen in Moab und die Ammoniter und ganz Judäa und in Ägypten alle bis an die Gegend der beiden Meere.

Und im siebzehnten Jahr griff er den König Arphaxad an mit allem seinem Heer und vernichtete seine ganze Macht und alle seine Rosse und Wagen und eroberte seine Städte, und da er kam gen Ekbatana, nahm er ihre Türme ein und verwüstete ihre Straßen und machte ihre Herrlichkeit zuschanden.

Arphaxad aber, den König, ergriff er in den Bergen bei der großen Ebene Ragau und durchbohrte ihn mit Speeren und brachte ihn um auf den Bergen desselbigen Tags.

Und er kehrte zurück in seine Stadt Ninive mit allen, die mit ihm gezogen waren, und war eine große Menge Kriegsvolks. Und er rastete in seiner Stadt Ninive und feierte einhundertundzwanzig Tage.

Nebukadnezar gibt dem Holofernes den Auftrag zur Rache.

2 Im achtzehnten Jahr Nebukadnezars, des Königs der Assyrer, am zweiundzwanzigsten Tag des ersten Monats ward geratschlagt im Hause Nebukadnezars, wie er wollte Rache nehmen an den Ländern, die ihm die Gefolgschaft verweigert hatten. Und er berief seine Räte, Fürsten und Hauptleute und ratschlagte heimlich mit ihnen und eröffnete ihnen seinen Plan, die ganze Erde zu verderben.

Und sie rieten ihm, alles zu vernichten, was dem Gebot seines königlichen Mundes nicht gefolgt war. Und dieser Rat gefiel dem König wohl, und er rief Holofernes, seinen Feldherrn, der nach ihm der Zweite war, und sprach zu ihm: So spricht der Großkönig, der Herr der ganzen Erde: Ziehe aus von mir und nimm mit dir Männer, die starken Herzens sind, an Fußvolk einhundertundzwanzigtausend und an Rossen und ihren Reitern zwölftausend, und du sollst dich wenden gegen alles Land im Westen, denn sie sind dem Gebot meines Mundes nicht gefolgt. Gebiete ihnen, sich zu unterwerfen, und zum Zeichen ihrer Unterwerfung sollen sie Erde und Wasser bereithalten, denn ich will wider sie ausziehen in meinem Zorn, und ihr ganzes Land will ich mit den Füßen meiner Kriegsknechte treten und soll ihre Beute sein.

Ihre Verwundeten sollen ihre Schluchten und Bäche füllen, und ihr Fluß über seine Ufer treten von der Fülle ihrer Leichen. Ihre Gefangenen aber will ich hinwegführen an die Enden der ganzen Erde.

So ziehe nun aus und unterwirf mir ihr ganzes Gebiet. Wer sich dir ergibt, den spare auf und später will ich Gericht halten über ihn. Die Ungehorsamen aber vernichte auf der Stelle.

So wahr ich lebe und bei der Macht meiner Herrschaft: Ich habe gesprochen und werde es tun mit meiner Hand. Du aber, zögere nicht und erfülle, was ich dir befohlen habe.

Und Holofernes, der Feldherr der Assyrer, berief die Hauptleute und Obersten des assyrischen Kriegsvolkes und rüstete sie zum Kriege, wie es ihm Nebukadnezar, der König der Assyrer, geboten hatte, einhundertundzwanzigtausend Mann und zwölftausend reitende Bogenschützen, und er stellte sie in der Kriegsordnung auf.

Auch führte er Kamele, Esel und Maultiere als Tragtiere mit sich und unzählige Schafe, Rinder und Ziegen zur Nahrung, dazu Lebensmittel in Menge für jeden Mann und sehr viel Silber und Gold aus dem königlichen Schatz.

So zog er mit seiner Streitmacht vor dem König einher und bedeckte das ganze Land gen Westen mit Wagen und Reitern und auserlesenem Fußvolk. Zahlreich wie Heuschrecken war die Menge, die sich ihnen anschloß, und gleich dem Sand der Erde. Ja, zahllos war ihre Menge und Furcht und Schrecken verbreiteten sie überall.

Und Holofernes zog von Ninive aus drei Tagesmärsche gegen die Ebene hin und sie lagerten sich von Bekteleth bis an das Gebirge nördlich des oberen Kilikien.

Von dort aus führte er seine Streitmacht, das Fußvolk, die Reiter und die Wagen, in das Gebirge.

Und er zerstörte Put und Lud und plünderte alle Söhne Rassis und die Söhne Ismaels, welche am Rande der Wüste gegen Süden des Landes der Cheläer wohnen.

Darauf überschritt er den Euphrat, durchquerte Mesopotamien und zerstörte alle befestigten Städte am Flusse Abronas bis zum Meere hin.

Dann aber eroberte er das Gebiet von Kilikien und vernichtete alle, die ihm entgegentraten, und gelangte in das Gebiet von Japheth, das südlich von Arabien liegt.

Er umzingelte die Kinder Midian und verbrannte ihre Zelte und plünderte ihre Herden. Und frohgemut marschierte er in das Gebiet von Damaskus. Und da die Zeit der Weizenernte war, verbrannte er alle Äcker, vernichtete das Kleinvieh und die Rinderherden, plünderte die Städte, verwüstete ihre Gefilde und tötete alle männlichen Einwohner.

Da fürchteten sich vor ihm, die da wohnen am Meer, in Sidon und Tyrus, und Schrecken fiel auf die Bewohner von Sur und Akko und Zittern auf die von Jamnia und Asdod und Askalon.

Die Städte und Länder unterwerfen sich Nebukadnezar.

3 Da sandten die Könige und Fürsten Boten zu Holofernes und sprachen: Siehe, wir liegen vor dir als Sklaven des Großkönigs Nebukadnezar. Tu mit uns, was dir gut dünkt.

Unsere Gehöfte und unsere Felder und all unser Vieh liegen vor dir und sind dein.

Und jeder, der da lebt in unseren Städten, sei von nun an dein Knecht, komm und tu ihnen, wie es dir gefällt.

Da zog Holofernes mit seinem Heer vom Gebirge herab und nahm die festen Städte und das ganze Land ein. Die tüchtigsten Männer aber wählte er aus und nahm sie in sein Heer auf, und es waren die besten des Volks.

Darüber erschraken alle Lande so sehr, daß die Regenten und Vornehmsten samt allem Volk ihn mit Kränzen, Reigen und Pauken empfingen, um ihn gnädig zu stimmen.

Doch Holofernes verwüstete ihr ganzes Gebiet und ließ ihre Haine umhauen, denn er hatte Nebukadnezar geschworen, alle Götter der Erde zu vernichten, auf daß alle Völker ihn allein als Gott preisen sollten.

So gelangte er schließlich nach Esdrelom, nahe bei Dothan, das da liegt gegenüber dem Gebirge von Juda, und lagerte zwischen Gabä und Skythopolis, und weilte daselbst einen Monat, um seine Kriegsmacht neu zu ordnen.

Die Juden rüsten zur Verteidigung.

4 Als die Kinder Israel, welche in Judäa wohnten, von den Untaten des Holofernes hörten, fürchteten sie sich sehr, und große Sorge befiel sie, daß er der Stadt Jerusalem und dem Tempel also tun würde, wie er den anderen Städten und ihren Heiligtümern getan hatte. Denn sie waren erst vor kurzer Weile aus der Gefangenschaft heimgekehrt, und der Tempel und der Altar und die heiligen Geräte waren nach ihrer Entweihung* geheiligt worden vor allem Volk.

* Vgl. 2.Kön. 24,8-17

Darum sandten sie in das ganze Land Samarien und in die Dörfer und nach Beth-Horon und Bel-Majin und Jericho und nach Choba und Chazor und in das Tal Salem und besetzten die Gipfel der Berge und befestigten die Ortschaften auf ihnen und schafften Vorräte herbei zum Krieg.

Jojakim aber, der da war Hohepriester zu Jerusalem, schrieb Briefe an die zu Bethulia und Betomesthaim gegenüber Esdrelom vor der Ebene nahe bei Dothan, daß sie die Klippen am Gebirge gegen Jerusalem sollten bewahren. Denn es war leicht, den Zugang zu hindern, und der Engpaß hatte nicht mehr denn zweier Männer Breite.

Da taten die Kinder Israel, wie ihnen Jojakim, der Hohepriester, und die Ältesten des Volkes befohlen hatten.

Und alles Volk betete zum HERRN mit großer Inbrunst und demütigte sich mit Fasten und Beten. Und die Einwohner Jerusalems, Männer, Weiber und Kinder, fielen im Tempel nieder und bestreuten ihre Häupter mit Asche und bedeckten den Altar mit einem Sack.

Und alle schrien zum HERRN voll Inbrunst, er möge ihre Kinder nicht zum Raub werden lassen und ihre Weiber nicht zur Beute und die Städte nicht zur Vernichtung und das Heiligtum nicht zur Entweihung, zur Schmach und zum Spott für die Heiden.

Und Gott der HERR vernahm ihre Stimme und sah ihre Not. Mehrere Tage fastete das Volk in Judäa und in Jerusalem.

Und Jojakim, der Hohepriester, und die anderen Priester und Diener des HERRN, umgürteten die Lenden mit Sacktuch und brachten das Brandopfer und die Gelübde und die freiwilligen Gaben des Volkes dar. Asche lag auf ihren Kopfbinden, und sie schrien zum HERRN mit aller Macht, daß er sie retten möge.

Achior warnt den Holofernes.

5 Und die Späher meldeten dem Holofernes, daß sich die Kinder Israel zum Kriege rüsteten und die Gebirgspässe verschlössen und die Berggipfel befestigten und in den Ebenen Verhaue errichteten.

Da ergrimmte er sehr und berief alle Fürsten Moabs und alle Anführer der Ammoniter und alle Satrapen der Meeresküste und sprach zu ihnen: Sagt an, ihr Söhne Kanaans, was ist das für ein Volk, das im Gebirge wohnt, und was sind das für Städte, die sie bewohnen? Was gibt ihnen die Kraft zum Widerstand? Wie stark ist ihre Streitmacht, und wer ist ihr Anführer?

Warum ergeben sie sich nicht von allen, die im Westen wohnen?

Und Achior, der Anführer aller Ammoniter, antwortete ihm und sprach: Höre deinen Knecht, mein Herr! Ich will dir die Wahrheit kundtun über das Volk, das im Gebirge wohnt. Und soll keine Lüge hervorgehen aus dem Mund deines Knechts.

Diese Leute sind Nachkommen der Chaldäer. Einst lebten sie in Mesopotamien, denn sie wollten nicht den Göttern ihrer Väter folgen, die im Land der Chaldäer wohnten. Und sie brachen mit den Sitten ihrer Väter, welche viele Götter hatten, und dienten einem Gott, der den Himmel beherrscht und sich ihnen geoffenbart hat.

Da vertrieben ihre Väter sie vom Angesicht ihrer Götter und sie flohen nach Mesopotamien* und weilten daselbst lange Zeit.

* Vgl. 1. Mos. 11,31

Ihr Gott aber hieß sie, in das Land Kanaan auszuwandern. Dort ließen sie sich nieder und wurden reich an Gold und Silber und vielen Herden.

Doch eine Hungersnot trieb sie nach Ägypten. Da sind ihrer in vierhundert Jahren so viel geworden, daß man sie nicht zählen konnte. Ja, zahllos ward ihr Geschlecht!

Und Pharao, der König der Ägypter, erhob sich wider sie und handelte listig gegen sie und unterdrückte sie durch Ziegelarbeit und machte sie zu Sklaven! Vgl. 2.Mos. 1,8-14

Da schrien sie zu ihrem Gott, und er schlug ganz Ägypten mit mancherlei Plagen*. Und die Ägypter trieben sie von sich fort**; Gott aber trocknete das Rote Meer† vor ihnen aus und geleitete sie nach dem Sinai und nach Kades Barnea und sie vertrieben alle, die in der Steppe wohnten.

* Vgl. 2.Mos. 7,15-10,23 u. 12,29 ** Vgl. 2.Mos. 12,33 † Vgl. 2.Mos. 14,21-31

Und sie wohnten im Land der Amoriter und vernichteten durch ihre Macht alle Einwohner von Hesbon und überschritten den Jordan und nahmen das ganze Gebirge in Besitz.

Gar mächtig wurden sie im Lauf der Jahre, denn sie vertrieben die Kanaaniter und die Pheresiter und die Jebusiter und die Einwohner von Sichem und alle Girgasiter* und wohnten daselbst lange Zeit. * Vgl. Jos. 12,7-24

Und es ging ihnen wohl, solange sie nicht vor ihrem Gott sündigten, denn ihr Gott hasset das Unrecht.

Da sie aber abwichen von dem Gebot, das ihnen Gott gegeben, daß sie darin wandeln sollten, wurden sie zugrund gerichtet durch viele Kriege und wurden in fremde Länder verschleppt und der Tempel ihres Gottes wurde zerstört und ihrer Städte bemächtigten sich die Feinde.

Nun aber haben sie sich wieder bekehrt zu ihrem Gott und sind wieder heraufgezogen aus der Zerstreuung, darein ihr Gott sie gegeben hatte, und haben sich gesetzt in dieses Gebirge, da es nicht bewohnt war, und haben Jerusalem eingenommen, woselbst ihr Heiligtum ist.

Darum, mein Herr, laß forschen, ob sich dieses Volk versündigt hat an seinem Gott. Dann wollen wir gegen sie ziehen, und ihr Gott wird dir beistehen, sie zu vernichten.

Wenn aber keine Ungesetzlichkeit in ihrem Volk ist, so schaffen wir nichts wider sie; dann, mein Herr, ziehe vorüber, daß nicht ihr Gott den Schild über sie breite und wir zum Spott werden dem ganzen Land.

Da Achior diese Rede beendet hatte, wurden alle Hauptleute des Holofernes zornig und murrten: Wir wollen uns nicht fürchten vor den Israeliten, denn in diesem Volk ist keine Kraft und keine Macht zum Widerstand. Darum laßt uns gegen sie ziehen, und sie sollen zum Fraße werden für dein ganzes Heer, Gebieter Holofernes.

Holofernes schwört Achior Rache.

6 Und Holofernes, der Feldherr der Assyrer, ergrimmte über Achior und sprach: Was fällt dir ein, Achior, uns solches zu prophezeien! Wie kannst du es wagen, uns zu raten, das Volk Israel zu verschonen, weil ihr Gott sie

schützen würde! Es gibt keinen Gott außer Nebukadnezar! Wehrlos wird das Volk Israel seiner gewaltigen Streitmacht gegenüberstehen, und er wird sie von der Erde vertilgen, ohne daß ihr Gott sie zu retten vermag.

Wir aber, seine Knechte, werden sie schlagen wie einen Mann und sie werden dem Ansturm unserer Rosse nicht widerstehen können. Denn wir werden sie mit unserer Macht überfluten, so daß die Berge mit ihrem Blut getränkt und die Täler sich mit ihren Leichen füllen werden. Sie werden uns nicht widerstehen können, sondern zugrunde gehen, spricht der König Nebukadnezar, der Herr der ganzen Erde.

Du aber, Achior, du Söldner Ammons, der du dich durch solche Worte versündigt hast, tritt mir nicht mehr unter die Augen, bis ich Rache genommen habe an dem Geschlecht dieser aus Ägypten Entlaufenen! Dann sollst auch du durch der Assyrer Schwert fallen und ganz Israel soll mit dir umkommen!

Meine Diener sollen dich in eine Stadt im Gebirge bringen. Dort sollst du so lange leben, bis daß du zusammen mit den Israeliten vernichtet werdest.

Bist du deiner Weissagung gewiß, so brauchst du nicht zu erschrecken und nicht zu erblassen. Denn wie es ihnen gehen wird, so soll es auch dir gehen. Ich habe gesprochen und keines meiner Worte soll zur Erde fallen.

Und Holofernes befahl seinen Knechten, daß sie Achior ergreifen und ihn nach Bethulia führen sollten, in die Hände der Kinder Israel.

Da ergriffen ihn die Knechte und brachten ihn ins Gebirge zu den Quellen unterhalb Bethulias.

Und da die Bewohner der Stadt die fremden Soldaten erblickten, nahmen sie ihre Waffen und Wagen auf den Gipfel des Berges und schleuderten Steine auf sie. Die aber bargen sich unter dem Berg und banden Achior an einen Baum und eilten zurück zu Holofernes.

Die Israeliten aber kamen herab aus ihrer Stadt und banden den Achior los und führten ihn nach Bethulia und stellten ihn vor die Obersten der Stadt, die da waren Osias, der Sohn des Micha, aus dem Stamme Simeon, und Chabri, der Sohn des Othoniel, und Charmi, der Sohn des Melchiel. Und sie riefen alle Ältesten der Stadt, und ihre Jünglinge und Weiber kamen eilends zur Versammlung. Und sie stellten Achior mitten unter das Volk, und Osias, der Sohn des Micha, fragte ihn, wie das zugegangen wäre.

Und Achior berichtete, was ihn Holofernes gefragt und was er geantwortet und wie Holofernes geprahlt hatte.

Da fielen alle auf ihr Angesicht und beteten zu Gott und sprachen: HERR, Gott des Himmels, sieh an ihren Übermut und erbarme dich unserer Not und blicke gnädig auf die, die auf dich vertrauen.

Dann trösteten sie den Achior und lobten ihn. Und Osias führte ihn mit sich in sein Haus und bereitete den Ältesten ein Mahl. Und sie beteten zum Gott Israels die ganze Nacht.

Die Belagerung Bethulias.

7 Des andern Tags aber gebot Holofernes seinem ganzen Heer gegen Bethulia aufzubrechen, die Zugänge zum Gebirge zu besetzen und den Krieg gegen die Israeliten zu beginnen.

Gewaltig war seine Streitmacht, denn ohne die Soldaten, die er bei den besiegten Völkern ausgehoben hatte, kommandierte er einhundertundzwanzigtausend Mann Fußvolk und zwölftausend Reiter.

Und sie lagerten sich in dem Tal bei Bethulia neben der Quelle und das Lager reichte in der Breite bis Dothan und bis Bel-Majin und in der Länge von Bethulia bis Kyamon, welches gegenüber Esdrelom liegt.

Da nun die Kinder Israel dieses ungeheure Heer sahen, fielen sie nieder zur Erde und baten Gott den HERRN um Barmherzigkeit. Und sprachen einer zum anderen: Jetzt werden die Assyrer das ganze Land auffressen, und weder die hohen Berge noch die Täler noch die Hügel werden ihre Last ertragen.

Und sie zündeten Wachfeuer auf ihren Türmen an, und jeder nahm seine Waffen, und sie hielten Wache die ganze Nacht.

Des andern Tags besetzte Holofernes ihre Wasserquellen und erkundete die Zugänge zu ihrer Stadt und stellte Kriegsknechte zu ihrer Bewachung auf.

Da kamen die Obersten der Edomiter und alle moabitischen Fürsten und die Heerführer der Meeresküste zu ihm und sprachen: Herr, höre uns an, auf daß nicht ein Unfall deine Kriegsmacht treffe.

Das Volk der Israeliten vertraut nicht auf seine Speere, sondern auf die Höhe der Berge, auf welchen sie wohnen. Denn es ist nicht leicht, zu den Gipfeln ihrer Berge hinaufzudringen.

Darum, Herr, streite nicht wider sie, wie man in Schlachtordnungen streitet, dann wird kein Mann von deinem Volke fallen. Bleibe in deinem Lager und halte alle Leute deiner Kriegsmacht in Obhut. Doch laß deine Knechte die Wasserquelle besetzen, welche am Fuß des Berges hervortritt. Denn nur noch aus dieser Quelle schöpfen die Einwohner Bethulias ihr Wasser; so wird der Durst sie vernichten und sie werden dir ihre Stadt freiwillig übergeben.

Wir aber werden die Gipfel der benachbarten Berge besetzen und achten, daß niemand die Stadt verläßt. Dann werden sie mit ihren Weibern und Kindern vor Hunger verschmachten.

Noch bevor das Schwert über sie kommt, werden sie in den Straßen ihrer

Stadt dahingestreckt liegen. So wirst du ihnen vergelten, daß sie dir Widerstand geleistet haben und dir nicht in Frieden entgegengezogen sind.

Und ihre Worte gefielen dem Holofernes und allen seinen Trabanten und er befahl zu tun, was sie geraten.

Darauf besetzten die Ammoniter und mit ihnen fünfzigtausend Assyrer die Wasser und Wasserquellen der Israeliten. Und die Edomiter mit den Ammonitern lagerten sich im Gebirge gegenüber Dothan. Einen Teil aber sandten sie nach Süden und Osten gen Ekre-Bel nahe Samaria am Fluß Mochmur. Das übrige Heer der Assyrer lagerte sich aber in der Ebene und bedeckte das ganze Land.

Und die Israeliten sahen die riesige Menge und schrien zum HERRN, ihrem Gott, denn sie waren kleinmütig geworden, weil alle ihre Feinde sie umringten und sie aus ihrer Mitte nicht zu entfliehen vermochten.

Vierunddreißig Tage dauerte die Belagerung, so daß den Bewohnern von Bethulia alle ihre Wasservorräte ausgingen. Selbst die Zisternen wurden leer und keiner konnte seinen Durst löschen, weil man ihnen nur ein Geringes zu trinken gab.

Da wurden die Weiber und die Kinder mutlos, und die Jünglinge wurden ohnmächtig vor Durst und fielen nieder in den Straßen der Stadt und in den Gängen der Tore, und es war keine Kraft mehr in ihnen.

Da versammelte sich das ganze Volk bei Osias und den Obersten der Stadt, und die Jünglinge und Frauen und Kinder schrien vor den Ältesten und sprachen: Gott sei Richter zwischen euch und uns, denn ihr habt großes Unrecht an uns getan, daß ihr nicht in Frieden seid entgegen gezogen den Assyrern. Jetzt gibt es keine Hilfe für uns, sondern Gott hat uns in ihre Hand verkauft, daß wir vor ihnen dahingestreckt werden durch Durst und großes Unheil.

Darum ruft alles Volk zusammen, daß wir uns dem Holofernes willig ergeben! Denn es ist besser, daß wir am Leben bleiben, und so Gott loben, als daß wir umkommen und vor aller Welt zu Schanden werden und sehen sollen, wie unsere Weiber und Kinder so jämmerlich vor unseren Augen sterben müssen.

Wir beschwören euch bei dem Himmel und der Erde und bei unserem Gott und HERRN unserer Väter, der uns straft um unserer Sünde willen, und um der Übertretungen unserer Väter, damit er nicht tue nach seinen Worten an diesem Tag.

Und es ward ein großes Heulen und Weinen im ganzen Volk etliche Stunden lang, und sie schrien zu Gott dem HERRN mit lauter Stimme.

Da stand Osias auf, weinte und sprach: Seid mutig, ihr Brüder! Noch fünf Tage wollen wir aushalten, ob uns der HERR nicht segnen wird. Denn gnädig und gerecht ist Gott der HERR und wird uns nicht vollständig verlassen. Doch wird uns in diesen fünf Tagen nicht geholfen, dann soll geschehen, worum ihr gebeten habt.

Darauf entließ er das Volk in sein Lager. Sie aber gingen davon auf die Mauern und Türme ihrer Stadt und sandten ihre Weiber und Kinder in ihre Häuser. In der Stadt herrschte große Betrübnis.

Die Witwe Judith rügt die Ältesten.

8 All dies kam Judith zu Ohren, der Tochter des Merari, des Sohnes des Uz, des Sohnes Josephs, des Sohnes des Osias, des Sohnes Elias, des Sohnes Jamnors, des Sohnes Jedeons, des Sohnes Raphaims, des Sohnes Achitobs, des Sohnes Malchias, des Sohnes Enans, des Sohnes Nathanjahs, des Sohnes Sealthiels, des Sohnes Simeons, des Sohnes Israels.

Judith war Witwe, und der Name ihres Mannes war Manasse gewesen, und er war bei der Gerstenernte gestorben. Denn da er bei den Arbeitern auf dem Feld weilte, wurde er krank von der Hitze und legte sich zu Bett und starb in der Stadt Bethulia. Und sie bestatteten ihn bei seinen Vätern auf dem Felde zwischen Dothan und Balamon.

Drei Jahre und vier Monate war Judith Witwe, und sie hatte sich eine Hütte gemacht auf dem Dach ihres Hauses und trug einen Sack um ihre Hüfte gelegt und die Kleider der Witwenschaft.

Und täglich fastete sie außer an den Rüsttagen und am Sabbath und an den Tagen vor Neumond und den Neumondstagen und an den Festtagen des Hauses Israel.

Schön war Judith von Gestalt und blühend von Angesicht, und war reich und hatte viel Gesinde und Höfe voller Ochsen und Schafe. Und keiner war, der über sie ein böses Wort sagen konnte, denn sie war sehr gottesfürchtig.

Da sie die schlimmen Reden des Volkes erfuhr und alle Worte, die Osias gesprochen, daß er wolle die Stadt in fünf Tagen dem Feind übergeben, sandte sie ihre Magd, die über ihrem Hause war, und ließ Osias und Chabris und Charmi rufen.

Da sie zu ihr kamen, sprach sie zu ihnen: Was soll das sein, daß Osias eingewilligt hat, die Stadt den Assyrern zu übergeben, wenn uns in fünf Tagen nicht geholfen wird? Wer seid ihr, daß ihr Gott versuchet? Ihr stellt den allmächtigen HERRN auf die Probe und werdet doch nichts erkennen in Ewigkeit.

Denn die Tiefe eines Menschenherzen ergründet ihr nicht und seine Gedanken und Sinne könnt ihr nicht erfassen. Wie wollt ihr Gott, der dies alles erschaffen hat, erforschen und seinen Sinn erkennen und seine Gedanken verstehen? Hört auf, ihr Brüder, den HERRN, unsern Gott zu erzürnen!

So er uns in den fünf Tagen nicht helfen will, hat er doch die Macht, uns zu beschützen, an welchem Tag er will, oder uns vor unseren Feinden zu verderben.

Wollt ihr dem HERRN befehlen, wann er helfen soll? Gott läßt sich nicht drohen, wie ein Mensch, noch wird er wie ein Sterblicher schwankend in seinem Vorsatz.

Darum laßt uns demütig auf seine Hilfe warten und ihn anrufen zu unserer Rettung, dann wird er auf unsere Stimme hören, wenn es ihm gefällt.

Denn keiner unter uns betet Götter an, die von Menschenhänden gemacht sind, wie das in früheren Zeiten geschah, weswegen unsere Väter so viele Niederlagen erlitten. Wir kennen keinen anderen Gott außer ihm; deswegen hoffen wir mit Demut auf Trost und Hilfe von ihm.

Denn wenn unsere Stadt genommen wird, so wird ganz Juda erobert und unser Heiligtum wird geplündert werden, und der HERR wird für seine Entweihung von uns Rechenschaft fordern. Unter den Heiden werden wir dienen müssen und den Mord an unseren Brüdern und die Gefangenschaft und die Verwüstung unseres Erbes wird er auf unser Haupt bringen. Und Spott und Schmach werde wir sein vor denen, die uns erwerben.

Denn unsere Knechtschaft wird sich nicht zum Guten wenden, sondern der HERR wird sie in Schmach verwandeln.

Laßt uns daher unseren Brüdern zeigen, daß ihr Leben auf unserer Gerechtigkeit ruht und das Heiligtum und Tempel und Altar auf unserem Gottvertrauen.

Gott dem HERRN wollen wir danken, der uns versucht, wie er einst unsere Väter versucht hat. Gedenket, wie unser Vater Abraham* auf mancherlei Weise versucht wurde, und was er Isaak** getan hat, und was alles Jakob† begegnete im syrischen Mesopotamien, als er die Herden Labans, des Bruders seiner Mutter, weidete.

* Vgl. z.B. 1.Mos. 22,1-19 ** Vgl. z.B. 1.Mos. 26 † Vgl. z.B. 1.Mos. 29 u. 30

Gott hat sie nur geprüft zur Erforschung ihrer Herzen, und auch uns hat er nur geprüft, nicht gestraft. Eine Warnung ist es, wenn der HERR die züchtigt, welche er liebt.

Da sprach zu ihr Osias: Alles ist so, wie du gesagt hast, und es gibt niemanden, der deiner Rede widersteht. Nicht erst seit heute ist deine Weisheit offen, sondern vom Anbeginn deiner Tage hat alles Volk deinen Verstand erkannt und die Klugheit deines Herzens.

Doch sieh, das Volk leidet großen Durst, darum erzwangen sie unser Versprechen und den Eid, den wir nicht übertreten werden.

Darum bitte für uns zum HERRN, denn du bist ein heiliges, gottesfürchtiges Weib. Dann wird der HERR wohl Regen senden und unsere Zisternen füllen, daß wir nicht mehr verschmachten.

Da sprach Judith zu ihnen: Hört mich an! Eine Tat will ich vollbringen, welche bis in ferne Zeiten den Söhnen unseres Volkes bekannt werden soll.

Öffnet mir diese Nacht das Stadttor! Ich werde mit meiner Magd hinausgehen, und der HERR wird durch meine Hand Israel retten.

Ihr aber, forscht nicht, was meine Tat sein wird, denn ich werde euch mein Trachten nicht kundtun, bis vollendet ist, was ich tun will.

Da sprachen Osias und die Ältesten zu ihr: Gehe hin in Frieden und räche uns an unseren Feinden! Und Gott der HERR sei mit dir.

Und darauf verließen sie die Witwe und gingen fort, jeder in sein Heim.

Das Gebet der Judith.

9 Und Judith ging in ihr Kämmerlein und fiel auf ihr Angesicht und streute Asche auf ihr Haupt und legte ihr Sacktuch ab, damit sie bekleidet war. Es ward zu derselbigen Stunde aber das Rauchopfer getan im Haus des HERRN zu Jerusalem. Und Judith schrie mit lauter Stimme zum HERRN und sprach:

HERR, Gott meines Ahnen Simeon, dem du gabest das Schwert, die Heiden zu strafen, die den Schoß der Jungfrau entblößten zur Befleckung und ihre Schenkel aufdeckten zur Schmach und ihren Schoß schändlich entweihten! Wider dein Gebot hatten sie gehandelt, darum gabst du ihre Vornehmen zum Mord dahin und ihr Lager, da sie sich schämten, zum Gemetzel, und schlugst sie mit Herren und Knechten und allem, was männlich ist.

Vgl. 1.Mos. 34

Ihre Weiber gabst du zur Beute und ihre Töchter in die Gefangenschaft, und alle ihre Habe gabst du zum Raub deinen geliebten Söhnen, die da eiferten für dich, und die verabscheuten die Befleckung ihres Blutes und dich um Hilfe anriefen. Gott, mein Gott, erhöre auch mich, die Witwe.

Denn alles, was da geschieht, steht in deiner Macht, du hast beides getan, das Vergangene und das Heutige. Das Zukünftige hast du schon bedacht, und da du es denkst, so ist es.

Was du beschließest, siehe, es ist vorhanden und spricht: Da bin ich. Denn alle deine Wege sind bereitet, und dein Gericht ist vorher bestimmt.

Zahlreich sind die Assyrer in ihrer Kriegsmacht und rühmen sich ihrer Rosse und Reiter und preisen sich ob der Kraft ihres Fußvolks und vertrauen auf Schild und Speer und Bogen und Schleuder und wissen nicht, daß du bist der HERR, der da setzt ein Ende allen Kriegen.

HERR ist dein Name! Brich ihre Kraft durch deine Macht und zertrümmere ihre Stärke durch deinen Zorn. Denn sie haben beschlossen, dein Heiligtum zu entweihen und das Zelt, in dem dein herrlicher Name wohnt, zu schänden und mit dem Schwert das Horn deines Altars abzuhauen.

Blicke herab auf ihren Übermut und sende deinen Zorn auf ihr Haupt! Und lege in meine Hand, die Hand einer Witwe, die Kraft zu dem, was ich vorhabe.

Schlage durch meine trügerischen Lippen die Diener und den Herrn und den Herrn und die Diener. Vernichte ihren Stolz durch die Hand eines Weibes!

Denn deine Kraft besteht nicht in der Menge der Reisigen und Waffen, sondern du bist der Gott der Demütigen, der Helfer der Niedrigen, der Beistand der Schwachen, der Beschützer der Verstoßenen, der Retter der Verzweifelten.

Erhöre mein Gebet, Gott des Erbes Israels, HERR des Himmels und der Erde, Schöpfer der Wasser, König deiner ganzen Schöpfung! Laß meine trügerische Rede zur Waffe werden gegen die, die gegen deinen Bund und dein heiliges Haus und den Berg Zion und den Wohnsitz deiner Söhne Grausames beschlossen haben.

Und mache, daß dein ganzes Volk und jeder Stamm erkenne und wisse, daß du Gott der HERR bist, und daß bei dir alle Macht und Stärke ist, und daß kein anderer ist, der das Haus Israel beschirmt, außer dir.

Judith zieht in das Lager des Holofernes.

10 Und da sie ihr Gebet beendet hatte, erhob sie sich und rief ihre Magd Abra und ging hinunter in ihr Haus.

Und sie legte ihr Sacktuch ab und zog ihre Witwenkleider aus und badete den Leib mit Wasser und salbte ihn mit kostbarem Öl. Sodann flocht sie ihre Haare und setzte eine Haube auf und zog ihre Frauenkleider an, mit welchen sie sich zu Lebzeiten ihres Mannes Manasse zu kleiden pflegte.

Und Sandalen legte sie an ihre Füße und tat die Schrittkettchen um und die Armbänder, die Fingerringe und die Ohrringe und ihren ganzen Schmuck. So schmückte sich die Judith, um die Augen der Männer, die sie sehen würden, zu bestechen.

Und der HERR gab ihr Gnade, daß sie lieblich anzusehen war, denn sie schmückte sich nicht aus Vorwitz, sondern Gott zu Lob.

Und sie gab ihrer Magd einen Schlauch Wein und einen Krug mit Öl und füllte einen Sack mit Feigen, Mehl und Brot.

Und sie gingen zum Tor der Stadt Bethulia und fanden Osias und die Ältesten der Stadt Chabri und Charmi.

Da sie aber Judith erblickten – ihr Angesicht war verändert und ihre Kleidung verwandelt – da verwunderten sie sich ob ihrer Schönheit und sprachen zu ihr: Der Gott unserer Väter sei dir gnädig und lasse dein Vorhaben gelingen zum Stolz der Israeliten und zur Verherrlichung Jerusalems. Dann beteten sie zu Gott.

Judith aber sprach zu ihnen: Laßt mir das Stadttor öffnen, auf daß ich hinausgehe und vollende, wovon wir gesprochen haben. Da befahlen die Ältesten den Jünglingen, der Witwe zu öffnen.

Und Judith verließ die Stadt und ihre Magd folgte ihr. Die Männer der Stadt aber folgten ihr mit den Augen, bis sie sie nicht mehr sehen konnten.

Und sie ging ins Tal, bis ihr die Wächter der Assyrer begegneten. Die hielten sie an und fragten sie und sprachen: Wer bist du und woher kommst du und wohin willst du gehen?

Sie antwortete: Ich bin eine Tochter der Hebräer und fliehe von ihnen, denn sie werden euch in die Hände fallen und ihr werdet sie verschlingen. Ich will zu Holofernes, eurem Feldherrn, um ihm wahrhaft anzusagen, wie er das ganze Gebirge in Besitz nehmen soll, ohne einen Mann zu verlieren.

Die Männer aber verwunderten sich ob ihrer Schönheit und sprachen zu ihr: Du hast wohl dein Leben gerettet, indem du eiligst zu unserem Herrn herabgekommen bist. Geh also zu seinem Zelt und es sollen dich einige von uns begleiten, bis sie dich seinen Händen überliefert haben.

Wenn du aber vor ihm stehst, so wird er dir gnädig sein und du wirst ihm vom Herzen wohlgefallen.

Darauf wählten sie unter sich einhundert Männer aus zu ihrer Begleitung, die führten sie mit ihrer Magd zum Zelt des Holofernes.

Und im Lager entstand ein Zusammenlauf, denn das Gerücht von ihrer Ankunft war in die Zelte gedrungen. Da kamen alle und umringten sie, als sie vor dem Zelt des Holofernes stand und wartete, bis man ihm ihre Ankunft gemeldet hatte.

Und ihre Schönheit entzündete sie und sie bewunderten die Israeliten um ihretwegen und sprachen einer zum anderen: Wer wollte wohl ein Volk verachten, das solche Weiber hat. Wahrlich, solch schöne Weiber sind wohl ein Anlaß, Krieg zu führen!

Und die Wache des Holofernes kam heraus und führte sie ins Zelt. Holofernes aber ruhte auf seinem Lager unter einem Mückennetz, welches aus Purpur war und verziert mit Gold und Smaragden und eingewebten Edelsteinen.

Da Judith aber ihm und seinen Trabanten zu Gesichte kam, wunderten sich alle über die Schönheit ihres Antlitzes. Sie aber fiel vor ihm nieder und huldigte ihm, und Holofernes hieß sie wieder aufrichten.

Judith täuscht den Holofernes.

11 Und Holofernes sprach zu ihr: Sei getrost Weib und fürchte dich nicht. Nie habe ich jemandem etwas zuleide getan, der bereit war, Nebukadnezar, dem Herrn der Erde, zu dienen.

Hätte dein Volk mich nicht verachtet, so hätte ich nie den Speer erhoben wider sie. Aber nun sage mir, warum hast du sie verlassen und bist zu uns gekommen. Denn wahrlich, zu deinem Heile bist du gekommen. Du sollst dein Leben behalten in dieser Nacht und hinfort.

Niemand soll dir etwas zuleide tun, sondern man wird dich ehren, wie es einer Dienerin des Königs Nebukadnezar geziemt.

Da antwortete ihm Judith und sprach: Nimm die Worte deiner Magd gnädig an und laß deine Sklavin vor dir reden. Keine Lüge will ich meinem Herrn in dieser Nacht verkünden. So du tust, was deine Magd dir sagt, wird Gott das Werk mit dir sicher vollenden und mein HERR wird sein Vorhaben nicht verfehlen.

Heil sei Nebukadnezar, dem König der ganzen Erde, der dich ausgeschickt hat, die Ungehorsamen zu strafen, denn du kannst ihm untertan machen nicht allein die Menschen, sondern alle Tiere des Feldes und alles Vieh und die Vögel des Himmels.

Alle Welt spricht von deiner Weisheit und deiner Klugheit, und alle Welt weiß, daß du allein trefflich bist im ganzen Reich und gewaltig an Einsicht und bewunderungswürdig in der Kriegskunst.

Ich weiß auch, was Achior zu dir gesprochen hat, denn die Bewohner von Bethulia ließen ihn am Leben, und er verkündete ihnen alles, was er vor dir geredet hatte.

Ich aber rate dir, Herr und Gebieter, seine Rede nicht zu verachten, sondern sie dir zu Herzen zu nehmen, denn sie ist wahr. Unser Volk ist solange unbesiegbar, als es nicht wider seinen Gott sündigt. Nun aber hat die Sünde Verlangen nach ihnen, und sie werden Gott erzürnen, sobald sie ihr nachgeben, indem sie das Verbotene tun, daß mein Herr nicht vertrieben werde und unverrichteter Sache abziehen müsse, sondern der Tod über sie komme.

Denn da ihnen Nahrung fehlte und sie Durst litten, beschlossen sie, Hand anzulegen an ihr Vieh, und wollen nun auch verzehren alles, was Gott verboten hat zu essen* durch das Gesetz. * Vgl. 3.Mos. 11 u. 5.Mos. 14,2-21

Und wollen nehmen und essen auch die Erstlinge* des Getreides und vom Wein und Öl die Zehnten**, die sie aufbewahrt haben nach dem Gesetz, daß sie gebracht würden vor die Priester zu Jerusalem im Haus des HERRN, denn sie sind des HERRN nach seinem Wort, und niemand aus dem Volk darf wagen, auch nur mit seiner Hand daran zu rühren.

* Vgl. 2.Mos. 23,19; vgl. auch 5.Mos. 26,1-11 ** Vgl. 3.Mos. 27,3ff.; 5.Mos. 12,17f.; 5.Mos. 26,12ff.

Und sie haben Männer gesandt gen Jerusalem, daß ihnen der Hohe Rat daselbst möge Ablaß geben für die Sünden, die sie tun wollen aus Not, da auch die zu Jerusalem sich solcherart versündigt haben.

Sobald sie aber Ablaß erhalten haben und danach tun, werden sie desselbigen Tags dem Verderben verfallen und werden preisgegeben sein meinem Herrn.

Und darum bin ich, deine Magd, von ihnen geflohen und Gott hat mich gesandt, mit dir Taten zu tun, über die alle Welt, die es hört, sich entsetzen wird. Denn deine Magd ist gottesfürchtig, und nicht vom Gott meiner Väter abgefallen, sondern will meinem Gott noch dienen bei dir. Ich werde bei dir bleiben, mein Herr, doch deine Magd wird nachts hinausgehen in die Felsschlucht, um dort zu Gott zu beten. Gott aber wird es mir offenbaren, wenn sie der Sünde nachgegeben haben.

Dann werde ich kommen und es dir eröffnen, und du wirst mit deiner Kriegsmacht ausziehen und keiner von ihnen wird dir widerstehen können.

Und ich werde dich mitten durch Judäa führen bis vor Jerusalem und werde deinen Thron in seiner Mitte aufstellen, und du wirst sie verjagen wie Schafe, die keinen Hirten haben. Ich sage dir, kein Hund wird es wagen, dich anzubellen! Das ward mir geoffenbart und verkündet, und ich ward entsandt, es dir anzuzeigen.

Diese Worte gefielen Holofernes wohl und seinen Trabanten, und sie bewunderten ihre Weisheit und sprachen untereinander: Kein zweites Weib gibt es auf der Erde, von solcher Schönheit und so verständiger Rede.

Und Holofernes sprach zu ihr: Gott hat wohlgetan, daß er dich zu uns gesandt hat, damit in unsere Hände der Sieg falle und über die, so meinen Herrn verachtet haben, das Verderben komme.

Schön bist du von Gestalt und trefflich in deinen Worten. Wenn dein Gott vollbringt, was du versprochen hast, dann wird er auch mein Gott sein, und du wirst im Haus Nebukadnezars, des Königs, wohnen und berühmt sein auf der ganzen Erde.

Judith ißt zur Nacht mit Holofernes.

12 Darauf befahl er, sie in das Zelt hineinzuführen, wo das Silbergeschirr aufgestellt war, und ließ ihr ein Polster hinbreiten, damit sie von seinen guten Speisen äße und von seinem Wein tränke.

Judith aber sprach: Mein Herr, von deiner Speise zu essen ist mir nicht gestattet; daß ich mich nicht versündige, habe ich ein wenig mit mir genommen, davon will ich essen.

Da sprach Holofernes zu ihr: Wenn aber verbraucht ist, was du mit dir gebracht hast, woher sollen wir dir anderes beschaffen? Denn bei uns ist niemand von deinem Volk.

Judith antwortete ihm: Bei deinem Leben, mein Herr: Deine Magd wird nicht aufzehren, was sie bei sich hat, bis der HERR durch meine Hand tun wird, was er beschlossen hat.

Darauf führten die Diener des Holofernes sie ins Zelt und sie schlief bis Mitternacht und erhob sich zur Morgenwache.

Und sie sandte zu Holofernes und ließ ihm sagen: Mein Herr, gib Befehl, daß man deine Magd zum Gebet hinausgehen lasse.

Da befahl Holofernes den Wächtern, sie nicht zu hindern. So blieb sie drei Tage im Lager. Des Nachts aber pflegte sie hinauszugehen in die Felsenschlucht von Bethulia, um im Lager an der Wasserquelle zu baden.

Nach dem Bad aber betete sie zum HERRN, dem Gott Israels, daß er ihr Glück gäbe, sein Volk zu erlösen. Und nachdem sie rein zurückgekehrt war, blieb sie im Zelt, bis man gegen Abend ihre Speise auftrug.

Am vierten Tag aber gab Holofernes ein Mahl für seine nächsten Diener. Und er sprach zu Bagoa, dem Eunuchen, der über all das Seine gesetzt war: Gehe hin und berede das hebräische Weib, daß sie sich nicht weigere, zu uns zu kommen und mit uns zu essen und zu trinken.

Denn es ist eine Schande bei den Assyrern, daß ein solches Weib sollte unbeschlafen von uns kommen und einen Mann wie mich genarrt haben.

Da kam Bagoa zu Judith und sprach: Schöne Frau, weigert Euch nicht, zu meinem Herrn zu kommen, ihm zur Ehre, und mit ihm zu essen und zu trinken in Fröhlichkeit und an diesem Tag zu sein gleich den Töchtern der Assyrer, die da sind in dem Haus Nebukadnezars.

Da sprach Judith zu ihm: Wer bin ich, daß ich meinem HERRN widerstände? Alles, was in seinen Augen wohlgefällig ist, will ich eilends tun und mit Freuden bis zur Stunde meines Todes.

So stand sie denn auf und schmückte sich mit dem festlichen Gewand und allerlei weiblichem Schmuck. Ihre Magd aber ging voraus und bereitete ihr aus Teppichen, die sie von Bagoa erhalten hatte für ihr tägliches Bedürfnis, ein Lager im Zelt des Feldherrn.

Und Judith kam herein und legte sich nieder. Da war der Holofernes entzündet mit Brunft gegen sie und sein Inneres geriet in Wallung, und es verlangte ihn sehr, bei ihr zu liegen. Denn seit dem Tag, da er sie gesehen hatte, trachtete er danach, sie zu verführen.

Und er sprach zu ihr: Trink doch, du schöne Hebräerin, und sei fröhlich mit uns!

Und Judith antwortete ihm und sprach: Ja, mein Herr, ich will fröhlich sein, denn ich bin in meinem Leben so hoch nicht geehrt worden.

Und sie nahm und trank und aß vor ihm, was ihre Sklavin bereitet hatte. Und Holofernes freute sich und trank so viel Wein wie noch nie in seinem Leben.

Judith tötet Holofernes und zieht heim nach Bethulia.

13 Und alle Trabanten des Holofernes waren trunken, und da es spät geworden war, brachen sie auf und gingen jeder in sein Zelt; Bagoa aber schloß das Zelt des Holofernes, also daß er verborgen ward vor den Leuten.

Judith aber blieb allein im Zelt mit Holofernes; der lag trunken auf seinem Lager und schlief.

Ihrer Magd hatte sie geboten, zu wachen vor dem Schlafgemach und auf ihren Ausgang zu warten, dem Bagoa aber gesagt, sie wolle hinausgehen und beten wie immer zur Zeit der Morgenwache nach Mitternacht.

Da nun keiner zurückgeblieben war im Schlafgemach, weder groß noch klein, trat Judith an das Bett des Holofernes und betete still bei sich: HERR, Gott aller Macht, stärke mich und hilf mir gnädig, das Werk zu vollbringen zur Verherrlichung Jerusalems.

Denn jetzt ist es Zeit, daß du dich deines Erbes annimmst und mein Vorhaben vollbringst zum Verderben der Feinde, die wider uns aufgestanden sind.

Und sie trat an die Säule des Bettes, welche zu Häupten des Holofernes stand, und nahm sein Schwert von ihr herab.

Und sie trat nahe an das Lager des Feldherren und ergriff das Haar seines Hauptes und sprach: HERR, Gott Israels, stärke mich heute!

Und zweimal hieb sie mit aller Kraft in seinen Hals und schlug ihm das Haupt ab.

Den toten Leib des Holofernes aber wälzte sie vom Lager und nahm das Mückennetz von der Säule. Darnach verließ sie das Zelt und trug das blutende Haupt des Holofernes mit sich und gab es ihrer Magd, und hieß sie es in einen Sack stoßen. Darauf gingen die beiden Frauen hinaus zum Gebet, wie es ihre Gewohnheit war. Und sie durchschritten das Lager und durchwanderten die Felsschlucht und stiegen hinauf den Berg von Bethulia und gelangten an die Tore der Stadt.

Und Judith rief den Wächtern von ferne zu: Tut mir das Tor auf, denn Gott ist mit uns, und er hat Israel den Sieg gegeben.

Da nun die Wächter ihre Stimme vernahmen, riefen sie die Ältesten der Stadt zusammen und alle eilten zum Tor der Stadt. Denn kleinmütig waren sie, und keiner hatte je ihre Rückkehr erwartet. Und sie öffneten das Tor und zündeten Fackeln an und umringten sie.

Judith aber sprach zu ihnen mit lauter Stimme: Danket dem HERRN, unserem Gott, der jene nicht verläßt, die ihm vertrauen! Lobet Gott, der dem Haus Israel sein Erbarmen nicht entzogen, sondern unseren Feind durch meine Hand in dieser Nacht geschlagen hat.

Dann griff sie in den Sack und zog das Haupt heraus, zeigte es den Kindern Israel und sprach: Hier ist das Haupt des Holofernes, des mächtigen Feldherrn des assyrischen Heeres, und hier ist das Mückennetz, unter dem er in seinem Rausche gelegen hat. Gott der HERR hat ihn geschlagen durch die Hand eines Weibes.

So wahr der HERR lebt, hat er mich durch seinen Engel behütet, daß ich nicht bin verunreinigt worden, solange ich bei ihm war.

Da entsetzte sich alles Volk, und sie warfen sich zu Boden und beteten zu Gott und sprachen einmütig: Gepriesen seist du, unser Gott, der am heutigen Tag die Feinde unseres Volkes vernichtet hat.

Und Osias sprach zu Judith: Gepriesen seist du, Tochter, im Namen Gottes, des Höchsten, vor allen Weibern auf Erden, und gepriesen sei der HERR, der Gott, der Himmel und Erde geschaffen hat, und dich geleitet, den Hauptmann unserer Feinde zu töten.

Wahrlich, deinen Namen hat der HERR so herrlich gemacht, daß dich allezeit preisen werden, die das Werk des HERRN achten. Möge Gott dir dies zum ewigen Ruhme gereichen lassen und dich mit Gütern segnen, daß du dein Leben nicht geschont hast in der Stunde der Not und der Erniedrigung deines Volkes, sondern uns errettet hast vor dem HERRN, unserm Gott. Und alles Volk rief: Amen, Amen!

Judiths Rede. Die Leiche des Holofernes wird entdeckt.

14 Da sprach Judith zu ihnen: Liebe Brüder, hört mich an! Nehmt dieses Haupt und hängt es über die Mauer unserer Stadt hinaus. Bei Sonnenaufgang aber ergreift eure Waffen und macht einen Ausfall mit großer Mannschaft und viel Geschrei, und setzt einen Hauptmann darüber, als ob

ihr die Assyrer angreifen wolltet. Doch hütet euch und zieht nicht hinab gegen ihr Lager!

So die Wächter euch erspähen, werden sie die Waffen ergreifen und ins Lager eilen und ihre Heerführer wecken. Und die werden sich beim Zelt des Holofernes versammeln, und werden ihn nicht finden. Große Furcht wird sie alsdann befallen, und sie werden vor euch fliehen.

Ihr aber und alle, die auf dem Gebirge wohnen, setzt ihnen nach und streckt sie nieder auf ihrer Flucht!

Doch bevor ihr also tut, holt Achior, den Ammoniter, daß er den sehe und erkenne, der es wagte, das Haus Israel zu verachten und ihn selbst zum Tode zu uns sandte.

Da riefen sie den Achior aus dem Hause des Osias, und da Achior das Haupt des Holofernes erkannte, fiel er auf sein Angesicht und ward ohnmächtig. Und als er wieder zu sich kam, da warf er sich Judith zu Füßen und huldigte ihr und sprach: Gepriesen seist du bei den Kindern Israel und bei allen Völkern! Sie werden erschrecken bei deinem Namen!

Sage mir alles, was du getan hast in diesen Tagen. Und Judith erzählte ihm inmitten des Volkes, was sie getan hatte, von dem Tag, da sie hinausgegangen, bis zu dem, da sie vor ihnen sprach.

Und das Volk jubelte mit lauter Stimme und überall in der Stadt erschallten Freudenrufe.

Da nun Achior die großen Werke sah des Gottes Israels, glaubte er von Stund an fest an ihn und ließ sich das Fleisch seiner Vorhaut beschneiden und wurde in das Haus Israel aufgenommen bis zum heutigen Tag.

Und da der Morgen anbrach, hängten sie das Haupt des Holofernes an die Mauer und jeglicher Israelit ergriff seine Waffen, und sie zogen mit lautem Geschrei hinaus zu den Bergpässen.

Da die Wächter der Assyrer sie erblickten, sandten sie zu ihren Anführern. Diese aber eilten zu ihren Feldherren und Obersten.

Und alle versammelten sich vor dem Zelt des Holofernes und sprachen zu Bagoa: Wecke doch unseren Herrn, denn die Mäuse sind herausgekrochen aus ihren Löchern und haben es gewagt, uns zum Kampfe herauszufordern, damit sie gänzlich vernichtet werden.

Da ging Bagoa ins Zelt und klopfte an die Tür der Schlafkammer, denn er meinte nicht anders, daß sein Herr sich mit Judith vergnüge.

Da er aber niemanden hörte, ging er in die Schlafkammer und fand Holofernes tot daliegen mit abgehauenem Kopf.

Da schrie er mit lauter Stimme, weinte, klagte und zerriß sein Gewand.

Und er eilte zu dem Zelt, da Judith gewohnt hatte, fand sie aber nicht.

Da lief er unter das Kriegsvolk und schrie: Schmach und Schande hat ein einziges hebräisches Weib über das Haus Nebukadnezars gebracht! Seht, Holofernes liegt am Boden und sein Haupt ist ihm abgehauen!

Da aber die Obersten des assyrischen Heeres das hörten, erschraken sie über die Maßen und zerrissen ihre Kleider und ward ein großes Zetergeschrei unter ihnen.

Die Vernichtung des assyrischen Heeres.

15 Da nun das Kriegsvolk in seinen Zelten hörte, daß Holofernes kopflos wäre, da entsetzten sie sich und wurden irre, und Furcht und Zittern befiel sie.

Und ohne Rat zu halten, zerstreuten sie sich und flohen auf allen Wegen der Ebene und des Gebirges, und auch die Hilfstruppen des Holofernes, welche sich auf dem Gebirge rings um Bethulia gelagert hatten, wandten sich zur Flucht.

Da aber die Kinder Israel sahen, daß die Feinde flohen, stürzten sie sich auf sie mit großem Geschrei und Trompeten.

Und Osias sandte in alle Städte im Land Israel Botschaft, daß sich alle auf die Feinde werfen sollten.

Und sie fielen vereint über die Feinde her und schlugen sie bis nach Choba. Und die von Jerusalem und die vom Gebirge waren allesamt zur Stelle, die Hilfstruppen aus Gilead und Galiläa bereiteten den Feinden eine große Niederlage, bis sie die Grenzen nach Damaskus überschritten hatten.

Die in Bethulia fielen indessen über das assyrische Lager her und plünderten es und wurden sehr reich.

Die Israeliten aber, die von der Verfolgung zurückkehrten, erhielten das Übrige. Und die Einwohner des Gebirges eroberten alles, was die Feinde mit sich geführt hatten an Vieh und Gerät, und das ganze Land ward reich von der Beute.

Jojakim, der Hohepriester, und der Rat der Israeliten, die in Jerusalem wohnten, kamen, um all die Pracht zu sehen, und um Judith zu sehen und freundlich zu ihr zu sprechen. Und alle priesen sie zugleich und sprachen zu ihr: Du bist die Krone Jerusalems, du bist die Wonne Israels, du bist die Ehre des ganzen Volkes!

Eine löbliche Tat hast du vollbracht und Israel hast du eine große Wohltat erwiesen, daß Gott uns wiederum errettet hat. Gepriesen seist du bei Gott ewiglich! Und das ganze Volk rief: Amen, Amen!

Dreißig Tage lang plünderten sie das feindliche Lager, und Judith erhielt das Zelt des Holofernes und alle seine Silbergeräte und die Betten und Kissen und all seine Habe. Sie aber nahm es und legte es auf ihr Maultier und spannte ihre Wagen an und packte alles darauf.

Da liefen die Weiber Israels zusammen und priesen sie und veranstalteten ihr zu Ehren einen Reigentanz. Und Judith nahm Zweige in ihre Hände und gab sie den Weibern, die mit ihr waren.

Und sie bekränzte sich mit Ölzweigen und die, welche mit ihr waren, und ging vor dem ganzen Volk her und führte die Weiber im Reigen. Und alle Männer in Israel folgten danach in ihrer Rüstung und trugen Kränze und sangen Preislieder.

Das Lied Judiths.

16 Da sang Judith dem HERRN dieses Lied und sprach:

Spielet dem HERRN mit Pauken und klinget ihm mit Cymbeln;
Singet ihm ein neues Lied, seid fröhlich und ruft seinen Namen an!
Denn der HERR ist ein Gott, der den Kriegen steuern kann;
HERR ist sein Name!

Denn er hat mich errettet in seine Obhut inmitten des Volks aus der Hand meiner Feinde!

Assur kam vom Gebirge von Mitternacht und rückte heran mit seiner großen Macht.

Seine Menge bedeckte die Täler und seine Rosse die Hügel.

Er drohte, mein Land zu verbrennen, und meine Jünglinge zu erwürgen mit dem Schwert.

Er gedachte, meine Säuglinge zu Boden zu schmettern, und meine Kinder zur Beute zu nehmen und meine Jungfrauen wegzuführen.

Aber der HERR, der allmächtige Gott, hat ihn gestraft und hat ihn gegeben in eines Weibes Hände.

Denn kein Mann noch ein Krieger hat ihn umgebracht, und kein Riese hat ihn angegriffen.

Sondern Judith, die Tochter Meraris, hat ihn niedergestreckt mit ihrer Schönheit.

Denn sie zog aus ihre Witwenkleider und legte an ihr schönes Kleid zur Freude den Kindern Israel,

Sie salbte sich mit köstlicher Salbe, und flocht ihre Haare, ihn zu verführen.

Ihre Sandalen blendeten ihn, ihre Schönheit fing sein Herz, aber sie hieb ihm den Kopf ab,

Daß sich entsetzten die Perser und Meder vor der kühnen Tat und der Assyrer Heer heulte,

Da hervorbrachen meine Gedemütigten, die vor Durst verschmachteten.

Knaben durchbohrten die Assyrer und jagten sie, daß sie flohen wie Kinder; sie sind vertilgt von dem Heer des HERRN, meines Gottes.

Laßt uns singen ein neues Lied dem HERRN, unserm Gott.

HERR Gott, du bist der mächtige Gott, der große Taten tut, und niemand kann dir widerstehen.

Die ganze Schöpfung muß dir dienen, denn da du sprachst, siehe, da ward sie, und dein Geist, der da war über der Tiefe, schuf sie, und niemand ist, der deinem Wort widersteht.

Die Berge müssen zittern und die Felsen wie Wachs zerschmelzen vor dir*; aber die dich fürchten, denen erzeigst du Gnade in Fülle. Ps. 97,5

Denn gering ist alles Opfer vor dir und das Fett der Brandopfer, wer aber den HERRN fürchtet, ist groß ewiglich*. Wehe den Völkern, die sich erheben wider mein Volk, denn der HERR, der Allmächtige, rächet sie und sucht sie heim zur Zeit der Rache. Ps. 51,18

Er wird ihren Leib plagen mit Feuer und Würmern und werden brennen und heulen in Ewigkeit. Jes. 66,24

Und alles Volk zog gen Jerusalem. Und da sie nach Jerusalem gekommen waren, beteten sie vor Gott. Und da sich das Volk gereinigt hatte, brachten sie ihre Brandopfer dar und ihre Gaben aus freiem Willen* und ihre Geschenke. * Vgl. 2.Mos. 35,21-29

Und Judith weihte alle Güter des Holofernes, die ihr das Volk gegeben hatte, auch das Mückennetz.

Drei Monate feierte das Volk vor dem Heiligtum und Judith blieb bei ihnen.

Danach zog jeder heim, und Judith lebte wieder in Bethulia auf ihrem Besitz und war berühmt in ihrer ferneren Lebenszeit im ganzen Land, und viele begehrten sie zur Frau, doch kein Mann erkannte sie.

Und sie wurde sehr alt und lebte im Haus ihres Mannes bis ins einhundertundfünfte Jahr. Ihre Magd aber ließ sie frei. Und da sie starb zu Bethulia, ward sie bestattet in der Grabhöhle ihres Mannes Manasse.

Das ganze Haus Israel aber betrauerte sie sieben Tage lang. Doch bevor sie starb, verteilte sie ihre ganze Habe an alle nächsten Angehörigen ihres

Mannes Manasse und an die nächsten Angehörigen aus ihrem eigenen Geschlecht.

Und solange sie lebte und lange danach gab es um ihres Ruhmes willen niemanden, der es wagte, Israel zu überfallen.

Das Buch der Alexandriner

Leiden und Triumph der Kinder Israels unter der Herrschaft Ptolemäus IV.

Ptolemäus IV. Philopator besiegt Antiochus.

Antiochus, der König der Syrer, rüstete zum Krieg gegen Ptolemäus, den König von ganz Ägyptenland, der da zubenannt ist Philopator, und er überrannte mit seinem Heer und allen seinen Wagen und seinen Bogenschützen Palästina, das Land des Ägypterkönigs, und nahm seine Städte und tat unter seine Füße das ganze Land.

Und da Philopator von den Flüchtlingen erfuhr, daß Antiochus seine befestigten Plätze eingenommen habe, sammelte er alle seine Kriegsmacht, die Fußsoldaten und die Reiter, und zog mit ihnen in die Gegend von Raphia, da das Heer des Antiochus lagerte, und nahm mit sich seine Schwester Arsinoe.

Es war da aber ein Mann mit Namen Theodotus, der war zuvor ein Hauptmann im ägyptischen Heer gewesen, doch war er gefallen aus der Gunst des Philopator, und ward vertrieben aus dem Heer.

Und er plante einen Anschlag auf den König zur Rache, und nahm mit sich die tapfersten aus den Kriegsleuten des Ptolemäus, die zuvor unter ihm waren, und ging zum Zelt des Ptolemäus, ihn allein zu erschlagen und solchermaßen den Krieg zu beenden.

Doch Dositheus, der Sohn des Drimylus, hatte den König weggeführt und einen anderen im Zelte schlafen lassen, der so die dem König zugedachte Rache erleiden mußte.

Dositheus aber war von Geburt ein Jude, doch war er vom Gesetz abgefallen und hatte sich von dem Glauben seiner Väter entfernt.

Da nun der Kampf entbrannte und der Sieg sich auf des Antiochus Seite neigte, verließ die königliche Arsinoe das Zelt und lief mit aufgelösten Haaren durch die Schlachtreihen und ermahnte die Soldaten unter Jammer und Tränen, für sich und ihre Weiber und Kinder tapfer zu kämpfen, auch versprach sie jedem für den Fall des Sieges zwei Minen Gold.

Und so geschah es, daß die Feinde im Handgemenge aufgerieben und viele von ihnen gefangengenommen wurden.

Ptolemäus will das Allerheiligste betreten.

2 Der siegreiche Ptolemäus aber beschloß, die Nachbarstädte zu besuchen, und ihnen seine Gnade zu zeigen, und ihnen einen neuen Mut zu geben.

Und er tat also und verteilte viele Geschenke an die Tempel und erfüllte die Herzen seiner Untertanen mit Zuversicht.

Da aber die Juden einige vom Rat und aus der Versammlung der Ältesten zu ihm sandten mit Segenswünschen und kostbaren Geschenken, ward er begierig, seine jüdischen Untertanen bald zu besuchen.

Und er kam nach Jerusalem und opferte dem höchsten Gott und dankte ihm für den Beistand in rechtmäßiger Weise. Und als er den heiligen Tempel betrat, da staunte er über die Pracht und bewunderte die Ordnung des Heiligtums. Darum kam es ihm in den Sinn und ward sein Wunsch, das Allerheiligste zu betreten.

Da ward ihm bedeutet, daß solches unstatthaft sei. Denn weder den Juden, noch den Priestern war der Eintritt ins Allerheiligste gestattet, sondern allein dem Hohenpriester, dem Oberhaupt aller, und auch ihm nur einmal des Jahres. Ptolemäus aber ließ sich von seinem Vorhaben nicht abbringen.

Selbst da sie ihm das Gesetz vorgelesen hatten, konnten sie ihn nicht umstimmen, denn er meinte, es gelte nicht für ihn.

Auch wollte er wissen, warum ihn denn keiner am Betreten des Tempels gehindert hätte.

Da war einer der Juden unbedacht und hütete nicht seine Zunge und sprach: Der tut übel, der so prahlt!

Der König aber verkündete seinen Beschluß, das Allerheiligste zu betreten, ob die Juden wollten oder nicht.

Da warfen sich die Priester in ihren Gewändern zu Boden und erfüllten das Heiligtum mit Geschrei und Tränen und flehten zum höchsten Gott, er möge ihnen in ihrer Not beistehen und den Eindringling abwehren.

Und alle, die in der Stadt zurückgeblieben waren, fürchteten, daß sich Unerhörtes zugetragen habe, und eilten herbei.

Da verließen die Jungfrauen ihre Gemächer und kamen mit ihren Müttern und bestreuten das Haupt mit Staub und Asche und erfüllten die Straßen mit Wehklagen und Seufzen.

Selbst die Neuvermählten verließen die zum Beilager bestimmte Kammer und rannten durch die Stadt, als ob sie schamlose Menschen wären.

Ja sogar die Mütter und die Ammen ließen die neugeborenen Kinder ohne Aufsicht in den Häusern und auf der Straße im Stich und versammelten sich beim Heiligtum.

Und alle beteten sie und jammerten ob des vom König geplanten Frevels.

Die mutigsten der Bürger aber beschlossen, ihn an der Durchführung seines ruchlosen Planes zu hindern, und stürzten zu den Waffen und forderten alle auf, den Heldentod zu sterben für das Gesetz der Väter, womit sie eine große Aufregung schufen an der heiligen Stätte. Und erst da die Greise und Ältesten sie mit Mühe vom Kampf abgebracht hatten, sammelten sie sich zum Gebet.

So lagerten die Einwohner der Stadt betend rings um das Heiligtum. Die Ältesten aber, die um den König waren, versuchten auf vielfältige Weise seinen stolzen Sinn von seinem Beschluß abzubringen.

Ptolemäus aber verharrte in seiner Kühnheit und achtete nicht auf ihren Rat und wollte seinen Beschluß zu Ende bringen.

Doch siehe, sein eigenes Gefolge vereinigte sich mit den Kindern Israel im Gebet zum allmächtigen Gott, er möge die drohende Gefahr abwehren und dem gottlosen Vorhaben des Königs steuern.

Und alle schrien nun durcheinander und ein unbeschreiblicher Lärm entstand. Wahrlich, man hätte glauben können, daß nicht bloß die Menschen, sondern auch der Boden und die Mauern erdröhnten, denn alle wollten lieber den Tod als die Entweihung der heiligen Stätte.

Gebet und Erhörung des Hohenpriesters Simon.

3 Und der Hohepriester Simon beugte im Angesicht des Tempels seine Knie und breitete seine Hände aus und betete in geziemender Weise und sprach: HErr HERR, du König des Himmels und Gebieter aller Kreaturen, Allheiliger, Allmächtiger, Alleinherrscher! Hilf uns, denn ein Ungläubiger und Ruchloser bedrückt uns, auf seine Kraft und Stärke pochend.

HERR, du hast das All erschaffen und herrschest über alles und bist ein gerechter Herrscher und richtest, die ein frevelhaftes Werk vollbringen. Auch die Riesen pochten vor Zeiten auf ihre Kraft und Stärke und taten Unrecht, doch du ließest unermeßliches Wasser über sie kommen. Vgl. 1.Mos. 6

Übermütig und frech waren die Einwohner Sodoms, und berüchtigt waren sie ob ihrer Schandtaten, doch du vernichtetest sie mit Feuer und Schwefel, der Nachwelt zur Warnung. Vgl. 1.Mos. 19,1-29

Voll Trotz war Pharao und dein heiliges Volk Israel quälte er, doch du hast ihn durch zahlreiche Plagen* geprüft und so deine Macht kundgetan.

Vgl. 2.Mos. 7,14-12,29

Und da er deinen Kindern mit Wagen und Kriegern nachsetzte, da versenktest du ihn in der Tiefe des Meeres. Uns aber, die wir auf dich als den HErrn der Schöpfung vertrauten, führtest du wohlbehalten hindurch.

Vgl. 2.Mos. 14,5-31

Und da sie die Werke deiner Hand gesehen hatten, da priesen dich, den Allmächtigen, Mose und die Kinder Israel* und Miriam**.

* Vgl. 2.Mos. 15,1-19 ** 2. Mos. 15,20f.

HERR, du bist der Schöpfer der unermeßlichen großen Erde, und du hast dir diese Stadt erwählt und diese heilige Stätte, der du keines Dings bedarfst. Und verherrlicht hast du die Stätte durch die Kraft deiner majestätischen Erscheinung, und errichtet hast du sie, auf daß dein Name gepriesen werde.

Und das Haus Israel liebst du und hast uns Hilfe verheißen für den Fall der Not, so wir hierher ziehen und zu dir beten.

Und du bist ja treu und wahrhaftig!

Du hast unsere Väter oft aus Gefahr und drohender Erniedrigung gerettet! Darum erhöre uns auch jetzt, du großer König! Siehe, unserer Sünden wegen sind wir schwach und unseren Feinden unterlegen und werden unterdrückt.

Doch jetzt will dieser Freche das Heiligtum schänden, das dir geweiht ist.

HERR im Himmel, unerreichbar ist deine Wohnung den Sterblichen! Doch du hast diese Stätte geheiligt, weil du hier wolltest verherrlicht werden in deinem Volk Israel.

Darum strafe uns nicht durch der Menschen Unreinheit, und züchtige uns nicht durch ihre ruchlosen Werke, auf daß die Gottlosen nicht triumphieren und mit frecher Zunge sprechen: Wir haben das allerheiligste Haus entweiht, wie eines der Häuser der Götzendiener.

Vergib uns unsere Sünden, tilge unsere Vergehen, und offenbare in dieser Stunde deine Barmherzigkeit!

Beweise Mitleid mit uns und zeige deine Macht, auf daß wir, die wir jetzt betrübten Herzens sind, dir jauchzend Loblieder singen können. HERR, schaffe uns Frieden!

Und Gott, der allessehende Schöpfer des Alls, der Heilige der Heiligen, war gnädig und erhörte die dem Gesetz folgenden Gebete und züchtigte den Ptolemäus und strafte ihn für seinen frevelhaften Übermut.

Er schüttelte ihn, wie der Sturm ein Schilfrohr schüttelt, und warf ihn zu Boden, daß er regungslos dalag und, an allen Gliedern gelähmt, kein Wort sprechen konnte. So straft der HERR die Frevler in seiner Gerechtigkeit!

Und da seine Freunde und Wächter sahen, wie schnell die Strafe Gottes den Ptolemäus getroffen hatte, fürchteten sie um sein Leben und faßten ihn schnell und zogen ihn in unmäßiger Furcht aus dem Tempel.

Da er aber wieder zu sich kam, empfand er keine Reue, sondern stieß heftige Drohungen aus und verließ die heilige Stadt Jerusalem voller Wut.

Ptolemäus beginnt die Verfolgung und plant die Vernichtung der Juden in seinem Reich.

4 Und da Ptolemäus nach Ägypten gelangt war, trieb er es immer ärger und überließ sich ganz dem Rat seiner gottlosen Zechgenossen.

Mit ihnen und seinen willigen Freunden führte er von nun an ein Leben voll gottloser Ausschweifungen. Doch plante er auch, das jüdische Volk öffentlich herabzusetzen, und ließ Verleumdungen gegen sie ausstreuen.

Und er ließ nahe dem Turm beim Palast eine Säule errichten und darauf eine Schrift einmeißeln. Darin stand geschrieben, daß fürderhin alle, die in Ägyptenland nicht opferten, auch die Stätten ihrer Gottesdienste nicht mehr betreten dürften. Das tat er aber darum, weil die Juden nach dem Gesetz an keinem Ort als im Tempel zu Jerusalem opfern durften; die Stätten ihrer Gottesdienste aber waren die Synagogen im Lande, die wollte er ihnen verwehren.

Dazu ordnete er an, alle Juden in die Liste des gemeinen Volkes einzutragen und von nun an als Unfreie zu behandeln, Widerstrebende aber mit Gewalt herbeizuholen und zu töten.

Wer aber in der Liste des gemeinen Volkes als Unfreier eingetragen sei, auf dessen Körper solle das Zeichen des Dionysos, ein Efeublatt, eingebrannt werden, und seien ihm seine Bürgerrechte zu nehmen.

Weil aber der König sich nicht bei allen verhaßt machen wollte, ließ er darunter schreiben: Falls ein Jude es vorzöge, in die Gemeinschaft der Eingeweihten einzutreten und an den Mysterien teilzunehmen, dann solle er die gleichen Rechte haben wie ein alexandrinischer Bürger.

Und es waren einige unter den Juden, die fügten sich und gaben ihren Anteil an der heiligen Stadt auf, weil sie meinten, der künftige Umgang mit dem König würde ihnen Ehre bringen.

Die meisten aber zeigten Edelmut und hielten stand und wichen nicht von ihrem Glauben ab. Sie zahlten große Summen Geldes und versuchten damit, sich vor der Eintragung in die Liste zu retten; so meinten sie ohne Furcht in Ägypten leben zu können.

Die Standhaften lebten aber in der Hoffnung auf Hilfe aus der Not, und sie verachteten alle, die da abtrünnig wurden, und hielten sie für Feinde des Volkes und mieden den Verkehr mit ihnen.

Da der gottlose König dies vernahm, ergrimmte er und grollte nicht nur den Juden in Alexandria, sondern auch denen auf dem Land. Und er gab den Befehl, alle Juden schleunigst zusammenzutreiben und zu töten.

Zugleich aber streuten die Feinde der Juden böswillige Gerüchte aus. Denn viele gab es, die waren neidisch und wollten den Juden schaden, und die gingen nun einher und behaupteten, die Juden hinderten sie an der Befolgung der Gesetze.

Die Juden aber bewahrten ihre gute Gesinnung und blieben dem Ptolemäus treu ergeben.

Und sie fürchteten Gott und wandelten in seinem Gesetz und enthielten sich unreiner Speisen, wodurch sie sich bei einigen mißliebig machten.

Da sie aber rechtschaffen lebten und sich wohl verhielten, standen sie bei allen Menschen in gutem Ruf.

Doch obschon ihr Wohlverhalten in aller Munde war, hielten's die Heiden dem jüdischen Volk nicht zugute, sondern beredeten auf vielfältige Weise, wie doch die Unterschiede beschaffen seien in der Art der Gottesverehrung und bei den Speisegeboten, und daß solche Menschen dem König und der Obrigkeit gar nicht könnten ergeben, sondern müßten wohl feindlich gesinnt sein und gar zuwiderhandeln der Regierung, und beschimpften sie mit Schmähungen weit entfernt vom Gewöhnlichen.

Allein die Griechen in Alexandria fühlten sich nicht von den Juden beleidigt. Und da sie die Aufläufe sahen und die erregten Volksversammlungen wegen der Juden, konnten sie ihnen zwar nicht helfen unter der Tyrannei, doch waren sie unwillig ob der Zustände und sprachen den Juden Mut zu, denn es könne ein Volk, das nichts verbrochen hätte, nicht ganz ohne Hilfe bleiben.

Und schon nahmen einige Nachbarn und Handelsgenossen der Juden sie heimlich zur Seite und versprachen, sie zu schützen und ihnen zu helfen.

Der Brief des Ptolemäus.

5 Und der König mißachtete die Macht des höchsten Gottes, denn er war übermütig geworden durch sein glückliches Geschick und wollte sein ruchloses Unterfangen zu Ende führen. Deshalb schrieb er einen Brief gegen die Juden.

Und dies waren seine Worte: Ptolemäus Philopator, der König, sendet den Hauptleuten und Soldaten seines Reiches Gruß und Heil!

Ich bin wohlauf, und gut steht es um meine Regierung.

Durch den Beistand der Götter haben wir den Feldzug nach Asien siegreich bestanden. Darum gefiel es uns, die Völker in Cölesyrien und Phönizien nicht durch Waffengewalt, sondern durch Milde und Menschenfreundlichkeit zu gewinnen.

Bereitwillig haben wir ihnen Gutes erwiesen und die Tempel in den Städten großzügig beschenkt, und gelangten so auch nach Jerusalem und zogen hinauf zum Tempel der Verruchten, die nie vom Unsinn ablassen, um ihm Ehre zu erweisen.

Mit Worten hießen die Juden unseren Besuch zwar willkommen, doch in der Tat waren sie heuchlerisch gesinnt. Denn da wir wünschten, ihren Tempel zu betreten und ihn durch ausgezeichnete Weihegeschenke zu ehren, verweigerten sie uns starrsinnig und dünkelhaft den Zutritt. Wir aber in all unserer Macht schonten sie unserer allumfassenden Menschenfreundlichkeit wegen.

Sie hingegen legen ihre Feindschaft gegen unsere königliche Wohltätigkeit sichtbar an den Tag. Sie allein tragen den Nacken hoch unter allen Völkern und wollen nicht auf sich nehmen, was recht und billig ist.

Wir aber ließen uns in unserer Güte ihren Unverstand gefallen und hielten uns geziemend auf unserem Weg nach Ägypten, da wir allen Völkern menschenfreundlich begegneten.

So boten wir etwa allen ihren Volksgenossen an, das uns getane Unrecht zu vergessen; wir gingen sogar so weit – wegen ihrer Verdienste im Kriege und weil sie von alters her mit der Erledigung wichtiger Reichsgeschäfte betraut waren –, ihre Rechtsstellung zu ändern, und beschlossen in unserer Güte, sie des Bürgerrechts der Stadt Alexandria für würdig zu erachten und ihnen die Teilnahme an den Mysterien zu gestatten.

Sie aber in ihrer angeborenen Tücke verweigerten sich dem Guten und neigten hartnäckig dem Schlechten zu.

Sie verschmähten nicht nur das unschätzbare Geschenk des Bürgerrechts, sondern zeigten dazu noch den wenigen uns redlich gesinnten unter ihnen durch Reden und Schweigen ihre Verachtung. Und ständig lauern sie darauf, daß wir durch ihr schnödes Verhalten dazu bewogen werden, unsere Anordnungen zu widerrufen.

Wir sind sohin aus guten Gründen davon überzeugt, daß sie uns auf jede Art feindlich gesonnen sind, und müssen Sorge tragen, daß wir nicht im Falle eines Aufruhrs diese Verruchten als Verräter und barbarische Feinde im Rücken haben.

Darum ordnen wir an, daß sofort nach dem Eintreffen dieses Briefes die Besagten festgenommen und samt ihren Weibern und Kindern in Eisen gelegt und mit Schimpf und Schande zu uns gesandt werden, zu grausamer Hinrichtung und schmachvollem Tod, wie es Verrätern geziemt.

Denn wir sind der Überzeugung, daß unser Reich nur dann sicher bestehen kann, wenn sie alle endlich bestraft sind.

Wer aber einen Juden, sei es ein Greis oder ein Kind oder selbst ein Säugling, verbirgt, der soll mit seiner Familie unter schimpflichen Martern zu Tode gebracht werden.

Und jeder Bürger soll die Juden und ihre Freunde der Behörde anzeigen! Als Lohn soll dem Anzeiger das Vermögen des Angezeigten zufallen und dazu noch zweitausend Silberdrachmen aus unserem Schatz; ist er ein Sklave, dann soll er freigelassen werden.

Und jeder Ort, da ein Jude entdeckt wird, soll verwüstet und verbrannt werden, so daß er auf immer unbewohnbar sein soll.

Dergestalt waren die Worte des Briefs.

Die Juden werden zusammengetrieben und in der Rennbahn von Alexandria eingesperrt.

6 Da der Brief des Königs im Land verbreitet ward, frohlockten die Heiden und jubelten. Und sie veranstalteten Feste auf Kosten des Königs und zeigten offen den Haß, der schon lange in ihren Herzen verborgen war.

Die Juden aber beklagten das rasche Verderben, das unversehens über sie gekommen war, und das Herz ward ihnen schwer, und sie trauerten und jammerten und schrien. Die Städte und Dörfer und Straßen des ganzen Landes waren erfüllt von ihren Wehklagen.

Denn die Befehlshaber im ganzen Land und die in den Städten trieben sie grausam und ohne Erbarmen zusammen und quälten sie so sehr, daß selbst einige unter ihren Feinden ihre Austreibung beweinten, denn sie dachten an das Elend jedes Lebens und an sein ungewisses Ende.

Da wurden Greise ungeachtet ihres grauen Haares herbeigeschleppt, und da ihre Füße vom Alter gekrümmt und gelähmt waren, wurden sie mit Faustschlägen gezwungen, schneller zu gehen.

Und die jungen Frauen, die sich eben erst zu ehelicher Lebensgemeinschaft ins Brautgemach zurückgezogen hatten, vertauschten die Freudenrufe mit Weherufen und stimmten statt der Hochzeitslieder Klagelieder an. Ihr von Salben triefendes Haar war mit Staub bedeckt, und unverschleiert wurden sie einhergeführt und von den Heiden mißhandelt. Gefesselt und den Augen der Menge preisgegeben, wurden sie mit Gewalt aufs Schiff geschleppt.

Ihre jugendfrischen Gatten aber verbrachten die Tage der Hochzeitsfeier statt in Lust und jugendlicher Fröhlichkeit mit Klageliedern, denn da ihnen der Nacken mit Stricken statt mit Kränzen umwunden war, sahen sie sich schon in der Unterwelt.

Wie wilde Tiere in Eisenfesseln brachte man sie auf die Schiffe und kettete sie an, die einen mit dem Hals an die Ruderbänke, die anderen an den Füßen mit unzerreißbaren Fesseln.

Und sie legten Planken über das Gefängnis, so daß die Gefangenen im Dunkeln schmachten mußten während der Reise, wie Verräter oder Staatsfeinde.

Und alle wurden zu der Stätte Schedia gebracht, der Schiffslände vor der großen Stadt Alexandria, denn das war der Befehl des Königs. Und der König befahl, sie in der Rennbahn vor der Stadt einzusperren. Die Rennbahn nämlich war sehr groß und trefflich geeignet, die Gefangenen zur Schau zu stellen, daß jeder sehen konnte, was dort geschah, ob er in die Stadt hinabging oder hinaus aufs Land. Sie aber konnten weder mit des Königs Kriegsleuten sprechen, noch sich in den Schutz der Stadt flüchten.

Die Juden zu Alexandria aber gingen heimlich hinaus zur Rennbahn und beklagten das schmähliche Los ihrer Brüder.

Da nun der König davon hörte, ergrimmte er in seinem Zorn und befahl, denen zu Alexandria dasselbe anzutun wie den anderen.

Der ganze Stamm solle in einer Liste verzeichnet werden, ein jeder mit seinem Namen, doch nicht um Frondienst zu leisten, wie er es ehedem angeordnet habe, sondern damit sie alle gefoltert und dann innerhalb eines Tages endgültig getötet würden.

Da machten sich die Schreiber mit grausamer Emsigkeit ans Werk und mühten sich vom Aufgang der Sonne bis zu ihrem Niedergang vierzig Tage lang, und die Listen blieben unvollständig.

Der König aber triumphierte und sein Herz war voll Freude und er hielt Trinkgelage zu Ehren der Götzen ab, und aus seinem der Wahrheit durch und durch entfremdeten Herzen und mit seinem ruchlosen Mund pries er die stummen Götzen, die keinem helfen können, und redete Unziemliches wider den höchsten Gott.

Nach Ende der vierzig Tage aber meldeten die Schreiber dem König, daß die Menge der Juden derart unermeßlich sei, daß man sie nicht alle aufzeichnen könne. Es lebten zudem die meisten noch auf dem Land, manche in ihren Häusern, manche bei Freunden, manche seien auf Reisen. Es sei deshalb auch allen ägyptischen Befehlshabern ganz unmöglich gewesen, sie zu ergreifen.

Da bedrohte sie der König und beschuldigte sie, nur deshalb so zu sprechen, weil sie durch Geschenke bestochen worden seien.

Sie aber überzeugten ihn von der Wahrheit ihrer Rede, indem sie nachwiesen, daß alle Papiervorräte und Schreibrohre im Land aufgebraucht waren.

Das aber war das Werk der unüberwindlichen Vorsehung, die den Juden vom Himmel her half.

Der König verschläft die Ausführung des Mordbefehls.

7 Da ward das Herz des Königs mit bitterem Zorn und Grimm erfüllt und er ließ den Elefantenwärter Hermon rufen. Dem aber befahl er, am anderen Tag alle Elefanten, und das waren fünfhundert an der Zahl, mit Weihrauch in unvermischtem Wein zu tränken und sie, wild geworden durch den Trank, in der Rennbahn auf die Juden zu hetzen.

Nach diesem Befehl wandte er sich wieder einem Gelage zu, zu dem er die größten Judenhasser unter seinen Gefolgsleuten versammelt hatte.

Der Oberste über die Elefanten aber ging hin und tat, wie ihm geheißen. Und die Soldaten banden am Abend den Juden die Hände und trafen alle Maßnahmen, weil sie meinten, daß nun die letzte Stunde des Volks geschlagen hätte.

Denn sie sahen ja nur, was ihren Augen sichtbar war: Da lagen die Juden gefesselt und keiner war da, sie zu schützen.

Sie aber riefen alle zu dem allmächtigen HERRN und Herrscher über alle Gewalten und baten ihn, ihren barmherzigen Gott und Vater, unter Tränen, er möge sie vor der Erfüllung des ruchlosen Planes bewahren und seine Herrlichkeit offenbaren und sie vor dem drohenden Schicksal retten.

So stieg ihr Gebet die ganze Nacht hindurch zum Himmel empor.

Hermon aber tränkte die unbarmherzigen Elefanten, daß sie voll würden vom ungemischten Wein und übersättigt vom Weihrauch. Und des Morgens ging er an den Hof des Königs, um ihm über die Vorbereitungen zum Gemetzel Bericht zu erstatten.

Nun gibt es jedoch seit den ältesten Zeiten eine köstliche Wohltat, die der ewige Spender bei Tag oder Nacht zuteil werden läßt, denen er wohl will, den Schlaf. Und davon sandte er dem König reichlich und hielt ihn so fest in tiefem Schlaf und vereitelte die Durchführung seines scheinbar unabänderlichen Beschlusses.

So entkamen die Juden der angesetzten Stunde und priesen Gott, den Heiligen, und flehten ihn an, er möge den hochmütigen Heiden seine ganze Macht und Stärke zeigen.

Der König verliert für kurze Frist den Verstand, und dadurch werden die Juden ein zweites Mal gerettet.

8 Da aber die zehnte Stunde des Tages schon fast zur Hälfte abgelaufen war, wagte es der Zeremonienmeister und rüttelte den König sanft und weckte ihn, denn es hatte sich schon eine große Anzahl von Eingeladenen versammelt.

Und es kostete ihn viel Mühe, den König zu wecken, und er meldete ihm, daß die Zeit für das Mahl beinahe schon verflossen sei.

Da erhob sich der König von seinem Lager und eröffnete das Trinkgelage und bat seine Gäste, sich ihm gegenüber zu lagern.

Und er erinnerte sie an die Ehre, die er ihnen durch diese Einladung erwiesen hatte, und ermahnte sie, das Mahl mit Lust und Freude zu genießen.

Und da das Gelage fortschritt, ließ er den Hermon holen und forschte ihn voll Grimm aus, warum die Juden noch am Leben seien.

Hermon aber entgegnete ihm, daß er des Nachts alle Befehle ausgeführt habe, und die Freunde des Königs bezeugten es.

Da sagte der König, der an Grausamkeit Phalaris, den Tyrannen von Agrigent, noch übertraf, das hätten die Juden allein seinem guten Schlaf zu verdanken, und ferner sprach er: Tue den Elefanten das Gleiche wie in der letzten Nacht, auf daß den Juden der morgige Tag zum Todestag werde.

Und alle Anwesenden zollten ihm freudig Beifall, und dann gingen sie, jeglicher in sein Haus.

Aber keiner von ihnen schlief, sondern sie verwendeten die Nacht, um sich Verhöhnungen für die unglücklichen Juden auszudenken.

Und da des Morgens der Hahn krähte, rüstete Hermon die Tiere und reizte sie im großen Säulengang.

Und der Pöbel kam aus der Stadt herbeigezogen und war voll Ungeduld ob des versprochenen Schauspiels.

Die Juden aber fühlten sich in höchster Todesnot und weinten und klagten und hoben die Hände zum Himmel und flehten zum höchsten Gott um schnelle Hilfe.

Und diesmal floh der Schlaf den König und die Sonne hatte ihre Strahlen noch nicht ausgestreut, als er schon seine Freunde empfing. Und Hermon trat heran und mahnte zum Aufbruch, denn es sei alles vorbereitet, des Königs Wunsch zu erfüllen.

Da aber der König dies vernahm, verwunderte er sich höchlich ob des frühen Aufbruchs ganz außerhalb der gewohnten Ordnung der Tage. Denn es war vollständiges Vergessen über ihn gekommen, und so fragte er, welches Werk denn für ihn so eifrig betrieben werde.

Das aber hatte Gott in seiner Allmacht bewirkt, und hatte ihn seine früheren Pläne vergessen lassen.

Hermon und seine Freunde aber erinnerten ihn an seine Befehle und meldeten ihm die Bereitschaft der Soldaten und der Elefanten zum Mord an den Juden.

Da ward der König über diese Worte von heftigem Zorn erfüllt, denn er hatte durch Gottes Fürsorge seinen Verstand verloren und fuhr mit Drohen wider den Hermon und sprach: Wären deine Eltern oder deine Kinder hier, dann würde ich sie den wilden Tieren vorwerfen lassen, anstelle der unschuldigen Juden, die mir und meinem Haus von alters her die Treue gehalten haben.

Wahrlich, wäre mir nicht leid um meine Liebe zu dir aus gemeinsamer Jugend und dein hohes Amt, ich ließe dich statt ihrer zu Tode bringen.

Hermon aber, der sich solch schlimmer Drohung nicht versehen hatte, ward bestürzt, und war ihm anzusehen an Miene und Gebärde. Die Freunde jedoch schlichen mürrisch fort und schickten den Pöbel heim, jeden in sein Haus.

Die Juden aber priesen Gott, den König der Könige, da sie des Königs Wort vernommen hatten, daß er ihnen zu seinem Ruhm wiederum geholfen hatte.

Die Ermordung der Juden wird für den dritten Tag festgesetzt.

9 Und wieder ließ sich der König zum Gastmahl in der gewohnten Weise nieder und mahnte die Gäste zur Fröhlichkeit. Und er ließ den Hermon rufen und drohte ihm und sprach: Du Unseliger, wie oft noch willst du meine Befehle mißachten? Geh hin und rüste sofort die Elefanten für die Vernichtung der Juden!

Da verwunderten sich alle seine Verwandten, die mit ihm zu Tische lagen, ob seines wankelmütigen Sinns und sprachen: Großer König, wie lange noch willst du uns auf die Probe stellen, als ob wir Narren wären? Schon zum dritten Mal befiehlst du uns, die Juden zu vernichten, doch wenn die Stunde der Ausführung kommt, dann änderst du deinen Befehl.

Darum ist die Stadt aus unerfüllter Erwartung in Unruhe, der Pöbel rottet sich zusammen und Plünderungen drohen.

Da schwor der König, ohne seine vorigen Sinnesänderungen erst zu bedenken und vernunftlos wie Phalaris, einen kräftigen, aber ganz unwirksamen Eid: Er wolle die Juden sogleich durch die wilden Tiere zerstampfen lassen, und gegen Judäa wolle er zu Felde ziehen und es mit Feuer und Schwert dem Erdboden gleichmachen. Den Tempel aber, den er nicht betreten durfte, wolle er mit Feuer bis auf den Grund zerstören und Sorge tragen, daß dort nie wieder geopfert werde.

Und alle Freunde und Verwandte waren voll Freude und brachen auf und stellten überall in der Stadt Wachen auf.

Der Oberste über die Elefanten aber gab den Tieren mit Weihrauch vermischten Wein, daß sie rasten, und rüstete sie zu mit Messern und Sicheln.

Schon am Morgen hatten sich die Einwohner der Stadt vor der Rennbahn versammelt, und Hermon ging in den Palast und drängte den König zu seinem verbrecherischen Vorhaben.

Und dessen gottloser Sinn ward von wildem Zorn erfüllt, und er stürmte zu den wilden Tieren, weil er mit eigenen Augen Zeuge des Untergangs der Juden sein wollte.

Die Juden aber sahen die Staubwolke über den Elefanten und den Kriegsknechten und dem Volk, das mit ihnen einherzog, und hörten den dröhnenden Lärm.

Und sie glaubten, ihre schlimmsten Befürchtungen hätten sich erfüllt und ihre letzte Stunde sei gekommen. Und sie begannen zu jammern und zu klagen und küßten einander. Und die Eltern umarmten die Kinder und der Gatte die Gattin und die Mütter die Jungfrauen. Manche Mütter aber trugen noch Säuglinge an ihrer Brust.

Und sie nahmen die Kinder von der Brust und da sie schon zuvor aus höchster Not errettet worden waren, warfen sie sich einmütig zu Boden, und sie schrien mit lauter Stimme zu Gott, dem Allmächtigen, er möge sich ihrer erbarmen und seine Herrlichkeit offenbaren.

Das Gebet Eleazars.

10 Eleazar aber war einer unter den Priestern der Juden, ein angesehener und tugendhafter Mann von hohem Alter. Und er hieß die Menge schweigen und betete zu Gott, dem Heiligen, und sprach: Großmächtiger König, höchster und allmächtiger Gott, der du die Schöpfung voll Erbarmen regierst.

Blick auf Abrahams Samen, auf die Kinder des heiligen Jakob, auf das Volk, das dein geheiligtes Erbteil ist und nun im fremden Land so ungerecht zugrunde geht.

Da Pharao, der einst dieses Land beherrschte, sich in gottlosem Trotz und voll Prahlereien überhob, hast du ihn samt seinem Heer ins Meer versenkt mit Roß und Wagen, über dem Volk Israel aber ließest du das Licht deiner Gnade aufgehen. Vgl. 2.Mos. 14,19-31

Da Sanherib, der mächtige König der Assyrer, mit seiner großen Streitmacht kam, das ganze Land zu unterwerfen mit dem Schwert, und da er sich gegen deine heilige Stadt erhob und in prahlerischem Trotz dich lästerte, hast du ihn zerschmettert, und den Völkern deine Macht offenbart.

Vgl. 2.Kön. 18,13-19; vgl. Jes. 36f.

Und da sich die drei Jünglinge zu Babel willig dem Feuer preisgaben, um nicht dem eitlen Götzen dienen zu müssen, hast du sie errettet, unversehrt bis aufs Haar, indem du den feurigen Ofen mit deinem Tau benetztest, und hast die Flamme gegen die Feinde getrieben. Vgl. Dan. 3,19-27

Und da sie deinen Diener Daniel wegen neidischer Verleumdungen in die Grube warfen, den Löwen zum Fraß, hast du ihn unverletzt wieder ans Licht hervorgebracht. Vgl. Dan. 6,17-25

Rettungslos verschwand Jona im Bauch des großen Fisches, doch du, Vater, hast ihn unversehrt den Seinen wiedergezeigt. Vgl. Jon. 2

Du hassest den Frevel und bist voll Erbarmen und hütest das All. Offenbare dich nun den Kindern Israel, die von den abscheulichen, gottlosen Heiden schwer mißhandelt werden.

Sollten wir uns aber durch unser Leben in der Fremde in Sünde wider deine Gebote verstrickt haben, so rette uns dennoch jetzt aus der Hand unserer Feinde, daß du uns hernach tötest, wie dir's gefällt, damit nicht die Feinde den Tod deiner Auserwählten in ihrem Unverstand ihren Götzen danken und sprechen: Nicht einmal ihr Gott hat sie gerettet.

Darum, du Ewiger und Allmächtiger, siehe doch darein, und erbarme dich unser, daß wir nicht durch den vernunftlosen Übermut der Frevler als Verräter sterben müssen.

Die Heiden sollen erzittern vor deiner unbesiegbaren Macht, du Herrlicher, du kannst das Haus Jakobs wohl retten.

Zu dir betet das ganze Volk, Eltern und Kinder, unter Tränen.

Laß den Heiden offenbar werden, daß du mit uns bist, HERR, und nicht dein Angesicht von uns gewandt hast. Denn du hast gesprochen: Auch wenn sie schon in der Feinde Land sind, habe ich sie gleichwohl nicht verworfen.* So hilf uns auch hier, o HERR.

* 3.Mos. 26,44

Der Juden wunderbare Rettung.

11 Und da Eleazar sein Gebet geendet hatte, kam der König mit dem tobenden Heer und den wilden Tieren zur Rennbahn gezogen.

Die Juden aber, da sie die ungeheure Menge ihrer Widersacher sahen, schrien so laut zum Himmel, daß die umliegenden Täler widerhallten und das ganze Heer erzitterte.

Da ließ der heilige, allmächtige und wahre Gott sein Antlitz leuchten über ihnen und öffnete die Pforten des Himmels.

Und es stiegen herab zwei furchtbar anzusehende, lichtumstrahlte Engel, die waren allen sichtbar, nur nicht den Juden.

Und sie stellten sich dem Feindesheer entgegen und erfüllten es mit Furcht und Schrecken, so daß sich keiner zu bewegen vermochte.

Und des Königs Leib befiel ein Schauder, und er vergaß seinen grimmigen Trotz.

Die Elefanten aber wandten sich um und richteten ihre Wut gegen die Kriegsknechte und zertrampelten sie.

Da wandelte sich des Königs Zorn in Trauer und Reue wegen seines früheren Plans. Und da er die Todesschreie seiner Kriegsknechte hörte, weinte er vor Zorn und drohte seinen Freunden und sprach:

Ihr maßt euch königliche Gewalt an und übertrefft Tyrannen an Grausamkeit. Und ihr plant schon, mich, euren Wohltäter, der Herrschaft und des Lebens zu berauben, indem ihr heimlich Dinge beschließt, die dem Reiche schaden.

Wer hat die treuen Wächter unserer Grenzfestungen aus ihrem Heim verschleppt und sie grundlos hierhergebracht?

Wer gab dieses treffliche Volk, das sich von jeher durch gute Gesinnung gegen uns auszeichnete, und oft schlimme Gefahren im Interesse des Reiches bestand, solchen schlimmen Mißhandlungen preis?

Geht hin, löst, zerreißt die ungerechten Fesseln! Laßt sie in Frieden heimziehen, doch vorher bittet sie um Verzeihung für das Geschehene!

Befreit sogleich die Kinder des allmächtigen, himmlischen, lebendigen Gottes, der von den Tagen unserer Vorfahren her bis heute uns glanzvolles Gedeihen gegeben hat.

So sprach er und seine Freunde gehorchten und befreiten die Kinder Israel von ihren Fesseln. Die aber priesen den heiligen Gott, ihren Retter.

Die Juden stiften ein Fest.

12 Der König aber zog zurück in die Stadt und rief den Verwalter seiner Einkünfte zu sich und trug ihm auf, den Juden für sieben Tage Wein und Speisen zum Festmahl zu geben. Und er ordnete an, daß sie am Ort ihrer schweren Bedrängnis in Freuden das Fest ihrer Rettung feiern sollten.

So feierten nun die zuvor Geschmähten und Todgeweihten ihre Rettung aus höchster Not, und auf dem Platz, der ihr Grab werden sollte, bereiteten sie Lager zum Festmahl.

Ihre Klagelieder wurden verwandelt in stolze Gesänge des Hauses Israel zum Lobe Gottes, der da errettet und Wunder tut. Da hatte das Seufzen und Jammern ein Ende und sie tanzten im Reigen zum Zeichen ihrer Freude über die Rettung.

Und der König versammelte eine Tischgesellschaft und feierte seine wunderbare Rettung und dankte dem Himmel.

Doch die Feinde der Juden, die sie eifrig aufgeschrieben hatten, weil sie hofften, sie zu überwältigen und den Vögeln zum Fraße vorzuwerfen, seufzten nun schwer und begannen, sich zu schämen, denn wahrlich, das Feuer ihrer schnaubenden Kühnheit war schimpflich ausgelöscht worden.

Und während die Juden ihr Fest feierten und tanzten und Psalmen sangen, faßten sie einen Beschluß, und der sollte gelten von Geschlecht zu Geschlecht für alle, die in der Fremde wohnen. Und sie setzten fest, daß diese Tage von nun an als Fest gelten sollten, nicht zur Erinnerung an das fröhliche Schwelgen, sondern an Gottes Rettungstat.

Dann aber baten sie den König, sie in ihre Heimat zu entlassen.

Vierzig Tage lang hatte man ihre Namen aufgeschrieben, und zwar vom fünfundzwanzigsten Tag des Monats Pachon bis zum vierten Tag des Monats

Epiphi; drei Tage hatte man für ihre Vernichtung bestimmt, und zwar die Zeit vom fünften bis zum siebenten Tag des Monats Epiphi. Und an diesen Tagen offenbarte der Schöpfer aller Dinge seine Macht und Barmherzigkeit und rettete sie auf wunderbare Weise.

Sie schmausten aber und verzehrten die Gaben des Königs bis zum vierzehnten Tag des Monats Epiphi, und gingen zum König wegen ihrer Entlassung.

Der Schutzbrief des Ptolemäus für die Juden.

13 Und der König belobte sie und schrieb einen Brief an die Befehlshaber seiner Städte, der in hochherziger Weise seine guten Absichten kundtat.

Und dies sind die Worte des Königs: Ptolemäus Philopator, der König, entbietet den Befehlshabern seiner Städte und allen Dienern seines Reiches seinen Gruß und wünscht ihnen Wohlergehen!

Uns und unseren Kindern geht es wohl, da der große Gott unser Reich nach unserem Wunsch gedeihen ließ.

Einige unserer Freunde behelligten uns mit ihrer bösartigen Gesinnung und überredeten uns, die im Reich lebenden Juden auf einem Platz zu versammeln und sie zu züchtigen, als seien sie Empörer.

Sie behaupteten nämlich, daß die Angelegenheiten unseres Reiches nie wohlbestellt sein könnten wegen der Feindseligkeit, die die Juden gegen alle anderen Völker hegten.

Darum mißhandelten sie die Juden und brachten sie gefesselt hierher, als ob sie Sklaven oder Hochverräter wären, und planten, sie ohne alle Untersuchung oder Prüfung umzubringen, mit einer Grausamkeit, die an Wildheit die der Skythen noch übertrifft.

Wir haben sie deshalb hart bedroht, doch haben wir ihnen das Leben geschenkt, denn wir sind barmherzig und milde gegen alle Menschen. Doch wir haben erkannt, daß der himmlische Gott die Juden sicher beschirmt und allezeit für sie kämpft, wie ein Vater für seine Söhne.

Auch haben wir ihre unwandelbare Treue erwogen gegen uns und unser Haus, die sie schon unseren Vorfahren erwiesen haben, und sie daher von jeder Beschuldigung freigesprochen.

Darum ordnen wir an, daß die Juden wieder in den Städten ihrer Herkunft aufzunehmen und jeder Schaden oder Schimpf von ihnen abzuwenden seien.

Denn wisset, wer auch immer die Juden betrübt oder gar etwas Böses gegen sie unternimmt, der hat nicht etwa ein Volk, sondern den höchsten

Gott, der über alle Macht gebietet, zum Gegner, und er wird sich rächen an unserem Reich, und wir könnten ihm nicht entrinnen. Gehabt euch wohl!

Die Rache an den abtrünnigen und die Heimkehr der frommen Juden.

14 Und da die Juden diesen Brief erhalten hatten, reisten sie nicht sogleich in ihre Städte, sondern baten den König, er möge ihnen gestatten, alle Stammesgenossen, die von dem heiligen Gott und seinen Gesetzen aus freien Stücken abgefallen waren, nach Gebühr zu bestrafen.

Und sie sprachen zum König, daß die Juden, welche um des Bauches willen von der Sache Gottes abgefallen seien, auch die Sache des Königs nicht förderten.

Und Ptolemäus gab ihnen recht und lobte sie und ließ ihnen freie Hand, alle, die dem göttlichen Gesetz untreu geworden waren, an jedem Ort des Reiches, ohne besondere königliche Vollmacht umzubringen.

Da riefen sie ihm die gebührenden Segenswünsche zu, und die Priester und die Menge stimmten das Halleluja an und zogen voll Freude davon.

Und sie bestraften jeden, der sich befleckt hatte, und dem sie unterwegs begegneten, und brachten ihn um unter Beschimpfungen. Es waren aber mehr als dreihundert Männer, die sie an jenem Tag töteten, und sie feierten diesen Tag voller Freude, weil sie die Ruchlosen erschlagen hatten.

Die aber an Gott bis zum Tod festgehalten hatten, und von ihm errettet worden waren, bekränzten sich mit duftenden Blumen und verließen fröhlich und jubilierend die Stadt. Und sie dankten dem Gott ihrer Väter, dem ewigen Retter Israels, mit Lobliedern und wohlklingenden Gesängen.

Und sie kamen zu der Stadt Ptolemais, die man die Rosentragende nennt, und hielten sieben Tage Rast.

Und sie feierten zum anderen Mal ein Fest zur Feier ihrer Rettung, denn der König hatte ihnen alles gegeben, dessen sie bis zu ihrer Ankunft im eigenen Haus bedurften.

Und sie setzten fest, daß auch diese Tage sollten gefeiert werden von nun an von allen, die in der Fremde wohnen.

Und sie errichteten eine Säule mit der Inschrift, daß diese Tage heilig seien, und bauten ein Bethaus und kehrten durch Land und Meer und Fluß unversehrt, frei und glücklich nach dem Befehl des Königs heim, jeder in seine Stadt.

Und ihre Macht war in den Augen ihrer Feinde gewachsen, und man ehrte und fürchtete sie, und keiner wagte es, ihren Besitz anzutasten.

All die Habe, die sie vor der Aufzeichnung besessen hatten, wurde ihnen zurückgegeben, und wer etwas davon genommen hatte, der gab es ihnen in größter Furcht zurück. Denn der höchste Gott vollbrachte zu ihrem Heil bis zuletzt große Taten.

Israels Retter sei gepriesen in alle Ewigkeit! Amen.

Die Lieder Salomos

Eine Klage über die Hasmonäer.

HERR, zu dir schrie ich in meiner höchsten Not, zu Gott schrie ich, da mich die Sünder bedrängten.

Da tönte Kriegsgeschrei in meinen Ohren; und ich ward froh, daß den Gerechten Gott erhörte.

Wahrlich, ich hielt mich für gerecht, denn reich war ich mit Glück gesegnet und mit Kindern.

Ihr Reichtum war in aller Welt bekannt, und bis zur Erde Ende drang ihr Ruhm.

Ja, zu den Sternen stiegen sie empor, und sie gedachten, nie zu Fall zu kommen.

Und Übermut erfaßte sie, und nicht ertrugen sie ihr Glück gelassen.

Ihre Sünden aber waren mir verborgen, und ich wußte nichts davon.

Doch schlimmer trieben sie es als zuvor die Heiden, und haben frevelhaft entweiht das Heiligtum des HERRN.

Die Gerechten und Gottlosen.

2 Psalm Salomos über Gerechte.
Was schläfst du, Seele, und lobst nicht den HERRN?

Singt Gott ein neues Lied, denn er ist Preisens wert! Wach auf zu seinem Dienst und sing! Denn Gott dem Herrn gefällt ein Psalm aus frommem Herzen!

Ist einer gerecht, dann denkt er allezeit an den HERRN, er lobt ihn und preist sein Gericht!

Der Gerechte verwirft die Zucht des HERRN nicht, denn er hat doch das Wohlgefallen des HERRN allezeit.

Denn so der Gerechte strauchelt, preist er den HERRN gerecht, und stürzt er, so siehet er auf das, was Gott ihm tut und von wannen ihm Hilfe kommt.

Die Hilfe der Gerechten kommt von Gott, der sie errettet, und im Hause der Gerechten ist nicht Sünde noch Sünder.

Der Gerechte erforscht sein Haus beständig und tilgt die Schuld seiner Vergehen.

Vergeht er sich durch Irrtum, so sühnt er mit Fasten und kasteit sich; der HERR aber wird den Frommen mit seinem Haus von Sünden reinigen.

Doch so der Sünder strauchelt, verflucht er sein Leben und den Tag seiner Zeugung und die Wehen seiner Mutter.

So lebt er hin und häuft Sünde auf Sünde, und so er fällt, steht er nicht mehr auf, denn er tut einen schlimmen Fall.

Ewig ist das Verderben des Sünders, und der HERR gedenket seiner nicht, wenn er die Gerechten heimsucht.

Das ist der Sünder Los in Ewigkeit; die aber den HERRN fürchten, werden auferstehen zum ewigen Leben und werden leben im Licht des HERRN, das nicht erlischt in Ewigkeit.

Gegen die Heuchler im Hohen Rat.

3 Ein Spruch Salomos wider die Knechte der Menschen.
Was sitzest du Unheiliger im Rate der Frommen, da du bist abgefallen im Herzen vom HERRN und reizest Israels Gott mit deinen Übertretungen?

Es überragt sie der Unheilige alle an Redemacht und Gebärden, und leicht findet er harte Worte zum Urteil der Schuldigen im Gericht.

Er ist der erste, die Hand an sie zu legen wie in frommem Eifer, da er doch selbst ist verstrickt in Sünde und Unreinheit. Ohne Unterschied wirft er sein Auge auf jedes Weib, und seine Zunge spricht Lügen beim Vertragsschwur.

Er sündigt des Nachts und treibt's im verborgenen, da er meint, niemand säh es, und durch Blicke trifft er sündige Abrede mit jedem Weib, und er dringt ein in jedes Haus und gibt vor, er tue nichts Arges.

Rotte doch aus, o Gott, die da leben als Heuchler unter den Frommen; bringe sie um durch Krankheit des Leibes und Armut! Decke doch auf, o Gott, die Werke der Menschenknechte und zum Spott und Gelächter ihre Taten.

Daß die Frommen mögen Gottes Gericht erkennen, wenn aus dem Angesicht der Gerechten die Sünder werden hinweggetan, die Menschenknechte, die fälschlich fromme Reden führen.

Ihre Augen sind beständig auf den Häusern der Gerechten, daß sie der Frommen Weisheit zerstören, gleich der Schlange, durch gottlose Reden.

Des Unheiligen Worte sind eitel Trug und gerichtet auf frevelnde Begierde. Er läßt nicht ab, bis er die Frommen hinwegtreibt gleich Waisen und nimmt ihr Haus.

Um seiner gottlosen Lust willen hat er die Häuser öd gemacht, und eitel Trug war seine Rede, als sei keiner, der sieht und hört. Und so seine Gottlosigkeit sich erfüllt hat an einem Haus, daß er ihrer satt ist, wendet er sich gegen ein anderes Haus, es zu vernichten mit Reden der Verführung.

Denn seine Gier ist unersättlich gleich der Hölle.

Vor dir, HERR, sei Schande sein Teil und Seufzen sein Ausgang und sein Eingang Fluch!

Schlage, HERR, sein Leben mit Weh, Not und Mangel und seinen Schlaf mit Trübsal und mit Verzweiflung sein Erwachen. Der Schlaf soll ihn fliehen, und was er beginnt, soll ihm mißlingen.

Mit leeren Händen soll er eintreten in sein Haus, und sein Haus soll Mangel leiden an dem, was den Hunger stillt.

Einsam sei sein Alter und kinderlos bis zum Tod.

Der Leib der Menschenknechte soll zerrissen werden von wilden Tieren, und die Gebeine der Gottlosen schmachvoll und unbestattet in der Sonne bleichen.

Die Raben sollen den Heuchlern die Augen aushacken, weil sie die Häuser öd gemacht und zerstreut haben, die darinnen wohnten, um ihrer Lust willen.

Und gedachten nicht Gottes und fürchteten Gott nicht und reizten Gott zum Zorn.

Er rotte sie aus von der Erde, weil sie die Seelen der Arglosen verführt haben mit trügerischen Worten.

Wohl denen, die den HERRN fürchten in Rechtschaffenheit, denn der HERR wird sie erretten vor den Arglistigen und Gottlosen, und er wird uns behüten in den Fallstricken der Frevler.

Mach zunichte, o Gott, die im Übermut jedes Unrecht tun, denn der HERR, unser Gott, ist ein großer und starker Richter der Gerechtigkeit.

HERR, laß deine Gnade walten über alle, die dich lieb haben!

Gebet um Regen und Speise.

4 HERR, mein Gott, ich lobsinge dir und preise deinen Namen inmitten derer, die da wissen, daß du gerecht richtest.

Gütig bist du und barmherzig und den Armen eine feste Zuflucht, darum schweige nicht, da ich zu dir schreie.

Denn nicht nimmt man einem Gewaltigen seinen Raub, und wer ist, der etwas nähme von deiner Schöpfung, du gäbest es denn.

Und was der Mensch ist und sein Teil, ist abgewogen bei dir, und keiner vermag es, dem Bestimmten etwas hinzuzufügen.

So flehen wir zu dir in unserer Not, und du wirst uns erhören, denn du bist unser Gott.

Bedrücke uns nicht mit deiner Hand, daß wir nicht durch Not in Sünde geraten.

So du uns aber nicht erhörst, lassen wir doch nicht ab, sondern flehen weiter zu dir.

Denn so mich hungert, schreie ich zu dir, o Gott, und du schenkst die Fülle.

Die Vögel und die Fische nährest du, denn du läßt regnen über der Steppe und es wächst das Gras.

Futter schaffst du jeglichem Getier, und so sie hungern, heben sie ihr Antlitz auf zu dir.

Du nährst die Könige und die Fürsten und ihre Völker, und du bist der Armen und Darbenden Hoffnung.

Freundlich und gütig bist du wie kein anderer, darum erfreue die Seele der Armen und öffne erbarmungsvoll deine Hand.

Ach HERR, wie karg ist doch der Menschen Güte und begehret Lohn! Und kaum ist einer, der sie zweimal übt ohne Murren.

Doch deine Gaben sind groß und freundlich und reichlich, und wer auf dich vertraut, der hat an Gaben keinen Mangel.

HERR, deine Güte reicht so weit die Erde ist.

Wohl dem, dessen Gott gedenkt in Maßen! Denn lebt ein Mensch im Überfluß, so fällt er in Sünde.

Genüge aber ist im mittleren Maß ohne Schuld, und des HERRN Segen ist's, daß einer satt werde ohne Schuld.

Die den HERRN fürchten, freuen sich seines Segens. HERR, deine Güte komme über Israel in deinem Reich.

Gepriesen sei des HERRN Majestät, denn er ist unser König.

Lob des Betenden.

5 In Hoffnung, von Salomo.
Gepriesen sei der Mann, der sich im Herzen entschlossen hat, den HERRN anzurufen; denn er wird errettet werden, wenn er des Namens des HERRN gedenkt.

Der HERR wird ihm alle Wege ebnen, und segnen wird der HERR, sein Gott, seiner Hände Werk.

Seine Seele wird nicht zittern vor bösen Traumgesichtern, und im Schwall der Flüsse und des Meeres Brausen wird er furchtlos bleiben.

Vom Schlaf steht er auf und preist den Namen des HERRN; in der Freude seines Herzens lobsingt er dem Namen seines Gottes und betet zum HERRN für sein ganzes Haus.

Der HERR aber erhört die Bitten eines jeden, der ihn fürchtet, und was seine Seele begehrt, die auf ihn hofft, erfüllt der HERR.

Gepriesen sei der HERR, der seine Gnade erzeigt denen, die ihn wahrhaft lieben!

Gebet um Hilfe gegen Feinde.

6 Von Salomo, um Wendung.
Bleib bei uns und steh uns bei, o Gott, daß nicht über uns herfallen, die uns hassen ohne Ursache!

Du hast sie ja verworfen, darum laß nicht zu, daß ihr Fuß dein heiliges Erbe zertritt.

Straf uns nach deinem Willen, doch gib uns nicht den Heiden preis!

Denn so du uns den Tod sendest, so gebietest du ihm doch um unseretwillen.

Denn du bist barmherzig und zürnst nicht also, daß du uns gar vernichtest.

Wir werden Erbarmen finden, denn dein Name wohnt unter uns, daß die Heiden uns nicht überwinden.

Du bist unser Schutz und Schirm. Wir rufen dich an und du erhörst uns.

Denn du erbarmst dich allzeit des Hauses Israel und verstößt es nicht. Wir stehen unter deinem Joch und deiner Zuchtrute. Du aber wirst uns aufrichten zur Zeit deiner Hilfe, und über das Haus Jakobs wirst du dich erbarmen des Tages, da du es verheißen hast.

Gott erbarmt sich der Gerechten.

7 Von Salomo, zur Zurechtweisung.
Da Israel ward in die Verbannung weggeführt und ins Elend, weil sie abgefallen waren von dem HERRN, ihrem Erretter, wurden sie verstoßen von dem Erbe, das ihnen der HERR gegeben hatte.

Unter alle Völker ward Israel zerstreut nach des HERRN Wort, auf daß du, o Gott, dich als gerecht offenbartest ob unserer Sünden nach deiner Gerechtigkeit, denn du bist der gerechte Richter über allen Völkern.

Vor dir bleibt keiner verborgen, der Unrecht tut, und die guten Werke deiner Frommen sind dir bekannt, o HERR. Wohin sollte sich der Mensch verbergen vor dir, Gott, der du alles weißt!

Nach dem Willen unseres Herzens und nach seiner Willkür tun wir unsere Werke, daß wir recht und unrecht wandeln vor dir; du aber suchst die Menschen heim in deiner Gerechtigkeit.

Leben erwirbt sich bei dem HERRN, wer da wandelt rechtschaffen; wer aber Unrecht tut, verwirkt sein Leben, sich selbst zum Verderben. Denn das Gericht des HERRN ist gerecht gegen Mann und Haus.

Wem wolltest du, Gott, gnädig sein, wenn nicht denen, die den HERRN anrufen? Du vergibst dem Menschen, so er bereut seine Sünde und nicht verhehlt seine Missetat. Siehe, wir sind ganz bedeckt mit Zerknirschung und unser Antlitz mit Scham.

Und wem wolltest du, Gott, Sünden vergeben, wenn nicht den Sündern? Du segnest die Gerechten und strafst nicht ihre Sünden, und über den, der bereut, deckst du deine Güte.

Du bist Gott, und wir sind dein Volk, das du lieb hast; so siehe doch darein und erbarme dich, Gott Israels, denn wir sind dein, und wende nicht dein Angesicht von uns, daß nicht die Feinde über uns kommen.

Denn du hast erwählt Abrahams Samen vor allen Völkern, und hast deinen Namen auf uns gelegt, und wirst uns nicht gar verstoßen.

Du hast einen Bund gemacht mit unseren Vätern um unseretwillen. Du bist unsere Hoffnung, daß du uns das Herz leicht machst. Der HERR erbarmet sich über das Haus Israel jetzt und immerdar und von Ewigkeit zu Ewigkeit!

Das Glück der Frommen.

8 Ein Loblied, von Salomo.
Selig ist der Mensch, dessen der HERR gedenkt, daß er ihn straft und wendet ihn ab vom bösen Weg mit der Rute, daß er rein werde von der Sünde und nicht mehr in ihr wandle.

Er wird rein, der seinen Rücken bietet den Ruten, denn die Güte des HERRN ist über denen, die auf sich nehmen die Züchtigung. Der HERR machet gerade den Weg der Gerechten und verschlingt sie nicht in der Strafe, und die Gnade des HERRN ist über denen, die ihn wahrhaft lieben.

Der HERR gedenkt seiner Knechte gnädiglich, denn er bezeugt sich im

Gesetz des ewigen Bundes. Der HERR bezeugt sich durch Heimsuchung in den Wegen der Menschen.

Gerecht und heilig ist unser HERR in seinem Gericht ewiglich, und Israel lobsinge dem Namen des HERRN mit Freuden!

Die Frommen sollen ihn preisen in der Gemeinde des Volks, denn Gott erbarmt sich der Armen zur Freude Israels.

Gütig und barmherzig ist Gott in Ewigkeit, und die Gemeinden in Israel rühmen den Namen des HERRN!

Die Erlösung des Hauses Israel ist des HERRN zur Freude immerdar!

Der HERR möge Israel erlösen.

9 Von Salomo, auf Erwartung.
Laßt die Posaunen zum heiligen Jubeljahr in Zion erschallen! Laßt in Jerusalem hören die Stimme der Siegesboten, denn Gott hat sich Israels erbarmt in der Zerstreuung!

Tritt hin auf die Warte, o Jerusalem, und sieh deine Kinder, wie der HERR sie sammelt vom Aufgang und vom Niedergang.

Und vom Norden kommen sie und jubeln über ihren Gott, und vom fernen Meer führt er sie herbei.

Er erniedrigt die hohen Berge für sie zur Ebene, und die Hügel fliehen vor ihrem Einzug.

Die Wälder geben Schatten ihrem Weg, und allerlei Dufthölzer ließ ihnen Gott ersprießen, daß Israel hinziehe unter dem Schirm seines Gottes.

Jerusalem, leg an deine Ehrenkleider und bereite dein heiliges Gewand, denn Gott hat Israel ewigen Segen verheißen.

Der HERR tue, wie er hat verheißen Jerusalem und Israel; es richte auf der HERR Israel durch seinen heiligen Namen.

Das Erbarmen über Israel ist des HERRN ewiglich!

Bitte um Schutz vor Verleumdern.

10 Von Salomo, wider die Zunge der Gottlosen.
HERR, sei mir gnädig und rette meine Seele vor den Sündern und Frevlern und vor der Gottlosen und Verleumder Zunge, die da redet Lug und Trug.

Vieldeutige Worte redet die Zunge des Frevlers und gleicht einer Flamme in einer Scheune voll Stroh.

Schrecklich treibt er's, denn an Häuser legt er den Brand mit seiner lügnerischen Zunge, und grünende Bäume in ihrem Saft bringt er zu Fall aus Lust zum Bösen, und widersinnig stiftet er Zwist in den Häusern mit giftigen Reden.

Wollte Gott doch hinwegstoßen von den Arglosen und in Verzweiflung stürzen die Lippen der Frevler, und die Gebeine der Verleumder sollen zerstreut werden fern von denen, die Gott fürchten, und die verleumderische Zunge soll vergehen in feurigen Flammen weit von den Frommen!

Der HERR behüte die friedliche Seele, die da haßt die Ungerechten, und der HERR richte auf den Menschen, der Frieden hält in seinem Haus!

Die Erlösung seines Knechts Israel ist des HERRN ewiglich!

Die Sünder sollen vergehen vor seinem Angesicht allzumal und die Heiligen des HERRN sich erfreuen der erfüllten Verheißung des HERRN!

Ein Danklied für die Gerechtigkeit des HERRN.

11 Von Salomo, ein Psalm zum Trost der Gerechten.
Die Rechte des HERRN hat mich beschützt, und die rechte Hand des HERRN hat uns verschont.

Der Arm des HERRN hat uns errettet vor dem hauenden Schwert und vor dem Hunger und dem Tod der Sünder.

Wilde Tiere haben sie angefallen und haben zerrissen ihr Fleisch mit ihren Zähnen und zermalmt ihre Knochen mit ihren Kinnbacken. Uns aber hat der HERR befreit aus solcher Bedrängnis.

Die Gott fürchten, ergriff die Furcht um ihrer Sünden willen, daß sie würden dahingerafft mit den Sündern.

Denn des Sünders Fall ist schrecklich, doch den Gerechten trifft davon nichts.

Denn die Strafe des Gerechten, der sich vergeht allein durch Unwissenheit, ist nicht gleich dem Fall der Gottlosen.

Der Gerechte wird gestraft im verborgenen, daß nicht der Gottlose sich freue über den Gerechten.

Denn er warnt den Gerechten gleich einem geliebten Sohn, und er züchtigt ihn wie einen erstgeborenen Sohn.

Es schont der HERR seine Heiligen, und ihre Übertretungen tilgt er durch Züchtigung.

Denn das Leben der Gerechten währt ewig; über die Gottlosen aber kommt das Verderben, und ihr Andenken ist dahin.

Über die Heiligen breitet er seine Gnade und seine Barmherzigkeit über die, so ihn fürchten.

Vom Schicksal der Frommen und der Sünder.

12 Loblied, von Salomo.

Der HERR ist getreu denen, die ihn lieben in der Wahrheit und die auf sich nehmen seine Züchtigung, die da wandeln in Gerechtigkeit nach seinen Geboten und in dem Gesetz, das er uns in unserem Leben geboten hat.

Die Heiligen des HERRN haben in ihm das ewige Leben; das Paradies des HERRN und darin die Bäume des Lebens sind seine Heiligen. Ihre Wurzel ist fest gepflanzt ewiglich, und sie werden nicht ausgerodet, so lange der Himmel steht.

Denn Israel ist Gottes Teil und Erbe.

Nicht also den Sündern und Frevlern, die sich freuen im Genuß ihrer Sünden einen Tag.

An Verwesung haben sie ihre Lust, und sie gedenken nicht Gottes. Er aber kennt die Wege der Menschen allezeit, und er sieht in den Schrein des Herzens vor Wort oder Tat.

Darum ist die Hölle ihr Erbteil und Finsternis und Verderben, und am Tag, da aufgeht die Gnade über den Gerechten, wird man sie nicht finden.

Die Heiligen des HERRN aber erben das Leben in Freuden.

Die Sprüche der Väter

Mose empfing das Gesetz am Sinai. Und von Moses kam es auf Josua und von Josua auf die Ältesten und von den Ältesten auf die Propheten und von den Propheten auf die Männer der Großen Ratsversammlung. Und diese lehrten drei Dinge: Seid bedächtig beim Rechtsprechen! Nehmt viele Schüler an! Macht einen Zaun um das Gesetz!

2. Simon der Gerechte war einer der letzten Männer der Großen Ratsversammlung. Er sagte: Drei Dinge sind es, auf denen die Welt beruht: das Gesetz, der Gottesdienst, die Werke der Nächstenliebe.

3. Antigonus aus Soko war Schüler Simons des Gerechten. Er sagte: Seid nicht wie Knechte, die dem HERRN nur in der Hoffnung auf Belohnung dienen. Seid vielmehr wie die Knechte, die dem HERRN dienen, ohne an die Belohnung zu denken. Nur die Ehrfurcht vor dem Himmel sei über euch.

4. Jose, Joezers Sohn, aus Sereda und Jose, Jochanans Sohn, aus Jerusalem waren beide Schüler der vorigen. Und Jose, Joezers Sohn, aus Sereda sagte: Dein Haus sei ein Versammlungsort weiser Männer. Bestäube dich mit dem Staub ihrer Füße und trinke durstig ihre Worte.

5. Und Jose, Jochanans Sohn, aus Jerusalem sagte: Die Tür deines Hauses sei weit geöffnet, daß die Armen deine Hausgenossen seien. Und rede nicht viel mit dem Weib. – Dies sagten sie von der eigenen Frau; wieviel mehr gilt es dann von des Nächsten Weib! Dazu sagten die Weisen: Wer viel mit dem Weibe redet, der schädigt sich und vernachlässigt die Erforschung des Gesetzes und erwirbt schließlich die Hölle.

6. Die Schüler des vorigen waren Josua, Perachjas Sohn, und Nitai aus Arbel. Und Josua, Perachjas Sohn, sagte: Such dir einen Lehrer und erwirb dir einen Freund. Beurteile jeden Menschen nach der guten Seite.

7. Und Nitai aus Arbel sagte: Meide einen bösen Nachbarn, mach dich nicht gemein mit einem Gottlosen und gib den Gedanken an das Strafgericht nicht auf.

8. Die Schüler der vorigen waren Juda, Tabais Sohn, und Simon, Schetachs Sohn. Und Juda, Tabais Sohn, sagte: Wenn du richtest, handele nicht wie die Fürsprecher vor Gericht. Solange die Parteien vor dir stehen, sollen sie wie Schuldige erscheinen in deinen Augen; wenn sie aber von dir gehen, sollen sie schuldlos erscheinen in deinen Augen, wenn sie das Urteil anerkannt haben.

9. Und Simon, Schetachs Sohn, sagte: Prüfe die Zeugen genau und sei vorsichtig mit deinen Worten, damit sie daraus nicht lernen, wie sie lügen sollen.

10. Die Schüler der vorigen waren Schemaja und Abtalion. Und Schemaja sagte: Liebe die Arbeit und hasse das Würdenamt, und suche dich nicht mit der Obrigkeit zu verbinden.

11. Und Abtalion sagte: O ihr Weisen, seid vorsichtig mit den Worten, denn ihr könntet euch der Verbannung schuldig machen und verbannt werden an einen Ort schlechten Wassers, und die Schüler, die euch nachfolgen an diesen Ort, würden davon trinken und müßten sterben, denn da sie trinken das schlechte Wasser der falschen Lehre, wird der göttliche Name entweiht.

12. Die Schüler der vorigen waren Hillel und Schammai. Und Hillel sagte: Sei wie die Jünger Aarons und liebe den Frieden und strebe nach Eintracht; liebe die Menschen und führe sie zum Gesetz.

13. Ferner sagte er: Wer seinen Namen groß machen will, wird ihn verlieren. Und wer nicht zunimmt, der nimmt ab. Und wer nicht lernt, der ist des Todes schuldig. Und wer die Krone nur ausnützt, der wird zugrunde gehen.

14. Ferner sagte er: Wenn ich nicht für mich bin, wer ist dann für mich? Wenn ich nur für mich bin, was bin ich dann? Wenn nicht jetzt, wann sonst?

15. Und Schammai sagte: Mach die Erforschung des Gesetzes zum Mittelpunkt deines Lebens. Versprich wenig und tue viel. Empfange jeden Menschen mit freundlicher Miene.

16. Rabban Gamaliel sagte: Such dir einen Lehrer und erhebe dich aus dem Zweifel. Entrichte den Zehnten nicht nach Gutdünken.

17. Sein Sohn Simon sagte: Mein ganzes Leben habe ich verbracht unter den Weisen und fand nichts besser für den Sterblichen als das Schweigen. Nicht das Lehrgespräch ist die Hauptsache, sondern das Tun, und wer viel redet, bringt Sünde hervor.

18. Rabban Simon, Gamaliels Sohn, sagte: Auf drei Dingen beruht die Welt: auf Recht, auf Wahrheit und auf Frieden, denn es steht geschrieben*: Rede einer mit dem anderen Wahrheit, und richtet recht, und schaffet Frieden in euren Toren.

* Vgl. Sach. 8,16

2 Rabbi – das ist Juda der Fürst, der Sohn Simons –, er sagte: Welches ist der rechte Weg, daß ihn der Mensch wähle? – Der den ehrt, der ihn einschlägt, und der ihm Achtung einbringt bei den Leuten. Beachte ein geringes Gebot genauso wie ein wichtiges, denn du weißt nicht, wie sie vergolten werden. Halte gegen den Verlust wegen Einhaltung eines Gebots den dadurch entstehenden Gewinn, und gegen den Gewinn wegen Übertretung den

dadurch entstehenden Verlust. Merk auf drei Dinge, und du wirst nicht in Sünde fallen: Beherzige, was über dir ist, ein Auge das sieht und ein Ohr das hört, und daß alle deine Werke in ein Buch geschrieben werden.

2. Rabban Gamaliel, Rabbi Judas des Fürsten Sohn, sagte: Es ist ein köstlich Ding, die Erforschung des Gesetzes mit weltlichen Werken zu verbinden, denn das Mühen um beide läßt das Sündigen vergessen. Die Erforschung des Gesetzes ohne einen anderen Lebenserwerb aber muß zunichte werden und zieht Sünde nach sich. Die sich im Dienst an der Gemeinde abmühen, sollen also tun um des Himmels willen, denn das Verdienst ihrer Väter hilft ihnen, und die Gerechtigkeit ihrer Väter besteht in Ewigkeit. ER spricht: Euch aber will ich reichen Lohn zurechnen, als hättet ihr alles vollbracht.

3. Seid vorsichtig im Umgang mit den Großen, denn nur aus Eigennutz sind sie herablassend gegen die Menschen. Sie stellen sich freundlich, doch nur wenn sich daraus ein Vorteil für sie ergibt. In der Notzeit aber stehen sie dem Menschen nicht bei.

4. Ferner sagte Rabban Gamaliel: Tu SEINEN Willen, als sei es dein Wille, damit er deinen Willen als SEINEN Willen tue. Brich deinen Willen vor SEINEM Willen, damit er den Willen ANDERER vor deinem Willen breche.

5. Hillel sagte: Sondere dich nicht ab von der Gemeinde. Mißtraue dir selbst bis zu deinem letzten Atemzug. Richte nicht deinen Nächsten, ehe du selbst nicht in seine Lage gekommen bist. Rede nichts Unverständliches in der Annahme, man werde es später schon verstehen. Und sprich niemals: Wenn ich Muße habe, dann will ich lernen, denn wer weiß, ob du jemals Muße findest.

6. Er sagte ferner: Wer das Gesetz nicht kennt, der scheut keine Sünde, und wer nichts weiß, kann nicht gerecht sein. Ist einer schüchtern, dann vermag er nichts zu lernen, und ist einer aufbrausend, dann kann er nicht lehren. Und wer viel Handel treibt, wird nicht weise. Fehlt es an einem Ort an Männern, dann bemühe dich, ein Mann zu sein.

7. Und da er sah einen Schädel auf dem Wasser treiben, redete er ihn an und sprach: Weil du ertränkt hast, ertränkte man dich, und die dich ertränkten, werden ertrinken.

8. Er sagte ferner: Mehr Fleisch bedeutet auch mehr Gewürm. Mehr Güter, mehr Sorgen. Mehr Mägde, mehr Unzucht. Mehr Knechte, mehr Untreue. Mehr Weiber, mehr Zauberei. Mehr Gesetz, mehr Leben. Mehr Lehre, mehr Weisheit. Mehr Rat, mehr Einsicht. Mehr Werke der Nächstenliebe, mehr Frieden.

Und wer einen guten Leumund erworben hat, der besitzt das ewige Leben.

9. Und Rabban Jochanan, Zakkais Sohn, war Schüler Hillels und Schammais, und er sagte: Rühme dich nicht, wenn du viel im Gesetz geforscht hast, denn dazu wurdest du ja erschaffen.

10. Es hatte Rabban Jochanan, Zakkais Sohn, fünf Schüler: Rabbi Eliezer, des Hyrkanos Sohn, Rabbi Josua, Chananjas Sohn, Rabbi Jose, den Priester, Rabbi Simon, Nathanaels Sohn, und Rabbi Eleazar, Araks Sohn.

11. Er lobte ihre Tugenden, indem er sprach: Rabbi Eliezer, des Hyrkanos Sohn – er ist wie eine gut ausgekalkte Zisterne, die keinen Tropfen verlorengehen läßt. Rabbi Josua, Chananjas Sohn – gebenedeit sei, die ihn geboren. Rabbi Jose, der Priester, – er ist ein Gerechter. Rabbi Simon, Nathanaels Sohn – er fürchtet die Sünde. Rabbi Eleazar, Araks Sohn – er ist wie eine Quelle, die immer stärker strömt.

12. Auch pflegte er zu sagen: Wären alle Weisen Israels in einer Waagschale und Eliezer, des Hyrkanos Sohn in der anderen, dann würde er sie alle aufwiegen. Und Abba Saul sagte in seinem Namen: Wären alle Weisen Israels in einer Waagschale und Eliezer, Sohn des Hyrkanos, noch dazu, und wäre Rabbi Eleazar in der anderen, dann würde er sie alle aufwiegen.

13. Er sprach zu ihnen: Gehet hin und sehet, welches der richtige Weg ist, daß ihn sich ein Mensch erwähle. Da sprach Rabbi Eliezer: Ein freundliches Auge. Und Rabbi Josua sprach: Ein guter Freund. Und Rabbi Jose sprach: Ein guter Nachbar. Und Rabbi Simon sprach: Vorausschauendes Handeln. Und Rabbi Eleazar sprach: Ein gutes Herz.

Da antwortete er ihnen und sprach: Eleazar, Araks Sohn, hat am besten geantwortet, denn in seinen Worten sind eure enthalten.

14. Ferner sprach er zu ihnen: Gehet hin und sehet, welches der schlimmste Weg ist, daß der Mensch ihn meide. Da sprach Rabbi Eliezer: Ein böses Auge. Und Rabbi Josua sprach: Ein schlechter Freund. Und Rabbi Jose sprach: Ein böser Nachbar. Und Rabbi Simon sprach: Geborgtes nicht zurückerstatten. Und dabei gilt es gleich, ob einer von Menschen borgt oder von Gott, denn es steht geschrieben*: Der Gottlose borgt und bezahlt nicht, der Gerechte aber ist barmherzig und gibt. Und Rabbi Eleazar sprach: Ein böses Herz.

* Ps. 37,21

Da antwortete er ihnen und sprach: Eleazar, Araks Sohn, hat am besten geantwortet, denn in seinen Worten sind eure enthalten.

15. Jeder von ihnen lehrte drei Dinge. – Rabbi Eliezer sagte: Achte die Ehre deines Nächsten wie deine eigene. Hüte dich vor dem Zorn. Tu Buße einen Tag vor deinem Tode! Wärme am Feuer der Weisen, doch hüte dich vor ihren glühenden Kohlen, daß du dich nicht verbrennst, denn ihr Biß ist wie der eines Fuchses, und ihr Stich ist wie der eines Skorpions, und ihr Zischen ist wie das Zischen einer Schlange, und ihre Worte sind wie glühende Kohlen.

16. Und Rabbi Josua sagte: Das böse Auge, böse Leidenschaft und Menschenhaß bringen den Menschen aus der Welt.

17. Und Rabbi Jose sagte: Achte deines Nächsten Gut wie dein eigenes. Bereite dich gut vor, das Gesetz zu lernen, denn es fällt dir nicht einfach als Erbe zu. Was du tust, tue um des Himmels willen.

18. Und Rabbi Simon sagte: Sei aufmerksam und genau beim Lesen des »Höre Israel«* und beim Achtzehngebet. Wenn du betest, mache dein Gebet nicht zu etwas Äußerlichem, sondern bete mit Inbrunst und Flehen vor Gott, denn es steht geschrieben: Er ist gnädig, barmherzig, geduldig und von großer Güte, und ihn reut bald der Strafe.† – Erscheine dir selbst nicht als einer, der straft.

* Israels Glaubensbekenntnis nach 5. Mos. 6,4-9, zusammen mit dem Achtzehngebet die Grundlage des Synagogengottesdienstes und der häuslichen Frömmigkeit.

† Joel 2,13

19. Und Rabbi Eleazar lehrte: Bemühe dich eifrig, das Gesetz zu lernen, damit du dem Gottlosen zu erwidern weißt. Halte fest im Sinn, für wen du dich mühst, und wer dein Meister ist, der dir sicher den Lohn geben wird für deine Mühen.

20. Rabbi Tryphon sagte: Kurz ist der Tag, und ist viel der Arbeit. Träge sind die Arbeiter, und hoch ist der Lohn. Und der Meister drängt.

21. Ferner sagte er: Zwar ist es nicht deine Sache, die Arbeit zu vollenden, doch darfst du dich ihrer auch nicht einfach entledigen. Hast du viel im Gesetz geforscht, wird dein Lohn groß sein; denn dein Meister wird dir sicher den Lohn geben für deine Mühen. Halte aber fest im Sinn, daß die Gerechten ihren Lohn erst in der zukünftigen Welt erhalten werden.

3 Akabja, Mahalaleels Sohn, sagte: Auf drei Dinge achte, dann verfällst du nicht der Sünde: Halte fest im Sinn, woher du kommst, wohin du gehst und vor wem du dereinst Rechenschaft geben mußt. – Woher du kommst: aus einem stinkenden Tropfen. – Wohin du gehst: an den Ort des Staubs und des Moders und der Würmer. – Vor wem du dereinst Rechenschaft geben mußt: vor dem König der Könige, dem Heiligen, gepriesen sei er.

2. Rabbi Chanina, der Vorsteher der Priester, sagte: Bete für das Wohl der Obrigkeit, denn gäbe es keine Furcht vor ihr, würde einer den anderen lebendig verschlingen. Vgl. Röm. 13,1-7

3. Rabbi Chanina, Teradions Sohn, sagte: Wenn zwei beieinander sitzen und nicht reden über das Gesetz, dann ist das ein Zusammensitzen von Spöttern, denn es steht geschrieben: Wohl dem, der nicht sitzt, da die Spötter sitzen.* – Wenn aber zwei beieinander sitzen und reden über das Gesetz, dann ist SEINE Gegenwart bei ihnen, denn es heißt: Aber die Gottesfürchtigen trö-

sten einer den anderen also: Der HERR merkt auf und hört es, und vor ihm ist ein Denkzettel geschrieben für die, so den HERRN fürchten und an seinen Namen gedenken.** – Ich weiß es darum von zweien. Woher aber weiß ich, daß der Heilige, gepriesen sei er, auch dem seinen Lohn geben wird, der allein dasitzt und das Gesetz erforscht? Es steht geschrieben: Es ist ein köstlich Ding, daß ein Einsamer geduldig sei, wenn es ihm auferlegt ist.†

* Ps. 1,1 ** Mal. 3,16 † Vgl. Kla. 3,27f.

4. Rabbi Simon sagte: Wenn drei an einem Tisch essen und nicht reden über die Worte des Gesetzes, dann ist es so, als ob sie von Götzenopfern äßen, denn es steht geschrieben: Denn alle Tische sind voll Speiens und Unflats an allen Orten.* – Wenn aber drei an einem Tisch essen und reden über die Worte des Gesetzes, dann ist es so, als ob sie von Gottes Tisch äßen, denn es steht geschrieben: Und er sprach zu mir: Das ist der Tisch, der vor dem HERRN stehen soll. †

* Jes. 28,8 † Hes. 41,22

5. Rabbi Chanina, Chakinais Sohn, sagte: Wer des Nachts wach ist, und wer allein reist, und wer sein Herz nichtigen Gedanken zuwendet, verwirkt sein Leben.

6. Rabbi Nechunja, Hakkanas Sohn, sagte: Wer das Joch des Gesetzes trägt, dem wird das Joch der Regentschaft genommen und das Joch der weltlichen Sorgen. Wer aber das Joch des Gesetzes abschüttelt, der muß das Joch der Regentschaft tragen und das Joch der weltlichen Sorgen.

7. Rabbi Chalaphta aus Kephar Chananja sagte: Wenn zehn beieinander sitzen und reden über das Gesetz, dann ist SEINE Gegenwart bei ihnen, denn es steht geschrieben: Gott steht in der Gemeinde Gottes.* – Und über fünf steht geschrieben: Er ist's, der seinen Bund auf der Erde gründet.** Der Bund aber bedeutet die Hand. – Und über drei steht geschrieben: Und ist ein Richter unter den Göttern.*** Und über zwei steht geschrieben: Aber die Gottesfürchtigen trösten einer den anderen also: Der HERR merkt auf und hört es.† Und über einen heißt es: Denn an welchem Ort ich meines Namens Gedächtnis stiften werde, da will ich zu dir kommen und dich segnen.††

* Ps. 82,1 ** Amos 9,6 *** Ps. 82,1 – ein Richterkollegium besteht aus drei Personen. † Mal. 3,16 †† 2.Mos. 20,24

8. Rabbi Eleazar aus Bartotha sagte: Gib IHM von dem, das IHM gehört, denn du und das Deine sind ja SEIN. Und es steht geschrieben von David, da er IHN lobte: Denn von dir ist alles gekommen, und von deiner Hand haben wir dir's gegeben.*

* 1. Chr. 29,24

9. Rabbi Simon sagte: Wer einen Weg geht und das Gesetz erforscht, die Erforschung aber unterbricht und spricht: Wie schön ist dieser Baum! Wie schön ist dieses Feld! Dem wird es angerechnet, als hätte er sein Leben verwirkt.

10. Rabbi Dostai, Jannais Sohn, sagte im Namen des Rabbi Meir: Wer auch nur ein Wort vergißt von seiner Erforschung des Gesetzes, dem wird es angerechnet, als hätte er sein Leben verwirkt, denn es steht geschrieben: Hüte dich nur und bewahre deine Seele wohl, daß du nicht vergessest der Geschichten, die deine Augen gesehen haben.* – Man könnte wohl meinen, daß dies auch gilt, wenn dem Menschen die Erforschung zu schwer ist; aber es steht weiter geschrieben: Und daß sie nicht aus deinem Herzen kommen all dein Leben lang.† – Er hat also sein Leben nur dann verwirkt, wenn er sich hinsetzt und die Worte des Gesetzes aus seinem Herzen kommen läßt.

* 5.Mos. 4,9a † 5.Mos. 4,9b

11. Rabbi Chania, Dosas Sohn, sagte: Wem die Furcht vor Sünde wichtiger ist als seine Weisheit, dessen Weisheit bleibt bestehen. Und wem seine Weisheit wichtiger ist als die Furcht vor Sünde, dessen Weisheit wird vergehen.

12. Er sagte ferner: Wem gute Werke mehr gelten als seine Weisheit, dessen Weisheit bleibt bestehen. Und wem Weisheit mehr gilt als seine guten Werke, dessen Weisheit wird vergehen.

13. Und er pflegte zu sagen: Wer bei seinen Mitmenschen Wohlgefallen findet, der findet auch Wohlgefallen bei Gott, und wer bei seinen Mitmenschen kein Wohlgefallen findet, der findet auch kein Wohlgefallen bei Gott.

14. Rabbi Dosa, der Sohn des Archinos, sagte: Morgens schlafen, mittags Wein trinken, Kindergeschwätz und Sitzen, wo sich die Unwissenden aus dem gemeinen Volk versammeln, bringen den Menschen aus der Welt.

15. Rabbi Eleazar aus Modaim sagte: Wer entweiht, was geheiligt ist, wer die Feste schändet, wer etwas tut, daß sein Nächster erbleichen muß vor den Leuten, wer den Bund der Beschneidung unseres Vaters Abraham bricht, und wer das Gesetz falsch auslegt, hat an der zukünftigen Welt keinen Teil, selbst wenn er gute Werke getan und das Gesetz erforscht hat.

16. Rabbi Ismael sagte: Sei dienstfertig und nachgiebig bei erzwungenem Dienst*, und nimm jeden Menschen freundlich auf.

* Vgl. Mat. 5,40ff.

17. Rabbi Akiba sagte: Scherzen und Leichtsinn verleiten zur Unzucht. Und er sagte: Die überlieferten Buchstaben sind ein Zaun um das Gesetz, die Abgaben des Zehnten sind ein Zaun um den Reichtum, Gelübde sind ein Zaun um die Enthaltsamkeit, und Schweigen ist ein Zaun um die Weisheit.

18. Er sagte ferner: Der Mensch wird geliebt, denn er ward erschaffen nach dem Ebenbild*; noch größere Liebe aber ist es, daß ihm offenbart ward, daß er nach dem Ebenbild geschaffen worden ist; denn es steht geschrieben: Denn Gott hat den Menschen zu seinem Bilde gemacht.** – Die Israeliten werden geliebt, denn sie heißen Kinder Gottes; noch größere Liebe aber ist es, daß ihnen offenbart ward, daß sie Gottes Kinder heißen, denn es steht

geschrieben: Ihr seid Kinder des HERRN, eures Gottes.† – Die Israeliten werden geliebt, denn sie empfingen ein kostbares Geschenk; noch größere Liebe aber ist es, daß ihnen offenbart ward, daß sie ein kostbares Geschenk empfingen, durch das die Welt erschaffen worden ist, denn es steht geschrieben: Denn ich gebe euch eine gute Lehre; verlasset mein Gesetz nicht.††

* Vgl. 1.Mos. 1,27 ** 1.Mos. 9,6b † 5.Mos. 14,1 †† Spr. 4,2

19. Alles ist vorhergesehen, doch die freie Wahl ist gegeben. Mit Güte wird die Welt gerichtet, und alles wird vergolten nach dem Maß der guten Werke.

20. Ferner sagte er: Alles wird auf Bürgschaft gegeben, und ein Netz ist über alles gebreitet, was da lebt. Der Laden ist geöffnet, der Krämer gibt gegen Bürgschaft, die Schreibtafel liegt offen und die Hand schreibt. Wer borgen will, mag kommen und borgen. Die Eintreiber der Schulden gehen beständig umher jeden Tag und treiben das Schuldige ein von dem Menschen, ob er will oder nicht, denn sie haben etwas, worauf sie sich stützen, die Eintragungen. Das Gericht ist gerecht und sein Spruch ruht auf Wahrheit, und zum Mahl ist alles bereit.

21. Rabbi Eliezer, Azarjas Sohn, sagte: Ohne Gesetz keine gute Sitte, und ohne gute Sitte kein Gesetz. Ohne Weisheit keine Gottesfurcht, und ohne Gottesfurcht keine Weisheit. Ohne Einsicht kein Wissen, und ohne Wissen keine Einsicht. Ohne Nahrung kein Gesetz, und ohne Gesetz keine Nahrung.

22. Ferner sagte er: Womit ist der zu vergleichen, dessen Weisheit größer ist als seine Taten? Mit einem Baum, der viele Zweige aber wenig Wurzeln hat. Der Wind bläst und entwurzelt ihn und wirft ihn um, denn es steht geschrieben: Der wird sein wie ein einsamer Baum auf der Heide und wird nicht sehen den zukünftigen Trost, sondern wird bleiben in der Dürre, in der Wüste, in einem unfruchtbaren Lande, da niemand wohnt.* – Womit aber ist der zu vergleichen, dessen Taten größer sind als seine Weisheit? Mit einem Baum, der wenig Zweige aber viele Wurzeln hat. Auch wenn alle Winde der Welt kommen und ihn anblasen, rücken sie ihn nicht von seinem Platz, denn es steht geschrieben: Der ist wie ein Baum, am Wasser gepflanzt und am Bach gewurzelt. Denn obgleich eine Hitze kommt, fürchtet er sich nicht, sondern seine Blätter bleiben grün, und sorgt nicht, wenn ein dürres Jahr kommt, sondern er bringt ohne Aufhören Früchte.† * Jes. 17,6 † Jes. 17,8

23. Rabbi Eliezer, Chasmas Sohn, sagte: »Nester«* und »Reinigungen“† sind die Hauptspeisen der Weisheit, Astronomie und Geometrie sind nur Beilagen dazu.

* Vorschriften über Geflügelopfer † Vorschriften über kultische Reinigungsrituale

4 Zomas Sohn sagte: Wer ist weise? Der von allen Menschen lernt, denn es steht geschrieben: Ich bin gelehrter als alle meine Lehrer.* – Wer ist ein Held? Der seine Leidenschaften überwindet, denn es steht geschrieben: Ein Geduldiger ist besser als ein Held, und der seines Mutes Herr ist, denn der Städte gewinnt.** – Wer ist reich? Der sich bescheidet, denn es steht geschrieben: Du wirst dich nähren deiner Hände Arbeit; wohl dir, du hast es gut.† »Wohl dir« – in dieser Welt und »du hast es gut« – in der zukünftigen. – Wer ist geehrt? Der die Menschen ehrt, denn es steht geschrieben: Wer mich ehrt, den will ich auch ehren; wer aber mich verachtet, der soll wieder verachtet werden.††

* Ps. 119,99 ** Spr. 16,32 † Ps. 128,2 †† 1.Sam. 2,30

2. Azzais Sohn sagte: Laufe nach einem geringfügigen guten Werk wie nach einem großen, und fliehe die Sünde; denn ein gutes Werk zieht ein anderes nach sich, und eine Sünde zieht eine andere nach sich. Der Lohn für ein gutes Werk ist ein gutes Werk, und der Sünde Lohn ist weitere Sünde.

3. Ferner sagte er: Verachte keinen Menschen, und halte nichts für unmöglich; denn jeder Mensch hat seine Zeit, und jedes Ding hat seinen Ort.

4. Rabbi Levitas aus Jabne sagte: Sei sehr demütig, denn zu erhoffen hat der Mensch Moder und Gewürm.

5. Rabbi Jochanan, Berokas Sohn, sagte: Wer den Namen Gottes im verborgenen entweiht, den trifft die Vergeltung vor aller Augen, und es ist einerlei, ob es durch Irrtum oder aus Vermessenheit geschah.

6. Rabbi Ismael, sein Sohn, sagte: Wer lernt, um zu lehren, dem wird gegeben, zu lernen und zu lehren. Und wer lernt, um danach zu handeln, dem wird gegeben zu lernen und zu lehren und zu erwägen und danach zu handeln.

7. Rabbi Sadok sagte: Mach die Gesetzeskunde nicht zur Krone, damit zu glänzen, und nicht zum Grabscheit, damit zu graben. Denn so sagte schon Hillel: Wer die Krone nur ausnützt, der wird zugrunde gehen.* Darum: wer die Worte des Gesetzes ausnützt, nimmt sein Leben aus der Welt hinweg.

* Kap. 1,13

8. Rabbi Jose sagte: Wer das Gesetz ehrt, ist auch geehrt bei seinen Mitmenschen, und wer das Gesetz herabsetzt, der ist auch bei seinen Mitmenschen ohne Würde.

9. Rabbi Ismael, sein Sohn, sagte: Wer Gerichtshändel meidet, der befreit sich von Feindschaft, Raub und Meineid. Wer aber stolz ist im Amt der Rechtslehre, der ist töricht, gottlos und aufgeblasen.

10. Ferner sagte er: Urteile nicht allein, denn es gibt nur EINEN, der allein richten kann. Dränge als Richter auch nicht zu deiner Meinung die da sind mit dir in der Gerichtsversammlung, denn sie dürfen es wohl, du aber nicht.

11. Rabbi Jonathan sagte: Wer das Gesetz erfüllt in der Armut, wird es auch später im Reichtum erfüllen, und wer das Gesetz in der Armut mißachtet, wird es auch später im Reichtum verachten.

12. Rabbi Meir sagte: Setze Schranken deinem Gewerbe und erforsche das Gesetz. Sei demütig gegen jedermann. Wenn du nachlässig bist in der Erforschung des Gesetzes, dann werden viele Widrigkeiten sein wider dich. Wenn du dich aber in der Erforschung des Gesetzes abgemüht hast, dann wirst du reichen Lohn empfangen.

13. Rabbi Eliezer, Jakobs Sohn, sagte: Wer ein Gebot hält, erwirbt sich einen Fürsprecher, und wer eine Sünde begeht, erwirbt sich einen Ankläger. Buße und gute Werke aber sind ein Schild gegen das Strafgericht.

14. Rabbi Jochanan der Sandalenmacher sagte: Eine Gemeinde, die im Namen des Himmels zusammenfindet, wird dauern fort und fort, und eine Gemeinde, die nicht im Namen des Himmels zusammenfindet, wird nicht Bestand haben.

15. Rabbi Eleazar, Schamuas Sohn, sagte: Die Ehre deines Schülers sei dir so wert wie deine eigene, und die Ehre, die du deinem Freund erweist, sei wie die Ehrfurcht vor deinem Lehrer, und die Ehrfurcht vor deinem Lehrer sei wie die Ehrfurcht vor dem Himmel.

16. Rabbi Juda sagte: Sei vorsichtig, wenn du lehrst, denn beim Lehren wird dir jedes Versehen als Vorsätzlichkeit zugerechnet.

17. Rabbi Simon sagte: Es gibt drei Kronen: die Krone des Gesetzes, die Krone des Priestertums und die Krone des Königtums. Die Krone des guten Namens aber übertrifft sie alle.

18. Rabbi Nehorai sagte: Laufe nach dem Ort des Gesetzes, und sage nicht, es werde zu dir kommen, oder deine Freunde würden es dir aufbewahren. Und verlasse dich nicht auf deinen Verstand.*

* Vgl. Spr. 3,5

19. Rabbi Jannai sagte: Wir vermögen nichts gegen die Behaglichkeit der Frevler und nichts gegen die Leiden der Gerechten.

20. Rabbi Mathja, Chereschs Sohn, sagte: Komme jedermann zuvor mit deinem Gruß. Sei eher bei den Löwen ein Schwanz, aber nicht ein Haupt bei den Füchsen.

21. Rabbi Jakob sagte: Die Welt ist nur ein Vorhof der zukünftigen. Im Vorhof mach dich bereit, auf daß du eingelassen werdest in den Festsaal.

22. Ferner sagte er: Eine Stunde der Buße und der guten Werke in dieser Welt ist besser als das ganze Leben in der zukünftigen. Und eine Stunde der Seligkeit in der zukünftigen Welt ist besser als das ganze Leben in dieser.

23. Rabbi Simon, Eleazars Sohn, sagte: Besänftige deinen Nächsten nicht

in der Stunde seines Zorns. Tröste ihn nicht, wenn noch sein Toter vor ihm liegt. Entbinde ihn nicht von seinem Gelübde. Suche ihn nicht zu sehen in der Stunde seiner Sünde.

24. Samuel der Kleine sagte: Freue dich des Falles deines Feindes nicht, und dein Herz sei nicht froh über seinem Unglück; der HERR möchte es sehen, und es möchte ihm übel gefallen und er seinen Zorn von ihm wenden.*

* Spr. 24,17f.

25. Elischa, Abujas Sohn, sagte: Was gleicht dem Lernen in der Jugend? Es ist so, als schriebe man mit Tinte auf frisches Papier. – Was gleicht dem Lernen im Alter? Es ist so, als schriebe man mit Tinte auf radiertes Papier.

26. Rabbi Jose, Judas Sohn, aus Kephar Babli sagte: Was gleicht dem, das man von Kindern lernt? Es ist so, als äße man unreife Trauben oder tränke Most aus der Kelter. Was gleicht dem, das man von Alten lernt? Es ist so, als äße man reife Trauben oder tränke alten Wein.

27. Rabbi* sagte: Siehe nicht auf den Krug, sondern was darinnen ist. Mancher neue Krug ist voll alten Weins, mancher alte enthält nicht einmal neuen.

* Vgl. Kap. 2,1

28. Rabbi Eleazar der Gummihändler sagte: Neid, Wollust und Ehrgeiz richten den Menschen zugrunde.

29. Ferner sagte er: Den Geborenen ist bestimmt zu sterben, den Verstorbenen, wieder zu leben, und den wieder Lebenden, gerichtet zu werden. Alle sollen erkennen, erfahren und im Sinn halten, daß ER Gott ist, der Bildner und der Schöpfer, der alles sieht, der Richter, der Zeuge und der Kläger. Und er wird richten zu seiner Zeit. Gepriesen sei er, vor dem es gibt nicht Unrecht noch Vergessen, nicht Ansehen der Person noch Bestechung, denn alles ist sein. Wisse auch, daß alles zugerechnet wird, und traue nicht deinem Wahn, das Grab sei eine Zuflucht für dich. Nicht nach deinem Willen wurdest du geschaffen, nicht nach deinem Willen lebst du, nicht nach deinem Willen wirst du sterben, und nicht nach deinem Willen mußt du Rechenschaft geben und Rechnung legen zu seiner Zeit vor dem König der Könige, dem Heiligen, gepriesen sei er.

5 Durch zehn Worte* ward die Welt erschaffen. Was lehrt das? Konnte sie doch auch durch ein Wort erschaffen werden? Es geschah, damit die Gottlosen, welche die durch zehn Worte geschaffene Welt verderben, um so strenger bestraft würden, und damit die Gerechten, welche die durch zehn Worte geschaffene Welt erhalten, um so reicher belohnt würden.

* In 1.Mos 1 wird »Und Gott sprach« zehnmal wiederholt, und die »Zehn Gebote« vom Sinai (bzw. Horeb)

2. Zehn Generationen sind von Adam bis Noah*. Das zeigt seine Langmut; denn alle Generationen fahren fort, ihn zu erzürnen, er aber brachte erst dann die Wasser der Sintflut über sie. * Vgl. 1.Chr. 1,1-4

3. Zehn Generationen sind es von Noah bis Abraham*. Das zeigt seine Langmut; denn alle Generationen fahren fort, ihn zu erzürnen. Dann erst erschien unser Vater Abraham und empfing den ganzen Lohn.

* Vgl. 1.Chr. 17-27

4. Durch zehn Versuchungen ward unser Vater Abraham geprüft, und er hielt stand in allen. Das zeigt, wie sehr unser Vater Abraham geliebt ward.

5. Zehn Wunder geschahen an unseren Vätern in Ägyptenland und zehn am Meer. Vgl. 2.Mos. 7-14

6. Durch zehn Versuchungen versuchten unsere Väter Gott in der Wüste, denn es steht geschrieben: Die mich nun zehnmal versucht und meiner Stimme nicht gehorcht haben.* * 4.Mos. 22 b

7. Zehn Wunder geschahen an unseren Vätern im Tempel: Nie hat ein Weib fehlgeboren durch den Geruch des heiligen Fleisches; nie wurde das heilige Fleisch übelriechend; nie sah man eine Fliege im Schlachthaus; nie stieß dem Hohenpriester zu, daß er sich durch nächtlichen Samenerguß verunreinigte am Versöhnungstag; nie hat der Regen das Feuer auf dem Altar gelöscht; nie hat der Wind die Rauchsäule auf dem Altar niedergedrückt; nie fand sich Fehlerhaftes an der Webegarbe* und den zwei Webebroten** und den Schaubroten†; zusammengedrängt stand das Volk im Tempel zum Gottesdienst, und hatten doch Raum, sich niederzuwerfen; nie hat eine Schlange oder ein Skorpion einem Menschen in Jerusalem ein Leid getan; und nie hat einer zum andern gesagt: Es ist mir zu enge in Jerusalem, daß ich da übernachte. * Vgl. 3.Mos 23,11f. und 15 ** 3.Mos. 23,17 † 2.Mos. 25,30

8. Zehn Dinge wurden erschaffen in der Dämmerung am Vorabend des Sabbaths: der Mund der Erde*, die Öffnung des Brunnens**, das Maul der Eselin***, der Regenbogen†, das Manna, der Stab Moses, der Stichel des Steinschneiders††, die Schrift der Gesetzestafel und ihre Schreibart und die Gesetzestafeln selbst†††. Manche fügen noch hinzu: die Dämonen, das Grab Moses und der Widder unseres Vaters Abraham.†* Andere fügen noch hinzu: die erste Zange, denn eine Zange kann nur mit einer Zange gemacht werden. * Vgl. 4.Mos. 16,31f. ** Vgl. 4. Mos. 20,7-11 oder 4.Mos. 21,16
*** Vgl. 4.Mos. 22,28 † Vgl. 1.Mos. 9,13 †† Vgl. 2.Mos. 28,21 ††† Vgl. 2.Mos. 32,1
†* Vgl. 1.Mos. 22,13

9. An sieben Dingen erkennt man den Toren und an sieben Dingen den Weisen: Der Weise redet nicht vor dem, der ihn übertrifft an Jahren und Weisheit; er fällt seinem Nächsten nicht ins Wort; er antwortet nicht vorschnell; er fragt zur Sache und antwortet passend; am Anfang seiner Rede

steht das erste und das letzte an ihrem Ende; er spricht: Ich weiß es nicht, wenn er etwas nicht weiß; er bekennt die Wahrheit. Das Entgegengesetzte findet man beim Toren.

10. Sieben verschiedene Strafgerichte kommen über die Welt wegen sieben verschiedener Sünden. Wenn etliche den Zehnten* entrichten, etliche aber nicht, dann kommt Hungersnot durch Dürre, so daß etliche Hunger leiden, und etliche sind satt. Entrichtet aber keiner den Zehnten, dann kommt Hungersnot durch Aufruhr und Dürre. Wenn die Webebrote** nicht dargebracht werden, dann kommt eine Hungersnot, in der alles zugrunde geht. Seuchen kommen über die Welt, wenn Sünden, die nach dem Gesetz mit dem Tod bestraft werden, nicht durch das Gericht geahndet werden, und wegen der Früchte des siebenten Jahres†. Das Schwert kommt über die Welt, wenn das Recht unterdrückt und gebeugt wird, und wegen derer, die das Gesetz falsch auslegen. Wilde Tiere kommen über die Welt wegen der falschen Schwüre und wegen der Gotteslästerung. Wegführung in die Gefangenschaft kommt durch Götzendienst, Unzucht, Blutvergießen und wenn die Gebote über das Halljahr†† verletzt werden.

* Vgl. 5.Mos. 14,20-23 und 4.Mos. 18,21-28 ** Vgl. 3.Mos. 23,15ff. † Vgl. 2.Mos. 23,10f. 3.Mos. 25,2-7 und 5.Mos. 15,1-18 †† Vgl. 3.Mos. 25,8-55

11. In vier Zeiten nehmen die Seuchen überhand: Im vierten Jahr, im siebenten Jahr, nach Ablauf des siebenten Jahres und alljährlich zum Ausgang des Laubhüttenfestes. – Im vierten Jahr wegen der Zehnten für die Armen im dritten, im siebenten Jahr wegen der Zehnten für die Armen im sechsten, nach Ablauf des siebenten Jahres wegen der Früchte des siebenten, und zum Ausgang des Laubhüttenfestes wegen Beraubung der Armen um die Nachlese*.

* Vgl. 3.Mos. 19,9f. und Ruth 2

12. Viererlei Gesinnungen gibt es unter den Menschen: Das Meine ist mein, und das Deine ist dein: die gewöhnliche Gesinnung, manche* sagen auch, die von Sodom. – Das Meine ist dein, und das Deine ist mein: die eines Menschen aus dem einfachen Volk. – Das Meine ist dein, und das Deine ist dein: die eines Gerechten. – Das Meine ist mein, und das Deine ist mein: die eines Gottlosen.

* Z. B. Hes. 16,49

13. Viererlei Arten des Gemüts gibt es: Leicht zu erzürnen und leicht zu besänftigen: der Schaden ist größer als der Gewinn. – Schwer zu erzürnen und schwer zu besänftigen: der Gewinn ist größer als der Schaden. – Schwer zu erzürnen und leicht zu besänftigen: die Gemütsart des Gerechten. – Leicht zu erzürnen und schwer zu besänftigen: die Gemütsart des Gottlosen.

14. Viererlei Eigenschaften sieht man bei Schülern: Rasches Begreifen und rasches Vergessen: der Schaden ist größer als der Gewinn. – Schweres Begrei-

fen und schweres Vergessen: der Gewinn ist größer als der Schaden. – Rasches Begreifen und schweres Vergessen: ein Weiser. – Schweres Begreifen und rasches Vergessen: ein schlimmes Schicksal.

15. Viererlei Arten gibt es unter den Almosenspendern: Manch einer gibt, möchte aber nicht, daß andere geben: er geizt mit Fremdem. – Manch einer möchte, daß andere geben, gibt aber selber nicht: er geizt mit dem Seinen. – Manch einer gibt selber und möchte, daß andere geben: ein Gerechter. – Manch einer gibt selber nicht und möchte auch nicht, daß andere geben: ein Gottloser.

16. Viererlei Eigenschaften sieht man bei den Besuchern der Synagoge: Manch einer geht hin, aber handelt nicht danach: er hat das Verdienst, hingegangen zu sein. – Manch einer handelt danach, aber geht nicht hin: er hat das Verdienst des Werkes. – Manch einer geht hin und handelt danach: ein Gerechter. – Manch einer geht nicht hin und handelt auch nicht danach: ein Gottloser.

17. Viererlei Eigenschaften sieht man bei denen, die zu Füßen der Weisen sitzen: Sie sind wie Schwamm, Trichter, Seiher oder Mehlbeutel. Ein Schwamm, der alles aufsaugt. Ein Trichter, der alles aufnimmt an einer Stelle und wieder ausfließen läßt an einer anderen. Ein Seiher, der den Wein ausfließen läßt und die Hefe behält. Ein Mehlbeutel, aus dem das Staubmehl gebeutelt wird und der das Kraftmehl behält.

18. Jede Liebe, die an etwas hängt, vergeht, sobald vergeht, woran sie hängt; die aber nicht an etwas hängt, vergeht nie. – Was ist nun eine Liebe, die an etwas hängt? Die Liebe von Amnon und Thamar*. – Und was ist eine, die nicht an etwas hängt? Die Liebe von David und Jonathan.

* Vgl. 2.Sam. 13,1-21 † Vgl. 1.Sam. 19,1-7

19. Jeder Streit trägt bleibende Früchte, der um des Himmels willen geführt wird, und der nicht um des Himmels willen geführte ist fruchtlos. – Was ist nun ein Streit um des Himmels willen? Der Streit zwischen Hillel und Schammai. – Und was ist ein Streit nicht um des Himmels willen? Der Streit Korahs und seiner ganzen Rotte*.

* Vgl. 4.Mos. 16

20. Wer viele zu Werken der Gerechtigkeit führt, dem bleibt die Sünde fern; wer aber viele zur Sünde verleitet, dem wird keine Gelegenheit zur Buße gegeben. Mose war gerecht und führte viele zu Werken der Gerechtigkeit, darum ward ihm die Gerechtigkeit vieler zugerechnet, denn es steht geschrieben: Er vollführte die Gerechtigkeit des HERRN und seine Rechte an Israel.* – Jerobeam** sündigte und verführte die Menge, darum wird ihm die Sünde der Menge zugerechnet, denn es steht geschrieben: Um der Sünden willen Jerobeams, die er tat und durch die er Israel sündigen machte.†

* 5.Mos. 33,21 b ** Vgl. 1.Kön. 12,25-33 † 1.Kön. 15,30

21. Drei Eigenschaften sind es, die einen Menschen zum Schüler unseres Vaters Abraham machen, und drei andere machen ihn zum Schüler des gottlosen Bileam*. Ein freundliches Auge, ein bescheidenes Gemüt und ein demütiger Sinn sind die Zeichen der Schüler Abrahams. Ein böser Blick, ein zorniges Gemüt und ein hochfahrender Sinn sind die Zeichen der Schüler Bileams. Wie unterscheiden sich nun die Schüler unseres Vaters Abraham von denen des gottlosen Bileam? – Die Schüler unseres Vaters Abraham sind gesegnet in dieser Welt und erben die zukünftige, denn es steht geschrieben: Daß ich wohl versorge, die mich lieben, und ihre Schätze voll mache**. Die Schüler des gottlosen Bileam aber erben das Fegefeuer und stürzen in die tiefe Grube der Hölle, denn es steht geschrieben: Aber, Gott, du wirst sie hinunterstoßen in die tiefe Grube: Die Blutgierigen und Falschen werden ihr Leben nicht zur Hälfte bringen. Ich aber hoffe auf dich.†

* Vgl. 4.Mos. 22-24 ** Spr. 8,21 † Ps. 55,24

22. Juda, Temas Sohn, sagte: Sei mutig wie ein Leopard, geschwind wie ein Adler, schnell wie ein Hirsch und heldenmütig wie ein Löwe, den Willen deines Vaters im Himmel zu erfüllen.

23. Ferner sagte er: Der Unverschämte ist für die Hölle und der Bescheidene für das Paradies. Möge es dir gefallen, o HErr unser Gott, daß deine Stadt in unseren Tagen wieder auferbaut werde, und laß uns deines Gesetzes teilhaftig werden.

24. Ferner sagte er: Reif ist der Mensch mit fünf Jahren für das Lesen der Heiligen Schrift, mit zehn für die Mischna, mit dreizehn für die Pflicht der Gesetzeserfüllung, mit fünfzehn für den Talmud, mit achtzehn für die Heirat, mit zwanzig für den Beruf. Mit dreißig ist ihm Vollkraft verliehen, mit vierzig Verstand, mit fünfzig Sitzen im Rat. Mit sechzig kommt das Alter, mit siebzig das Greisenalter, mit achtzig das Hohe Alter*; mit neunzig ist er dem Grabe zugebeugt, mit hundert ist er wie tot und der Welt entrückt.

* Vgl. Ps. 90,10

25. Bagbags Sohn sagte: Wende und wühle im Gesetz, denn in ihm ist alles. Lies darin und werde alt und grau in ihm, und weiche nicht von ihm, denn es gibt nichts Besseres als das Gesetz.

26. Hehes Sohn sagte: Wie die Mühe so der Lohn.

6 Die Weisen lehrten in der Sprache der Mischna. Gepriesen sei ER, der sie und ihre Lehre erwählt hat.

Rabbi Meir sagte: Wer das Gesetz um des Gesetzes willen erforscht, der wird vieles erlangen, und nicht nur dies, sondern er ist würdig, daß nur seinetwegen die Welt besteht. Sein Name ist Freund und Geliebter, er liebt Gott und die Menschen, und er erfreut Gott und die Menschen. Die Liebe bekleidet ihn mit Sanftmut und Gottesfurcht und macht ihn tüchtig, gerecht und fromm und rechtschaffen und treu zu sein. Sie hält ihn fern von der Sünde und führt ihn hin zur Gerechtigkeit, und durch ihn nehmen zu Rat und Tat, Verstand und Macht, denn es steht geschrieben: Mein ist beides, Rat und Tat; ich habe Verstand und Macht.* Dazu gibt sie ihm auch königliche Würde und Herrschaft und die Erforschung des Rechts, und ihm werden die Geheimnisse des Gesetzes offenbart. Er wird wie eine Quelle, die nie versiegt, und wie ein wachsender Strom. Bescheiden ist er, langmütig und nachsichtig. Sie erhebt ihn über alle Geschöpfe.

* Spr. 8,14

2. Rabbi Josua, Levis Sohn, sagte: Tag für Tag ertönt eine schallende Stimme vom Horeb und ruft und spricht: Wehe dem Menschengeschlecht ob der Mißachtung des Gesetzes! Wer nicht das Gesetz erforscht, heißt ein Verworfener, denn es steht geschrieben: Ein schönes Weib ohne Zucht ist wie eine Sau mit einem goldenen Haarband.* Und es steht geschrieben über die Gesetzestafeln: Gott hatte sie selbst gemacht und selber die Schrift eingegraben.** – Du sollst aber nicht lesen charuth, das ist: eingegraben, sondern sollst lesen cheruth, das ist: Freiheit, denn ein Freier ist nur, wer das Gesetz erforscht. Wer das Gesetz erforscht, wird auch erhöht, denn es steht geschrieben: und von Matthana, das ist: Geschenk, gen Nahaliel, das ist: Gotteserbe; und von Nahaliel gen Bamoth†, das ist: die Höhen.

* Spr. 11,22 ** 2.Mos. 32,16 † 4.Mos. 21,19

3. Wer von seinem Nächsten auch nur ein Kapitel oder einen Lehrsatz oder einen Schriftvers oder selbst nur einen Buchstaben lernt, muß ihm Ehre erweisen, denn so tat Israels König David, da er von Ahithophel nur zwei Dinge gelernt hatte, und machte ihn zu seinem Rat, Freund und Verwandten, denn es steht geschrieben: Du aber bist mein Geselle, mein Freund und mein Verwandter.* Vom Kleineren läßt sich aufs Größere schließen: Wenn David, der König von Israel, Ahithophel zu seinem Rat, Freund und Verwandten machte, da er nur zwei Dinge von ihm gelernt hatte, um wieviel mehr muß dann, wer von seinem Nächsten auch nur ein Kapitel oder einen Lehrsatz oder einen Schriftvers oder selbst nur einen Buchstaben lernt, diesem Ehre erweisen. Ehre aber gebührt nur dem Gesetz, denn es steht geschrieben: Die Weisen werden Ehre erben**, und: Die Frommen werden Gutes ererben†. Und mit »Gutes« ist nur das Gesetz gemeint, denn es steht geschrieben: Denn ich gebe euch eine gute Lehre; verlasset mein Gesetz nicht.††

* Ps. 55,14 ** Spr. 3,35 a † Spr. 28,10 b †† Spr. 4,2

4. Dies ist der richtige Weg zum Gesetz: Iß Brot mit Salz, trinke Wasser nach dem Maß*, schlafe auf der Erde, lebe entbehrungsreich und mühe dich

ab mit dem Gesetz. Tust du also, dann: wohl dir, du hast es gut.** »Wohl dir« – auf dieser Welt, und »du hast es gut« – in der zukünftigen.

* Vgl. Hes. 4,11 ** Ps. 128,2

5. Strebe nicht nach Würden und laß dich nicht gelüsten nach Ehren, die mehr erfordern, als du gelernt hast. Laß dich nicht gelüsten nach der Speise der Könige, denn deine Speise ist besser und deine Krone größer als ihre. Und dein Meister wird dir sicher den Lohn für deine Mühen geben.

6. Das Gesetz ist größer als das Priestertum und das Königtum, denn das Königtum wird durch dreißig Bedingungen* erworben und das Priestertum durch vierundzwanzig, das Gesetz aber durch achtundvierzig: durch Erforschen, Lauschen der Ohren zum Hören, Ausrichtung der Lippen zum Nachsprechen, Einsicht des Herzens, Verstand des Herzens, Ehrfurcht, Furcht vor der Sünde, Demut, Freudigkeit, Umgang mit Weisen, Unterredung mit Freunden, Erörterung mit Schülern, Nachdenken, Lesen der Schrift, Studieren der Mischna, Schrankensetzen dem Gewerbe, Schrankensetzen dem Schlaf, Schrankensetzen den Genüssen, Schrankensetzen dem Scherzen, Schrankensetzen dem ehelichen Beilager, Geduld, ein gutes Herz, Vertrauen in die Weisen und das Ertragen von Leiden. Weiter muß man wissen, wo sein Platz ist, zufrieden sein mit seinem Anteil, einen Zaun um seine Worte machen, sich nichts zugute tun auf das Seine, angenehm sein, Gott lieben und die Menschen und die Gerechtigkeit und die Zurechtweisungen und die Redlichkeit, und man muß sich von Ehrungen fernhalten, nicht auf sein Wissen stolz sein, sich nicht an der reinen Gelehrsamkeit erfreuen, seinem Nächsten seine Last tragen helfen, Menschen nach ihren guten Seiten beurteilen, sie zur Wahrheit führen und zum Frieden leiten. Weiter soll man beim Lernen bedächtig vorgehen, richtig fragen und antworten, zuhören und an Wissen zunehmen; lernen, zu lehren; lernen, um danach zu handeln; seinen Lehrer weiser machen, das Gehörte genau wiedergeben und immer den Urheber nennen, wenn man einen Ausspruch tut. Dies lernst du: Wer den Namen des Urhebers nennt, dessen Ausspruch er vorträgt, bringt Erlösung über die Welt, denn es steht geschrieben: Und Esther sagte es dem König in Mardochais Namen.†

* Vgl. z.B. 1.Sam. 8,10 † Est. 2,22 b

7. Groß ist das Gesetz, und es gibt Leben dem, der ihm folgt, in dieser Welt und in der zukünftigen, denn von seiner Lehre und seinen Worten steht geschrieben: Denn sie sind das Leben denen, die sie finden, und gesund ihrem ganzen Leibe.* Ferner steht geschrieben: Das wird deinem Nabel gesund sein und deine Gebeine erquicken.** Ferner steht geschrieben: Sie ist ein Baum des Lebens allen, die sie ergreifen; und selig sind, die sie halten.*** Ferner steht geschrieben: Denn solches ist ein schöner Schmuck deinem Haupt und eine Kette an deinem Halse.† Ferner steht geschrieben: Sie wird dein Haupt

schön schmücken und dich zieren mit einer hübschen Krone.†† Ferner steht geschrieben: Langes Leben ist zu ihrer rechten Hand; zu ihrer Linken ist Reichtum und Ehre.††† Ferner steht geschrieben: Denn sie werden dir langes Leben und gute Jahre und Frieden bringen.†*

* Spr. 4,22 ** Spr. 3,8 *** Spr. 3,18 † Spr. 1,9 †† Spr. 4,9 ††† Spr. 3,16 †* Spr. 3,2

8. Rabbi Simon, Menasjas Sohn, sagte im Namen des Rabbi Simon, Jochais Sohn: Schönheit, Macht, Reichtum, Ehre, Weisheit, Alter, Greisenalter und Kindersegen zieren die Gerechten, und sie zieren die Welt, denn es steht geschrieben: Graue Haare sind die Krone der Ehren, die auf dem Wege der Gerechtigkeit gefunden wird.* Ferner steht geschrieben: Der Alten Krone sind Kindeskinder, und der Kinder Ehre sind ihre Väter.** Ferner steht geschrieben: Der Jünglinge Stärke ist ihr Preis; und graues Haar ist der Alten Schmuck.† Ferner steht geschrieben: Und der Mond wird sich schämen, und die Sonne mit Schanden bestehen, wenn der HERR Zebaoth König sein wird auf dem Berge Zion und zu Jerusalem und vor seinen Ältesten in der Herrlichkeit.††

* Spr. 16,31 ** Spr. 17,6 † Spr. 20,29 †† Jes. 24,23

9. Rabbi Simon, Menasjas Sohn, sagte: Diese sieben Dinge, die die Weisen den Gerechten zuschreiben, haben sich alle an Rabbi* und seinen Kindern erfüllt.

* Vgl. Kap. 2,1

10. Rabbi Jose, Kismas Sohn, erzählte: Einst machte ich eine Reise, da begegnete mir ein Mann und entbot mir den Friedensgruß. Und da ich ihn erwidert, fragte er mich: Rabbi, woher kommst du? Ich antwortete ihm: Ich komme aus einer großen Stadt voll Weiser und Schriftgelehrter. Da sprach er zu mir: Rabbi, möchtest du nicht bei uns in unserer Stadt wohnen? Ich würde dir Tausend und Abertausende von Golddenaren, Edelsteinen und Perlen geben. Da antwortete ich ihm: Mein Sohn, selbst wenn du mir alles Silber und Gold und alle Edelsteine und Perlen der Welt gäbest, wollte ich doch nur wohnen an der Stätte des Gesetzes. Denn stirbt der Mensch, begleiten ihn weder Silber noch Gold und auch nicht Edelsteine und Perlen, sondern allein das Gesetz und die guten Werke, denn es steht geschrieben: Wenn du gehst, daß sie dich geleiten; wenn du dich legst, daß sie dich bewahren; wenn du aufwachst, daß sie zu dir sprechen.* »Wenn du gehst, daß sie dich geleiten« – aus dieser Welt; »wenn du dich legst« – werden sie dich bewachen im Grabe; »wenn du aufwachst« – werden sie zu dir sprechen in der zukünftigen Welt. Und so steht es auch geschrieben im Buch der Psalmen von David, dem König von Israel: Das Gesetz deines Mundes ist mir lieber denn viel tausend Stück Gold und Silber.** Ferner steht geschrieben: Denn mein ist Silber und Gold, spricht der HERR Zebaoth.†

* Spr. 6,26 ** Ps. 119,72 † Hag. 2,8

11. Fünferlei eignete sich zu der Heilige, gepriesen sei er, als sein Eigen-

tum: Das Gesetz ist ihm zu eigen, Himmel und Erde sind ihm zu eigen, Abraham ist ihm zu eigen, Israel ist ihm zu eigen und der Tempel ist ihm zu eigen. – Woher weißt du dies vom Gesetz? Es steht geschrieben: Der HERR hat mich gehabt im Anfang seiner Wege; ehe er etwas machte, war ich da.* – Woher weißt du dies von Himmel und Erde? Es steht geschrieben: So spricht der HERR: Der Himmel ist mein Stuhl und die Erde meine Fußbank. Was ist's denn für ein Haus, das ihr mir bauen wollt? Oder welches ist die Stätte, da ich ruhen soll?** Ferner steht geschrieben: HERR, wie sind deine Werke so groß und viel! Du hast sie alle weislich geordnet, und die Erde ist voll deiner Güter.*** – Woher weißt du dies von Abraham? Es steht geschrieben: Und segnete ihn und sprach: Gesegnet seist du, Abram, dem höchsten Gott, der Himmel und Erde besitzet.† – Woher weißt du dies von Israel? Es steht geschrieben: Bis dein Volk, HERR, hindurch komme, bis das Volk hindurch komme, das du erworben hast.†† Ferner steht geschrieben: An den Heiligen, so auf Erden sind, und den Herrlichen, an denen hab ich all mein Gefallen.††† – Woher weißt du dies vom Tempel? Es steht geschrieben: Zu deinem Heiligtum, HERR, das deine Hand bereitet hat.†* Ferner steht geschrieben: Und er brachte sie in seine heilige Grenze, zu diesem Berge, den seine Rechte erworben hat.†**

* Spr. 8,22 ** Jes. 66,1 *** Ps. 104,24 † 1.Mos. 14,19 †† 2.Mos. 15,16 ††† Ps. 16,3 †* 2.Mos. 15,17 †** Ps. 78,54

12. Und alles, was der Heilige, gepriesen sei er, geschaffen hat, schuf er zu seiner Ehre, denn es steht geschrieben: Alle, die mit meinem Namen genannt sind, die ich geschaffen habe zu meiner Herrlichkeit und zubereitet und gemacht.* Ferner steht geschrieben: Der HERR wird König sein immer und ewig.†

* Jes. 43,7 † 2.Mos. 15,18

Des Propheten Hesekiel Buch vom Jüngsten Gericht

Ein Gleichnis über das Jüngste Gericht. Vgl. Thomas der Zwilling, Spruch 112

Dies Buch ist der rechte Ort, endlich öffentlich zu machen, was der Prophet Hesekiel in seinem verborgenen Werk über die Auferstehung lehrt.

Er redet von dem gerechten Gericht über Leib und Seele gleichermaßen, und er spricht in einem Gleichnis.

Ein König hatte in seinem Reich nur Kriegsleute und dazu zwei Bürger: Der eine war lahm und der andere blind, und jeder von beiden lebte an seinem Ort und hatte mit dem anderen nichts zu schaffen.

Und da der König seinem Sohn eine Hochzeit ausrichtete, lud er alle Bewohner seines Reiches ein, doch nicht die Bürger, den Lahmen und den Blinden.

Da wurden sie zornig und beschlossen, dem König einen Streich zu spielen.

Der König hatte einen Garten, und es sprach der Blinde zum Lahmen: Was war unser Brotbrechen neben dem Schwelgen der Massen, die geladen waren zur Fröhlichkeit.

Darum auf! Weil er uns also tat, wollen wir uns an ihm rächen.

Da fragte der Lahme: Wie soll das geschehen? Und der Blinde antwortete ihm und sprach: Wir wollen in des Königs Garten gehen und die Paradiesfrüchte stehlen. Da antwortete ihm der Lahme: Wie soll ich das tun? Lahm bin ich und kann nicht gehen.

Und der Blinde sprach: Kann ich etwas tun, ohne zu sehen, wohin ich gehe? Laß uns eine List versuchen.

Da rupfte der Lahme Gras aus, das in seiner Nähe wuchs, und flocht daraus einen Strick und warf ihn dem Blinden zu und sprach: Fasse den Strick und komm her zu mir.

Und der Blinde tat, wie ihm geheißen, und da er herangekommen war, sprach der Lahme: Gib mir deine Füße und trage mich! Ich aber will dir meine Augen geben und von oben her will ich dich gut und sicher leiten.

Und so taten sie und stiegen hinab in den Garten des Königs.

Ob sie dort frevelten oder nicht, wer mag das wissen; doch ließen sie sichtbare Spuren zurück.

Da aber die Hochzeitsgäste sich erlustigen wollten, stiegen sie hinab in den Garten. Und sie fanden die Fußspuren im Garten und verwunderten sich darüber.

Sie meldeten es dem König und sprachen: In deinem Reich gibt es nur Kriegsleute, doch keine Bürger. Von wannen kommen dann die Spuren von Bürgern in deinem Garten?

Da wunderte sich der König.

So heißt es in dem Gleichnis aus dem verborgenen Buch des Hesekiel, als handele es sich um einen Menschen, denn es spricht in Bildern; in Wahrheit aber ist Gott, der König der Könige, allwissend.

Er ließ nun – so fährt das Gleichnis fort – den Blinden und den Lahmen holen.

Und er fragte den Blinden: Bist du etwa in den Garten hinabgestiegen?

Und der Blinde antwortete ihm und sprach: Ach Herr, du siehst doch mein Gebrechen! Du weißt doch, daß ich keinen Schritt weit sehe.

Da sprach der König zu dem Lahmen: Bist du etwa in den Garten hinabgestiegen? Und der Lahme antwortete ihm und sprach: Herr, willst du denn meine Seele erbittern um meines Gebrechens willen?

Da ist menschliches Gericht eitel.

Aber der gerechte Richter weiß, wie die beiden sich zusammentaten. Er setzt den Lahmen auf den Blinden und läßt die beiden mit Ruten streichen.

Da können sie nicht mehr leugnen, und es beschuldigt einer den anderen.

Und es spricht der Lahme zum Blinden: Du bist es gewesen, der mich fortgetragen hat!

Und der Blinde spricht zum Lahmen: Du warst mein Augenlicht.

So ist der Leib mit der Seele und die Seele mit dem Leib zu gemeinsamem Werk verbunden.

Und es ergeht das Jüngste Gericht über beide, den Leib und die Seele, da sie beide an den guten und bösen Werken den gleichen Anteil haben.

Vom Gericht.

Er spricht: Wie ich euch antreffe, so will ich euch richten.

Buße kann Israel retten.

Bekehre dich, Haus Israel, von deinen Sünden!

Sprich zu den Söhnen meines Volkes: Wenn eure Sünden von der Erde bis zum Himmel reichen, und wenn sie röter wären als der Scharlach oder schwärzer als ein Sack, und ihr kehret euch zu mir mit ganzem Herzen und sprecht: Vater! dann will ich euch willfahren als einem heiligen Volk.

Die Offenbarung des Baruch

Baruch wird der bevorstehende Untergang Jerusalems verkündet.

Und es geschah im fünfundzwanzigsten Jahr Jechonias, des Königs von Juda, daß das Wort des HERRN über Baruch kam, den Sohn des Neria. Und er sprach:

Du hast alles gesehen, was dieses Volk mir antut, und daß die Sünden der beiden noch übrigen Stämme zahlreicher sind als die der zehn, die schon weggeführt wurden in die Gefangenschaft.

Denn die zehn Stämme wurden von ihren Königen genötigt, zu sündigen; diese beiden aber trieben ihre Könige zur Sünde.

Darum will ich Unheil bringen über die Stadt und ihre Bewohner und will sie verstoßen von mir auf eine Weile. Und zerstreuen will ich dieses Volk unter die Völker, und den Völkern soll es gut ergehen, mein Volk aber soll gezüchtigt werden. Und es wird kommen die Zeit, da sie ersehnen werden die Tage des Segens.

Dies aber rede ich zu dir, daß du es sagest Jeremia und denen, die mit euch eines Sinnes sind, daß ihr diese Stadt verlaßt.

Denn euer Wandel ist gleich einer festen Säule und eure Gebete gleich einer starken Mauer für diese Stadt.

Baruch beklagt den Untergang Jerusalems.

2 Da sprach ich: O HERR, mein Gott! Kam ich denn zur Welt, das Unheil meiner Mutter anzusehen? Das sei ferne, mein HERR!

Willst du dich meiner erbarmen, so nimm meinen Geist von mir, daß ich heimgehe zu meinen Vätern und nicht ansehen muß den Untergang meiner Mutter!

Denn eine allzu große Last ist auf mir beides, daß ich dir nicht entgegenzutreten vermag und daß meine Seele nicht ansehen kann den Untergang meiner Mutter.

Eins aber will ich sprechen vor dir, o HERR: Was soll hernach geschehen? Denn so du deine Stadt untergehen läßt und dein Land den Feinden preisgibst, wie sollte des Namens Israel noch gedacht werden? Wer wird dann sein, das Gesetz zu erforschen, und wem soll es ausgelegt werden? Soll denn die Schöpfung zum Ursprung zurückkehren? Soll wieder sein das Schweigen vor allem Anfang über der Welt? Soll wieder ausgerottet werden, was da lebt, und soll der Menschen ganz vergessen sein?

Was soll dann noch bestehen von alledem, das du über uns verkündet hast?

Der HERR verkündet ein neues Jerusalem.

3 Da sprach der HERR zu mir: Für eine Weile will ich diese Stadt preisgeben und das Volk züchtigen, doch die Welt wird nicht vergehen.

Meinst du denn, dies sei die Stadt, von der ich gesprochen habe*: Siehe, in die Hände habe ich dich gezeichnet; deine Mauern sind immerdar vor mir?

* Jes. 49,16

Die Stadt, die du vor dir siehst, ist nicht die bei mir schon offenbar und hier im voraus bereitet ist, seit der Zeit, da ich beschloß, das Paradies zu schaffen. Und ich habe sie gezeigt Adam, ehe er sündigte; da er aber nicht hielt mein Gebot, ward sie ihm entzogen mit dem Paradies.

Und danach zeigte ich sie Abraham, meinem Knecht, in der Nacht zwischen den Opferhälften.* * 1.Mos. 15,17

Und ich zeigte sie Mose auf dem Berge Sinai, da ich ihm zeigte das Vorbild des Zeltes und alles seines Geräts. Vgl. 2.Mos. 25,8f.

Und so ist sie auch jetzt bereit bei mir mitsamt dem Paradies!

Gehe nun hin und tue, was ich dir gebiete!

Da antwortete ich ihm und sprach: Soll ich vor Zion Schuld tragen, daß deine Feinde ins Land einfallen und dein Heiligtum verunreinigen und dein eigenes Volk verschleppen, und alles rauben, was du liebst, und wieder ziehen in das Land ihrer Götzen, vor ihnen zu prahlen? Was habe ich verschuldet an deinem großen Namen?

Da sprach der HERR zu mir: Mein Name und mein Ruhm bleiben in alle Ewigkeit, doch mein Gericht wahrt sein Recht zu seiner Zeit.

Darum sollst du mit eigenen Augen sehen, daß es nicht die Feinde sind. Die Zion zerstören und die Jerusalem verbrennen werden, dienen nur dem Richter für eine kleine Weile. Darum gehe hin und tu, was ich dir aufgetragen habe.

Und ich ging und nahm Jeremia und Iddo und Seraja und Jabes und Gedalja und all die anderen Gerechten und zog mit ihnen zum Bache Kidron und erzählte ihnen alles, was der HERR mir verkündet hatte.

Da erhoben alle ihre Stimme und weinten und wir saßen dort und fasteten bis zum Abend.

Die Chaldäer kommen. Engel retten die heiligen Geräte, legen Brände und zerstören die Mauern.

4 Und siehe, am anderen Tag umzingelte das Heer der Chaldäer die Stadt. Da es nun Abend wurde, verließ ich die Gemeinschaft der Gerechten und ging hinaus und trat zur Eiche.

Und mein Herz war bekümmert ob des Schicksals Zions und ob der Gefangenschaft, in die das Volk geraten war.

Und siehe, es kam ein starker Wind vom Himmel und hob mich empor und trug mich auf die Mauer der heiligen Stadt Jerusalem.

Und mit meinen Augen sah ich, und siehe, vier Engel standen an den vier Ecken der Stadtmauer und jeder trug eine brennende Fackel in seinen Händen.

Und ein anderer Engel stieg vom Himmel herab und sprach zu ihnen: Haltet eure Fackeln bereit, doch zündet die Stadt nicht eher an, als bis ich es euch sage.

Denn ich bin gesandt, daß ich zuvor kund mache der Erde und niederlege in ihrem Bauch, was der Erhabene, der HERR, mir anbefohlen hat.

Und ich sah ihn hinabsteigen zum Allerheiligsten, und er nahm den Vorhang und den Leibrock und die Sühneplatte der Lade und die beiden Tafeln und die heiligen Gewänder der Priester und den Räucheraltar und die achtundvierzig Edelsteine, die der Hohepriester an sich trug, und alle heiligen Gefäße des Zeltes.

Und der Engel sprach mit lauter Stimme: Erde! Erde! Erde! Höre das Wort des allmächtigen Gottes und nimm diese Dinge in Empfang, die ich dir nun anvertrauen will! Hüte sie und bewahre sie bis zu den letzten Zeiten, und schütze sie vor den Fremden, und halte dich bereit, sie herzugeben, wenn es dir befohlen wird.

Denn die Stunde ist gekommen, da Jerusalem preisgegeben wird für eine Weile, bis sie wiederhergestellt wird nach dem Wort für immer.

Und die Erde tat ihr Maul auf und verschlang sie.

Danach hörte ich, wie der Engel zu den Fackelträgern sprach: Beginnt jetzt und zerstört die Mauern der Stadt bis auf den Grund, damit die Feinde nicht prahlen können und sprechen: Wir haben die Mauern Zions zerstört und die Wohnung des allmächtigen Gottes verbrannt.

Da ihr doch die Stätte nahmt, da ich zuvor weilte.

Und die Engel taten, wie er ihnen befohlen hatte, und da sie die Ecken der Mauern gesprengt hatten, ward eine Stimme vernommen aus dem Inneren des Tempels und rief:

Kommt herbei, ihr Feinde, dringt ein, ihr Hasser! Der dieses Haus bewachte, hat es verlassen. Und ich, Baruch, ging fort.

Das Heer der Chaldäer aber zog ein und besetzte den Tempel und alles Land ringsum.

Und das Volk führten sie gefangen fort und manche töteten sie; den König Zedekia aber legten sie in Fesseln und sandten ihn zum König von Babel.

Klagen im zerstörten Jerusalem.

5 Und ich, Baruch, kam, und Jeremia, dessen Herz von Sünden rein erfunden war und ward nicht gefangen beim Fall der Stadt, und wir zerrissen unsere Gewänder und weinten und trauerten und fasteten sieben Tage.

Nach sieben Tagen aber kam das Wort Gottes über mich, und er sprach: Sprich zu Jeremia, daß er hingehe und leite die Gefangenen des Volks und sorge für sie, bis sie kommen nach Babel.

Du aber bleibe hier auf den Trümmern Zions, denn ich will dir offenbaren, was sich ereignen wird am Ende der Tage.

Und ich redete zu Jeremia, wie mir der HERR gesagt hatte.

Und er zog hinweg* mit dem Volk; ich aber, Baruch, kam und saß vor den Toren des Tempels* und klagte über Zion und sprach:

Heil dem, der nicht geboren!

Heil dem, der geboren wurde und starb! Vgl. Hiob 3,11 *Vgl. aber Jer. 43,4-7

Weh uns, die wir jetzt leben! Weh uns, daß wir die Trübsal Zions sahen und Jerusalems Fall!

Ich rufe vom Meer die Sirenen und aus der Wüste die Kinder Liliths und aus den Wäldern die Dämonen und Schakale!

Kommt alle herbei und gürtet eure Lenden zur Wehklage und singt mit mir die Trauerlieder.

Ihr Ackerbauern, sät nicht mehr! Du Erde, behalte deine Früchte! Halte sie zurück in deinem Schoß mit all ihrem Wohlgeschmack.

Du Weinstock, laß ab, uns köstlichen Wein zu spenden, denn nichts mehr davon wird dargebracht in Zion, und die Erstlinge werden nicht mehr geopfert.

Und ihr Himmel, behaltet euren Tau und öffnet nicht die Vorratskammern des Regens!

Du Sonne, halte zurück das Licht deiner Strahlen, und du, Mond, lösch aus die Fülle deines Lichts!

Denn wozu soll noch weiter Licht erstrahlen an dem Ort, da Zions Licht verdunkelt ist?

Ihr Brautleute, betretet nicht mehr das Brautgemach! Ihr Jungfrauen, legt ab eurer Kränze Schmuck!

Ihr Weiber, betet nicht mehr um Kindersegen! Fröhlich sollen sein und freuen sollen sich, die keine Kinder haben, und die da Kinder haben, müssen betrübt sein. Vgl. Jes. 54,1

Denn warum sollen sie mit Schmerzen gebären*, um doch nur mit Seufzern zu begraben? * Vgl. 1.Mos. 3,16

Warum sollen die Menschen noch Kinder haben, und warum soll vom Menschengeschlecht noch weiter die Rede sein, an dem Ort, da diese Mutter verwüstet liegt und ihre Kinder gefangen hinweggeführt sind?

Von nun an dürft ihr nicht mehr singen von Schönheit und nicht mehr erzählen von Anmut.

Ihr Priester, nehmt die Schlüssel des Tempels und werft sie zur Himmelshöhe und gebt sie dem HERRN und sprecht: Bewache du dein Haus, denn siehe, wir sind als trügerische Haushälter erfunden worden.

Und ihr Jungfrauen, die ihr Linnen- und Seidenfäden mit dem Gold Ophirs zusammenwebt, nehmt eilend alles und werft es ins Feuer, denn das Feuer wird es dem wieder geben, der es hervorgebracht, und wird es schützen, daß die Feinde es nicht rauben.

So spreche ich, Baruch, zu dir, Babel: Stündest du in voller Blüte und wäre Zion glanzvoll bewohnt, dann wär es uns doch ein großer Schmerz, daß du Zion gleichständest.

Doch nun ist unser Jammer unermeßlich und unser Schmerz ist ohne Maß, denn du blühst und Zion ist verwüstet.

Wer wird darüber richten wollen? Und wer wird unsere Klage über unser Schicksal hören wollen? HERR, wie hast du dies dulden können?

Ohne Schmerzen haben sich unsere Väter zum Schlafe niedergelegt und friedlich schlummern die Gerechten in der Erde.

Denn sie haben niemals solche Trübsal erfahren, und nie ist ihnen Kunde geworden von dem, was uns betroffen hat.

O Erde, hättest du Ohren! O Staub, hättest du ein Herz! Und ginget hin, zu verkünden der Unterwelt, und sprächet zu den Toten: Glücklicher seid ihr als wir, die wir noch leben.

Dies aber sage ich aus meines Herzens Gedanken, und will reden vor dir, o Erde, die du jetzt blühend stehst in deiner Pracht, und sprechen also:

Die Glut des Mittags wärmt nicht allezeit und der Sonne Strahlen leuchten nicht unaufhörlich.

Darum überhebe dich nicht, und glaube nicht, daß du alle Zeit prangen wirst – es ist ein Wahn.

Wahrlich, der Tag wird kommen, da sich gegen dich der mächtige Zorn wenden wird, der jetzt noch durch Langmut wie durch einen Zaun zurückgehalten wird.

Und da ich also gesprochen hatte, fastete ich sieben Tage.

Vom Ausgleich des Glücks der Gottlosen und des Unglücks der Gerechten.

6 Danach stand ich auf dem Berg Zion, und siehe, eine Stimme kam aus dem höchsten Himmel und sprach: Stell dich auf deine Füße, Baruch, und höre das Wort des allmächtigen Gottes.

Denn ob deines Staunens* über das Schicksal Zions will ich dich bewahren bis ans Ende der Zeiten, auf daß du zur Stelle bist, um Zeugnis abzulegen!

* Vgl. Thomas der Zwilling, Spruch 2

Wenn je die heute blühenden Städte fragen: Warum straft uns der allmächtige Gott? dann sollst du ihnen antworten, samt denen, die wie du sind und die dies Unheil erlebt haben, und sprechen: Dies ist das Unheil, und die Strafe, die über euch und euer Volk kommen, weil ihr unser Volk gezüchtigt habt zu seiner Zeit, auf daß alle Völker gezüchtigt werden und in der Pein bleiben sollen.

Und wenn sie dich fragen: Wie lange soll dieser Zustand währen? dann sollst du ihnen antworten: Den klaren Wein habt ihr getrunken, nun trinkt auch die Hefe! Unparteiisch ist das Gericht des Erhabenen.

Seine eigenen Kinder hat er nicht geschont, sondern hat sie gepeinigt ob ihrer Sünden, als wären sie Feinde.

Sie wurden gezüchtigt, damit sie entsündigt würden.

Nun aber, ihr Völker der Erde, trifft euch das Gericht, denn ihr habt die Erde zertreten und euch die Schöpfung zur Beute gemacht, wie es nicht geboten war.

Denn allzeit habe ich euch Gutes erwiesen, doch ihr habt die Güte allzeit geleugnet!

Baruchs Zweifel an Gottes Antworten über die Gottlosen und die Gerechten und über Gottes Gericht.

7 Da antwortete ich und sprach: Siehe, du hast mir kundgetan der Zeiten Lauf und was geschehen wird. Und du sprachest zu mir: Den Völkern ist von Nutzen die Strafe, von der du gesprochen hast.

Und ich weiß nun, daß ihrer viel sind, die in Sünde lebten und waren glücklich und sind aus der Welt gegangen. In diesen Zeiten sind nur wenige Völker übrig, für die die Worte gelten, die du gesprochen hast.

Denn was ist es nütze, und was können wir noch Schlimmeres erwarten zu sehen, als was wir gesehen haben?

Weiter will ich reden vor dir:

Was war es nütze denen, die da wandelten voll Einsicht vor dir und nicht in Eitelkeit wie die anderen Völker, daß sie sprachen zu den Toten: Gebt uns Leben! sondern fürchteten dich und wandelten in deinen Wegen.

Siehe, sie wurden hinweggerafft, und du hast auch nicht um ihretwillen Erbarmen gehabt mit Zion.

Wenn andere frevelten, so hätte doch Zion Vergebung werden müssen der Werke derer wegen, die Gutes vollbracht! Und Zion hätte nicht untergehen dürfen der Werke derer wegen, die Missetaten vollbracht!

Vgl. 1.Mos.18,22-33

Ach du mein HERR und mein Gott, wer versteht dein Gericht! Wer vermag die Tiefe deines Weges zu erforschen, und wer bedenkt die schwere Bürde deines Pfades?

Wer vermag zu erfassen deinen unerfaßbaren Ratschluß, und wer unter allen Geborenen fand je den Anfang und das Ende deiner Weisheit?

Denn wie der Hauch ohne sein Zutun aufsteigt und vergeht, so ist es auch mit der Natur der Menschenkinder: Nicht wie sie es wollen, gehen sie dahin, und wissen nicht, was ihr Teil ist am Ende.

Die Gerechten erwarten gern das Ende und gehen dahin ohne Furcht, denn sie haben bei dir einen Schatz von guten Werken, der sicher in den Vorratskammern liegt. Darum verlassen sie diese Welt ohne Angst, und voll freudiger Zuversicht harren sie der Welt, die du ihnen verheißen hast.

Doch weh uns, die wir jetzt Schimpf erleiden und auch in jener Zeit nur Unheil zu erwarten haben!

Doch du weißt genau, was du aus deinen Knechten gemacht hast. Wir aber können nicht erkennen, was gut ist, denn wir sind klein und du bist unser Schöpfer.

Weiter will ich reden vor dir, HERR, mein Gott:

Da die Welt noch nicht war und nicht waren alle, die darin wohnen, war dein Gedanke, und du sprachst ein Wort, und sogleich traten die Werke der Geschöpfe vor dich hin.

Da war es dein Wille, den Menschen zum Statthalter für deine Werke zu machen, auf daß erkannt werde, daß du die Welt um des Menschen willen geschaffen, und nicht den Menschen um der Welt willen.

Doch jetzt sehe ich, daß die Welt, die unseretwillen geschaffen wurde, uns überdauern wird. Wir aber, um derentwillen sie geschaffen wurde, gehen dahin.

Da sprach der HERR zu mir: Du wunderst dich zu Recht über die Schicksale der Menschen, doch urteilst du nicht richtig über das Unglück, das die Sünder trifft, und wenn du sagst, die Gerechten würden dahingerafft, die Gottlosen aber glücklich leben, und wenn du sprichst: Niemand versteht dein Gericht.

Darum höre, daß ich es dir sage, und merke auf, daß ich dich meine Worte hören lasse!

Niemals könnte der Mensch mein Gericht richtig verstehen, wenn er nicht das Gesetz empfangen hätte, und wenn ich ihn nicht weislich unterrichtet hätte im Gesetz!

Nun aber, da er wissentlich übertreten hat, darum soll er auch wissentlich Pein leiden.

Von den Gerechten sagst du, daß um ihretwillen diese Welt gekommen sei; doch auch die künftige wird um ihretwillen erscheinen. Für die Gerechten ist diese Welt Mühe und Arbeit, und sie müssen sich abmühen*, die künftige aber ist eine Krone voller Herrlichkeit.

* Vgl. Thomas der Zwilling, Spruch 58

Über die Lebenszeit und über die Ordnung der Zeiten.

8 Da antwortete ich und sprach: HERR, mein Gott! Siehe, unsere Jahre zu unserer Zeit sind wenige und von schlimmer Art. Wer kann in seiner geringen Zeit erwerben, was unermeßlich ist?

Da antwortete mir der HERR und sprach: Bei dem Höchsten gilt nicht viel Zeit oder wenige Jahre. Denn was nützte es Adam, daß er neunhundertdreißig Jahre* lebte, da er doch übertrat, was ihm verboten war? Nichts genützt hat ihm die lange Zeit, die ihm gegeben war, vielmehr hat er den Tod gebracht in die Welt und die Jahre derer verkürzt, die von ihm stammen.

* 1.Mos. 5,4

Und was schadete es Mose, daß er nur einhundertzwanzig Jahre* lebte, da er doch immer seinem Schöpfer gehorsam war und darum das Gesetz den Kindern Jakobs brachte und dem Volk Israel eine Leuchte entzündete?

* 5.Mos. 34,5

Da antwortete ich und sprach: Der da entzündete, nahm von dem Licht, doch wenige sind, die es ihm nachtaten.

Viele aber, denen er die Leuchte entzündete, nahmen von der Finsternis Adams und entzückten sich nicht an dem Licht der Leuchte.

Da antwortete er und sprach zu mir: Darum hat er zu jener Zeit den Bund gestiftet, und er spricht: Siehe, ich habe dir heute vorgelegt das Leben und den Tod*, und er nahm Himmel und Erde zu Zeugen über sie.**

* Vgl. 5.Mos. 30,15 ** Vgl. 5.Mos 13,19

Denn Moses wußte, daß seine Zeit kurz ist, Himmel und Erde aber allzeit sind.

Sie aber sündigten und vergingen sich nach seinem Tod, obgleich sie wußten, daß sie das Gesetz haben, nach dem sie gerichtet werden, und das Licht, in dem nichts verborgen bleibt, und daß die Sphären Zeugnis ablegen, und ich bin.

Denn ich richte über alles, was da ist. Du aber sinne nicht weiter in deiner Seele und betrübe nicht länger dein Herz über das, was geschehen ist! Denn denke doch, nun muß kommen das Ende der Zeiten und der Dinge und des Glücks und der Schande und nicht ihr Anfang!

Denn wenn einer in seiner ersten Zeit im Glück lebt und in Schande gerät in seinem Greisenalter, so vergißt er all das Glück, in dem er lebte.

Und wiederum: Wenn einer in seiner ersten Zeit in Schande lebt, und kommt danach ins Glück, so weiß er nichts mehr von seiner Schande.

Und höre weiter: Wenn jeder glücklich wäre die Zeit seines Lebens, so würde das alles ganz wertlos sein, und zwar seit dem Tag, da der Tod verhängt ward über alle*, die sündigen in ihrer Lebenszeit, da er doch schließlich zugrunde gehen muß.

* Vgl. 1.Mos. 3,17ff.

Siehe, es kommen die Tage, da werden die Zeiten rascher eilen als die früheren und die Jahreszeiten schneller vorübergehen als die vergangenen, und die Jahre werden rascher schwinden, als die jetzt sind.

Darum habe ich Zion verstoßen zu dieser Zeit, daß ich die Welt so eilig als möglich heimsuche zu ihrer Zeit.

Du aber bewahre, was ich dir sage, in deinem Herzen und versiegle es in den Kammern deines Verstandes! Dann will ich dir kundtun mein gewaltiges Gericht und meine unerforschlichen Wege.

Geh hin und heilige dich sieben Tage und iß kein Brot und trink kein Wasser und sage es niemandem! Und dann komm wieder an diesen Ort, und ich will mich dir offenbaren und Wahrheit zu dir sprechen, und einen Auftrag will ich dir geben wegen des Laufs der Zeiten. Denn sie kommen jetzt und ohne Verzug!

Baruch fleht um Erleuchtung.

9 Und ich ging fort und setzte mich in eine Höhle im Kidrontal und heiligte mich dortselbst, und obwohl ich kein Brot aß, litt ich keinen Hun-

ger, und obwohl ich kein Wasser trank, litt ich keinen Durst. So verweilte ich sieben Tage, wie er mir befohlen hatte. Dann aber ging ich zurück an den Ort, da er zu mir gesprochen hatte.

Und da die Sonne unterging, kam ich in tiefes Nachsinnen und begann vor dem Allmächtigen zu reden und sprach:

Der du die Erde geschaffen hast, höre mich! Der du dem Firmament durch das Wort seinen Platz gewiesen und die Höhe des Himmels durch den Geist befestigt hast, der du im Anfang hervorgerufen hast, was vorher noch nicht war, und sie gehorchen dir;

der du der Luft durch deinen Wink geboten hast, und das Künftige schon gegenwärtig sahest;

der du die Engelschar vor dir mit Weisheit leitest und all die andern heiligen Wesen ohne Zahl, die du von Ewigkeit geschaffen hast, die flammenden und feurigen, die rings um deinen Thron stehen, mit Strenge;

– du bist allein imstande, was du auch willst, sogleich zu tun –

der du den Wolken gebietest und lässest regnen auf Erden, und weißt allein der Zeiten Ende, ehe sie denn herbeigekommen: Siehe doch auf mein Gebet!

Denn du allein vermagst alle Wesen zu erhalten, die Seienden und die Gewesenen und die Zukünftigen, die Sünder und die Gerechten.

Du allein bist der Lebendige, der niemals stirbt, und der nicht erforscht werden kann. Du kennst die Zahl der Menschenkinder und weißt, ob viele sündigen zu dieser Zeit und andere, nicht wenige, recht handeln.

Du weißt, wo du das Ende schon bereitet hast dem Sünder und das Ziel dem Gerechten.

Denn sollte es nur dies Leben geben, das jedermann hat hier auf Erden, so wäre nichts bitterer!

Was nützt die Kraft, da sie doch wieder zur Schwäche wird; was nützt die Sättigung, da sie doch wieder dem Hunger weicht; was nützt die Schönheit, da sie doch vergeht in Häßlichkeit?

Denn allezeit wandelt sich die Natur des Menschen oder wird zu nichts.

Wie wir vormals waren, sind wir heute nicht; und wie wir heute sind, werden wir danach nicht sein. Denn alles muß ein Ende nehmen, sonst gäbe es keinen Anfang.

Laß mich erkennen, was von dir kommt, und erleuchte mich in allen Dingen, um die ich dich bitte: Wie lange noch das Vergängliche bestehen bleibt, und wie lange noch die Zeit der Sterblichen glücklich sein wird, und wie lange sich noch die, die verworfen werden, in der Welt mit Gottlosigkeit beflecken.

Erbarme dich doch und gebiete, daß du verwirklichest alles, davon du hast geredet, daß du es werdest herbeiführen, auf daß deine Kraft erkannt wird von denen, die deine Langmut für Schwäche halten.

Denn alle sollen wissen, daß das Schicksal unserer Stadt nach deiner Herrschaft Langmut geschah, da du uns um deines Namens willen als dein Lieblingsvolk berufen hast.

Halte fern von dieser sterblichen Natur die Sterblichkeit, und bedrohe den Engel des Todes. Laß deine Herrlichkeit sichtbar und deine hehre Majestät erkennbar werden! Versiegle die Pforten der Unterwelt, daß sie von nun an keine Toten mehr aufnehme! Laß aus den Vorratskammern der Seelen zurückkehren, die in ihnen eingeschlossen sind.

Denn es sind ihrer viele geworden in all den Jahren, die dahingingen seit den Tagen Abrahams, Isaaks und Jakobs, und schlafen wie diese in der Erde, um derentwillen du die Erde geschaffen, wie du gesagt hast.

Darum zeige eilends deine Herrlichkeit und verziehe nicht mit dem, was du verheißen.

Und mit diesen Worten war mein Gebet beendet, und ich sank erschöpft zu Boden.

Das Heil und das Weltgericht sind nahe.

10 Und siehe, da öffneten sich die Himmel und ich sah und meine Kraft kehrte zurück und eine Stimme aus der Höhe war zu hören und sprach: Baruch, Baruch! Warum sorgst du dich?

Kann denn zufrieden sein, wer auf einem Weg wandert, ihn aber nicht zu Ende geht, oder der auf dem Meer fährt, aber den Hafen nicht erreicht?

Oder wenn ein Mensch dem anderen ein Geschenk verspricht, es aber nicht hergibt – ist das nicht Raub?

Oder bringt sich nicht selbst um die Ernte, wer zwar das Feld bestellt, die Frucht aber nicht zu seiner Zeit abmäht?

Oder kann Früchte ernten, wer zwar einen Setzling pflanzt, aber nicht wartet bis zur rechten Zeit?

Oder ein schwangeres Weib, das zur Unzeit niederkommt – nimmt sie nicht ihrer Leibesfrucht das Leben?

Oder kann das ein Haus genannt werden, wenn einer baut, aber den Bau ohne Dach läßt? Das sage mir zuvor!

Da antwortete ich und sprach: Nein, o HERR, mein Gott.

Und er antwortete und sprach zu mir: Warum sorgst du dich dann um etwas, von dem du nichts weißt? Und warum ängstigt dich etwas, wovon du keine Kenntnis hast?

Denn wie du weißt von den Menschen, die jetzt sind, und von denen, die waren, so kenne ich auch die künftigen und ihr Schicksal. Denn da Adam gesündigt hatte und der Tod über seine Nachkommen verhängt ward, da ward auch abgezählt die große Zahl derer, die geboren werden sollten, und ward ein Ort für die Menge bereitet, den Lebenden zur Wohnung und den Gestorbenen zur Aufbewahrung.

Nicht eher aber, als bis die vorbestimmte Zahl erfüllt ist, wird die Schöpfung erneuert. Denn mein Geist ist des Lebens Schöpfer, und die Unterwelt empfängt die Toten.

Doch dir wird es vergönnt zu hören, was nach diesen Zeiten geschehen wird. Denn wahrlich, mein Heil ist nahe herbeigekommen und ist nicht mehr ferne wie ehedem.

Denn siehe, kommen wird der Tag, da werden die Bücher aufgetan*, darin die Sünden aller Menschen aufgeschrieben sind, und die Vorratskammern, darin die guten Werke bewahrt sind, derer die gerecht gehandelt haben in der Schöpfung.

* Vgl. Dan. 7,10

Und es wird geschehen zu jener Zeit, daß du schauen wirst und mit dir viele die Langmut des Erhabenen, die da währt von Geschlecht zu Geschlecht, denn langmütig und freundlich ist er mit allen, die da geboren sind, mit den Sündern und den Gerechten.

Da antwortete ich und sprach: Doch siehe, HERR! Keiner kennt die Zahl der Dinge, die vergangen sind, und nicht derer, die da kommen. Denn siehe, wohl weiß ich zwar, was uns getroffen hat, doch weiß ich nicht, was unsere Feinde treffen wird und wann du dich gegen sie erheben willst.

Da antwortete er und sprach zu mir: Auch du wirst aufbewahrt werden bis zu der Zeit und zum Zeichen*, das der Höchste wirken wird für die Bewohner der Erde zum Ende der Tage.

* Vgl. z.B. Jes. 66,19

Und dies wird das Zeichen sein: Wenn starrer Schrecken die Bewohner der Erde ergreifen wird, da sie fallen werden in viele Nöte und werden stürzen in große Plagen, und wenn sie in ihrem Herzen aus übergroßer Not sprechen: Nicht mehr gedenkt der Allmächtige der Erde! Und wenn sie alle Hoffnungen fahren lassen, dann werden beginnen die Wehen der neuen Zeit.

Da antwortete ich und sprach: Wird aber diese Notzeit lange währen, und wird die Drangsal viele Jahre dauern?

Die zwölf Teile der Notzeit.

10 Und er antwortete mir und sprach: Zwölf Teile hat jene Zeit, und jedem Teil ist vorbehalten, was darin geschehen soll.

Und es wird sein in dem ersten Teil der Beginn des Aufruhrs, und in dem zweiten Mord an den Großen der Erde, und in dem dritten großes Sterben, und in dem vierten Aussendung des Schwerts*, und in dem fünften Hunger und Mangel an Regen, und in dem sechsten Erdbeben, und in dem siebten Schrecknisse, und in dem achten viele Gespenster und Erscheinungen von Dämonen, und in dem neunten Feuer vom Himmel, und in dem zehnten Raub und Unterdrückung, und in dem elften Missetat und Üppigkeit, und in dem zwölften alles, was vorher war.

* Vgl. Jer. 25,16

Also ist jedem Teil dieser Notzeit vorbehalten, was darin geschehen soll, und die Teile werden untereinander gemischt, und werden die einen für die anderen eintreten.

Denn einige werden übrig lassen von dem, was ihnen vorbehalten ist, und werden von anderen nehmen, und andere werden erfüllen, was ihnen vorbehalten ist, und dazu noch nehmen von weiteren, also daß die da sind auf Erden in jenen Tagen nicht merken werden, daß es das Ende der Zeiten ist.

Wer es aber merkt, der wird wohl weise werden.

Was nun das Maß und die Zahl dieser Notzeit betrifft, so sind's zwei Teile aus Wochen von sieben Wochen*.

* Vgl. Dan. 9,24-27

Da antwortete ich und sprach: Gut ist's, wenn einer es erlebt und schaut, doch besser ist's, wenn er nicht darein kommt, daß er nicht falle.

Doch will ich noch dies sagen: Wird denn der Unvergängliche das Vergängliche gering achten und was mit ihm geschieht, also daß er sieht allein auf das, was unvergänglich ist?

Wenn aber wirklich eintreten wird, o HERR, was du mir gesagt hast, so tu mir kund, hab ich denn Gnade gefunden vor deinen Augen, ob sich dies alles in einem Land oder in einem Teil der Erde ereignen wird, oder ob die ganze Welt die Notzeit spüren soll.

Die Verheißung des Messias und die Wiederauferstehung der Toten.

11 Und er antwortete und sprach zu mir: Was geschehen wird, wird auf der ganzen Erde geschehen, und alle wird es treffen, die da leben.

Zu der Zeit will ich allein behüten, die in diesem Land wohnen in jenen Tagen. Und wenn vollendet ist, was geschehen soll in den zwölf Teilen der Notzeit, dann wird der Messias beginnen, sich zu offenbaren.

Und der Behemoth wird sich offenbaren aus seinem Land und der Leviathan wird emporsteigen aus dem Meer, und diese beiden gewaltigen Seeungeheuer, die ich am fünften Schöpfungstage schuf und bis zu jener Zeit aufbewahrt habe, werden den Übriggebliebenen* als Speise dienen.

Vgl. 4.Esr. 6,47-52; vgl. auch Hiob 40,15-32; Jes. 27,1 * Vgl. Jes. 10,20ff.

Und die Erde wird ihre Frucht zehntausendfältig spenden, und tausend Ranken wird ein Weinstock tragen, und eine Traube wird tausend Beeren tragen, und eine Beere wird ein Kor Wein geben.

Wer Hunger litt, wird nun reichlich essen und täglich neue Wunder schauen. Von Früchten duftende Winde will ich der Erde senden und am Ende jedes Tages Wolken, die heilspendenden Tau auf die Erde träufeln.

Und in jenen Tagen werde ich wieder Manna vom Himmel fallen lassen, und sie werden zu der Zeit davon essen, weil sie das Ende der Zeiten gesehen haben.

Wenn aber die Zeit der Ankunft des Messias sich vollendet, wird er in Herrlichkeit zurückkehren.

Und es wird geschehen zu der Zeit, daß sich öffnen werden die Kammern, darin die Zahl der Seelen der Gerechten aufbewahrt sind, und die vielen Seelen werden hervorkommen, alle auf Ein Mal*, als eine Einzige* Schar, Eines* Sinnes. Und die Ersten werden sich freuen, und nicht sich betrüben die Letzten†.

* Vgl. Thomas der Zwilling, Spruch 4 † Vgl. Mar. 10,3

Und jeder wird wissen, daß die Zeit da ist, von der es heißt, daß sie das Ende aller Zeiten ist.

Die Seelen der Gottlosen aber werden in Angst und Schrecken vergehen, wenn sie dies schauen, denn sie wissen, daß die Zeit ihres Untergangs gekommen ist und die Zeit ihrer Pein begonnen hat.

Baruch verkündet dem Volk die zweite Zerstörung und den Neubau Zions.

12 Da ging ich zu dem Volk und sprach zu ihnen: Geht hin und versammelt die Ältesten, denn ich will euch sagen dies und das.

Und sie versammelten sich alle im Kidrontal und ich hob an und sprach zu ihnen: Höre, Israel, denn ich will zu dir reden! Du Stamm Jakobs, merke auf, denn ich will dich ermahnen!

Vergesset Zion nicht, und denkt an die Trübsal Jerusalems! Denn siehe, Tage werden kommen, da wird alles Gewordene vernichtet werden, und wird sein, als ob es nicht gewesen wäre.

So ihr aber eure Herzen bereitet und sät darin die Früchte des Gesetzes, dann beschirmt es euch zu der Zeit, da der Allmächtige die ganze Schöpfung erschüttern wird.

Denn über kurze Zeit wird Zions Bau erschüttert, daß er neu aufgerichtet werde. Doch dieser neue Bau wird nicht Bestand haben, sondern wird wiederum zerstört werden und in Trümmern liegen für eine Weile.

Dann aber muß die heilige Stadt in Herrlichkeit erneuert werden, und wird aufgebaut ganz und gar und bleiben für alle Zeit.

Darum dürfen wir uns nicht so sehr betrüben über die Not, die uns jetzt hat betroffen, als vielmehr darüber, was uns bevorsteht. Noch größer aber als diese beiden Trübsale wird die Not sein, wenn der Allmächtige seine Schöpfung erneuert.

Jetzt aber verlaßt mich und laßt mich einige Tage allein, bis ich wieder zu euch komme.

Das Volk klagt, Baruch tröstet.

13 Nach diesen Worten wandte ich, Baruch, mich ab und ging meines Weges. Doch da das Volk sah, daß ich es verlassen wollte, erhob es klagend seine Stimme und sprach: Baruch, wo gehst du hin? Was verläßt du uns wie ein Vater, der fortgeht und seine Kinder als Waisen zurückläßt?

Denk an die Aufträge, die dir dein Genosse Jeremia, der Prophet, gegeben hat, da er sprach zu dir: Siehe doch nach dem Volk, bis ich hingegangen bin gen Babel und leite die Gefangenen des Volks und sorge für sie, über die das Urteil erging, daß sie gefangen hinweggeführt würden.

Wahrlich, wenn auch du uns jetzt verläßt, wäre es besser, wir stürben alle zuvor, dann magst du uns verlassen.

Da sprach ich zum Volk: Das sei fern, daß ich euch verlasse oder daß ich mich sollte scheiden von euch. Zum Allerheiligsten nur will ich gehen und für euch und Zion Fürsprache bei dem Allmächtigen einlegen, ob ich vielleicht fürder noch Erleuchtung finde, dann aber zu euch zurückkehren.

Vom Wald, vom Weinstock und von der Zeder.

14 Und ich, Baruch, ging zur heiligen Stätte und setzte mich auf die Trümmer der Stadt und weinte und sprach*: Ach, daß ich Wasser genug hätte in meinem Haupt und meine Augen Tränenquellen wären!*

* Jer. 8,23

Wie kann ich genug seufzen über Zion und trauern über Jerusalem, da doch an dieser Stätte, da ich nun im Staube liege, der Hohepriester heilige Opfergaben darbrachte und legte Weihrauch und lieblich duftende Spezereien auf.

Jetzt aber ist unser Stolz zu Staub geworden und unser Seelen Sehnsucht zu Sand!

Da fiel ich in tiefen Schlaf, des Nachts aber hatte ich ein Gesicht. Und siehe, ich sah eine Ebene und darin war ein Wald von Bäumen und hohe und gewaltige Felsenberge umgaben ihn, und es war ein sehr großer Wald.

Und siehe, ihm gegenüber wuchs ein Weinstock in die Höhe, und unter ihm strömte eine Quelle sanft hervor.

Da aber die Quelle zum Wald kam, ward sie zu gewaltigen Fluten, und die Fluten überschwemmten den Wald. Und sie entwurzelten die vielen Bäume im Wald und verwüsteten alle Berge, die um ihn standen.

Der höchste Wipfel des Waldes ward immer niedriger, desgleichen des höchsten Berges Gipfel. Und so gewaltig stark ward die Quelle, daß von der großen Menge der Bäume nur eine einzige Zeder übrigblieb.

Doch auch diese ward zu Boden geworfen, also daß die Quelle den ganzen Wald vernichtete und entwurzelte, und nichts blieb von ihm zurück, und seine Stätte war nicht mehr zu finden. Da kam der Weinstock mit seiner Quelle ruhig und sanft herbei, und er kam zu einer Stätte unfern der Zeder, und der Quelle Fluten brachten zu ihm die Zeder, die zu Boden gestreckt war.

Und ich sah, wie der Weinstock seinen Mund öffnete und redete zu der Zeder und sprach: Bist du nicht die Zeder, die als einzige von dem Unglückswald übriggeblieben ist? Durch deine Hand gewann das Böse festen Stand und ward ausgeführt in allen diesen Jahren, doch nimmer das Gute. Stark fühltest du dich vor dem, das dir nicht gehörte, und was dir gehörte, damit hattest du niemals Mitleid.

Deine Herrschaft hast du ausgedehnt über die, welche dir fern waren, und die dir nahe kamen, brachtest du in deine Gewalt durch die Netze deiner Bosheit. Darum hast du dich überhoben allezeit, als könntest du nicht entwurzelt werden.

Jetzt aber ist deine Zeit herbeigeeilt, und deine Stunde ist gekommen.

So gehe denn dahin auch du, o Zeder, und folge dem Wald, der vor dir dahingegangen ist. Gleich ihm sollst du zu Sand werden, und euer Staub soll sich mischen!

Von nun an sollt ihr in Trübsal schlafen und in Qual ruhen, bis deine letzte Zeit kommt; dann aber sollst du wiederkehren, allein um noch mehr Pein zu leiden.

Und danach sah ich die Zeder, wie sie in Flammen stand, und sah, wie der Weinstock hoch emporwuchs, und rings um ihn war eine Ebene voll Blumen, die nicht verdorrten. Da wachte ich auf und erhob mich.

Die Deutung der Vision.

15 Da betete ich und sprach: HERR, mein Gott, von alters her erleuchtest du die Verständigen. Dein Gesetz ist Leben und deine Weisheit ist Redlichkeit.

Tu mir kund die Deutung dieses Gesichts! Denn du weißt, daß meine Seele allezeit nach deinem Gesetz trachtet, und daß ich mich von deiner Weisheit nicht losgesagt habe, solange ich lebe.

Und er antwortete und sprach zu mir: Baruch! Das ist die Deutung des Gesichts, das du gesehen hast. Es hat mit dem großen Wald und den wilden Bergen ringsum diese Bewandtnis:

Siehe, kommen wird der Tag, da dieses Reich zerstört wird, das zuvor Zion zerstörte, und es wird unterjocht von dem Reich, das nach ihm kommt.

Doch auch dieses zweite Reich wird nach einiger Zeit zerstört werden und ein anderes wird aufkommen, das dritte Reich. Herrschen wird es zu seiner Zeit und zerstört werden zu seiner Zeit.

Danach aber kommt das vierte Reich, und seine Herrschaft wird härter sein als die seiner Vorgänger. Und viele Zeiten wird es regieren, wie der Wald der Ebene, und behalten die Herrschaft lange Zeit, und wird sich erheben höher als die Zedern des Libanon.

Da wird sich die Wahrheit verstecken müssen, und die Frevler werden hinfliehen zu ihm, gleich den wilden Tieren, die in den dunklen Wald flüchten und darin lauern.

Doch auch dieses Reich wird enden, und wenn die Zeit seines Falles kommt, dann wird sich die Herrschaft meines Messias offenbaren, die der Quelle und dem Weinstock gleicht. Und wenn sie erschienen ist, wird sie seine ganze große Schar vertilgen.

Und die hohe Zeder, die du gesehen hast, und sahst, daß sie als einzige von jenem Wald übriggeblieben war, und was du gesehen und gehört hast, daß der Weinstock zu ihr sprach, damit hat es diese Bewandtnis:

Der letzte Herrscher des Reichs wird lebend übrigbleiben, wenn seine ganzen großen Scharen vernichtet werden. Und er wird gebunden, und sie werden ihn auf den Zionsberg schaffen, und mein Messias wird ihn zur Rede stellen wegen seiner Freveltaten, und er wird ihm vorhalten alle Taten seiner Scharen und wird nichts fehlen.

Und danach wird er ihm den Tod geben und meines Volkes Übriggebliebene* in dem Land, das ich erwählt habe, wird er beschützen.

* Vgl. Jes. 10,20ff.

Und sein Reich wird fortdauern, bis die Welt endlich verderben muß und die Zeiten sich vollenden, die ich dir gezeigt habe.

Das ist dein Gesicht und das seine Deutung.

Über das Volk der Endzeit.

16 Da antwortete ich und sprach: Ich will reden vor dir alles, was ich denke, und will dir alle Fragen stellen, die ich im Sinn habe:

Für wen und für wie viele wird das geschehen? Und wer ist wert, in jener Zeit zu leben?

Denn siehe, viele sehe ich aus deinem Volk, die sich von den Geboten deines Bundes losgesagt und das Joch deines Gesetzes* abgeworfen haben.

* Vgl. Apg. 15,10

Doch sehe ich auch andere, die ihr eitles Wesen aufgegeben und sich unter den Schatten deiner Flügel* geflüchtet haben.

* Vgl. Ps. 36,8

Was wird ihnen zuteil, und wie wird die letzte Zeit sie aufnehmen? Wird ihre Zeit genau gewogen, und werden sie gerichtet nach der Neigung der Waage?

Da antwortete er und sprach zu mir: Auch diese Dinge will ich dir kundtun:

Du hast gefragt und sprachest: Für wen und für wie viele wird das geschehen? – Den Gläubigen wird das Gute zuteil werden, denen aber, die es verschmähen, das Gegenteil!

Und du hast geredet vor mir von denen, die sich mir genähert haben, und denen, die sich losgesagt haben, und damit ist es also bewandt:

Die sich zuvor haben unterworfen und danach sich losgesagt, und haben sich vermischt mit dem Samen der Völker, die da vermischt sind, denen will ich zurechnen ihre frühere Zeit und will diese Zeit ansehen als etwas Hohes.

Und die zuvor das Leben nicht haben erkannt und erkannten es danach und haben sich vermischt mit dem Samen des abgesonderten Volkes – das sind die Pharisäer –, denen will ich zurechnen ihre spätere Zeit als etwas Hohes.

Und die einen Zeiten beerben die anderen und die einen Perioden die anderen, und sie nehmen an voneinander. Und danach, aufs Ende hin, wird alles ausgeglichen werden nach dem Maß der Zeiten und nach den Stunden der Perioden.

Denn das Verderben wird die nehmen, die des Verderbens sind, und das Leben, die des Lebens sind.

Und dem Staub wird befohlen und wird gesprochen zu ihm: Gib zurück, was nicht dein ist, und laß auferstehen, was du aufbewahrt hast für seine Zeit! Vgl. z.B. Hes. 37,1-14

Du aber, Baruch, bereite dein Herz für das, was dir angekündigt, und verstehe wohl, was dir kundgemacht ward, denn darin ist reicher Trost für dich, der immer währt.

Denn du gehst hinweg aus diesem Land und ziehest fort von den Stätten, die du jetzt schaust. Und du vergißt das Vergängliche und gedenkest dessen nicht mehr, was unter den Sterblichen geschieht.

Darum gehe hin, daß du sorgst für dein Volk, und kehre zurück an diesen Ort und faste sieben Tage, und dann will ich wieder zu dir kommen und reden mit dir.

Baruch belehrt die Ältesten des Volks.

17 Und ich, Baruch, ging fort und kam zu meinem Volk und ich berief meinen erstgeborenen Sohn und Gedalja, meinen Freund, und sieben von den Ältesten des Volks.

Und ich sprach zu ihnen: Siehe, ich gehe ein zu meinen Vätern, wie es der Lauf der ganzen Erde ist. Ihr aber sagt euch nicht los vom Weg des Gesetzes, sondern bewahrt es, und ermahnt das Volk, das noch übriggeblieben ist, daß es festhält an den Geboten des Allmächtigen!

Denn ihr sehet, daß der gerecht ist, den wir verehren, und unparteiisch ist unser Schöpfer.

Seht, was mit Zion geschehen ist, und was Jerusalem getroffen hat, damit des Allmächtigen Gericht erkannt werde und seine Pfade, die da sind unerforschlich und recht.

Seid geduldig in seiner Verehrung und vergeßt nie sein Gesetz, dann werden sich euch die Zeiten zum Heil wandeln und schauen sollt ihr Zions Tröstung.

Und was jetzt geschieht, ist nichts, doch was geschehen wird, das ist gewaltig über die Maßen.

Denn was verweslich ist vergeht, und was sterblich ist stirbt. Und diese Zeit wird aus dem Gedächtnis schwinden, und nicht gedacht wird ihrer werden, die befleckt ist von Sünden.

Wer jetzt läuft*, läuft vergeblich, und wer jetzt im Glück lebt, wird fallen und erniedrigt werden. * Vgl. 1.Kor. 9,24-27

Denn das Zukünftige wird herbeigefleht, und was sein wird, darauf hoffen wir. Gibt es doch eine Zeit, die nicht vergeht.

Es kommt das Zeitalter, das ewig bleibt, und die neue Welt, die nicht der

Verwesung gibt, die in die Seligkeit eingehen, und die kein Erbarmen hat mit denen, die in die Pein kommen, und die nicht verderben läßt, die in ihr leben.

Denn diese sind es, die erben werden die Zeit, von der gekündet ward*, und derer wartet das Erbe der verheißenen Zeit: Die sich den Reichtum der Weisheit angeeignet haben, und bei denen sich die Schätze der Einsicht finden, und die sich von der Gnade nicht losgesagt und die Wahrheit des Gesetzes stets befolgt haben. Ihnen wird die Welt gegeben, die da kommt; der Ort der vielen anderen aber wird im Feuer sein.

* Z.B. Jes. 65,17-25

Darum gehet hin und ermahnt das Volk, soviel ihr könnt, denn dies ist unsere Bestimmung. Gebt ihnen die Lehre, denn damit gebt ihr ihnen das Leben!

Da sprachen mein Sohn und die Ältesten des Volks zu mir: Hat denn der Allmächtige beschlossen, uns so sehr zu demütigen, daß er dich eilends von uns reißt? Und sollen wir denn in Finsternis sein, und soll dem Volk, das übrigblieb, kein Licht leuchten?

Wen sollen wir fernerhin über das Gesetz befragen können? Wer wird uns den Unterschied zwischen dem Leben und dem Tod weisen?

Und ich antwortete ihnen und sprach: Dem Thron des Allmächtigen kann ich mich nicht entgegenstellen. Doch es wird Israel nicht an einem Weisen fehlen und dem Geschlecht Jakobs nicht an einem Gesetzeskundigen.

Was euch betrifft, seid im Herzen bereit, dem Gesetz zu gehorchen und denen euch zu unterwerfen, die in der Furcht Gottes weise und verständig sind, und sagt euch auf keine Weise los von ihnen.

Denn wenn ihr also tut, dann werden sich für euch erfüllen die Verheißungen, von denen ich geredet habe zuvor, und ihr werdet nicht der Pein verfallen, von der ich gezeugt habe zuvor.

Doch davon, daß ich hinweggenommen werden sollte, sagte ich kein Wort, auch nicht zu meinem Sohn.

Baruchs Fasten und Gebet.

18 Und dann entließ ich sie und sprach zu ihnen: Siehe, ich gehe nach Hebron, dem Willen des Allmächtigen gehorsam. Und ich kam zu dem Ort, da die Stimme zu mir gesprochen hatte und setzte mich nieder und fastete sieben Tage.

Und nach dem siebenten Tag betete ich vor dem Allmächtigen und sprach:

O HERR. Du rufst die kommenden Zeiten, und sie stehen vor dir. Du läßt die Herrschaft der Welten vergehen, und sie widerstehen dir nicht. Du ordnest den Lauf der Jahreszeiten, und sie folgen dir.

Keiner kennt die Dauer der Geschlechter außer dir, doch offenbarst du deine Geheimnisse nicht der Menge.

Du bestimmst des Feuers Gewicht und wägst ab des Windes Schnelligkeit.

Du erforschest den Saum der Himmelhöhen und ergründest die Tiefen der Finsternis.

Du bestimmst die Zahl derer, die vergehen, und derer, die aufbewahrt werden, und du bereitest die Wohnstatt den Künftigen.

Du kennst den Anfang, den du geschaffen hast, und weißt den künftigen Untergang.

Du befiehlst mit Drohen den Flammen, daß sie sich fürchten, und sie wandeln sich in Winde. Vgl. Ps. 104,4

Was nicht ist, das rufst du ins Leben durch ein Wort, und Herrscher bist du auch über das, was noch nicht ist.

Du lehrst die Geschöpfe durch deine Einsicht und gibst Weisheit den Sphären, daß sie dienen nach ihren Ordnungen.

Unzählige Heerscharen stehen vor dir und sind freudig dienstbar deinem Wink nach ihren Ordnungen.

Höre auf deinen Knecht, und merke auf meine Bitte!

Nur eine kurze Frist ist es, daß wir geboren werden und kehren zurück nach kurzer Frist. Vor dir aber sind Stunden wie solche Frist und Tage wie der Geschlechter Dauer.

Darum zürne nicht dem Menschen, denn er ist nichts, und denke nicht nach über unser Tun, denn was sind wir. Denn siehe, durch das Geschenk deiner Gnade sind wir ins Leben gekommen und ohne unseren Willen gehen wir wieder dahin. Nicht haben wir unseren Vätern gesagt: Zeuget uns! und haben auch nicht gesandt zur Unterwelt und gesagt: Nimm uns auf!

Was ist unsere Stärke, daß wir deinen Zorn ertragen könnten? Und was sind wir, daß wir deinem Gericht standhalten könnten?

Beschirme du uns in deiner Gnade, und hilf uns in deinem Erbarmen!

Siehe doch auf die Wenigen, die sich dir unterworfen haben, und errette, die sich dir nahen! Nimm unserem Volk nicht seine Hoffnung und verkürze uns nicht die Zeiten deiner Hilfe.

Denn dies ist dein auserwähltes Volk, und diese sind das Volk, dem du keines hast gleich gefunden.

Nun aber will ich reden vor dir und will sprechen, wie mein Herz denkt.

Auf dich vertrauen wir, denn bei uns ist dein Gesetz, und wir wissen, daß wir nicht fallen, solange wir an den Geboten deines Bundes festhalten.

Heil uns zu aller Zeit auch darum, daß wir nicht gemischt wurden unter die Völker.

Denn wir sind ein einziges Volk, das einen berühmten Namen trägt, die wir von Einem Ein Gesetz empfangen haben. Und dieses Gesetz, das mit uns ist, hilft uns, und die vortreffliche Weisheit, die in uns ist, wird unsere Stütze sein.

Neue Offenbarungen über die Endzeit.

19 Und da ich gebetet und also gesprochen hatte, ward ich ganz kraftlos. Und er antwortete und sprach zu mir: Ehrlich war dein Gebet, Baruch, und Erhörung fanden alle deine Worte. Aber mein Gericht verlangt das Seine und mein Gesetz erheischt sein Recht.

Antworten will ich dir um deiner Worte willen, und um deines Gebetes willen werde ich mit dir reden.

Es ist, wie es ist, und ist so: Nichtig war das Vergängliche und handelte gottlos, gleichsam als könnte es etwas ausführen, und es gedachte nicht meiner Güte und nützte nicht meine Langmut.

Darum wirst du sicherlich hinweggenommen nach meinen Worten, die ich dir zuvor gesagt habe, und es ist die Zeit gekommen, von der ich zu dir gesprochen.

Und erscheinen wird die Zeit der Drangsal, und wird herbeikommen und vorüberziehen die schlimme Zeit. Wahrlich, jetzt beginnt sie und zieht ein mit großem Ungestüm, wenn sie einhertritt in drohendem Zorn.

Und in diesen Tagen werden alle, die da wohnen auf Erden, sich erheben in Aufruhr wider einander, da sie nicht wissen, daß mein Gericht nahe ist.

Denn nicht viele Worte werden gefunden in dieser Zeit, und die Einsichtigen werden Einzelne* sein. Und wer die Wahrheit kennt, der wird sie erst recht verschweigen.

* Vgl. Thomas der Zwilling, Spruch 16 und die Verweise dort

Falsche Propheten werden sich erheben und viele verführen*, und Wahngebilde werden verbreitet werden. Und es werden unzählige Verheißungen erzählt werden, und manche werden eitel sein, und manche werden sich erfüllen.

* Vgl. Mat. 24,11

Und die Ehre wird sich wandeln zur Schande und die Stärke erniedrigt zu verächtlicher Schwäche. Schwinden wird die gesunde Kraft und die Schönheit wird zur Gemeinheit.

Und viele werden sagen zu der Zeit und sprechen: Wo hat sich die viele Einsicht verborgen, und wohin ist die Menge der Weisheit entwichen?

Und wie sie's bedenken, wird die Eifersucht in denen aufsteigen, die gering von sich dachten, und die Leidenschaft wird packen, die vordem besonnen waren, und zornige Aufregung wird viele ergreifen, daß sie viele andere verletzen. Und sie werden Heere aufreizen, daß sie Blut vergießen, und werden allesamt mit ihnen untergehen!

Und zu dieser Zeit wird für jedermann der Wechsel der Zeiten deutlich sichtbar, der da eintritt, darum daß sie sich in allen diesen Zeiten befleckten und Betrug übten und dahingingen, ein jeglicher in seinen Taten, und nicht gedachten des Gesetzes des Allmächtigen. Darum wird Feuer ihre Pläne fressen und die Flamme wird die Erwägungen ihrer Nieren* prüfen, denn kommen wird ein strenger Richter und wird nicht säumen. * Vgl. Jeremia 17,10

Denn jeder Erdbewohner konnte wissen, wann er frevelte*, doch ihres Hochmuts wegen kannten sie mein Gesetz nicht. * Vgl. Röm. 2,14f.

Dann werden viele weinen, doch über die Lebenden noch mehr als über die Toten.

Da antwortete ich und sprach: Ach Adam, was hast du allen denen angetan, die von dir abstammen? Und was soll gesagt werden von der ersten Eva, daß sie der Schlange gehorcht hat, so daß die ganze große Menge dem Verderben anheimfiel und ihrer Unzählige sind, die das Feuer verschlingt!

Doch will ich reden vor dir noch dies: Du, HERR, mein Gott, weißt deine Schöpfung, denn du hast dem Staub befohlen, daß er Adam hervorbringe, und du kennst die Zahl derer, die von ihm abstammen, und wie sündigten vor dir, die da waren bis auf diesen Tag, und bekannten dich nicht als ihren Schöpfer.

Und aus all diesen Gründen klagt sie ihr Ende an, und dein Gesetz, das sie übertraten, wird sie richten an deinem Tag.

Darum will ich jetzt die Gottlosen vergessen und für die Gerechten Fürbitte einlegen, und ich will künden von ihrer Seligkeit und will nicht schweigen und will ohne Ende preisen ihre Herrlichkeit, die für sie bereitet ist.

Denn wahrlich, ihr Gerechten, ihr habt in eurer kurzen Frist viel Mühe erduldet in dieser vergänglichen Welt, also werdet ihr viel Licht empfangen in jener Welt, die ewig ist.

Von der Auferstehung der Toten.

20 Doch dich, Allmächtiger, flehe ich weiter an und bitte den, der alles schuf, um Gnade!

In welcher Gestalt werden weiterleben, die deinen Tag erleben, und woher wird der Glanz kommen, der ihnen verheißen ist?

Werden sie anziehen ihren jetzigen Leib und bekleidet sein mit den fest verbundenen Gliedern, die jetzt in Sünde sind und mit denen die Sünden getan werden. Oder verwandelst du die in der Welt waren ebenso, wie du die Welt verwandelst?* Vgl. zum Ganzen 1.Kor. 15,42ff. und 50-53 * Vgl. Jes. 65,17

Da antwortete er und sprach zu mir: Höre das Wort, Baruch, und schreibe in deines Herzens Gedächtnis, was du erfährst! Wohl gibt die Erde die Toten wieder, denn sie hat sie nur zur Aufbewahrung empfangen und ändert nichts an ihrem Aussehen. Wie sie die Toten empfangen hat, so gibt sie sie zurück, und wie ich sie ihr gegeben habe, so werden sie auferstehen.

Denn es ist nötig zu zeigen, daß die Toten wieder lebendig werden, und daß wieder unter ihnen weilen, die dahingegangen waren.

Und wenn einander erkannt haben, die sich jetzt kennen, dann wird das Gericht mit Macht erscheinen und wird herbeikommen, wovon geredet ward zuvor.

Von der Verklärung der Gerechten und der Verdammnis der Gottlosen.

21 Und wenn der vorherbestimmte Tag vorüber ist, dann wird sich die Gestalt aller verwandeln*. * Vgl. 1.Kor. 15,51

Furchtbar wird der Anblick der Sünder sein, denn sie müssen Pein erdulden.

Herrlich aber wird sein der Anblick derer, die nach meinem Gesetz gerecht gehandelt haben und durch Erkenntnis Einsicht gewannen im Leben und in ihr Herz der Weisheit Wurzel pflanzten; ihr Glanz wird erstrahlen in vielerlei Gestalt und ihr Antlitz wird sich wandeln in so leuchtende Schönheit, daß sie die unsterbliche Welt empfangen können, die ihnen verheißen ist.

Und sehr großes Seufzen wird sein unter denen, die mein Gesetz mißachteten und ihre Ohren verstopft haben, so daß sie nicht Weisheit hören oder Einsicht erwerben konnten.

Und wenn sie sehen werden, daß die erhaben sind und mehr verherrlicht werden als sie, über die sie sich einst erhaben dünkten, dann werden sie und jene verwandelt werden; die Gerechten zu der Engel Glanz, die anderen aber werden noch weiter dahinschwinden zu Erscheinungen und Gespenstern, daß ein Staunen ist und Verwundern, sie anzusehen.

Eine kurze Weile nur sind sie Zeugen der Verklärung der Gerechten, dann aber gehen sie hin und erleiden die ewige Pein.

Die aber um ihrer Werke willen gerettet wurden, und denen zu ihrer Zeit das Gesetz ihre Hoffnung und die Einsicht ihre Sehnsucht und der Glaube ihre Weisheit gewesen ist, die werden Wunder schauen, wenn ihre Zeit herbeigekommen ist.

Denn sie sehen eine Welt, die ihnen heute noch unsichtbar ist, und eine Zeit, die ihnen heute noch verborgen ist.

Und die Zeit wird sie nicht altern* lassen und sie werden in den Höhen jener Welt wohnen und den Engeln gleichen** und gleich sein wie die Sterne.

* Vgl. Jes. 65,20 ** Vgl. Luk. 20,36

Und steht ihnen der Sinn nach einer anderen Gestalt, dann wandeln sie sich zu jeder Gestalt, die sie nur wünschen, von der Schönheit bis zur Pracht und vom Licht bis zum Glanz der Herrlichkeit.

Und die weiten Räume des Paradieses liegen offen ausgebreitet vor ihnen und sie werden sehen die Hoheit der Wesen, die dem himmlischen Thron nahe sind, und die Hoheit aller Heerscharen der Engel. Denn es halten die Gerechten ja jetzt an meinen Worten fest, daß sie vorerst noch unsichtbar bleiben, und befolgen meine Gebote, daß sie bleiben an ihren Orten, bis die Zeit kommt, daß sie versammelt werden.

Dann wird bei den Gerechten größere Herrlichkeit sein als bei den Engeln.

Die Ersten werden aufnehmen die Letzten, die sie erwartet haben, und die Letzten werden die begrüßen, von denen sie vernommen haben, daß sie zuvor dahingegangen, denn sie wurden errettet aus dieser Welt der Plage und warfen die schwere Last ihrer Trübsal von sich.

Was in dieser ganzen Welt ist es wert, daß die Menschen darum ihr Leben verlieren, und was haben die eingetauscht für ihre Seele*, die da wohnten auf Erden.

* Vgl. Mat. 16,26

Da sie doch nicht erwählt haben die trübsallose Zeit, die ewig währt, sondern haben erwählt jene andere Zeit, deren Ende von Seufzern und Übeln voll ist, und haben verschmäht die Welt, in der es kein Altern gibt, und haben mißachtet die Zeit der Herrlichkeit, daß sie nicht zu der Glorie gelangen können, von der ich dir zuvor gesagt habe!

Da antwortete ich und sprach: Wie könnten wir die vergessen, denen am Ende Leid zugedacht ist? Und warum sollten wir die Toten beklagen und beweinen, die in die Unterwelt hinabgestiegen sind?

Sparet doch das Wehklagen für den Anbeginn der Pein, die da kommt, und bewahret die Tränen auf bis zum Nahen des künftigen Untergangs.

Aber auch das ganz andere will ich sagen!

Von den Gerechten, was sie jetzt tun sollen: Habet eure Lust an dem Leiden, das ihr jetzt leidet! Denn warum wartet ihr darauf, daß eure Hasser zu Fall kommen?

Vielmehr bereitet euch für das, was euch zugedacht ist, und macht euch des Lohnes wert, der für euch aufbewahrt ist!

Die Vision von den weißen und schwarzen Wassern und von den zwölf Strömen.

22 Und da ich so gesprochen hatte, schlief ich ein. Und ich sah ein Gesicht. Siehe, da stieg eine Wolke empor aus dem großen Meer. Und ich schaute auf die Wolke und siehe, sie war voll von weißem und schwarzem Wasser und waren viele Farben in dem Wasser, und an ihrem oberen Rand sah ich etwas, gleich einem großen Blitz.

Und ich sah, wie die Wolke stürmisch in raschem Lauf vorüberzog und die ganze Erde bedeckte. Dann aber öffnete sie sich und ließ das Wasser, das sich in ihr befand, auf die Erde regnen.

Und ich sah das Wasser, das ihr entströmte, daß es nicht hatte einerlei Anblick.

Denn am Anfang war es schwarz und von großer Menge und das währte eine Zeitlang, und danach sah ich, daß das Wasser hell war, und war nicht viel. Und danach sah ich wieder schwarzes Wasser und danach wieder helles und wieder schwarzes und wieder helles.

Zwölf Zeiten dauerte dies, doch des schwarzen Wassers war immer mehr als des hellen.

Und ehe die Wolke verschwand, siehe, da regnete sie noch einmal schwarzes Wasser, und es war viel dunkelfarbiger als alles frühere Wasser. Und Feuer war darein gemischt, und wo dieses Wasser herabströmte, da brachte es Verderben und Vernichtung.

Und danach sah ich, und siehe, es packte der Blitz, den ich am oberen Wolkenrand gesehen hatte, die ganze Wolke und schleuderte sie zur Erde.

Und dieser Blitz leuchtete so strahlend, daß er die ganze Erde erhellte*, und er heilte die Länder, auf die das letzte Wasser herabgeströmt war und hatte sie verwüstet.

* Vgl. Mat. 24,27

Und er nahm die ganze Erde in Besitz und herrschte über sie.

Und danach sah ich, und siehe, Ströme fluteten aus dem Meer empor, und sie umringten den Blitz und wurden ihm untertan.

Da wachte ich auf und war starr vor Angst.

Baruch betet um Deutung der Vision.

23 Da flehte ich zum Allmächtigen und sprach: HERR, ehe denn die Berge wurden, bist du, und was sich in den Zeiten ereignet, das rufst du hervor durch dein Wort. Du siehest die Werke der Erdenbewohner und

bringest rascher herbei der Zeiten Anfänge, und der Zeitalter Ende kennst du allein.

Du, dem nichts schwer ist, und der du alles leicht durch einen Wink vollbringst;

Du, dem die Höhen und die Tiefen dienen, und dessen Wort die Anfänge der Welten unterworfen sind;

Du, der denen, die dich fürchten, offenbart, was ihnen bereitet ist, daß du sie tröstest;

Du tust deine Wunderkräfte denen kund, die unwissend sind; du machst eine Öffnung in den Zaun für die Unerfahrenen, und du erhellst die Dunkelheiten und offenbarst das Verborgene denen ohne Makel, die sich im Glauben dir und deinem Gesetz unterworfen haben!

Ein Gesicht hast du deinem Knecht kundgetan, offenbare mir auch seine Deutung!

Denn ich weiß, du gabest mir Antwort auf das, was ich erbat von dir, und worüber ich zu dir fehlte, gabst du mir Aufschluß. Du hast mir kundgetan, mit welcher Stimme ich dich preisen und von welchen Gliedern emporsteigen soll dein Preis und Lobgesang.

Denn wäre jedes meiner Glieder ein Mund, und die Haare meines Hauptes Stimmen, könnte ich dir dennoch nicht den gebührenden Lobpreis abstatten und dir huldigen, wie es dir zukommt, und nicht kann ich erzählen deine Herrlichkeit und reden vom Glanz deiner Majestät.

Was bin ich denn bei den Menschen, und was bin ich wert unter denen, die besser sind als ich, daß ich all diese Wunder vernommen habe von dem Höchsten und die überströmenden Verheißungen von dem, der mich geschaffen hat!

Gebenedeit sei meine Mutter unter denen, die geboren haben, und gepriesen sei, die mich geboren hat unter den Weibern. Vgl. Luk. 1,42

Ich aber will nicht schweigen und will nicht aufhören, den Allmächtigen zu preisen, sondern will mit der Stimme des Lobgesangs erzählen von seinen Wundertaten!

Denn wer kann deine Wundertaten denken, o Gott, und wer kann deine tiefen Pläne erfassen, die voll Lebens sind?

Du regierest durch dein Denken alle Geschöpfe, die deine Rechte erschaffen hat, und du hast für dich bereitet jeglichen Quell des Lichts und hast die Schätze deiner Weisheit bereitgelegt nahe deinem Thron.

Die dein Gesetz nicht lieben, werden zu Recht zugrunde gehen, und die sich deiner Herrschaft nicht unterworfen haben, werden in die Pein des Gerichts kommen.

Zwar hat Adam als erster gesündigt und damit den vorzeitigen Tod über alle gebracht, doch hat auch jeder aus Adams Stamm sich selbst die künftige Pein erwählt, oder die ewige Herrlichkeit!

Denn in Wahrheit wird der den Lohn gewinnen, der da glaubt.

Darum, ihr Übeltäter, wendet euch heute nur dem Verderben zu, denn eure Heimsuchung wird streng sein, da ihr des Höchsten Erkenntnis mißachtet habt.

Euch haben nicht seine Werke belehrt, und seiner ewigen Schöpfung Wunderbau überzeugte euch nicht.

Darum ist Adam einzig für sich die Quelle seiner Schuld, wir anderen aber wurden jeder für sich zum Adam.

Du aber, o HERR, deute mir deine Offenbarung und gib mir Antwort auf das, was ich von dir erbeten habe.

Denn am Ende der Welt wird Vergeltung vollzogen an denen, die übel getan haben, nach dem Maß ihrer Missetat; die Gläubigen aber wirst du verherrlichen nach dem Maß ihres Glaubens.

Denn welche sind in dem, das dein ist, die leitest du, doch die Sünder vertilgst du aus dem, das dein ist.

Der Engel Ramael wird zu Baruch gesandt.

24 Und da ich so gebetet hatte, setzte ich mich unter den Baum, um im Schatten der Zweige zu ruhen. Doch ich wunderte mich und staunte und in meinen Gedanken sann ich nach über die große Güte, die die Sünder hier auf Erden von sich stoßen, und über die große Pein, derer sie nicht geachtet haben wider besseres Wissen. Denn wahrlich, es lebt kein Sünder, der nicht weiß, was seiner einst harret!

Und da ich dies und noch anderes bedacht hatte, ward zu mir gesandt der Engel Ramael, der den wahren Gesichten vorsteht, und er sprach zu mir:

Baruch, was beunruhigt dich dein Herz? Was regt dich dein Sinnen auf? Wenn du schon die Ankündigung des Gerichts kaum erträgst, wie willst du standhalten am Tag, da du es sehen wirst mit deinen Augen? Und wenn schon die Erwartung, mit der du harrst auf den Tag des Allmächtigen, dich ganz fassungslos macht, wie wird es erst sein, wenn du seine Ankunft erlebst?

Und wenn du schon über das Wort von der zukünftigen Pein der Sünder so sehr erschrocken bist, wieviel mehr dann noch, wenn er seine Taten an ihnen offenbart, daß sein wird starres Staunen?

Und wenn du dich schon betrübst, nur weil du nun weißt die Namen der Segnungen wie der Plagen, die da kommen werden, wieviel mehr dann noch, wenn du siehst, wie er es in seiner Majestät zur Wirklichkeit macht, wenn er die einen zur Rede stellt und die anderen in hohe Wonnen versetzt?

Die Deutung der zwölf Wasser.

25 Weil du nun aber gebetet hast zu dem Höchsten, daß er dir deute das Gesicht, das du gesehen hast, darum hat er mich zu dir gesandt, auf daß ich es dir kundtue.

Wisse denn, es hat dir der Allmächtige wahrhaftig die Zeitläufte gezeigt, die vorübergegangen sind, und die zukünftig in seiner Welt vorübergehen werden, vom Anfang seiner Werke bis zu ihrem Ende, die schlimmen Zeiten und die Zeiten rechten Laufs.

Die große Wolke, die du gesehen hast, und die aus dem Meer emporstieg und fortzog und bedeckte die Erde – sie bedeutet die weite Welt, die der Allmächtige schuf, da er gedachte die Welt zu erschaffen.

Und es geschah, da das Wort von ihm ausgegangen war, stand die Welt da in ihrer ganzen Ausdehnung, klein vor ihm, und sie war eingerichtet nach der Weisheit ihres Schöpfers.

Und das schwarze Wasser, das du gesehen hast als erstes am oberen Rand der Wolke, und das als erstes auf die Erde herabströmte – es bedeutet die Sünde Adams, des ersten Menschen.

Denn weil durch seine Sünde der vorzeitige Tod in die Welt kam, ward der Name der Trauer bekannt, und die Trübsal machte sich bereit, und ward geschaffen der Schmerz und gemacht die Mühsal, und das eitle Prahlen kam hervor. Und weil die Hölle verlangte, immerfort mit Blut neu gestärkt zu werden, begann das Kindergebären, und die Brunst der Eltern ward geschaffen, und die Hoheit des Menschentums ward erniedrigt, und die Güte verdorrte. Vgl. 1.Mos. 3,16-19

Was kann schwärzer und dunkler sein als dies?

Das ist der Anfang des schwarzen Wassers, das du gesehen hast. Und von diesem Schwarzen kam wiederum Schwarzes, und ward also das finsterste Dunkel.

Denn Adam war Gefahr für sich selbst, und für die Engel war er Gefahr, denn sie hatten Freiheit zu der Zeit, da er geschaffen ward.

Und etliche unter ihnen stiegen hinab und vermischten sich mit den Töchtern der Menschen, und nahmen zu Weibern, welche sie wollten;* und zu der Zeit wurden gefesselt und der Pein überantwortet, die also getan hatten; und die Menge der übrigen Engel, die unzählbar sind, tat nicht also.

* Vgl. 1.Mos. 6,1f.

Die aber auf Erden wohnten, gingen alle zugrunde in den Wassern der Sintflut. Vgl. 1.Mos. 7,17-24

Das ist das erste Wasser, das schwarze.

Danach hast du helles Wasser gesehen. Das ist der Ursprung Abrahams und seines Sohnes und seines Enkels und aller, die ihnen glichen.

Denn zu der Zeit war das Gesetz, wiewohl noch nicht aufgeschrieben, bei ihnen allgemein bekannt, und es wurden vollbracht die gebotenen Werke, und der Glaube an das zukünftige Gericht ward geboren zu der Zeit und die Hoffnung auf die Erneuerung der Welt und die Verheißung des Lebens nach dem Leben.

Das ist das helle Wasser, das du gesehen hast.

Und zum dritten. Das schwarze Wasser, das du gesehen hast, das ist die Vermengung all der Sünden, die die Völker nach dem Tod jener Gerechten verübten, und die Freveltat der Ägypter, die ihre Kinder unterjochten*.

* Vgl. 2.Mos. 1,8-21

Doch auch sie gingen schließlich zugrunde. Vgl. 2.Mos. 14,19-28

Und zum vierten. Das helle Wasser, das du gesehen hast, das ist die Ankunft Moses und Aarons und Miriams und Josuas, des Sohnes des Nun, und Kalebs und all derer, die ihnen glichen.

Denn zu jener Zeit erstrahlte die Leuchte des Gesetzes, das für immer gilt, all denen, die in der Dunkelheit saßen, auf daß es künde den Gläubigen die Verheißung ihres Lohns und den Ungläubigen die Feuerpein, die ihnen bereitet ist.

Und die Himmel wurden zu jener Zeit von ihrem Ort weggerückt, und die nächst dem Thron des Allmächtigen erzitterten, da er Mose zu sich emporhob.

Denn er sagte ihm viele Mahnungen zusammen mit den Geboten des Gesetzes und das Ende der Zeiten, wie dir; dazu zeigte er ihm Zions Bauplan* und seine Maße, nach denen das Heiligtum gemacht werden sollte, das jetzt ist.

* Vgl. z.B. 2.Mos. 25,40

Und zu dieser Zeit zeigte er ihm auch die Maße des Feuers und die Tiefen der Urflut und die Schwere der Winde und die Zahl der Regentropfen

Und das Zurückhalten des Zorns und das große Maß der Langmut und das Gericht, das schon gesetzt war,

Und die Wurzel der Weisheit und den Reichtum der Einsicht und den Quell der Erkenntnis

Und die Höhe der Luft und die Weite des Paradieses und das Ende der Welten und den Anfang des Gerichtstags

Und die Anzahl der Opfergaben und die Erden, die noch kommen sollten,

Und der Hölle Rachen und die Stätte der Vergeltung und das Land des Glaubens und den Ort der Hoffnung

Und das Bild der zukünftigen Pein und die Menge der unzähligen Engel und der Sterne flammende Heere und das Leuchten der Blitze und das Krachen der Donner und die Chöre der Erzengel und die Vorratskammern des Lichts und den Wechsel der Zeiten und die Erforschungen des Gesetzes.

Das ist das vierte und helle Wasser, das du gesehen hast.

Und zum fünften. Das schwarze Wasser, das du herabregnen sahst, das sind die Taten der Amoriter und das Murmeln ihrer Zaubersprüche, damit sie Zauber trieben, und die Hurerei ihrer Mysterien und die Vermengung* ihrer Unreinheiten. * Vgl. z.B. Ri. 3,5f.

Und Israel verunreinigte sich* zu der Zeit in den Tagen der Richter, obwohl sie viele Wunder sahen geschehen durch den, der sie geschaffen hatte. Vgl. zum ganzen Vers das Buch der Richter * Vgl. Ri. 2,11-23

Und zum sechsten. Das helle Wasser, das du gesehen hast, das ist die Zeit, in der geboren wurden David und Salomo. Und es geschah zu der Zeit der Bau* Zions und die Einweihung des Heiligtums**, und ward vergossen viel Blut der Völker, die sündigten zu dieser Zeit, und es waren viele Opfergaben†, die zu der Zeit dargebracht wurden bei der Einweihung des Heiligtums. * Vgl. 1.Kön. 6 ** Vgl. 1.Kön. 8 † Vgl. 1.Kön. 8,62f.

Und es war Wohlstand und Friede zu dieser Zeit, und Weisheit ward gehört im Rat, und der Reichtum an Einsicht ward hoch gerühmt bei denen, die sich zum Rat versammelten.

Und zu diesen Zeiten war das Gericht der Regenten ohne Falsch und die Gerechtigkeit der Gebote des Allmächtigen ward getan in Wahrheit.

Und das Land war über alle Länder zu preisen, da es angenehm erfunden ward und die in ihm wohnten nicht sündigten; und die Stadt Zion herrschte über alle Länder und Stätten zu dieser Zeit.

Das ist das helle Wasser, das du gesehen hast.

Und zum siebenten. Das schwarze Wasser, das du gesehen hast, das ist das ganz Verwerfliche des Plans des Jerobeam, da er plante, zwei goldene Kälber zu machen, Vgl. 1.Kön. 12,28

Und alle Freveltaten, mit denen die Könige frevelten, die nach ihm kamen,

Und der Fluch über Isebel* und die Verehrung der Götzen, die Israel in dieser Zeit verehrte, * Vgl. 1.Kön. 21,23 und 2.Kön. 9,30-37

Und die Zurückhaltung des Regens und die Hungersnöte, die da waren in dieser Zeit, daß die Weiber aßen ihre Leibesfrucht, Vgl. 2.Kön. 6,25-29

Und die Zeit der Wegführung, die da kam über die neuneinhalb Stämme, da sie in vielen Sünden lebten.

Und es kam Salmanassar, der König der Assyrer, und führte sie gefangen hinweg. Vgl. 2.Kön. 17,1-22

Viel wäre noch zu sagen über die Völker der Heiden: Wie sie allezeit viele Missetaten und Frevel verübten und niemals recht taten.

Das ist das siebente und schwarze Wasser, das du gesehen hast.

Und zum achten. Das helle Wasser, das du gesehen hast, das ist die Gerechtigkeit und die Aufrichtigkeit Hiskias, des Königs von Juda, und die Gnade Gottes, die über ihn kam. Vgl. 2.Kön. 18,1-8

Denn da Sanherib, der König der Assyrer, sich erregte über Hiskia, daß er möchte zugrunde gehen, und in seinem Zorn raste, wie er ihn möchte zugrunde richten, und zog wider Hiskia und mit ihm viele Völker:

Und da Hiskia die Pläne des Königs der Assyrer vernahm, daß er herbeiziehen und ihn gefangennehmen wolle und vernichten sein Volk, die zweieinhalb Stämme, die da übriggeblieben waren, und habe beschlossen in seinem Willen, auch Zion zu zerstören, da vertraute er auf seine Werke und hoffte auf seine Gerechtigkeit, und er redete zu dem Allmächtigen und sprach:

Siehe, schon ist Sanherib gekommen, uns zu vernichten, und er wird prahlen und sich überheben, wenn er Zion zerstört haben wird.

Vgl. 2.Kön. 19,15-19

Und der Allmächtige erhörte ihn, denn Hiskia war weise, und er harrte der Erhörung seines Gebets, weil er gerecht war.

Und der Allmächtige gab Gewalt mir, seinem Engel Ramael, der mit dir redet, und ich zog aus und machte zunichte ihre große Menge*, und waren ihrer Anführer allein schon einhundertfünfundachtzigtausend an der Zahl, und ein jeder von ihnen hatte viele Kriegsleute, die unter ihm waren.

* Vgl. 2.Kön. 19,35

Und ich verbrannte sie innerlich, daß ihre Waffen und Rüstungen zurückblieben außen, auf daß der Wunder des Allmächtigen desto mehr zu schauen wären und sein Name in aller Munde sei auf der ganzen Erde.

Und es ward Zion errettet und Jerusalem befreit, und auch Israel ward erlöst aus seinen Nöten.

Und es war ein großes Frohlocken aller, die in dem heiligen Lande waren, und der Name des Allmächtigen ward gepriesen, daß er in aller Munde war.

Das ist das helle Wasser, das du gesehen hast.

Und zum neunten. Das schwarze Wasser, das du gesehen hast, ist all die Schlechtigkeit, die in den Tagen Manasses, des Hiskiasohnes, geschah.

Vgl. 2.Chr. 33,1-20

Denn er war ruchlos und tötete die Gerechten und verging sich gegen das Gesetz und vergoß unschuldiges Blut und schändete verheiratete Frauen. Und er zerstörte die Altäre und schaffte die Opfergaben ab und vertrieb die Priester, daß sie nicht mehr länger im Heiligtum dienen konnten.

Und er machte ein geschnitztes Götzenbild* mit fünf Gesichtern, deren vier nach den vier Winden schauten; das fünfte aber fand sich auf dem Scheitel, wie um den Eifer des Allmächtigen zu reizen.

* Vgl. 2.Chr. 33,7

Und der Zorn des Allmächtigen ging aus von ihm, daß er Zion zerstören wollte bis auf den Grund, wie es sich jetzt in euren Tagen auch zugetragen hat.

Und auch über die zweieinhalb Stämme erging sein Urteil, daß sie gefangen weggeführt werden sollten, wie du es jetzt erlebt hast.

Und die Ruchlosigkeit Manasses wurde so arg, daß sich die Herrlichkeit des Höchsten vom Heiligtum entfernte.

Berüchtigt war er als Ruchloser dieser Zeit, und zuletzt war sein Aufenthalt im Feuer.

Denn da sein Gebet* bei dem Höchsten Erhörung fand, ward ihm zwar ein Wunderzeichen zuteil, da er fiel in das eherne Pferd der Chaldäer und es schmolz, er aber blieb heil, da er betete.

* Vgl. Gebet Manasses, deuterokanonische Schrift

Doch er hatte ein schändliches Leben geführt und war des Wunderzeichens auch nicht wert, sondern ward ihm gegeben zu der Erkenntnis, daß er bestimmt sei zur Pein am Ende, und wer dies bestimmt habe.

Denn er da wohltun kann, der kann auch peinigen.

Derart ruchlos war Manasse, und er war in dem Wahn, daß der Allmächtige dies nicht werde rächen zu seiner Zeit.

Das ist das schwarze Wasser, das neunte, das du gesehen hast.

Und zum zehnten. Das helle Wasser, das du gesehen hast, das ist die Lauterkeit der Lebensgeschichte Josias, des Königs von Juda. Wahrlich, vom ganzen Herzen und mit ganzer Seele war er zu seiner Zeit dem Allmächtigen untertänig.

Vgl. 2.Kön. 22-23,30

Er reinigte das Land von den Götzenbildern und heiligte die geschändeten Geräte und gab dem Altar die Opfergaben zurück. Und er erhob das Horn der Heiligen und erhöhte die Gerechten und lobte voll Einsicht die Weisen. Und er setzte die Priester wieder ein zu ihrem Dienst und tötete und vertrieb aus dem Land die Zauberer und die Magier und die Totenbeschwörer.

Und er brachte nicht nur um die Gottlosen, die noch im Lande lebten, sondern ließ auch die Gebeine der Verstorbenen aus den Gräbern herausholen und verbrennen. Vgl. 2.Kön. 23,16

Und er verordnete wieder die Feste und Sabbate mit ihren heiligen Opfern, und die sich befleckt hatten und die falschen Propheten, die das Volk verführt hatten, verbrannte er mit Feuer. Und die Menschen, die ihnen bei Lebzeiten gehorcht hatten, warf er ins Kidrontal und häufte Steine auf sie.

Und er eiferte aus ganzer Seele mit flammendem Eifer für den Allmächtigen und hielt allein in jener Zeit am Gesetz fest, daß er niemanden unbeschnitten ließ zu seiner Zeit und ließ nicht zu, solange er lebte, daß irgendeiner gottlos handelte im Land.

Er wird Lohn empfangen, der ewig dauert, und beim Allmächtigen mehr geehrt werden als viele andere in der letzten Zeit.

Denn all die gepriesenen Herrlichkeiten, die dir zuvor verkündet wurden, sind um seinetwillen geschaffen worden, und um derentwillen, die ihm gleichen.

Das ist das helle Wasser, das du gesehen hast.

Und zum elften. Das schwarze Wasser, das du gesehen hast, das ist das Unheil, das jetzt Zion getroffen hat.

Oder meinst du denn, daß sich die Engel vor dem Allmächtigen nicht betrüben, daß Zion preisgegeben ist, und daß sich die Völker in ihrem Herzen brüsten und die großen Haufen vor ihren Götzen und sprechen: Zu Boden getreten ist, die so lange zu Boden trat, und unterjocht ist, die so lange unterjochte?

Oder meinst du etwa, daß sich der Höchste über diesen Fall freut, oder daß sein Name deswegen gepriesen wird?

Doch was würde aus seinem gerechten Gericht werden?

Nach dem Fall Zions aber werden von Drangsal auch die ergriffen werden, die unter die Völker zerstreut sind, und in Schande leben in jedem Land.

Denn je mehr Zion ist preisgegeben und Jerusalem verwüstet liegt, desto mehr prangen die Götzen in der Völker Städte. Der balsamische Duft der Gerechtigkeit, die aus dem Gesetz kommt, ist gewichen von Zion, und siehe, der stinkende Rauch der Ruchlosigkeit ist darin.

Und Babels König, der Zion jetzt zerstörte, wird sich erheben und sich dem Volk gegenüber brüsten und in seinem Herzen Prahlereien reden vor dem Höchsten.

Doch auch er wird schließlich fallen.

Das ist das schwarze Wasser.

Und zum zwölften. Das helle Wasser, das du gesehen hast, bedeutet dies: Die Zeit wird kommen, da wird dein Volk in solche Drangsal fallen, daß allen aus dem Volk der gemeinsame Untergang droht. Vgl. Est. 3,8f.

Doch sie werden errettet werden und ihre Feinde werden vor ihnen zu Fall kommen. Und es wird ihnen danach eine Zeitlang große Freude zuteil.

Und zu dieser Zeit wird auch Zion wieder aufgebaut werden und die Opfergaben werden wieder dargebracht nach der Ordnung und die Priester werden zu ihrem Dienst zurückkehren, und die Völker werden auch kommen, Zion zu preisen.

Doch nicht alle werden kommen, wie zuvor, denn ein gewaltiger Sturz aller Völker wird bald danach folgen.

Das ist das helle Wasser, das du gesehen hast.

Die Deutung des letzten und schwärzesten Wassers.

26 Das letzte Wasser, das du gesehen hast, und hast gesehen, daß es schwärzer war denn alle früheren, und das nach den zwölf Wassern kam, die alle aufeinander folgten – es betrifft die ganze Welt.

Denn der Höchste hatte die Zeitläufte eingeteilt vor Zeiten, da er allein weiß, was geschehen wird.

Von den Sünden und Freveltaten, die getan werden sollten vor seinen Augen, sah er sechs Zeitläufte, und sechs Zeitläufte sah er von den guten Werken der Gerechten, die vollbracht werden sollten vor seinen Augen.

Vorbehalten aber hatte er, was er tun wollte am Ende der Welt. Weil es aber das Ende ist, darum war nicht schwarzes Wasser mit Schwarzem noch helles Wasser mit Hellem.

Höre nun die Deutung des letzten, schwarzen Wassers, das nach dem Schwarzen kommen wird. Damit ist es also bewandt:

Siehe, es werden Tage kommen, wenn die Zeit der Welt reif ist und zur Ernte reif die Aussaat der Bösen wie der Guten, daß der Allmächtige Geistesverwirrung und herzlähmende Schrecken senden wird über die Erde und ihre Bewohner und ihre Regenten.

Und sie werden einander hassen und werden gegeneinander zum Krieg hetzen, und die Niederen werden den Vornehmen befehlen, und die Geringen werden sich überheben gegenüber den Gepriesenen.

Und die Vielen werden den Wenigen preisgegeben, und die Staub waren, werden sich der Herrschaft bemächtigen über die Mächtigen, und die Armen werden besser gestellt sein als die Reichen und die Übeltäter höher geachtet als die Helden.

Und die Weisen werden schweigen, die Toren aber reden. Und nichts wird zu der Zeit gelingen, was die Menschen planen, auch nicht, was die Mächtigen ersinnen. Und die Hoffnung der Hoffenden wird sich nicht erfüllen.

Wenn das alles aber eingetreten ist, wird Verderben über alle Menschen kommen, und manche werden im Krieg umkommen, und manche werden durch Trübsale zugrunde gerichtet, und manche werden von ihren eigenen Verwandten umgebracht.

Es wird aber der Höchste die Völker hervorführen, die er zuvor bereitet hat, und sie werden kommen und kriegen mit den Herrschern, die noch übrig sind zu dieser Zeit.

Und wer sich rettet aus dem Krieg, der wird durch Erdbeben sterben, und wer sich aus dem Erdbeben rettet, der wird im Feuer verbrennen, und wer sich aus dem Feuer rettet, der wird jämmerlich Hungers sterben.

Und die sich retten aus all diesen Plagen und dem Tod entgehen, seien sie Sieger oder Besiegte, die werden überantwortet den Händen meines Knechts, des Messias.

Denn die Erde wird alle verschlingen, die auf ihr wohnen.

Das heilige Land allein wird sich seines Eigenen erbarmen und wird beschirmen zu dieser Zeit, die in ihm wohnen.

Das ist das Gesicht, das du gesehen hast, und das ist seine Deutung.

Ich aber bin gekommen, es dir zu sagen, weil dein Gebet von dem Höchsten erhört worden ist.

Deutung des Blitzes.

27 Vernimm nun die Deutung des Blitzes, der kommen soll am Ende, nach dem schwärzesten Wasser.

Wenn die Zeichen geschehen sein werden, davon zu dir geredet ward zuvor, und wenn die Völker in Verwirrung gestürzt sind, und die Zeit meines Messias herbeigekommen ist, dann wird er alle Völker zu sich rufen, und etliche wird er am Leben erhalten, etliche aber wird er töten.

Und über die Völker, die da leben zu dieser Zeit, wird er bringen dies:

Das Leben behalten wird jedes Volk, das Israel nicht kennt und das Geschlecht Jakobs nicht niedergetreten hat, darum daß sie sich unter allen Völkern deinem Volk unterwerfen werden.

Die sich aber Herrschaft über euch angemaßt und euch gekannt haben, sollen alle durch das Schwert erwürgt werden.

Und wenn er die ganze Welt gedemütigt und sich in Frieden und für immer auf den Thron seiner Herrschaft gesetzt hat, dann wird die Seligkeit sich offenbaren und die Ruhe wird erscheinen.

Und Gesundheit wird herabsteigen im Tau und Krankheit wird weichen. Und Sorge und Trübsal und Seufzer werden nicht mehr sein unter den Menschen, und Freude wird wandeln auf der ganzen Erde.

Der vorzeitige Tod wird überwunden sein*, und plötzliche Schrecken muß niemand mehr fürchten. * Vgl. Hos. 13,14

Und Gerichtshändel und Anklagen und Streit und Rache und Blutschuld und Begierden und Neid und Haß und dergleichen Widriges wird verdammt sein und soll ausgerottet werden.

Denn diese sind es, die die Welt mit Übeln erfüllten, und um ihretwillen kam Verwirrung unter die Menschheit.

Und die wilden Tiere werden aus dem Walde kommen, den Menschen zu dienen, und die Nattern und Drachen werden hervorkriechen aus ihren Höhlen, daß die kleinen Kinder mit ihnen spielen. Vgl. Jes. 65,25

Und die Weiber werden nicht mehr mit Schmerzen gebären, und sie werden sich nicht mehr quälen müssen, wenn sie die Frucht ihres Schoßes zur Welt bringen.

Und in jenen Tagen werden die Schnitter sich nicht mehr abmühen in der Ernte, und nicht mehr schwer arbeiten, die da bauen. Denn die Arbeiten werden von selbst ihrer Vollendung entgegengehen samt denen, die daran arbeiten in großer Ruhe.

Denn es ist diese Zeit das Ende all dessen, das vergänglich ist, und der Anfang dessen, das unvergänglich ist.

Darum wird geschehen in ihr, wovon zuvor geredet ist, und darum ist sie den Bösen fern, und nahe denen, die nicht sterben.

Das ist der helle Blitz, der nach dem letzten schwarzen Wasser gekommen ist.

Baruch preist Gott und wird beauftragt, sein Volk zu belehren.

28 Da antwortete ich und sprach: Wer kann ermessen deine Güte, o HERR? Wahrlich, deine Güte ist unbegreiflich! Und wer kann erforschen deine Gnade? Wahrlich, deine Gnade ist schrankenlos! Und wer kann erfassen deine Einsicht?

Oder kann erzählen die Gedanken deines Verstandes? Oder wer auf Erden kann hoffen, sich ihnen zu nähern – es sei denn, du erweist ihm die Gnade und neigst dich ihm zu?

Denn wenn du nicht in deiner Güte den Menschen Gnade erweist, können auch die sie nicht erreichen, die unter dem Schirm deiner Rechten sind, ausgenommen nur die aus den vorbestimmten Zahlen, die berufen werden können.

Wenn wir aber, die wir jetzt sind, erkennen, wozu wir gekommen sind in diese Welt, und uns unterwerfen dem, der uns aus Ägyptenland geführt hat ins gelobte Land, dann werden wir wiederkommen und gedenken des Vergangenen und uns freuen über das Geschehene.

Wenn wir aber jetzt nicht erkennen, wozu wir gekommen sind, und nicht anerkennen die Herrschaft dessen, der uns aus Ägyptenland und aus dem Diensthaus heraufgeführt hat, dann werden wir wiederkommen und fragen nach dem, das jetzt geschehen ist, und uns schmerzlich betrüben über das Vergangene.

Und er antwortete und sprach zu mir: Da nun dir gedeutet worden ist die Offenbarung dieses Gesichts wie du gebetet hattest, so höre das Wort des Höchsten, daß du weißt, was dir fürder beschieden ist.

Denn wahrlich wirst du hinweggehen von dieser Erde, doch nicht zum Tod, sondern daß du aufbewahrt werdest für das Ende der Zeiten.

Darum steige nun auf den Gipfel dieses Berges, und alle Lande dieser Erde sollen vor dir liegen und die Gestalt des Erdkreises und die Höhen der Berge und die Tiefen der Täler und des Meeres Tiefe und die Zahl der Flüsse, auf daß du siehest, was du hinter dir läßt und wohin du gehst.

Dies aber wird sich ereignen nach vierzig Tagen.

Darum gehe nun hin in diesen Tagen und lehre das Volk so viel du kannst, damit sie lernen, daß sie nicht sterben sollen in der letzten Zeit, und sollen vielmehr lernen, daß sie darin leben werden.

Baruch ermahnt das Volk.

29 Da ging ich, Baruch, also hin und versammelte das Volk, vom Größten bis zum Kleinsten. Und ich sprach zu ihnen: Hört, ihr Kinder Israel! Seht, wie viele noch übrig sind von den zwölf Stämmen Israels!

Euch und euren Vätern hat der HERR das Gesetz gegeben vor allen Völkern, und da eure Brüder die Gebote des Höchsten übertreten haben, hat er über euch und über sie die Vergeltung gebracht, und er hat die Früheren nicht verschont, und auch die Späteren läßt er in die Gefangenschaft wegführen und hat keinen Rest von ihnen übriggelassen.

Und siehe, fortan seid nur ihr mein Volk.

Und so ihr nun wandelt gerade auf euren Wegen, dann braucht ihr nicht fortzuziehen, wie es das Schicksal eurer Brüder war, sondern sie werden wieder zu euch kommen.

Denn gnädig ist er, den ihr verehrt, und liebreich ist er, auf den ihr hofft, und treu ist er, wohlzutun und nicht wehezutun.

Habt ihr denn nicht gesehen, was sich mit Zion ereignet hat?

Meintet ihr etwa, der Boden habe gesündigt und sei deswegen verwüstet worden? Oder das Erdreich habe gefehlt und sei deswegen preisgegeben worden?

Wißt ihr denn nicht, daß verwüstet ward, was nicht gesündigt hat, um euretwillen, die ihr wohl gesündigt habt, und daß um der Frevler willen den Feinden überantwortet ward, was sich nicht sündhaft vergangen hat!

Da antwortete das ganze Volk und sprach zu mir: So viel als Menschen möglich wissen wir die Wohltaten, die uns getan hat der Allmächtige, und was wir nicht wissen, weiß er in seiner Gnade.

Du aber magst für uns, dein Volk, dies tun: Schreibe doch auch an unsere Brüder in Babylon einen Brief der Unterweisung und ein Sendschreiben der Verheißung, daß du auch sie stärkest, ehe du hinweggehst von uns.

Denn sie haben verloren die Hirten Israels, und erloschen sind ihnen die Leuchten, die einst erstrahlten, und die Quellen sind versiegt, aus denen wir einst tranken.

Wir aber sind allein gelassen im Finstern und in dem dichten Wald und in der glutheißen Wüste.

Da antwortete ich und sprach zu ihnen: Die Hirten und die Leuchten und die Quellen kamen aus dem Gesetz, und wenn wir dahingehen, so bleibt doch das Gesetz bestehen.

Darum, wenn ihr hinsehet auf das Gesetz und sorgfältig achtet auf die Weisheit, so mangelt es nicht an einer Leuchte, und der Hirt bleibet, und die Quelle versiegt nicht.

Ich will aber auch euren Brüdern zu Babel schreiben, wie ihr gesagt habt, und senden zu ihnen durch Menschen. Und den neuneinhalb Stämmen, die Assur weggeführt hat, will ich auch schreiben und senden zu ihnen durch einen Vogel.

Und am einundzwanzigsten Tag im achten Monat kam ich, Baruch, und setzte mich unter die Eiche in den Schatten der Zweige, und es war niemand bei mir, und war ganz allein.

Und ich schrieb die zwei Briefe, und den einen sandte ich durch einen Adler an die neuneinhalb Stämme und den anderen durch drei Männer an die zu Babel.

Und ich rief den Adler herbei und sprach zu ihm:

Dich hat der Höchste geschaffen, daß du sollst sein über alle Vögel. Darum gehe jetzt hin und laß dich nicht an einem Ort nieder, und fliege nicht zum Nest und setze dich nicht auf einen Baum, bis du die Breite der großen Wasser überflogen hast, die da sind der Fluß Euphrat, und bist hingekommen zu dem Volk, das da wohnt. Denen wirf diesen Brief hin.

Denke aber daran, daß Noah zur Zeit der Sintflut von der Taube das Blatt des Ölbaums empfing, da er sie entsandt hatte aus der Arche.

Vgl. 1.Mos. 8,11

Und auch die Raben dienten Elia, da sie ihm Speise brachten, wie es ihnen geboten war.

Und Salomo zu der Zeit, da er regierte, sandte einen Vogel überall, dahin er etwas schicken, oder da er nach etwas fragen wollte, und der war ihm gehorsam nach seinem Auftrag.

Und nun laß dich's nicht verdrießen und weiche nicht ab von der Bahn, weder zur Rechten noch zur Linken, sondern fliegen sollst du geraden Wegs dahin, daß du erfüllst den Befehl des Allmächtigen, wie ich gesagt habe.

Und da ich alle Worte des Briefs vollendet hatte und mit Sorgfalt geschrieben bis zum Ende, faltete ich ihn und versiegelte ihn sicher und band ihn an den Hals des Adlers. Und ich entließ ihn und schickte ihn fort.

Das
Neue Testament

Verzeichnis der Bücher des Neuen Testaments

Das Evangelium nach Jakobus 241
Das Evangelium nach Thomas dem Israeliten 255
Das Evangelium nach Nikodemus 265
Das Evangelium nach Thomas dem Zwilling 293
Das Evangelium nach Bartholomäus 307
Das Evangelium nach Barnabas 321
Das Erste Buch der Apostelgeschichten 329
Das Zweite Buch der Apostelgeschichten 347
Das Dritte Buch der Apostelgeschichten 355
Der Brief des Abgar an Jesus und Jesu Antwort 363
Der Brief des Petrus an Jakobus 365
Der Brief des Jakobus an den Sohn des Kerinthos 369
Die Briefe des Seneca und des Paulus 379
Der Brief des Abtalion 385
Die Offenbarung des Petrus 393

Das Evangelium nach Jakobus

Die Geburt unseres HErrn und der Herrin Maria

Joachim beklagt seine Kinderlosigkeit.

Einst lebte ein Mann in Israel, dessen Leben in den Geschichten der 12 Stämme Israels verzeichnet ist und der hieß Joachim. Und Gott der HERR hatte Joachim gesegnet und alles geriet ihm wohl und er war reich. Und Joachim fürchtete den HERRN und war ein frommer Mann, der alle Opfergaben im Tempel stets zweimal darbrachte. Denn er sprach in seinem Inneren: Was ich zuviel darbringe, das gebe ich für das ganze Volk, das andere aber gebe ich dem HERRN, auf daß es mir zur Versöhnung gereiche.

Und als der große Tag des HERRN gefeiert wurde und die Kinder Israel ihm ihre Opfergaben darbrachten, da trat Rubim vor Joachim hin und sprach: Es ziemt dir nicht, als erster deine Opfergaben darzubringen, denn du hast in Israel keine Nachkommen erzeugt.

Da wurde Joachim sehr betrübt und ging zum Stammesregister und sprach: Ich will im Register der Stämme nachsehen, ob ich wirklich der einzige bin, der in Israel keine Nachkommen gezeugt hat. Und er suchte und fand, daß er von allen Gerechten Israels der einzige Kinderlose war. Da gedachte er des Erzvaters Abraham und daß Gott ihm in seinen alten Tagen noch einen Sohn, den Isaak, geschenkt hatte. 1.Mos. 21

Und Joachim wurde im Herzen traurig und mied sein Weib und zog in die Wüste. Und er schlug sein Zelt auf und fastete vierzig Tage und vierzig Nächte*. Und er sprach zu sich: Hier will ich bleiben und weder um Speise noch um Trank heimkehren, bis Gott der HERR mich heimgesucht hat; so lange soll das Gebet mir Speise und Trank sein. * Mat. 4,2; 2.Mos. 24,18; 1.Kön. 19,8

Anna bittet um Nachkommenschaft.

2 Indessen aber stimmte sein Weib Anna ein zweifaches Klagelied an:
Klage halten will ich über meine Witwenschaft.
Jammern will ich über meine Kinderlosigkeit.

Und als der große Tag des HERRN kam, da sprach ihre Magd Judith zu ihr: Laß ab von deiner Trauer, o Herrin! Siehe, heute feiern die Kinder Israels den Tag des HErrn! So schmücke dich mit diesem Kopftuch, das mir die Aufseherin gegeben hat, denn es ziemt sich nicht, daß ich, deine Sklavin, dieses königliche Stück trage.

Doch Anna antwortete ihr und sprach: Bleib mir vom Leibe mit diesem Tuch! Der HERR hat mich schon genug gebeugt! Wer weiß, ob nicht ein Betrüger dir dieses Tuch gegeben hat, und du nun trachtest, mich an deiner Sünde teilnehmen zu lassen. Da antwortete ihr Judith: Nichts Böses will ich dir wünschen, obwohl du meinen Rat mißachtet hast. Wahrlich, der HERR hat dich schon genug gestraft und dir den Mutterleib verschlossen* und dir keine Leibesfrucht geschenkt.

* Vgl. 1.Sam. 1,6

Da wurde Anna sehr betrübt. Und sie legte ihre Trauerkleider ab und wusch sich das Haupt und legte ihre Brautkleider an und wandelte zur neunten Stunde in ihrem Garten.

Da sah sie einen Lorbeerbaum und setzte sich darunter und flehte zum HERRN und sprach: O Gott unserer Väter, segne mich und erhöre meine Bitten! Segne meinen Leib, wie du einst den Leib Sarahs gesegnet und ihr einen Sohn, den Isaak, geschenkt hast.

Annas Klage.

3 Und Anna seufzte und hob den Blick zum Himmel empor und sah ein Sperlingsnest im Lorbeerbaum und alsbald erhob sie eine Wehklage:

Weh mir, wer hat mich gezeugt, welch ein Mutterleib hat mich hervorgebracht?

Ach, ein Fluch ruht auf mir und geschmäht wurde ich von den Kindern Israel.

Und Schimpf haben sie mir angetan und mit ihrem Spott haben sie mich aus dem Tempel des HERRN vertrieben.

Weh mir! Wem kann ich mich vergleichen?
Nicht gleiche ich den Vögeln des Himmels.
Denn auch die Vögel des Himmels sind fruchtbar vor dir, o HERR!
Weh mir! Wem kann ich mich vergleichen?
Nicht gleiche ich den Tieren der Erde.
Denn auch die Tiere der Erde sind fruchtbar vor dir, o HERR!
Weh mir! Wem kann ich mich vergleichen?
Nicht gleiche ich den Wassern, denn auch die Wasser bleiben über die Zeit vor dir, o HERR!
Weh mir! Wem kann ich mich vergleichen?
Nicht gleiche ich der Erde.
Denn auch die Erde trägt Frucht zu ihrer Zeit* vor dir, o HERR!

* Vgl. Ps. 1,3

Joachim und Anna wird Nachkommenschaft verheißen.

4 Und siehe, ein Engel des HERRN trat herzu und sprach: Anna, Anna! Der HERR hat deine Bitte erhört! Du wirst empfangen und du wirst gebären und dein Same soll in aller Welt gerühmt werden*. Da sprach Anna: Das Kind, ob männlich oder weiblich, will ich dem HERRN meinem Gott als Opfergabe darbringen †, auf daß es ihm diene alle Tage seines Lebens, so wahr mir Gott helfe.

* Ri. 13,3; Luk. 1,28-33 † 1.Sam. 1,11

Und siehe, da kamen zwei Boten und sprachen zu ihr: Stell dich auf deine Füße Anna, denn da kommt Joachim, dein Gatte mit seinen Herden. Und ein Engel des HERRN ist ihm erschienen und hat ihm verkündet: Joachim, Joachim, Gott der HERR hat deine Bitte erhört. So ziehe denn hinab und erkenne Anna, dein Weib, denn sie wird schwanger werden.

Und Joachim zog sogleich hinab und rief seine Knechte und sprach zu ihnen: So bringet mir denn zehn Lämmer herbei ohne Fehl und Makel und die zehn Lämmer sollen dem HERRN meinem Gott gehören! Und bringt mir auch zwölf zarte Kälber und die zwölf Kälber sollen den Priestern und Ältesten gehören! Und bringt mir auch hundert Böcke und die hundert Böcke sollen dem Volk gehören!

Und so kam Joachim mit seinen Herden gezogen, und Anna stand vor der Tür seines Hauses und war bräutlich geschmückt und umarmte ihn und sprach: Jetzt weiß ich, daß Gott der HERR uns reichlich gesegnet hat. Denn siehe, die Witwe ist nicht mehr Witwe und die Kinderlose soll empfangen. Und Joachim ruhte am ersten Tag in seinem Haus aus.

Marias Geburt.

5 Am nächsten Tag aber brachte Joachim seine Gaben im Tempel dar und sprach zu sich: Wenn Gott der HERR mir gnädig ist, dann wird es mir das Stirnband des Priesters offenbar machen. Also trat er zum Altar des HERRN und brachte seine Gaben dar und achtete auf das Stirnband des Priesters. Doch sah er keine Sünde an sich.

Da sprach Joachim zu sich: Jetzt weiß ich, daß der HERR mir gnädig ist und mir alle meine Sünden vergeben hat. Und er stieg hinab vom Tempel des HERRN gerechtfertigt und ging in sein Haus.

Und es geschah, wie es der Engel gesagt hatte, und neun Monate danach gebar Anna. Und sie sprach zur Hebamme: Was habe ich geboren? Und die Hebamme antwortete: Du hast ein Mädchen geboren. Und Anna sprach: Welch ein großer Tag! Und dann bettete sie das Kind.

Als aber die Tage erfüllt waren, reinigte sich Anna, wie es das Gesetz befahl, und gab dem Kind die Brust und nannte es Maria.

Marias frühe Kindheit.

6 Und von Tag zu Tag wurde das Kind kräftiger; als es aber sechs Monate alt war, da stellte es seine Mutter auf die Erde, um zu sehen, ob es schon stehen könne. Und siehe, es lief sieben Schritte und kehrte zum Schoß seiner Mutter zurück.

Da nahm Anna das Kindchen hoch und sprach: So wahr der HERR mein Gott lebt, soll dein Fuß diesen Boden nicht mehr berühren, bis ich dich in den Tempel des HERRN bringen werde.

Und sie machte dem Kind einen geschützten Winkel in seinem Schlafgemach und traf Vorsorge, daß es nichts Profanes oder Unreines zu sich nähme. Damit das Kind aber Zerstreuung habe, holte sie die unbefleckten Töchter der Hebräer.

Und als das Kind ein Jahr alt war, da richtete ihm Joachim ein großes Festmahl und lud dazu die Priester und die Schriftgelehrten und die Ältesten und das ganze Volk Israel ein. Und Joachim brachte das Kind den Priestern und die segneten es und sprachen: Der Gott unserer Väter segne dieses Kind und verleihe ihm einen unter allen Geschlechtern hochgerühmten Namen! Und alles Volk sprach: Amen, Amen!

Da brachten sie das Kind vor die Hohenpriester und die segneten es mit den Worten: Gott in der Höhe! Blicke herab auf dieses Kind und erweise ihm deine Gnade und segne es mit dem höchsten Segen!

Anna aber nahm das Kind und trug es in sein Schlafgemach und gab ihm die Brust.

Und Anna stimmte Gott dem HERRN ein Loblied an:

Ein Lied will ich singen dem HERRN, meinem Gott!

Erhört hat er mich und hat von mir genommen die Schmach und den Schimpf meiner Feinde. 1.Mos. 30,23

Und gerecht war der HERR und gab mir die Frucht, die einzigartige und reiche.

Wer wird es den Söhnen Rubims melden, daß Anna stillt?

Hört, hört, ihr zwölf Stämme Israels: Anna stillt!

Und sie legte das Kind zur Ruhe in seinem Schlafgemach und ging hinab und wartete den Gästen auf. Als aber die Mahlzeit beendet war, ging jeder heim und freute sich und lobte den HERRN.

Maria wird in den Tempel gebracht.

7 Es mehrten sich aber des Kindes Monate. Und als es zwei Jahre alt war, sprach Joachim zu Anna: Wir wollen es hinaufbringen zum Tempel des HERRN, damit wir das Versprechen erfüllen, das wir gegeben haben. Denn

der HERR soll nicht zu uns senden um seine Gabe, daß sie unwillkommen werde.

Doch Anna entgegnete ihm: Ach Joachim, laß uns noch das dritte Jahr abwarten, damit das Kind nicht nach Vater und Mutter schreit. Da war ihr Joachim zu Willen und sprach: Wir wollen warten. 1. Sam. 1,22f.

Und da das Kind dreijährig geworden war, sprach Joachim: Ruft die jungfräulichen Töchter der Hebräer herbei! Und jede möge eine Fackel nehmen und sich anbrennen und dem Kind leuchten, auf daß es sich nicht umwende* und sein Herz nicht vom Tempel weggelockt werde. Und so hielten sie es bis sie hinaufkamen zum Tempel des HERRN. * Vgl. Luk. 17,31; 1.Mos. 19,26

Und der Priester empfing Maria, küßte sie und segnete sie mit den Worten: Groß gemacht hat der HERR deinen Namen unter allen Geschlechtern. Und du wirst es sein, an der der HERR am Ende der Tage die Erlösung der Kinder Israels offenbaren wird.

Und dann setzte er das Kind auf die dritte Stufe des Altars. Und Gott der HERR legte Anmut auf Maria und sie tanzte vor Freude mit ihren Füßchen und das ganze Haus Israel gewann sie lieb.

Der HERR entscheidet über Marias Zukunft.

8 Joachim und Anna aber zogen hinab und waren voller Staunen und priesen Gott den HERRN, daß das Kind sich nicht rückwärts gewandt hatte. Die kleine Maria aber wurde im Tempel wie eine Taube gehegt und was sie zu sich nahm, empfing sie aus der Hand eines Engels.

Als sie nun zwölfjährig wurde, hielten die Priester Rat und sprachen untereinander: Seht, das Mädchen ist zwölfjährig geworden im Tempel des HERRN. Was soll nun mit ihr geschehen, damit sie nicht das Heiligtum befleckt? Und so gingen sie zum Hohenpriester und sprachen zu ihm: Geh hinein auf deinen Platz am Altar des HERRN und bete um sie! Was der HERR dir offenbaren wird, das wollen wir tun.

Und Zacharias nahm das Amulett mit den zwölf Schellen und ging hinein ins Allerheiligste und betete um sie. Und siehe, ein Engel des HERRN erschien ihm und sprach zu ihm: Zacharias, Zacharias, geh hinaus und versammle die Witwer des Volkes! Und es soll jeder einen Stab tragen*, und wem der HERR ein Zeichen gibt, des soll die Jungfrau sein. * Vgl. 4.Mos. 17,17f.

Und es wurden Herolde in das ganze Gebiet von Judäa gesandt und die Posaune des HERRN erdröhnte und alle liefen herbei.

Der HERR erwählt Joseph zum Gatten Marias.

9 Auch Joseph, der Zimmermann, hörte die Botschaft und warf seine Axt zur Seite und ging hin und gesellte sich zu den anderen. Und als sie versammelt waren, nahmen sie die Stäbe und gingen hin zum Hohenpriester. Und Zacharias nahm die Stäbe und trug sie ins Heiligtum und betete dort.

Als er aber das Gebet beendet hatte, trat er wieder zu ihnen und gab ihnen die Stäbe zurück, doch es war kein Zeichen eines Wunders an ihnen. Den letzten Stab aber reichte er dem Joseph, und siehe, eine Taube kam aus dem Stab hervor und ließ sich nieder auf das Haupt des Zimmermanns. Da sprach der Priester zu Joseph: Gott hat dich erwählt, seine Jungfrau heimzuführen und zu hüten!

Da entgegnete ihm Joseph: Ich bin ein alter Mann, der schon Söhne hat, sie aber ist ein junges Mädchen. Ich möchte nicht ihretwegen den Kindern Israel zum Gespött werden.

Da antwortete der Priester dem Joseph und sprach: Fürchte den HERRN, deinen Gott, und denke daran, was er Dathan, Abiram und Korah getan, wie sich die Erde auftat vor ihnen und wurden verschlungen* wegen ihrer Widerrede.

* Vgl. 4.Mos. 16

Da fürchtete sich Joseph und nahm sie in seine Obhut. Zu Maria aber sprach er: Siehe, ich habe dich empfangen aus der Hand des HERRN; nun aber lasse ich dich zurück in meinem Haus und gehe fort und tue meine Arbeit; danach werde ich wiederkommen zu dir. Der HERR wird dich bewahren.

Maria wird erwählt, die königlichen Farben zu spinnen.

10 Die Priester aber ratschlagten untereinander und sprachen: Wir wollen einen Vorhang für den Tempel des HERRN machen. Und der Hohepriester sprach: So rufet mir die unbefleckten Jungfrauen aus dem Stamme Davids. Und die Priester gingen hin und machten sich auf die Suche und fanden sieben Jungfrauen. Und der Hohepriester gedachte der jungen Maria, daß sie aus dem Stamme Davids war und unbefleckt vor Gott. Und die Diener gingen hin und holten sie.

Und sie führten die Jungfrauen in den Tempel des HERRN, und der Hohepriester sprach: Werft mir das Los, wer das Garn spinnen soll, und wer den Bergflachs und die Seide und das Hyazinthenblau, den Scharlach und den echten Purpur*. Und das Los gab Maria den Purpur und den Scharlach. Und sie nahm es und ging heim damit. Zu jener Zeit war Zacharias stumm† und Samuel trat an seine Stelle, bis Zacharias wieder redete. Maria aber machte sich an die Arbeit und nahm den Scharlach und spann.

* 2.Mos. 26,31 † Luk. 1,20ff.

Die Geburt Jesu wird verkündet. Vgl. Luk. 1,26-38

11 Und eines Tages war die Jungfrau durstig und nahm den Krug und ging hinaus, um Wasser zu schöpfen. Und siehe, da war eine Stimme, die sprach zu ihr: Gegrüßet seist du, Holdselige! Der HERR ist mit dir, du Gebenedeite unter den Weibern. Da schaute Maria zur Rechten und zur Linken, woher diese Stimme käme. Und sie sah keinen Menschen, doch ein Zittern überfiel sie. Da ging sie in das Haus und stellte den Krug ab und nahm den Purpur und begann zu spinnen.

Und siehe, ein Engel des HERRN kam zu ihr hinein und sprach: Fürchte dich nicht Maria, du hast Gnade bei dem Allherrscher gefunden und wirst aus seinem Wort empfangen. Als sie das hörte, zweifelte die Jungfrau bei sich und sprach: Wie soll ich empfangen vom lebendigen Gott und gebären, wie jede Frau gebiert?

Da sprach der Engel des HERRN: Nicht also Maria, denn die Kraft des HERRN wird dich überschatten. Darum wird auch das Heilige, das aus dir geboren wird, Sohn des Höchsten genannt werden. Und du sollst seinen Namen Jesus heißen, denn er wird sein Volk erretten von ihren Sünden. Da antwortete Maria: Siehe, ich bin die Magd des HERRN; mir geschehe nach deinen Worten. Vgl. Kap. 14

Maria besucht Elisabeth. Vgl. Luk. 1,39-45; 56

12 Danach aber vollendete die Jungfrau ihr Gewebe aus Purpur und Scharlach und brachte es zum Priester. Und der Priester segnete sie und sprach: Maria, Gott der HERR hat deinen Namen groß gemacht und du wirst gepriesen sein unter den Geschlechtern.

Da freute sich Maria und ging zu Elisabeth, ihrer Verwandten, die war vieler Künste mächtig, und klopfte an die Tür. Da nun Elisabeth sie hörte, legte sie das magische Sieb zur Seite und eilte zur Tür und öffnete. Und sie grüßte Maria und sprach: Welche Ehre geschieht mir, daß die Mutter meines HErrn mich besucht? Denn siehe, das Kind, das ich unter dem Herzen trage, hüpfte in mir und wünschte dir Segen! Maria aber gedachte nicht der Geheimnisse, die ihr der Erzengel Gabriel offenbart hatte, und blickte zum Himmel auf und sprach: HERR, wer bin ich, daß alle mich glücklich preisen?

Drei Monate blieb sie bei Elisabeth, und in dieser Zeit geschah es, daß ihr Leib täglich stärker wurde, und sie fürchtete sich und ging heim in ihr Haus und verbarg sich vor den Kindern Israel. Und als alle diese geheimnisvollen Dinge geschahen, da war die Jungfrau sechzehn Jahre alt.

Joseph zweifelt an Maria.

13 Und als sie im sechsten Monat schwanger war, kehrte Joseph von seiner Arbeit heim. Und er trat in sein Haus und fand sie schwanger. Da schlug er sich ins Gesicht und warf sich zu Boden und weinte bitterlich und sprach: Wie kann ich je wieder betend vor den HERRN meinen Gott treten? Was soll ich wohl beten wegen dieses Mädchens? Unachtsam war ich und Schande habe ich auf mein Haupt geladen: Als Jungfrau habe ich sie aus dem Tempel des HERRN empfangen und habe sie nicht behütet. Doch wer war es, der mich hintergangen hat? Wer hat mein Haus geschändet und die Jungfrau befleckt? Wahrlich, es geht mir wie Adam. In der Stunde des Gebetes war er abwesend, da kam der böse Feind, die Schlange, und fand Eva allein und betrog sie.

Und er stand vom Boden auf und rief Maria herbei und sprach: Um Gottes willen habe ich dich in Obhut genommen. Warum hast du getan, was du getan hast? Hast du den HERRN deinen Gott ganz vergessen? Im Allerheiligsten bist du aufgezogen worden und hast Speise aus der Hand eines Engels empfangen. Warum hast du deine Seele erniedrigt?

Maria aber weinte bitterlich und sprach: Rein bin ich und weiß von keinem Manne*. Und Joseph sprach zu ihr: Woher ist, was du in deinem Leib trägst? Da antwortete sie: So wahr der HERR mein Gott lebt, ich weiß nicht, woher ich habe, was in mir ist.

* Vgl. Luk. 1,34

Joseph hat einen Traum. Vgl. Mat. 1,19-24

14 Da fürchtete sich Joseph sehr und ließ von ihr ab und ging in sich und fragte sich, was er mit ihr tun sollte. Und solches bedachte er in seinem Inneren: Wenn ich ihre Sünde verberge, dann werde ich für einen gelten, der gegen das Gesetz des HERRN streitet. Wenn ich sie vor den Söhnen Israels bloßstelle, dann fürchte ich, daß was in ihr ist vielleicht von einem Engel stammt, und ich als einer dastehen werde, der ihr unschuldig Blut* dem Todesgericht ausliefert. Was soll ich mit ihr tun? Ich will sie heimlich fortsenden. Und indem er also gedachte, überfiel ihn der Schlaf.

* Mat. 27,4

Doch siehe, da erschien ihm ein Engel des HERRN im Traum und sprach: Fürchte dich nicht wegen dieses Mägdleins! Denn kein Makel ist an ihr und was in ihr ist, das ist von dem Heiligen Geist! Und sie wird einen Sohn gebären, des Namen sollst du Jesus heißen, denn er wird sein Volk erretten von ihren Sünden. Da erhob sich Joseph von seinem Lager und pries den Gott Israels, der ihm diese Gnade erwiesen hatte, und hütete weiterhin das Mägdlein.

Der Hohepriester beschuldigt Joseph und Maria.

15 Es besuchte ihn aber der Schriftgelehrte Hannas und sprach zu ihm: Warum bist du nicht in der Ratsversammlung erschienen? Da antwortete ihm Joseph: Müde war ich von der Reise und ruhte den ersten Tag. Und Hannas wandte sich um und sah, daß Maria schwanger war.

Und er lief eilends zum Hohenpriester und sprach zu ihm: Jener Joseph, für den du gebürgt hast, hat sich schwer vergangen. Da sprach der Hohepriester: Was hat der Zimmermann denn getan? Und Hannas antwortete: Die Jungfrau, die er aus dem Tempel des HERRN zur Obhut übernommen hat, hat er befleckt und das Beilager mit ihr erstohlen und hat es den Kindern Israels nicht kundgetan. Der Hohepriester aber sprach zu ihm: Das soll Joseph getan haben? Da antwortete ihm Hannas: Sende Diener und du wirst die Jungfrau schwanger finden. Und die Diener gingen hin und fanden es, wie der Schriftgelehrte gesagt hatte, und führten sie beide vor das Gericht.

Und der Hohepriester sprach: Maria, warum hast du das getan? Warum hast du deine Seele erniedrigt und den HERRN deinen Gott ganz vergessen? Warum hast du das getan, die du im Allerheiligsten aufgezogen wurdest und Speise empfingst aus der Hand eines Engels und die Lobgesänge hörtest und vor dem Allerheiligsten tanztest? Maria aber weinte bitterlich und sprach: So wahr der HERR mein Gott lebt, ich bin rein vor ihm und weiß von keinem Manne.

Da sprach der Hohepriester zu Joseph: Warum hast du das getan? Und Joseph sprach: So wahr der HERR mein Gott lebt, ich habe mich an ihr nicht vergangen. Und der Hohepriester sprach: Lege kein falsches Zeugnis ab, sondern sprich die Wahrheit! Du hast das Beilager mit ihr erstohlen und es den Kindern Israels nicht kundgetan und hast dein Haupt nicht unter die Hand Gottes gebeugt, auf daß dein Same gesegnet werde. Doch Joseph hörte diese Vorwürfe und schwieg.

Joseph und Maria trinken das Fluchwasser ohne Schaden.

16 Und der Hohepriester sprach: Stelle die Jungfrau wieder her, die du aus dem Tempel des HERRN empfangen hast! Da weinte Joseph bitterlich. Der Hohepriester aber sprach: Ich werde euch von dem heiligen Wasser* zu trinken geben und es wird eure Sünden vor aller Augen offenbar machen.

* Vgl. 4.Mos. 5,11-31

Und der Hohepriester nahm das bittere, verfluchte Wasser und gab es Joseph zu trinken und schickte ihn in die Wüste, doch Joseph kehrte unversehrt zurück. Da ließ er auch Maria trinken und schickte sie in die Wüste, doch auch sie kehrte unversehrt zurück. Und alles Volk verwunderte sich, daß das Wasser keine Sünde an ihnen offenbart hatte.

Der Hohepriester aber sprach: Wenn Gott der HERR eure Sünden nicht offenbart hat, dann will auch ich euch nicht richten.* Und so entließ er sie. Da nahm der Zimmermann die Jungfrau mit sich und ging heim voll Freude und pries den Gott Israels.

* Joh. 8,11

Joseph und Maria reisen nach Bethlehem.

17 Es begab sich aber zu der Zeit, daß ein Gebot von dem Kaiser Augustus ausging, daß alle Einwohner Bethlehems sich einschreiben lassen sollten*. Und Joseph sprach: Ich werde meine Söhne einschreiben lassen, doch was soll ich mit diesem Mägdlein tun? Wie soll ich sie einschreiben lassen? Als mein Weib? So muß ich mich schämen. Als meine Tochter? Das ganze Volk Israel weiß, daß sie nicht meine Tochter ist. Der Tag des HERRN wird es machen, wie es der HERR will.

* Luk. 2,1

Und so sattelte er seinen Esel und sein Sohn zog das Tier und Joseph folgte. Und sie näherten sich Bethlehem bis auf drei Meilen. Da wandte Joseph sich um und sah, daß Maria traurig war, und sprach zu sich: Vielleicht bedrängt sie, was in ihr ist. Und zum anderen Mal wandte Joseph sich um und sah, daß Maria fröhlich war, und sprach zu ihr: Maria, was ist mit dir, daß ich dein Gesicht das eine Mal lachen sehe, das andere Mal traurig? Und Maria sprach zu Joseph: Zwei Völker* sehe ich mit meinen Augen, das eine weint und klagt, das andere freut sich und jubelt.

* Vgl. 1.Mos. 25,23

Und als sie den halben Weg zurückgelegt hatten, sprach Maria zu ihm: Hilf mir vom Esel herab! Denn was in mir ist, drückt mich und will hervorkommen. Und Joseph nahm sie vom Esel herab und sprach zu ihr: Wohin soll ich dich führen und dich in deinem unschicklichen Zustand verbergen? Denn wahrlich, einsam ist die Stätte.

Josephs Vision.

18 Und er fand eine Höhle und führte sie hinein und ließ seine Söhne bei ihr und zog aus, um eine hebräische Hebamme zu suchen.

Ich, Joseph, aber ging umher und ging nicht umher, und ich blickte auf zum Gewölbe des Himmels und sah es stille stehen, und ich blickte auf die Luft und sah sie erstarrt, und ich sah die Vögel des Himmels unbeweglich. Und ich sah auf die Erde und sah Arbeiter um eine Schüssel und ihre Hände in der Schüssel, und die Kauenden kauten nicht und die aufhoben, hoben nicht auf, und die zum Munde führten, führten nicht zum Munde, und ihre

Angesichter waren nach oben gerichtet. Und siehe, es wurden Schafe getrieben und blieben regungslos, und der Hirt hob die Hand, sie zu schlagen, und die Hand verhielt in der Luft. Und ich sah ein fließend Wasser, und die Böcke hatten ihre Mäuler darauf und tranken nicht. Und alsbald nahm alles wieder seinen Lauf.

Die Geburt des HErrn.

19 Und siehe, ein Weib stieg herab vom Gebirge und sie sprach zu mir: Mensch, wohin gehst du? Und ich sprach zu ihr: Ich suche eine hebräische Hebamme. Und sie antwortete und sprach: Bist du aus Israel? Und ich sprach zu ihr: Ja. Sie aber sprach zu mir: Wer ist die, die in der Höhle gebiert? Und ich sprach zu ihr: Meine Verlobte. Und sie sprach zu mir: So ist sie nicht dein Weib? Und ich sprach zu ihr: Es ist Maria, die auferzogen ward im Tempel des HERRN, und durchs Los ward sie mir gegeben zum Weib und ist doch nicht mein Weib, sondern sie empfing vom Heiligen Geist.

Und die Hebamme sprach: Ist das wahr? Und Joseph sprach zu ihr: Komm und sieh! Und sie ging mit ihm. Und sie kamen an die Stätte, da die Höhle lag. Und siehe, eine lichte Wolke überschattete* die Höhle. Und die Hebamme sprach: Heute ist ein großer Tag für meine Seele, denn meine Augen haben Wunderbares gesehen. Wahrlich, Gott sei gepriesen, denn Israel ist das Heil erstanden. Und sogleich verschwand die Wolke aus der Höhle und ein gewaltiges Licht† erschien, daß es die Augen nicht ertragen konnten. Und als das Licht verschwand, da war das Kind zu sehen und es kam und nahm die Brust seiner Mutter Maria. Da schrie die Hebamme auf und sprach: Was für ein großer Tag ist heute für mich, daß ich dieses Schauspiel habe sehen dürfen!

* Vgl. Mat. 17,5 † Jes. 9,1

Und als sie die Höhle verließ, begegnete ihr Salome. Da sprach sie zu ihr: Salome, Salome! Ich will dir von einem unerhörten Schauspiel erzählen: Eine Jungfrau hat geboren, was doch ihre Natur nicht zuläßt. Und Salome antwortete: So wahr der HERR mein Gott lebt, wenn ich nicht selbst meinen Finger* anlege und sie untersuche, so glaube ich nicht, daß eine Jungfrau geboren hat.

* Vgl. Joh. 20,25

Salome überprüft Marias Jungfräulichkeit.

20 Und die Hebamme ging hinein und sagte zu Maria: Lege dich zurecht, auf daß ich dich untersuche, denn ein Streit besteht um deine Jungfräulichkeit. Und als Maria dies hörte, legte sie sich zurecht, und Salome untersuchte sie mit ihrem Finger, und erhob ein Wehgeschrei und sprach:

Wehe über meinen Frevel und meinen Unglauben, denn ich habe Gott versucht und siehe, meine Hand brennt und fällt von mir ab.

Und sie fiel nieder und betete zum HERRN und sprach: O du Gott meiner Väter, gedenke meiner, weil ich von dem Samen Abrahams und Isaaks und Jakobs bin, und laß mich nicht zuschanden werden vor den Kindern Israel, sondern gib mich den Bedürftigen wieder, denn du weißt, HERR, daß ich in deinem Namen wirke und meinen Lohn von dir empfange.

Und ein Engel trat herzu und sprach zu ihr: Salome, Salome, Gott der HERR hat dein Gebet erhört. Lege deine Hand an das Kindlein und nimm es in die Arme, dann wird dir Heilung und Freude geschehen.

Und Salome trat hinzu und berührte das Kind voller Freude und sprach: Ich will es anbeten, denn in ihm ist Israel ein großer König geboren worden. Und auf der Stelle war Salome geheilt und sie verließ die Höhle gerechtfertigt. Und siehe, eine Stimme sprach: Salome, Salome! Sprich nicht über all das Wunderbare, das du gesehen hast, bis der Knabe nach Jerusalem kommt.

Die Magier aus dem Morgenland. Vgl. Mat. 2,1-12

21 Joseph aber machte sich bereit, nach Judäa zu ziehen. Derweilen aber entstand in Bethlehem eine große Erregung, denn es kamen Magier, die sprachen: Wo ist der neugeborene König der Juden? Wir haben seinen Stern gesehen im Morgenland und sind gekommen, ihn anzubeten.

Als das Herodes hörte, erschrak er und sandte Diener zu den Magiern und ließ die Hohenpriester holen und befragte sie und sprach: Was sagt die Schrift über den Messias? Wo wird er geboren? Und es antworteten ihm die Hohenpriester: In Bethlehem in Judäa; so steht es geschrieben. Da entließ der König sie, und er befragte die Magier und sprach: Welche Zeichen habt ihr gesehen, die auf den neugeborenen König deuten? Da antworteten die Magier: Wir haben einen großen Stern gesehen, der die anderen Sterne verdunkelte. Und wir erkannten, daß ein König für Israel geboren ist, und zogen hin, ihn anzubeten. Da sprach Herodes: Ziehet hin und forschet fleißig nach dem Kindlein! Und wenn ihr es gefunden habt, so sagt mir's wieder, daß ich auch komme, es anzubeten.

Und die Magier zogen von dannen. Und siehe, der Stern, den sie im Osten gesehen hatten, zog vor ihnen her, bis sie zur Höhle kamen, da blieb er stehen zu Häupten der Höhle. Und die Magier sahen das Kindlein mit seiner Mutter Maria, und sie holten Geschenke aus ihren Truhen, Gold, Weihrauch und Myrrhe.

Und da ihnen der Engel offenbart hatte, sie sollten nicht nach Judäa gehen, zogen sie durch einen anderen Weg wieder in ihr Land.

Herodes befiehlt den Kindermord.

22 Als nun Herodes erkannte, daß die Magier ihn getäuscht hatten, ward er zornig und schickte Mörder aus, und befahl ihnen, alle Kinder von zwei Jahren und darunter zu töten. Mat. 2,16

Und als Maria dies hörte, fürchtete sie sich und nahm das Kind und wikkelte es in Windeln und legte es in eine Ochsenkrippe. Luk. 2,7

Als Elisabeth aber hörte, daß Johannes gesucht werde, nahm sie ihn und stieg mit ihm aufs Gebirge. Und sie sah um sich, wo sie ihn verbergen könnte, doch da war kein Versteck. Da seufzte Elisabeth und sprach: Berg Gottes! Nimm uns auf und verstecke uns! Denn sie konnte nicht weiter hinaufsteigen. Da spaltete sich der Berg und nahm sie auf. Und es schimmerte ein Licht durch den Berg, denn ein Engel des HERRN war bei ihnen und behütete sie.

Der Tod des Zacharias.

23 Herodes aber suchte Johannes und sandte seine Diener zu Zacharias und ließ sie fragen: Wo versteckst du deinen Sohn Johannes? Doch Zacharias antwortete und sprach zu ihnen: Ich bin ein Diener Gottes und weile beständig im Tempel des HERRN. Ich weiß nicht von meinem Sohn, wo er sei.

Und die Diener gingen fort und meldeten dies alles dem Herodes. Und Herodes ward zornig, schrie und sprach: Soll denn sein Sohn König werden über Israel! Und er sandte wiederum zu ihm und ließ ihm sagen: Sprich die Wahrheit! Wo ist das Kind? Du weißt doch, daß dein Leben in meiner Hand ist! Und die Diener gingen hin und meldeten ihm das alles.

Da sprach Zacharias: Mein Leben ist Gottes, und meinen Geist wird er aufnehmen, doch du vergießt unschuldiges Blut im Vorraum des Tempels des HERRN*. Und in der Morgendämmerung wurde Zacharias ermordet. Doch die Kinder Israel wußten nicht, daß er ermordet war.

* Vgl. 2.Chr. 24,20ff.; Mat. 23,35

Simeon wird Nachfolger des Zacharias.

24 So zogen die Priester zur Stunde der Begrüßung hin zum Tempel, doch der Segen des Zacharias kam ihnen nicht wie gewöhnlich entgegen. Und sie standen in der Erwartung des Zacharias, um ihn mit Gebeten zu begrüßen und Gott, den HERRN, zu preisen.

Und als er nicht erschien, wurden alle von Angst ergriffen. Und einer von ihnen faßte sich ein Herz und ging hinein und sah das geronnene Blut beim Heiligtum und hörte eine Stimme, die sprach: Zacharias ist ermordet worden und sein Blut soll nicht abgewaschen werden, bis sein Rächer kommt. Und als er diese Worte hörte, da fürchtete er sich und ging hinaus und meldete den Priestern, was er gesehen und gehört hatte.

Da gingen sie nun alle hinein mit Furcht und Zittern und sahen, was geschehen war. Und die getäfelte Decke des Tempels ächzte und die Priester zerrissen ihre Gewänder.

Den Leichnam des Hohenpriesters aber fanden sie nicht, sondern sie fanden nur sein Blut, das war zu Stein geworden. Und sie fürchteten sich alle und gingen hinaus und verkündeten dem Volk: Zacharias ist ermordet. Und alle Stämme Israels hörten es und sie trauerten um ihn und klagten drei Tage und drei Nächte.

Dann aber hielten die Priester Rat, wen sie an seiner statt bestimmen sollten. Und das Los fiel auf Simeon. Dem hatte der Heilige Geist geoffenbart, er werde nicht sterben, bis er Christus im Fleische sähe.

Die Geschichte dieses Evangeliums.

25 Ich, Jakobus, habe diese Geschichte geschrieben. Als nach dem Tod des Herodes in Jerusalem ein Aufruhr entstand, zog ich in die Wüste und kehrte erst zurück, als wieder Friede war. Der HERR hat mir die Weisheit geschenkt, dort diese Geschichte zu schreiben, und darum will ich ihn preisen in alle Ewigkeit.

Gnade wird mit allen sein, die den HERRN fürchten. Friede dem, der das geschrieben hat und dem, der es liest. Amen.

Das Evangelium nach Thomas dem Israeliten

Die Kindheit unseres HErrn und Heilandes Jesus Christus, berichtet von Thomas, dem israelischen Philosophen

Ich, Thomas der Israelit, habe für notwendig erachtet, allen Brüdern aus den Heiden Kunde zu geben von den wunderbaren Taten, die unser HErr Jesus Christus schon als Kind in unserem Land vollbracht hat. Vernehmet also, wie alles begonnen hat.

Jesus formt Sperlinge aus Lehm und belebt sie.

2 Fünf Jahre war der Knabe Jesus, da spielte er an einem Sabbat an der Furt eines Baches. Da sah er, daß die Wasser schmutzig waren, also leitete er sie seitwärts in Gruben zusammen und machte sie so klar, und er bewirkte dies allein durch die Macht seines Wortes.

Und er nahm Lehm und formte daraus zwölf Sperlinge. Es waren aber noch viele Kinder da, die spielten mit ihm.

Und ein Jude, der da sah, was Jesus am Sabbat beim Spielen tat, ging hin und meldete seinem Vater Joseph: Siehe, dein Knabe spielt am Bach und hat Lehm genommen und daraus zwölf Vögel gebildet und den Sabbat entweiht.

Vgl. Mark. 2,23ff.

Und Joseph eilte zum Bach und als er sah, was da geschehen war, schrie er und sprach: Wehe, was tust du Verbotenes am Sabbat? Da klatschte Jesus in seine Hände und rief den Sperlingen zu: Fort mit euch! Da wurden die Sperlinge lebendig und flatterten schreiend davon.

Da das die Juden sahen, erschraken sie und gingen hin und erzählten ihren Ältesten, was der Knabe vollbracht hatte.

Ein Knabe stört Jesus beim Spiel und wird bestraft.

3 Und während die Kinder spielten, nahm ein Knabe einen Weidenzweig und zerstörte die Grube, in der Jesus das klare Wasser gesammelt hatte, und dieser Knabe war der Sohn des Schriftgelehrten Hannas.

Als Jesus sah, was jener an seinem Werk angerichtet hatte, da ergrimmte er und schrie ihn an: Du Frecher, du Gottloser, du Dummkopf! Was haben dir die Gruben und das Wasser zuleide getan? Siehe, auch du sollst jetzt verdorren*, wie ein Baum ohne Wasser. Ohne Wurzel soll dein Schoß sein, und deine Frucht soll vertrocknen, wie ein Zweig, den der Wind abgebrochen hat, und ist nicht mehr.

* Vgl. Mat. 20,18f.

Und sogleich verdorrte jener Knabe ganz und gar. Jesus aber ging heim in das Haus des Joseph. Die Eltern aber des Verdorrten trugen ihren Sohn fort und beweinten seine Kraft und brachten ihn zu Joseph und schuldigten ihn an: Sieh selbst, was dein Knabe den Menschen antut!

Jesus tötet ein Kind.

4 Einst ging der Knabe Jesus durch das Dorf und ein Kind lief vorbei und stieß ihn an die Schulter. Da wurde Jesus zornig und sprach zu ihm: Du Achtloser, dein Weg soll hier ein Ende haben! Und das Kind fiel zu Boden und starb. Da fragten sich die, die das gesehen hatten: Woher stammt dieser Knabe? Denn jedes Wort, das er spricht, ist ja fertige Tat.

Und die Eltern des Gestorbenen kamen zu Joseph und schalten ihn und klagten: Da du so einen Knaben hast, kannst du nicht mit uns im Dorf wohnen, es sei denn, du lehrst ihn zu segnen und nicht zu fluchen*. Denn siehe, er tötet unsere Kinder.

* Römer 12,14

Joseph versucht, Jesus zu erziehen.

5 Da nahm Joseph den Knaben beiseite und wies ihn zurecht und sprach: Warum tust du solche Dinge? Was machst du die Menschen leiden, daß sie uns hassen und verfolgen? Doch Jesus antwortete ihm und sprach: Ich weiß, daß diese Worte nicht die deinen sind, doch will ich deinetwegen schweigen. Doch wisse, wenn sie wahre Kinder wären, so würden sie nicht verflucht werden, denn solche werden keine Qual erleiden. Jene aber werden ihre Strafe tragen. Und alsbald erblindeten, die ihn angeklagt hatten.

Da gerieten alle, die das sahen, in große Furcht und wurden ratlos und sagten untereinander über ihn: Wahrlich, jedes Wort, das er redet, ob gut oder böse, war eine Tat und ward ein Wunder. Da aber Joseph sah, was Jesus getan hatte, stand er auf und zog den Knaben kräftig am Ohr.

Da ward Jesus unwillig und sprach zu ihm: Es genüge dir zu suchen und nicht zu finden, und töricht hast du gehandelt, denn du weißt nicht, ob ich dir gehöre. So mach mir keinen Kummer, denn ich bin dein und komme zu dir.

Der Lehrer Zachäus will Jesus belehren.

6 Das aber hörte ein Schulmeister, der zufällig in der Nähe stand, und sein Name war Zachäus. Und er verwunderte sich über die Maßen, daß ein kleines Kind solches zu seinem Vater redete.

So ging er nach einigen Tagen zu Joseph und sprach zu ihm: Dein Knabe ist klug und er hat Verstand. Übergib ihn mir, auf daß ich ihn die Buchstaben lehre. Alle Wissenschaft soll er lernen von mir, und ich will ihn lehren, die alten Leute zu ehren wie Großväter und Väter, und die Gleichaltrigen zu lieben wie Brüder.

Joseph antwortete und sprach: Wer soll das Kreuz auf sich nehmen und diesen Knaben erziehen? Und Jesus antwortete und sprach: Die Worte und Namen, die du aussprichst, sind mir fremd, denn meine Heimstatt ist nicht bei euch, wenngleich ich mitten unter euch wohne, und habe keine Ehre im Fleisch. Du bist im Gesetz und im Gesetz verharrst du. Ehe du aber geboren warst, bin ich und bin vor dem Gesetz. Meinst du denn, du seiest mein Vater? Von mir wirst du lernen, was keiner gelernt hat noch lehren kann. Das Kreuz, von dem du sprichst, mag tragen, der seiner wert ist; ich aber werde ablegen in meiner Erhöhung, was euch anhanget. Denn du weißt nicht von wannen du bist, ich allein aber weiß die Stunde eurer Geburt und die Zeit eures Verweilens hier.

Als sie das hörten, verwunderten sie sich und riefen und sprachen: Höret und sehet die Wunder. Solche Worte haben wir nie gehört weder von Priestern noch Schriftgelehrten noch Pharisäern. Woher ist geboren, der im fünften Jahr solche Worte redet? Jesus aber antwortete ihnen und sprach: Ihr wundert euch darüber, was ich euch gesagt habe, daß ich weiß die Stunde eurer Geburt, und habe euch doch mehr zu sagen. Sie aber schwiegen stille, als sie das hörten und vermochten nicht mehr zu reden.

Und Jesus trat wieder herzu und sprach: Ich muß lachen über euch, weil ihr euch über ein Geringes wundert, und über die Kleinheit eures Denkens.

Und Zachäus sprach zu Joseph: Ich will ihn lehren, was für ihn passend ist. Und er ließ ihn in die Schule eintreten. Jesus aber schwieg, als er eintrat. Und der Schriftgelehrte Zachäus begann, ihm die Buchstaben zu sagen, und wiederholte ihm viele Male das ganze Alphabet, und verlangte, daß Jesus ihm nachspräche. Er aber schwieg. Da wurde der Schriftgelehrte zornig und schlug ihm mit der Hand auf den Kopf.

Und Jesus sprach: Mag denn der gefühllose Amboß Zucht annehmen, wenn er nur tüchtig geschlagen wird? Ich aber weiß und verstehe, was du nur sagen kannst.

Und weiter sprach er: Du sage mir zuvor, was das Alpha ist, so werde ich dir sagen, was das Beta ist. Und sah den Lehrer an und sprach: Da du das

Wesen des A nicht einmal kennst, wie willst du andere das B lehren? Du Heuchler, wenn du es vermagst, lehre zuerst das A, dann wollen wir dir auch das B glauben. Und er begann den Lehrer über den ersten Buchstaben zu befragen, und er vermochte ihm nicht zu antworten.

Und viel Volks war da versammelt: Spricht das Kind zu Zachäus: Vernimm die Anordnung des ersten Buchstabens und gib acht, wie er zwei gerade Linien hat und einen Mittelstrich; der gehet durch beide Linien, die da zusammengehen, daß sie zusammengehören und sich erheben und sich im Reigen schlingen und wieder herumgeführt werden, und sind drei Zeichen gleicher Art und sind im Gleichgewicht und halten gleiches Maß. Das sind die Linien des A.

Der Lehrer Zachäus erkennt seinen Frevel.

7 Als der Lehrer Zachäus des Knaben tiefsinnige Auslegung des ersten Buchstabens vortragen hörte, schämte er sich und wußte keine Antwort. Zu den Umstehenden aber sprach er: Weh mir, ich bin in die Enge getrieben worden! Ach, ich Unglückseliger! Welche Schande habe ich mir zugefügt, als ich versuchte, Jesus zu unterrichten!

Nimm dieses Kind fort, Bruder Joseph, ich bitte dich darum! Weder ertrage ich die Strenge seines Blickes noch seine durchdringende Rede. Dieser Knabe ist nicht von dieser Welt. Wer so spricht, der kann auch das Feuer bändigen. Ein Kind wie dieses muß vor der Erschaffung der Welt gezeugt worden sein und die Mutter, die es getragen, war nicht von menschlicher Art. Weh mir, o Freund, ich alter Lehrer kann dem Verstand dieses Knaben nicht folgen. Ich habe mich selbst betrogen, ich dreimal Unglücklicher. Ein Kind wollte ich unterrichten, jetzt aber sehe ich, daß er mir ein Lehrer war.

Ach Freunde, das Herz tut mir weh ob der Schande, daß ich, ein alter Mann, von einem Knaben besiegt wurde. Mir bleibt nur mehr der Tod um dieses Knaben willen, denn ich kann ihm nicht mehr ins Auge sehen. Alle werden sagen, daß Zachäus von einem Knaben besiegt wurde, und ich kann ihnen nichts entgegnen. Denn was soll ich über die Natur des ersten Buchstabens berichten, die er mir eröffnete, ich, der ich weder den Anfang noch das Ende seiner Rede begriffen haben?

So bitte ich dich denn, Bruder Joseph, bring dieses Kind zurück in dein Haus. Denn dieser ist etwas Großes, ein Gott oder ein Engel, daß ich nicht weiß, wie ich's sagen soll.

Jesus rettet alle, die er verflucht hatte.

8 Da lachte der Jesusknabe und sprach: Die Unfruchtbaren sollen jetzt Frucht tragen und sehen sollen, die blinden Herzens sind. Ich bin gekommen, die einen zu verfluchen und die anderen nach oben zu rufen, wie es mir der aufgetragen hat, der mich gesandt hat um euretwillen. Joh. 3,31; Joh. 9,39

Und als der Knabe seine Rede geendet hatte, wurden alle gesund, die unter seinen Fluch gefallen waren. Und hinfort wagte es keiner, ihn zu erzürnen, damit er ihn nicht verfluche und er nicht zum Krüppel werde.

Jesus erweckt den Zenon.

9 Und als der Knabe Jesus wenig danach auf einem Dach mit den Kindern spielte, stürzte einer vom Dach hinunter und starb. Da flüchteten alle Knaben und Jesus blieb allein bei der Leiche.

Und die Eltern des Toten kamen und klagten ihn an: Du hast ihn hinuntergeworfen. Und Jesus antwortete ihnen und sprach: Ich habe es nicht getan. Da wollten die Eltern Hand an ihn legen.

Doch Jesus sprang vom Dach hinunter und stellte sich neben den Leichnam und rief mit lauter Stimme: Zenon! – denn dies war der Name des verunglückten Knaben – stehe auf und sage mir: Habe ich dich heruntergeworfen? Und Zenon erhob sich sogleich und antwortete: Nein, HErr, du hast mich nicht heruntergeworfen, sondern hast mich auferweckt. Und alle, die das sahen, erschraken. Die Eltern des Knaben aber priesen Gott für das Zeichen, das geschehen war, und fielen vor Jesus nieder.

Jesus heilt einen verwundeten Holzhacker.

10 Und es geschah einige Tage später, daß ein junger Mann im Dorf Holz hackte. Doch die Axt entfiel ihm und spaltete ihm den Fuß, und er lag im Sterben, da er verblutete.

Als nun Geschrei und Auflauf entstand, drängte sich der kleine Jesus mit Gewalt durch die Menge, berührte den verletzten Fuß des Jünglings und heilte ihn so. Und er sprach zu dem Geheilten: Erhebe dich nun, spalte dein Holz und gedenke meiner. Und die Menge, die das gesehen hatte, huldigte dem Knaben und alle sagten: Wahrhaftig, der Geist Gottes wohnt in diesem Knaben.

Jesus bringt seiner Mutter Wasser ohne einen Krug.

11 Da er sechs Jahre alt war, sandte Maria den Knaben zum Brunnen, daß er Wasser hole. Doch es war ein großes Gedränge rund um den Brunnen, und er stieß an und der Krug zerbrach.

Da nahm das Kind sein Oberkleid, breitete es aus, füllte es mit Wasser und brachte es seiner Mutter. Und als Maria das Wunder sah, das er bewirkt hatte, da küßte sie ihn. Doch von nun an sprach sie zu niemandem über die geheimnisvollen Dinge, die sie ihn hatte tun sehen.

Jesus sät ein Weizenkorn und erntet hundert Scheffel Weizen.

12 Zur Zeit der Aussaat zog sein Vater aufs Feld, um Weizen zu säen, und der Knabe Jesus begleitete ihn. Und während Joseph säte, legte auch Jesus ein Weizenkorn in den Boden.

Und als es Zeit zur Ernte war, da brachte er hundert Scheffel in die Tenne und schenkte den Weizen den Armen. Er war aber acht Jahre alt, als er dieses Zeichen tat. Wer Ohren hat, zu hören, der höre!

Jesus verlängert ein Holzbrett.

13 Es war Joseph, der Vater Jesus', ein Zimmermann, der Pflüge und Joche machte. Doch einmal kam ein Reicher und wollte, daß er ihm ein Bett zimmere. Und Joseph tat dies, doch als er es zusammenfügen wollte, da waren die beiden Seitenbretter ungleich und keiner wußte, was zu tun sei. Da hieß der Jesusknabe seinen Vater, die beiden Hölzer aufeinander legen, daß sie an einem Ende im Gleichen waren. Und Joseph tat, wie es der Knabe verlangt hatte.

Da faßte Jesus das kürzere Holzstück und zog daran und machte es dem anderen gleich. Und als Joseph dies gesehen hatte, staunte er sehr und umarmte das Kind und küßte es und sprach: Selig bin ich, daß mir Gott diesen Knaben geschenkt hat.

Jesus wendet seine Macht gegen einen Lehrer, der ihn schlägt.

14 Und Joseph sorgte sich, daß der reife und verständige Knabe Jesus der Schrift unkundig bleiben sollte, und brachte ihn wiederum zu einem Lehrer. Der aber sprach zu Joseph: Zuerst will ich ihn im Griechischen unterrichten, dann im Hebräischen. Doch dieser Lehrer wußte von den Kenntnissen des Knaben und fürchtete ihn sehr. So schrieb er ihm das Alphabet auf und wiederholte es mehrmals. Jesus aber antwortete darauf nicht.

Er sprach aber zu dem Lehrer: Wenn du dich zu Recht Lehrer nennst und die Buchstaben richtig verstehst, dann nenne mir die Bedeutung des Alpha und ich will dir die des Beta sagen. Da wurde der Lehrer zornig und schlug den Knaben auf den Kopf. Der Schlag aber schmerzte den Knaben, daß er den Lehrer verfluchte und er ward ohnmächtig und fiel nieder auf sein Angesicht.

Der Knabe aber kehrte in das Haus Josephs zurück. Und Joseph ward traurig und sprach zu seiner Mutter: Ach, was sollen wir tun? Laß ihn nicht aus dem Hause! Denn alle, die ihn erzürnen, sterben.

Auch der Versuch eines freundlichen Lehrers, Jesus zu unterrichten, scheitert.

15 Es war noch ein Schulmeister, der war ein guter Freund des Joseph. Also sprach er zu ihm: Bringe den Knaben zu mir in die Schule. Ich will gar freundlich zu ihm sein, so möchte es mir vielleicht gelingen, ihn die Buchstaben zu lehren. Und Joseph antwortete ihm und sprach: Wenn du den Mut dazu hast, Bruder, so nimm Jesus mit dir. Und der Lehrer nahm ihn mit sich voll Furcht und voll Besorgnis. Doch siehe, der Knabe folgte ihm gerne.

Und er trat keck in das Lehrhaus und fand ein Buch auf dem Lesepult liegen und ergriff es. Doch las er nicht die Buchstaben, die darin standen, sondern er begann zu predigen und seine Rede war voll des Heiligen Geistes, und er lehrte die Umstehenden das Gesetz. Da sammelte sich viel Volk um ihn und bewunderte die Anmut seiner Rede und die Tiefe seiner Gedanken. Und alle staunten, daß ein unmündiges Kind solches verkündigen konnte.

Als Joseph dies hörte, bekam er Angst, daß dem Schulmeister Schlimmes geschehen könnte, und lief zum Lehrhaus. Der Schulmeister aber sprach zu Joseph: Wisse, Bruder, zwar habe ich deinen Knaben als Schüler angenommen, doch ist er voll Anmut und Weisheit und bedarf keines Lehrers. Darum bitte ich dich, nimm ihn wieder heim in dein Haus.

Als Jesus dies vernahm, lachte er freundlich und sprach: Da du recht geredet und recht Zeugnis abgelegt hast, soll um deinetwillen jener andere Lehrer wieder geheilt werden. Und zur Stunde ward der andere geheilt. Joseph aber nahm den Knaben und brachte ihn wieder in sein Haus.

Jesus heilt seinen Bruder Jakobus.

16 Joseph sandte seinen Sohn Jakobus* in den Wald, um Holz zu bündeln, und der Jesusknabe begleitete ihn. Doch während Jakobus das Reisig sammelte, biß ihn eine Natter in die Hand.

* Vgl. Mar. 6,3

Und Jakobus fiel zu Boden und lag im Sterben. Da trat Jesus hinzu und blies auf den Schlangenbiß, und sofort hörte der Schmerz auf und das Tier zerbarst und Jakobus erhob sich und war gesund.

Jesus erweckt einen toten Säugling.

17 Und es begab sich danach, daß in der Nachbarschaft des Joseph ein Kind krank wurde und starb und die Mutter weinte sehr. Jesus aber hörte die Klage und das Jammern und eilte hinzu und trat zu dem Kind und rührte seine Brust an und sprach: Kind, ich sage dir, stirb nicht, sondern lebe und sei mit deiner Mutter vereint! Da schlug das Kind die Augen auf und lachte. Und Jesus sprach zu der Frau: So nimm es denn an die Brust und gib ihm Milch und gedenke meiner.

Und die Menge, die das sah, wunderte sich und sprach: Es ist dieser Knabe entweder ein Gott oder ein Engel Gottes. Denn jedes Wort, das er spricht, ist fertige Tat. Und Jesus verließ sie und ging hin und spielte mit den anderen Kindern.

Jesus erweckt einen toten Handwerker.

18 Und bald danach wurde ein Haus gebaut, und als sich da großes Geschrei erhob, begab sich der Knabe Jesus zu der Stätte. Und er sah einen Handwerker tot daliegen, nahm ihn bei der Hand und sprach: Ich sage dir, Mensch, steh auf und tu deine Arbeit. Und alsbald stand er auf und fiel vor ihm nieder.

Als aber das Volk dies sah, wunderte es sich und sprach: Wahrlich, dieser Knabe ist vom Himmel gesandt. Denn ihm ist es gegeben, das Leben vom Tode zu retten.

Der Knabe Jesus im Tempel von Jerusalem. Vgl. Luk. 2,41-52

19 Und als Jesus zwölf Jahre geworden war, gingen seine Eltern der Sitte gemäß zum Passahfest gen Jerusalem. Doch da die Festtage vollendet waren und sie wieder nach Hause gingen, kehrte der Jesusknabe um nach Jerusalem. Seine Eltern aber meinten, er sei bei den Reisegefährten.

Als sie aber eine Tagesreise gewandert waren, suchten sie ihn bei ihren Verwandten. Und da sie ihn nicht fanden, gingen sie wiederum nach Jerusalem, ihn zu suchen. Und es begab sich nach drei Tagen, daß sie ihn im Tempel fanden mitten unter den Lehrern sitzend, wie er das Gesetz anhörte und sie befragte. Und alle, die ihm zuhörten, wunderten sich, wie er, ein kleiner

Knabe, die Ältesten und Lehrer zum Schweigen brachte, indem er ihnen die Hauptstücke des Gesetzes und die Propheten auslegte.

Seine Mutter aber trat zu ihm und sprach: Warum hast du uns das getan mein Kind, siehe, wir haben dich mit Schmerzen gesucht. Jesus sprach zu ihnen: Warum suchet ihr mich? Wisset ihr nicht, daß ich sein muß in dem, was meines Vaters ist?

Die Schriftgelehrten und Pharisäer aber sagten zu ihr: Bist du die Mutter dieses Knaben? Und Maria antwortete: Ja, ich bin es. Da sprachen sie zu ihr: Gebenedeit bist du unter den Weibern, denn der HERR hat die Frucht deines Leibes gesegnet. Denn solche Erhabenheit und solche Tugend und Weisheit haben wir nie gehört noch gesehen.

Jesus aber erhob sich und folgte seiner Mutter und war seinen Eltern untertan; seine Mutter aber behielt alle diese Worte in ihrem Herzen. Jesus aber nahm zu an Alter, Weisheit und Anmut. Ihm sei Ehre von Ewigkeit zu Ewigkeit. Amen!

Das Evangelium nach Nikodemus

Die Protokolle über den Prozeß unseres Herrn Jesus Christus, wie sie unter Pontius Pilatus geführt worden sind.

Ich, Ananias, ein römischer Offizier, studierte die Heilige Schrift mit gläubigem Herzen, und ich erkannte, daß Jesus Christus unser HErr ist, und wurde der heiligen Taufe für würdig befunden. Da ich nun nach den Akten des Prozesses gegen unseren HErrn Jesus Christus forschte und nach den Dokumenten der Juden aus jener Zeit, fand ich diese Akten in hebräischer Sprache. Und ich übersetzte sie nach Gottes Willen in die griechische Sprache, damit alle, die den Namen unseres HErrn Jesus Christus anrufen, sie lesen können. Und das tat ich im 18. Jahr der Regierung unseres Kaisers Flavius Theodosius und im 5. Jahr des Nobilissimats des Flavius Valentinianus in der 9. Indikation.

Ihr aber, die ihr das lest und abschreibt, gedenket meiner und betet für mich, daß Gott der HERR mir gnädig sei und mir meine Sünden gütig verzeihe. Friede sei allen, die diesen Text hören oder lesen, und ihren Hausgenossen. Amen.

Es geschah aber im 19. Regierungsjahr des Kaisers Tiberius, als Herodes König von Galiläa war, im 19. Jahr seiner Herrschaft, am 8. Tag vor den Kalenden des April, unter dem Konsulat des Rufus und des Rubellio, im 4. Jahr der 202. Olympiade, zur Zeit als Joseph Kaiphas der Hohepriester der Juden war.

Und der Bericht des Nikodemus über das Vorgehen der Hohenpriester und der anderen Juden, den er nach der Passion des HErrn in hebräischer Sprache verfaßt hat, lautet also:

Jesus erscheint vor Pilatus.

1 Es versammelten sich die Hohenpriester und Schriftgelehrten der Juden, Hannas und Kaiphas, Semes, Dathaes und Gamaliel, Judas, Levi und Nephtalim, Alexander und Jairus und die übrigen Juden und hielten Rat und kamen zu Pilatus, um Jesus anzuklagen*, und sprachen: Wir wissen, daß dieser Jesus der Sohn des Zimmermannes Joseph und der Maria ist, er aber nennt sich Gottes Sohn und König. Auch schändet er den Sabbat und will das Gesetz unserer Väter abschaffen.

* Mat. 27,1f.; Mar. 15,1; Luk. 22,66 u. 23,1f.; Joh. 18,28

Da entgegnete ihnen Pilatus: Was ist es denn, das er tut, das Gesetz abzuschaffen? Und die Juden antworteten ihm und sprachen: Das Gesetz verbietet jede Heilung am Sabbat. Doch er hat Gelähmte und Bucklige, Verdorrte und Blinde, Gichtige und Besessene am Sabbat mit verwerflichen Mitteln geheilt.* Da sprach Pilatus zu ihnen: So nennt mir die Mittel. Und die Juden entgegneten ihm: Er ist ein Magier und vertreibt die Dämonen durch Beelzebub†, den Herrscher der Teufel, und deswegen sind ihm alle Dämonen untertan. Doch Pilatus antwortete ihnen: Nicht durch einen unreinen Geist werden Dämonen ausgetrieben; ich meine vielmehr, daß der Gott Asklepios ihm hilft.

* Mat. 12,9-14; Mar. 3,1-6; Luk. 6,6-11; 13,10-17; 14,1-6; Joh. 5,4-16

† Mat. 12,24; Mar. 3,22; Luk. 11,15

Da sprachen die Juden zu Pilatus: Wir bitten deine Hoheit, ihn vor deinen Richterstuhl zu stellen und zu verhören. Und Pilatus rief sie näher zu sich und fragte sie: Sagt mir, wie kann ich, der Statthalter, einen König verhören? Doch die Juden antworteten ihm: Wir sagen nicht, daß er ein König sei, sondern daß er sich dafür ausgebe*. Da rief Pilatus seinen Diener und befahl ihm, Jesus zu laden, wie man Zeugen lädt. Und der Diener ging hinaus, und da er Jesus erkannte, grüßte er ihn voll Ehrfurcht. Und er nahm das Tuch, das er über dem Arm trug, und breitete es auf dem Boden aus und sprach zu ihm: HErr, wandle auf diesem Tuch und tritt ein, denn der Landpfleger hat dich gerufen. Und als die Juden das sahen, wurden sie zornig gegen den Landpfleger und schrien: Weshalb hast du diesen Mann nicht durch den Büttel herbeiführen lassen, wie einen Angeklagten? Warum werden ihm hier Ehren erwiesen, als ob er ein König wäre?

* Vgl. Joh. 19,21

Da rief Pilatus den Diener zu sich und fragte ihn: Weshalb hast du das getan und hast das Tuch auf den Boden gebreitet und Jesus darüberschreiten lassen? Und der Diener antwortete ihm und sprach: Wisse, Landpfleger, als du mich nach Jerusalem zu Alexander sandtest, habe ich diesen Mann gesehen. Und er saß auf einem Esel und die Kinder der Hebräer hielten Zweige in ihren Händen und priesen ihn und andere breiteten ihre Kleider aus und riefen: Rette uns, du aus der Höhe! Gelobt sei der HErr, der da einzieht.

Mat. 21,8f.; 21,15; Mar. 11,8ff.; Luk. 19,37f.; Joh. 12,12f.

Da schrien die Juden den Diener an: Die Kinder riefen hebräisch, wie weißt du es auf griechisch? Der Diener aber erwiderte ihnen: Ich fragte einen der Juden und er verdolmetschte ihre Rede. Da sprach Pilatus zu ihnen: Was war es denn, das sie auf hebräisch riefen? Und die Juden antworteten ihm: Hosiannah bimromin, baruch habba adonai. Und Pilatus fragte weiter: Hosiannah und das andere, was heißt das in meiner Sprache? Und die Juden erwiderten: Rette uns, du aus der Höhe! Gelobt sei der HErr, der da einzieht!* Da sprach der Landpfleger zu ihnen: Ihr selbst sagt es mir wie der Diener, ich kann keinen Fehler an ihm finden. Da verstummten die Juden. Und Pilatus sprach zu seinem Diener: Geh also hinaus und führe Jesus herein, auf welche Art es dir gefällt. Und der Diener ging hinaus und sprach zu Jesus: HErr, tritt ein. Der Landpfleger läßt dich bitten.

* Vgl. Ps. 118,25f.

Und da Jesus eintrat in den Gerichtssaal, verneigten sich die Bilder des Kaisers auf den Standarten, die von den Standartenträgern gehalten wurden. Da aber die Juden sahen, wie sich die kaiserlichen Bilder vor ihm verneigten, klagten sie die Standartenträger schreiend an. Pilatus aber sprach zu ihnen: Was staunt ihr nicht darüber, daß die kaiserlichen Bilder Jesus ehren und sich vor ihm neigen? Doch die Juden antworteten: Wir sahen, wie die Träger die Standarten senkten und ihm auf diese Weise huldigten. Da rief der Landpfleger die Standartenträger und fragte sie und sprach: Warum habt ihr das getan? Doch die antworteten ihm und sprachen: Herr, Griechen sind wir und Diener unserer Götter: Was sollten wir also ihm huldigen. Wir hielten die Bilder des Kaisers, wie es unsere Pflicht ist, doch die Bilder verneigten sich gegen unseren Willen.

Da sprach Pilatus zu den Priestern und den Ältesten des Volkes: So wählt denn kräftige Männer zum Tragen der Standarten aus. Dann wollen wir sehen, ob sie sich wiederum verneigen. Also bestimmten die Ältesten der Juden zwölf kräftige Männer und ließen je sechs von ihnen eine Standarte halten und sich vor dem Richterstuhl des Landpflegers aufstellen. Und Pilatus sprach zu seinem Diener: Führe Jesus aus dem Richthaus und wieder herein, auf welche Art du willst. Er sprach aber zu den Männern, die zuerst die Standarten getragen hatten: Ich schwöre beim Heil des Kaisers: Wenn die Bilder beim Eintritt Jesu sich nicht verneigen, dann werde ich euch den Kopf abschlagen lassen. Und er befahl, Jesus zum andern Mal eintreten zu lassen. Und wie zuvor bat der Diener Jesus, über seine Armbinde zu schreiten. Und Jesus tat das und ging hinein. Und siehe, es neigten sich die Kaiserbilder zum andern Mal und bezeugten ihm Verehrung.

Die Anklagen der Juden gegen Jesus.

2 Und Pilatus erschrak und wollte sich von seinem Richterstuhl erheben. Da ließ ihm seine Frau durch einen Boten sagen: Habe du nichts zu schaffen mit diesem Gerechten; ich habe in der Nacht viel erlitten seinetwegen*. Da rief Pilatus die Juden heran und sprach zu ihnen: Ihr wißt, daß meine Frau gottesfürchtig ist und es in der Religion mehr mit euch Juden hält. Hört, was sie mir sagen ließ: Habe du nichts zu schaffen mit diesem Gerechten; ich habe in der Nacht viel erlitten seinetwegen. Doch die Juden

antworteten dem Pilatus: Wir haben dir gesagt, daß er ein Magier ist! Siehe, er hat deiner Frau einen Traum geschickt. * Mat. 27,19

Da ließ Pilatus Jesus rufen und sprach zu ihm: Du hörst die Anklagen gegen dich. Hast du nichts zu sagen? Doch Jesus antwortete ihm und sprach: Was jene sprechen, ist ihre eigene Sache, denn jeder hat die Macht, mit seinem Mund Gutes oder Böses zu reden. Was aber einer redet, da sehe er selbst zu.

Da antworteten ihm die Ältesten der Juden: Wie wagst du, so zu reden? Aus unzüchtigem Verkehr bist du geboren worden, deine Geburt hat in Bethlehem zu Kindesmord* geführt, und deine Eltern sind nach Ägypten geflohen, weil die Leute sie verachteten. * Vgl. Mat. 2,13-16

Da erhoben sich einige Anwesende, und die waren fromme Männer aus dem Kreis der Juden, und sprachen: Wir bestreiten, daß er aus unzüchtigem Verkehr stammt! Wir wissen, daß Joseph Maria geheiratet und daß keinerlei Hurerei zu seiner Geburt geführt hat. Da sprach Pilatus zu den jüdischen Anklägern: Eure Anklage ist falsch, denn Zeugen aus eurem eigenen Volk sagen, daß eine Vermählung stattgefunden hat. Doch Hannas und Kaiphas erwiderten dem Pilatus: Ein schlechter Richter bist du! Das ganze Volk versichert, daß er aus unzüchtigem Verkehr stammt, und du glaubst einigen Proselyten und Jüngern von ihm. Da wandte sich Pilatus an Hannas und Kaiphas und fragte sie: Sagt an, was sind Proselyten? Und sie antworteten ihm: Solche sind als Kinder von Griechen geboren und sind Juden geworden.

Die aber Jesus verteidigt hatten, waren Lazarus, Asterius, Antonius, Jakobus, Amnes, Zeras, Samuel, Isaak, Phinees, Krispus, Agrippa und Judas. Und sie antworteten und sprachen: Wir sind keine Proselyten, sondern Kinder von Juden und sprechen die Wahrheit, denn wir waren Zeugen der Hochzeit von Joseph und Maria.

Da wandte sich Pilatus an die zwölf, die Jesus verteidigten, und sprach zu ihnen: Seid ihr bereit, beim Heil des Kaisers einen Eid abzulegen, daß jener tatsächlich ehelich geboren wurde? Doch die zwölf erwiderten dem Pilatus: Unser Gesetz verbietet uns einen solchen Eid als Sünde.* Hannas und Kaiphas mögen beim Heil des Kaisers schwören, daß wir die Unwahrheit sprechen. Dann wollen wir des Todes sein. Da wandte sich Pilatus an Hannas und Kaiphas und sagte: Warum antwortet ihr nichts? Da erwiderten Hannas und Kaiphas: Ein schlechter Richter bist du, der du den Zwölfen glaubst, daß er nicht aus unzüchtigem Verkehr stammt. Und wir, das ganze Volk, schreien laut, daß er ein uneheliches Kind sei und ein Magier und einer, der sich zum Sohn Gottes und König aufwirft, und du glaubst uns nicht!

* Vgl. 2.Mos. 3ff.; Mat. 5,33f.; Jak. 5,12

Da hieß Pilatus Jesus zur Seite treten und sandte die Menge hinaus bis auf jene zwölf, die Jesus verteidigten, und fragte sie: Aus welchen Gründen wollen sie ihn zu Tode bringen? Und sie antworteten dem Pilatus: Sie ereifern sich, weil er am Sabbat heilt. Da sprach Pilatus: So wollen sie ihn wegen eines guten Werkes töten lassen. Und sie erwiderten: Ja.

Pilatus verhört Jesus.

3 Da wurde Pilatus zornig und ging vor das Richthaus und sprach zu den Juden: Der Sonnengott sei mein Zeuge, daß ich keine Schuld an diesem Menschen finde! Da antworteten die Juden und sprachen zu dem Landpfleger: Wäre dieser kein Übeltäter, wir hätten ihn dir nicht überantwortet. Doch Pilatus sprach zu ihnen: So nehmt ihn hin und richtet ihn nach eurem Gesetz. Die Juden aber entgegneten ihm: Wir dürfen niemand töten.* Darauf antwortete ihnen Pilatus: Euch hat euer Gott verboten zu töten. Doch meint ihr etwa, daß er es mir gestattet hat?

* Joh. 18,30f.

Und er ging wieder in das Richthaus und nahm den Jesus beiseite und fragte ihn: Bist du der Juden König? Jesus antwortete: Redest du das von dir selbst, oder haben's dir andere von mir gesagt? Pilatus antwortete: Bin ich ein Jude? Dein Volk und die Hohenpriester haben dich mir überantwortet. Was hast du getan? Jesus antwortete: Mein Reich ist nicht von dieser Welt. Wäre mein Reich von dieser Welt, meine Diener würden kämpfen, daß ich den Juden nicht überantwortet würde; aber nun ist mein Reich nicht von dannen. Da sprach Pilatus zu ihm: So bist du dennoch ein König? Jesus antwortete: Du sagst es, ich bin ein König. Ich bin dazu geboren und in die Welt gekommen, damit jeder, der aus der Wahrheit ist, meine Stimme höre. Spricht Pilatus zu ihm: Was ist Wahrheit?* Und Jesus antwortete und sprach: Die Wahrheit kommt vom Himmel. Und Pilatus: Gibt es denn auf Erden keine Wahrheit? Da sprach Jesus: Siehst du nicht, wie die, welche die Wahrheit sprechen, von denen gerichtet werden, die auf Erden die Macht haben?

* Joh. 18,33-38

Das Verhör wird fortgesetzt.

4 Und Pilatus verließ Jesus und ging hinaus vor das Richthaus und sprach zu den Juden: Ich finde keine Schuld an ihm.* Da antworteten ihm die Juden: Er hat gesagt: Ich kann diesen Tempel Gottes abbrechen und in drei Tagen ihn bauen.** Darauf Pilatus: Welchen Tempel? Und die Juden antworteten ihm: Den Tempel, den der große König Salomon*** in sechsundvierzig Jahren gebaut hat. Er aber sagt, er breche ihn ab und baue ihn in drei Tagen wieder auf†. Da sprach Pilatus zu ihnen: Ich bin unschuldig an dem

Blut dieses Gerechten; sehet ihr zu. Und die Juden erwiderten: Sein Blut komme über uns und unsere Kinder.††

* Joh. 18,38 ** Mat. 26,61 *** 1.Kön. 6,37f. † Joh. 2,20 †† Mat. 27,24f.

Und Pilatus nahm die Ältesten und Priester und Leviten beiseite und sprach heimlich zu ihnen: Handelt nicht also! Nichts dessen ihr ihn beschuldigt, ist ein todeswürdiges Verbrechen, weder die Heilungen noch die Schändung des Sabbats. Aber die Ältesten, Priester und Leviten antworteten ihm und sprachen: Wenn einer den Kaiser lästert, ist er des Todes schuldig oder nicht? Da sprach Pilatus: Er ist des Todes schuldig. Und die Juden entgegneten ihm: Wer den Kaiser lästert, ist des Todes schuldig; er aber hat Gott gelästert!

Und wiederum hieß der Landpfleger die Juden aus dem Richthaus hinausgehen und sprach zu Jesus: Sage mir, was soll ich mit dir tun? Und Jesus antwortete ihm und sprach: Tu, was in deine Macht gegeben ist.* Da fragte ihn Pilatus: Wie das? Und Jesus sprach: Moses und die Propheten haben meinen Tod und meine Auferstehung verkündet. Die Juden hatten aber gelauscht, und als sie diese Worte hörten, drängten sie herein und sprachen: Warum hörst du diesen Gotteslästerungen zu? Da antwortete ihnen Pilatus: Wenn diese Rede eine Lästerung gegen euren Gott ist, dann bringt ihn in eure Synagoge und richtet ihn nach eurem Gesetz.** Sie aber antworteten ihm: Es steht geschrieben in unserem Gesetz: Wer einen Menschen lästert, der soll mit vierzig Streichen weniger einen† bestraft werden; wer aber Gott lästert, der soll gesteinigt werden.††

* Joh. 19,11 ** Joh. 18,31 † Vgl. 5.Mos. 25,1ff.; vgl. 2.Kor. 11,24 †† 3.Mos. 24,16

Da sagte Pilatus zu ihnen: So nehmt doch den Jesus und bestraft ihn nach eurer Weise! Die Juden aber entgegneten ihm: Wir wollen, daß er gekreuzigt werde! Und Pilatus sprach: Jener verdient es nicht, gekreuzigt zu werden.

Und als er sah, daß viele von den Juden weinten, da sprach er: Nicht alle wollen, daß er sterbe. Und die Ältesten der Juden antworteten ihm: Gerade deswegen sind wir, das gesamte Volk hierhergekommen, um zu fordern, daß er sterbe. Und noch einmal fragte Pilatus: Weswegen soll er sterben? Und die Juden antworteten ihm: Weil er sich Sohn Gottes und König genannt hat.

Die Aussage des Nikodemus.

5 Da trat Nikodemus, ein Jude, vor den Landpfleger hin und sprach: Ich bitte dich Verehrungswürdiger, laß mich einige Worte sagen. Und Pilatus sprach: So rede! Da begann Nikodemus: Ich habe den Ältesten und den Priestern und den Leviten* und dem ganzen Volk in der Synagoge gesagt: Was

habt ihr gegen diesen Menschen? Unerhörte Zeichen und Wunder tut er.** Laßt ab von ihm und sinnt nichts Böses gegen ihn! Wenn die Zeichen, die er tut, von Gott sind, dann werden sie Bestand haben; sind sie aber Menschenwerk, dann werden sie von selbst verschwinden.†

* Vgl. Joh. 7,50 ** Vgl. Joh. 3,2 † Vgl. Apg. 5,38f.

Denkt an die vielen Wunder, die Moses, der von Gott gesandt war, in Ägypten vor dem Pharao vollbracht hat!* Und dem Pharao dienten Jannes und Jambres† und auch sie vollbrachten ähnliche Wunder wie Moses und die Ägypter verehrten sie wie Götter. Doch die Zeichen, die sie taten, waren nicht von Gott, also kamen sie selber um, gemeinsam mit jenen, die ihnen glaubten. Laßt also ab von diesem Menschen, denn er verdient den Tod nicht.

* 2.Mos. 7-10 † Vgl. 2.Tim. 3,8

Da antworteten die Juden Nikodemus und sprachen: Du bist sein Jünger geworden* und trittst deswegen für ihn ein. Und Nikodemus antwortete ihnen: Dann ist wohl auch der Landpfleger sein Jünger geworden, da er für ihn eintritt. Doch hat ihn nicht der Kaiser selbst auf seinen hohen Platz gesetzt? Da ergrimmten die Juden und knirschten mit den Zähnen** gegen den Nikodemus. Doch Pilatus fragte sie: Warum knirscht ihr mit den Zähnen, wenn ihr die Wahrheit hört? Da sagten die Juden zu Nikodemus: So nimm du denn seine Wahrheit an und stelle dich auf seine Seite. Und Nikodemus antwortete: Wahrlich, ihr sagt es, dort soll mein Platz sein.

* Joh. 7,52 ** Vgl. Apg. 7,54

Die Aussage der Geheilten.

6 Da eilte ein Jude herbei und bat den Landpfleger ums Wort und sprach, da er's erhielt: 38 Jahre* litt ich an quälenden Schmerzen und konnte das Bett nicht verlassen. Und ich hörte, daß Jesus viele Besessene und Kranke geheilt hatte. Da hatten einige Jünglinge Mitleid mit mir und trugen mich zu ihm**. Und er sah mich und auch er hatte Mitleid mit mir und sprach: Nimm dein Bett und wandle! Da stand ich auf und nahm mein Bett und wandelte.† Die Juden hörten dies und sprachen zu Pilatus: So frage ihn, welcher Tag es war, da er ihn heilte. Da sagte der Geheilte: Es geschah an einem Sabbat. Und die Juden sprachen zu Pilatus: Es ist so, wie wir es dir berichtet haben: Am Sabbat heilt er und treibt die Dämonen aus.

* Joh. 5,5 ** Mar. 2,3 † Mar. 2,11f.; Joh. 5,8f.

Da trat ein anderer Jude vor und erzählte: Seit meiner Geburt war ich blind und hörte es wohl, wenn einer sprach, konnte aber sein Gesicht nicht sehen. Und als Jesus vorbeizog, da rief ich mit lauter Stimme: Erbarme dich meiner, Sohn Davids! Und er erbarmte sich meiner und legte seine Hände auf meine Augen und ich konnte alsbald wieder sehen. Und noch ein anderer Jude trat vor und berichtete: Ich bin verkrümmt gewesen, doch durch ein Wort hat er mich gerade gemacht. Und ein Dritter sagte aus: Aussätzig war ich und durch ein Wort hat er mich geheilt.

Vgl. z.B. Mar. 10,46-52; 8,23ff.; 1,40ff.

Und ein Weib schrie von fern und sprach: Zwölf Jahre lang litt ich am Blutfluß, doch da berührte ich den Saum seines Gewandes und war gesund.* Doch die Juden sprachen: Nach unserem Gesetz sind Frauen zum Zeugnis nicht zugelassen.

* Mar. 5,25-29

Und großer Lärm entstand und Männer und Frauen schrien durcheinander: Dieser Mensch ist ein Prophet und die Dämonen sind ihm untertan. Da fragte Pilatus jene, die zuletzt geschrien hatten: Warum aber sind eure Lehrer ihm nicht untertan? Sie antworteten: Das wissen wir nicht. Andere aber riefen: Den Lazarus, der schon vier Tage im Grabe lag, hat er wieder erweckt.* Da begann der Statthalter zu zittern und fragte die Menge der Juden: Weshalb wollt ihr unschuldiges Blut vergießen?

* Joh. 11,17-44

Die Verurteilung Jesu.

7 Und Pilatus rief Nikodemus und die zwölf Männer, die Jesus verteidigt hatten, und fragte sie: Was soll ich tun? Das Volk rebelliert. Jene aber antworteten ihm: Wir wissen es nicht. Sie mögen selbst zusehen. Da wandte sich Pilatus an das ganze Volk der Juden und sprach: Ihr wißt, daß es am Osterfest Sitte ist, euch einen Gefangenen loszugeben, welchen ihr begehret. Im Gefängnis wartet ein verurteilter Mörder mit Namen Barabbas und hier steht Jesus, an dem ich keine Schuld finden kann; welchen soll ich euch freigeben? Da schrien die Juden: Barabbas! Und Pilatus: Was aber soll ich mit Jesus tun, den man den Messias nennt? Und die Juden schrien: Er soll gekreuzigt werden.* Andere Juden aber riefen: Du bist nicht des Kaisers Freund, wenn du diesen freiläßt.** Du willst wohl, daß dieser herrsche, der sich König und Sohn Gottes nennt, und nicht der Kaiser!

* Vgl. Mat. 27,15-23; Mar. 15,6-14; Luk. 23,13-23; Joh. 18,39f. ** Joh. 19,12

Da wurde Pilatus zornig und sprach zu den Juden: Ein undankbares und aufsässiges Volk seid ihr! Immer erhebt ihr euch gegen eure Wohltäter! Fragten die Juden ihn: Gegen welche Wohltäter? Und Pilatus sprach: Einst hat euch euer Gott aus der harten Knechtschaft befreit in Ägyptenland und euch wohlbehalten durch das Meer geführt, als ob es trockenes Land wäre. Und in der Wüste ernährte er euch mit Manna und Wachteln und hat euch Wasser aus dem Felsen verschafft und euch das Gesetz gegeben. Und dennoch habt ihr euren Gott erzürnt und ließet euch ein goldenes Kalb machen, so daß er euch töten wollte. Und Moses flehte um Gnade zu Gott und rettete euch vor dem Tod. Jetzt aber bezichtigt ihr mich, daß ich den Kaiser hasse. 2.Mos. 14,19-22; 16,12-15; 17,1-7; 19ff.; vgl. z.B. auch Ps. 78

Und er erhob sich vom Richterstuhl und wollte weggehen. Da schrien die Juden: Als König anerkennen wir nur den Kaiser, nicht aber diesen! Schon bei seiner Geburt brachten ihm die Weisen aus dem Morgenland Geschenke, als ob er ein König wäre. Und als Herodes von den Weisen hörte, daß ein König geboren sei, da trachtete er ihn zu töten. Da nahm ihn sein Vater Joseph und flüchtete mit ihm und seiner Mutter nach Ägypten. Und als Herodes das hörte, ließ er alle Kinder in Bethlehem umbringen.

Vgl. Mat. 2,1-18

Als Pilatus diese Worte hörte, erschrak er, und er gebot der Menge des Volks zu schweigen und sprach: Dieser ist es also, den Herodes suchte. Und die Juden sagten: Ja, er ist es. Da nahm Pilatus Wasser und wusch sich seine Hände vor der Sonne und sprach: Ich bin unschuldig an dem Blut dieses Gerechten; sehet ihr zu. Da antwortete das ganze Volk und sprach: Sein Blut komme über uns und unsere Kinder. Mat. 27,24f.

Da ließ Pilatus den Vorhang vor den Richterstuhl ziehen, auf dem er saß, und sprach zu Jesus: Dein Volk hat dich der Anmaßung des Königsnamens überführt. Vernimm also das Urteil des kaiserlichen Landpflegers: Nach dem kaiserlichen Gesetz sollst du zuerst gegeißelt, dann aber am Kreuze aufgehängt werden in dem Garten, wo du gefaßt wurdest. Und Dysmas und Gestas, die beiden Verbrecher, sollen mit dir gekreuzigt werden.

Die Kreuzigung Jesu. Vgl. Mat. 27,27-44; Mar. 15,16-32; Luk. 23,26-43; Joh. 19,16-29

8 Die Knechte aber fesselten Jesus und führten ihn aus dem Richthaus und die beiden Verbrecher gingen mit ihm. Und als sie in den Garten kamen, da entkleideten sie ihn und gürteten ihn mit einem Leinentuch und setzten ihm eine Dornenkrone aufs Haupt. Dann geißelten sie ihn und hängten ihn ans Kreuz. Desgleichen taten sie auch den beiden Verbrechern, und sie hängten den Dysmas zur Linken und den Gestas zur Rechten. Jesus aber sprach: Vater, vergib ihnen, denn sie wissen nicht, was sie tun!

Und die Soldaten verteilten seine Kleider untereinander. Und das Volk stand und sah zu. Und die Hohenpriester und die Ältesten spotteten sein und sprachen: Er hat andern geholfen, er helfe sich selber. Ist er der Sohn Gottes, dann steige er herab vom Kreuz! Und auch die Soldaten verspotteten ihn und traten zu ihm und boten ihm Essig vermischt mit Galle und sprachen: Bist du der Juden König, so hilf dir selber!

Pilatus aber hatte befohlen, die Jesus zur Last gelegte Schuld in griechischer, hebräischer und lateinischer Sprache auf das Kreuz zu schreiben, und es stand geschrieben: Jesus von Nazareth, der Juden König. Und Gestas, der Übeltäter einer, die da gehenkt waren, lästerte ihn und sprach: Bist du der Messias, so hilf dir selbst und uns! Da antwortete Dysmas, strafte ihn und sprach: Und du fürchtest dich auch nicht vor Gott, der du doch in gleicher Verdammnis bist? Wir empfangen die gerechte Strafe für unsere Übeltaten, dieser aber hat nichts Böses getan. Und er sprach zu Jesus: Herr, gedenke an mich in deinem Reich. Da sprach Jesus zu ihm: Wahrlich, ich sage dir: Heute wirst du mit mir im Paradiese sein.

Der Tod Jesu. Vgl. Mat. 27,45-61; Mar. 15,33-47; Luk. 23,44-56; Joh. 19,30-42

9 Und es war um die sechste Stunde, und es ward eine Finsternis über das ganze Land bis an die neunte Stunde, und die Sonne verlor ihren Schein, und der Vorhang des Tempels riß mitten entzwei. Und Jesus rief mit lauter Stimme: Vater, biadcha aphkid ruachi, das ist verdolmetscht: In deine Hände befehle ich meinen Geist.* Und als er das gesagt, verschied er. Da aber der Hauptmann sah, was da geschah, pries er Gott und sprach: Fürwahr, dieser Mensch war ein Gerechter. Und alles Volk, das dabei war und zusah, da sie sahen, was geschah, schlugen sich an die Brust und eilten heim. * Ps. 37,6

Der Hauptmann aber ging hin und sagte dem Landpfleger alles wieder, was da geschehen war. Und als Pilatus und seine Frau das hörten, wurden sie traurig und fasteten den ganzen Tag. Der Landpfleger aber ließ die Juden kommen und sprach: Habt ihr gesehen, was geschehen ist? Doch die Juden antworteten ihm und sprachen: Nichts ist geschehen, eine Sonnenfinsternis wie diese ist nichts Ungewöhnliches.

Es standen aber von ferne bei der Richtstatt alle seine Bekannten und die Frauen, die mit Jesus aus Galiläa gekommen waren. Und siehe, ein Mann mit Namen Joseph, ein Ratsherr aus der Stadt Arimathia, der auch auf das Reich Gottes wartete, ging zu Pilatus und bat um den Leib Jesu. Und er nahm ihn vom Kreuz und wickelte ihn in frische Leinwand und legte ihn in ein Felsengrab, darin niemand je gelegen hatte.

Gefangennahme Josephs von Arimathia und sein geheimnisvolles Verschwinden.

10 Als die Juden hörten, daß Joseph sich den Leib Jesu erbeten hatte, suchten sie ihn. Und sie suchten auch die zwölf, die die eheliche Geburt Jesu bezeugt hatten, und Nikodemus und alle, die vor Pilatus für Jesus gesprochen hatten. Doch alle hielten sich verborgen, mit Ausnahme des Nikodemus, der ein Amt hatte unter den Juden. Und Nikodemus sprach zu

ihnen: Wie kommt es, daß ihr euch in der Synagoge versammelt? Die Juden aber entgegneten ihm: Was suchst du bei uns hier? Du bist doch ein Vertrauter des Jesus und dein Schicksal wird das gleiche sein in naher und ferner Zukunft. Doch Nikodemus antwortete nur: Amen, Amen!

Und auch Joseph kam aus seinem Versteck in die Synagoge und sprach: Weshalb seid ihr aufgebracht gegen mich, weil ich um den Leib Jesu gebeten habe? Seht, ich habe ihn in mein neues Grab gelegt, und in frische Leinwand gewickelt, und habe einen großen Stein vor das Grab gewälzt. Übel habt ihr an dem Gerechten gehandelt und empfindet keine Reue, daß ihr ihn habt kreuzigen und mit einer Lanze durchbohren lassen. Da packten ihn die Juden, und die Ältesten befahlen, ihn sicher zu verwahren bis zum ersten Tag der Woche. Und sie sprachen zu ihm: Jetzt können wir nichts gegen dich tun, denn der Sabbat beginnt. Doch merke dir: Wir werden dich töten und nicht einmal eines Begräbnisses für würdig halten, sondern dein Fleisch werden wir den Vögeln des Himmels geben.

Doch Joseph entgegnete ihnen und sprach: Eure Rede klingt wie die Goliaths in seinem Übermut, der den lebendigen Gott und den heiligen David geschmäht hat.* Doch Gott hat durch den Propheten gesprochen: Mein ist die Rache, ich will vergelten, spricht der HERR!** Und jetzt hat jener, der unbeschnitten war am Fleisch, doch beschnitten am Herzen† Wasser genommen und sich vor der Sonne die Hände gewaschen und dabei gesprochen: Ich bin unschuldig am Blut dieses Gerechten; sehet ihr zu! Und ihr habt ihm geantwortet: Sein Blut komme über uns und unsere Kinder! Und jetzt fürchte ich, daß der Zorn des HERRN über euch und eure Kinder komme nach euren Worten. Und da sie diese Worte hörten, erbitterten die Juden im Herzen und sie packten Joseph und schlossen ihn in ein fensterloses Haus und setzten Wächter vor seine Tür und verriegelten sie.

* Vgl. 1.Sam. 17,43f. ** 5.Mos. 32,35 † 5.Mos 10,16; vgl. auch Röm. 2,29

Und der Hohe Rat verfügte am Sabbat, daß sich am ersten Wochentag das ganze Volk in der Synagoge einfinden sollte. Und des Morgens kamen alle zusammen und berieten, welchen Todes man ihn sterben lassen sollte. Und als der Hohe Rat versammelt war, befahlen sie, Joseph mit Schimpf und Schande vorführen zu lassen. Doch siehe, als die Büttel die Tür seines Gefängnisses öffneten, da fanden sie es leer. Und ein großer Schrecken erfaßte das Volk, denn die Siegel an der Tür waren unverletzt und die Schlüssel hatte der Hohepriester Kaiphas sicher verwahrt. Und sie wagten nicht mehr Hand zu legen an jene, die Jesus vor Pilatus verteidigt hatten.

Jesus ist auferstanden!

11 Und da sie noch in der Synagoge saßen und sich verwunderten, daß Joseph verschwunden sei, siehe da kamen die Soldaten, welche die Juden von Pilatus erbeten hatten, das Grab Jesu zu bewachen, damit nicht seine Jünger kämen und den Leichnam stählen. Und sie meldeten den Priestern, Ältesten und Leviten, was geschehen war, und sprachen: Siehe, es geschah ein großes Erdbeben und wir sahen einen Engel vom Himmel herabsteigen. Und der Engel wälzte den Stein vom Eingang der Felshöhle und setzte sich darauf. Und seine Gestalt war wie der Blitz und sein Kleid weiß wie Schnee. Und wir hörten, wie er zu den Frauen sprach, die am Grab verweilten: Fürchtet euch nicht! Ich weiß, daß ihr Jesus sucht, den Gekreuzigten. Er ist nicht hier. Er ist auferstanden, wie er gesagt hat. Kommt her und sehet die Stätte, da der HErr gelegen hat. Und geht eilend hin und sagt es seinen Jüngern, daß er auferstanden ist von den Toten und weilt in Galiläa.
Mat. 28,2-7

Da fragten die Juden: Wer waren die Frauen, mit denen er sprach? Und die Soldaten antworteten: Das wissen wir nicht. Und die Juden fragten: Um welche Stunde ist das geschehen? Darauf die Soldaten: Um Mitternacht. Und die Juden: Weshalb habt ihr die Frauen nicht ergriffen? Und die Soldaten antworteten: Wir erschraken vor Furcht und wurden, als wären wir tot; wie hätten wir sie da ergreifen sollen? Da entgegneten ihnen die Juden: So wahr der HERR lebt, wir glauben euch nicht. Doch die Soldaten antworteten ihnen: Alle seine Wunder habt ihr gesehen und habt nicht geglaubt; warum also solltet ihr uns glauben? Ihr habt mit Recht geschworen: So wahr der HERR lebt. Doch wir sagen euch: Der HErr lebt! Und wir haben gehört, daß ihr ihn gefangengesetzt habt, der um den Leib Jesu bat, und habt die Tür des Gefängnisses versiegelt und habt ihn am Morgen nicht mehr gefunden. Schafft ihr also den Joseph herbei, dann wollen wir euch Jesus herbeischaffen. Da sprachen die Juden: Joseph ist wohl in seine Heimatstadt gegangen. Und die Soldaten antworteten ihnen: Und Jesus ist auferstanden und weilt in Galiläa, wie der Engel gesagt hat.

Als aber die Juden diese Worte gehört hatten, fürchteten sie sich sehr und sprachen: Daß diese Geschichte nur den Leuten nicht zu Ohren komme, daß alle dem Jesus zufallen. Und sie berieten sich und faßten einen Beschluß und gaben den Soldaten Geld genug und sprachen: Saget, seine Jünger kamen des Nachts und stahlen ihn, dieweil wir schliefen. Und wo es würde auskommen bei dem Landpfleger, wollen wir ihn stillen und schaffen, daß ihr sicher seid.
Mat. 28,12-14

Ein Bericht über die Himmelfahrt Jesu.

12 Und Phinees, ein Priester, und Adas, ein Schriftgelehrter, und Haggai, ein Levit, kamen von Galiläa nach Jerusalem zu den Ältesten, Priestern und Leviten und sprachen: Wir haben sitzen gesehen Jesus mit seinen Jüngern auf dem Berg, der Mamilch heißt. Und er befahl seinen Jüngern: Gehet hin in alle Welt und predigt das Evangelium aller Kreatur. Wer glaubt und getauft wird, der wird selig werden; wer aber nicht glaubt, der wird verdammt werden. Die Zeichen aber, die da folgen werden denen, die da glauben, sind die: In meinem Namen werden sie Teufel austreiben, mit neuen Zungen reden, Schlangen vertreiben; und so sie etwas Tödliches trinken, wird es ihnen nicht schaden; auf die Kranken werden sie die Hände legen, so wird es besser mit ihnen werden. Und da Jesus noch solches zu seinen Jüngern sprach, wurde er in den Himmel emporgehoben. Wahrlich, das haben wir mit eigenen Augen gesehen! Mark. 16,16-19

Doch die Ältesten, Priester und Leviten sprachen: Gebt dem Gott Israels die Ehre* und bekennet vor ihm, ob ihr wirklich gehört und gesehen habt, was ihr uns berichtet. Da antworteten sie: So wahr der HERR lebt, der Gott unserer Väter Abraham, Isaak und Jakob, was wir berichtet haben, das haben wir gehört und gesehen. Darauf sprachen die Ältesten, Priester und Leviten: Weswegen aber seid ihr zu uns gekommen? Um uns diese Botschaft zu verkünden oder um dem HERRN ein Opfer darzubringen? Da antworteten sie: Um Gott ein Opfer darzubringen. Da sprachen die Ältesten, Priester und Leviten zu ihnen: Wenn ihr denn kamt, dem HERRN ein Opfer darzubringen, was soll dann dieses Geschwätz vor dem ganzen Volk? Und der Priester Phinees und der Schriftgelehrte Adas und der Levit Haggai entgegneten ihnen: Wenn die Worte Sünde sind, die wir sprachen über das, was wir gehört und gesehen haben, siehe, wir sind in eurer Hand. Tut mit uns, was euch gut dünkt. Doch sie taten ihnen nichts, sondern ließen sie versprechen, über ihre Erlebnisse zu schweigen, und gaben ihnen zu essen und zu trinken und sandten sie aus der Stadt fort. Und sie gaben ihnen Geld und drei Männer zur Begleitung und sandten sie wieder nach Galiläa; und sie zogen heim in Frieden. * Vgl. Jos. 7,19

Da sie aber fortgezogen waren, versammelten sich die Ältesten, Priester und Leviten in der Synagoge und verschlossen das Tor und stimmten ein großes Klagegeschrei an und sprachen: Wehe uns! Wozu ist dieses Wunder in Israel geschehen? Hannas und Kaiphas aber antworteten und sprachen: Warum klagt ihr? Weshalb weint ihr? Wissen wir doch alle, daß seine Jünger den Wächtern Geld genug gaben und den Leichnam forttrugen und sie lehrten zu sagen: Ein Engel ist vom Himmel herabgestiegen und hat den Stein von der Tür des Grabes fortgewälzt. Doch die Priester und Ältesten entgegneten: Wie aber ist die Seele wieder in den Leib gelangt, daß Jesus nun in Galiläa weilt? Und sie waren voll Sorge und sprachen: Wären sie Unbeschnittene, wir dürften ihnen nicht glauben. Und wußten nicht anders zu antworten.

Joseph wird gefunden und kommt nach Jerusalem.

13 Da erhob sich Nikodemus, trat vor den Hohen Rat und sprach: Was ihr sagt, ist wahr! O Volk des HERRN, ihr wißt, daß jene Männer, die aus Galiläa kamen, gottesfürchtig sind, und daß sie Männer des Friedens sind. Auch sind sie wohlhabend und hassen den Geiz, daß ihre Aussage nicht erkauft ist. Und haben geschworen und sprachen: Wir haben sitzen gesehen Jesus auf dem Berge Mamilch mit seinen Jüngern. Und er lehrte seine Jünger und am Ende sahen wir, wie er in den Himmel aufgenommen wurde. Und keiner fragte sie, auf welche Weise das geschah, da doch die Heilige Schrift uns lehrt, daß auch Elia in den Himmel emporgehoben wurde, und Elisa schrie mit lauter Stimme, und Elia warf seinen Mantel über ihn und Elisa warf den Mantel des Elia auf den Jordan und ging trokkenen Fußes hinüber nach Jericho. Und die Prophetenjünger kamen und fragten ihn: Elisa, wo ist dein Meister Elia? Und er antwortete: Er ist in den Himmel emporgehoben worden. Da sprachen die Prophetenjünger zu ihm: Vielleicht hat ihn ein Geist entführt und auf einen der Berge geworfen. Wohlan, wir wollen unsere Knechte mit uns nehmen und ihn suchen. Und sie suchten ihn drei Tage, aber sie fanden ihn nicht und erkannten, daß er in den Himmel emporgehoben war.* Höret also auf mich! Laßt uns auf den Gipfeln der Berge Nachschau halten, ob nicht Christus auf einen Berg geworfen wurde von einem Geist. Und dieser Vorschlag gefiel allen. Und sie sandten Boten auf jeden Berg Israels und suchten Jesus und fanden ihn nicht. Doch fanden sie den Joseph in Arimathia, und war keiner, der es wagte, ihn zu ergreifen.

* 2.Kön. 2,11-17

Und sie meldeten den Ältesten, Priestern und Leviten: Wir stiegen auf jeden Berg Israels und fanden Jesus nicht. Doch den Joseph haben wir in Arimathia gefunden. Da freute sich der Hohe Rat und gab dem Gott Israels die Ehre. Und ratschlagten untereinander, wie sie sich mit Joseph verständigen könnten, und nahmen eine Papyrusrolle und schrieben darauf: Friede sei mit dir! Wir wissen, daß wir gegen Gott und dich gesündigt haben. Und wir haben gebetet zum Gott Israels, daß du dich gnädig zeigen und heimkehren wolltest zu deinen Vätern und deinen Kindern, denn wir alle sind betrübt. Als wir die Türe deines Gefängnisses öffneten, fanden wir dich nicht. Wir bekennen, daß wir einen bösen Plan wider dich hatten, aber der HERR hat sich deiner angenommen und unseren Anschlag gegen dich, teurer Vater Joseph, zunichte gemacht.

Und sie wählten aus ganz Israel sieben Männer, die Joseph achtete und die ihm wohlgesinnt waren, und sprachen zu ihnen: Sehet zu! Wenn er unseren Brief annimmt und liest, dann wird er auch mit euch zu uns gehen. Liest er ihn aber nicht, dann wird er zornig auf uns sein. Verabschiedet euch aber von ihm in Frieden und kehret zu uns zurück. Und sie segneten die Männer und entließen sie auf den Weg. Und die Männer gingen zu Joseph und grüßten ihn ehrerbietig und sprachen zu ihm: Friede sei mit dir! Und Joseph antwortete ihnen: Friede sei mit euch und mit dem ganzen Volke Israel. Und sie gaben ihm die Briefrolle. Und Joseph nahm sie und las den Brief und küßte ihn und sprach: Gepriesen sei Gott, der Israel davor bewahrt hat, unschuldiges Blut zu vergießen! Und gepriesen sei der HErr, der seinen Engel gesandt und mich geborgen hat unter seinen Fittichen! Und er lud sie zu Tisch und sie aßen und tranken und legten sich zur Ruhe.

Am nächsten Morgen aber standen sie auf und sprachen ihr Gebet. Und Joseph sattelte seine Eselin und zog mit den Männern in die heilige Stadt Jerusalem. Und das ganze Volk lief Joseph entgegen und rief: Friede deinem Einzug! Da antwortete Joseph dem Volk: Friede sei mit euch! Und sie küßten ihn und beteten mit ihm und frohlockten, daß er wieder unter ihnen weilte. Und er war Gast im Haus des Nikodemus. Der aber gab ihm zu Ehren ein großes Gastmahl und lud die Ältesten, Priester und Leviten, und alle aßen und tranken mit Joseph und waren fröhlich. Und da sie den Lobgesang gesprochen hatten, ging jeder in sein Haus; Joseph aber blieb im Hause des Nikodemus.

Der Hohe Rat bittet Joseph um einen Bericht.

14 Am anderen Tag aber, der ein Rüsttag war, kam der Hohe Rat in aller Früh zum Hause des Nikodemus. Und er trat ihnen entgegen und sprach: Friede sei mit euch! Da antworteten sie: Friede sei mit dir und mit Joseph und mit deinem ganzen Haus und dem ganzen Hause Josephs! Und er führte sie in sein Haus und sie setzten sich. Joseph aber saß zwischen Hannas und Kaiphas und keiner wagte es, ihn anzureden. Da fragte Joseph: Warum habt ihr mich gerufen? Die Ratsherren aber gaben dem Nikodemus ein Zeichen, daß er antworte. Und Nikodemus tat seinen Mund auf und sprach zu Joseph: Vater, du weißt, daß die hochverehrten Priester, Schriftgelehrten und Leviten von dir einen Bericht zu vernehmen wünschen. Und Joseph antwortete ihnen: Wohlan, so fragt!

Da nahmen Hannas und Kaiphas das Gesetz und ließen Joseph schwören und sprachen: Gib dem Gott Israels die Ehre und bekenne vor ihm. Gedenke Achans! Da Josua der Prophet ihn beschwor, ward er nicht meineidig, sondern hat ihm alles eingestanden und nichts vor ihm verborgen.* So verbirg auch du nichts vor uns! Und Joseph sprach: Ich will offen zu euch sprechen und nichts vor euch verbergen.

* Vgl. Jos. 7,19ff.

Da sprachen sie zu ihm: Uns war das Herz schwer, daß du um den Leib Jesu batest und ihn in frische Leinwand wickeltest und ihn ins Grab legtest, also daß wir dich gefangensetzten in einem fensterlosen Haus und versiegelten das Tor und verriegelten es und stellten Wächter davor. Und da wir dein Gefängnis am ersten Tag der Woche öffneten, fanden wir dich nicht und war uns große Not, und Entsetzen kam über das ganze Volk Gottes, bis an den gestrigen Tag. So sag uns doch an, was dir widerfahren ist.

Der Bericht Josephs.

15 Und Joseph hob an und sprach: Ihr habt mich am Rüsttag gefangengesetzt um die zehnte Stunde und ich blieb im Kerker den ganzen Sabbat. Doch als ich um Mitternacht aufstand und betete, siehe da wurde das Gebäude, da ihr mich eingeschlossen hattet, an den vier Ecken hochgehoben und ich sah etwas gleich einem leuchtenden Blitz. Da fürchtete ich mich sehr und fiel zu Boden. Und es faßte einer meine Hand und richtete mich auf und ein Wasser duftend wie Salböl rann mir vom Kopf bis zu den Füßen. Und er trocknete mir das Gesicht und küßte mich und sprach zu mir: Fürchte dich nicht, Joseph! Öffne deine Augen und sieh, wer es ist, der mit dir spricht! Und ich schlug die Augen auf und erblickte Jesus. Da erzitterte ich vor Furcht, denn ich meinte, ein Gespenst zu sehen, und sprach die zehn Gebote, und er sprach sie mit mir. Da wußte ich, daß er kein Gespenst war, denn solche ergreifen die Flucht, wenn sie die zehn Gebote hören.

Und ich redete ihn an und sprach: Rabbi Elia! Und er entgegnete: Ich bin nicht Elia! Da sprach ich zu ihm: HErr, wer bist du? Und er sprach zu mir: Ich bin Jesus, dessen Leib du von Pilatus erbeten, den du in frische Leinwand gehüllt, auf dessen Antlitz du ein Schweißtuch gebreitet, und den du gelegt hast in dein neues Felsengrab, und hast einen großen Stein davor gewälzt. Da sprach ich zu dem, der da redete: So zeige mir denn den Ort, dahin ich dich gelegt habe. Und er trug mich fort und brachte mich an den Ort, dahin ich ihn gelegt hatte. Und lag da noch das linnene Tuch und das Schweißtuch, das sein Antlitz bedeckt hatte. Und ich erkannte, daß er Jesus war. Und er nahm mich bei der Hand und versetzte mich in mein Haus, dessen Türen doch verschlossen waren, und führte mich zu meinem Bett und sprach: Friede sei mit dir. Dann küßte er mich und sprach: Bleibe in deinem

Haus, bis vierzig Tage verstrichen sind! Denn siehe, ich gehe zu meinen Brüdern nach Galiläa.

Der Schriftgelehrte Levi legt Zeugnis ab für Jesus.

16 Und als die Ältesten und die Priester und die Leviten diese Geschichte gehört hatten, wurden sie wie Tote und fielen zu Boden und fasteten bis zur neunten Stunde. Doch Joseph und Nikodemus ermahnten den Hannas und den Kaiphas und die übrigen mit den Worten: Erhebt euch und stellt euch auf eure Füße und eßt und kräftigt eure Seelen! Denn morgen ist der Sabbat des HERRN. Da erhoben sich alle und beteten zu Gott und aßen und tranken und gingen dann, ein jeder zu seinem Haus.

Am Sabbat aber beriet sich der Hohe Rat und sie sprachen untereinander: Was ist uns geschehen? Warum ist dieser Zorn über uns gekommen? Wir kennen doch seinen Vater und seine Mutter!* Da sprach Levi der Schriftgelehrte: Ich weiß, daß seine Eltern Gott fürchten und die Gebete nicht versäumen und dreimal im Jahr den Zehnten entrichten. Und nach der Geburt Jesu zogen seine Eltern mit ihm hierher und brachten Gott Dankopfer und Brandopfer dar. Und der große Schriftgelehrte Simeon nahm ihn auf seine Arme und lobte Gott und sprach: HERR, nun lässest du deinen Diener in Frieden fahren, wie du gesagt hast; denn meine Augen haben deinen Heiland gesehen, den du bereitet hast vor allen Völkern, ein Licht, zu erleuchten die Heiden und zum Preis deines Volkes Israel.** Und Simeon segnete sie und sprach zu Maria, seiner Mutter: Ich verkündige dir Gutes über dieses Kind! Da antwortete Maria: Welches Gute? Und Simeon sprach: Siehe, dieser wird gesetzt zu einem Fall und Auferstehen vieler in Israel und zu einem Zeichen, dem widersprochen wird – und ein Schwert wird durch deine Seele dringen –, auf daß vieler Herzen Gedanken offenbar werden.†

* Joh. 6,42 ** Luk. 2,28-32 † Luk. 2,34f.

Da fragten sie den Schriftgelehrten Levi: Woher weißt du das? Und Levi antwortete ihnen: Wisset ihr nicht, daß ich von Simeon das Gesetz lernte. Da beschloß der Hohe Rat: Wir wollen deinen Vater sehen. Und Levi ließ seinen Vater holen. Und sie befragten ihn und er sprach: Warum habt ihr meinem Sohn nicht geglaubt? Er hat die Wahrheit gesprochen: Der selige und gerechte Simeon hat ihn das Gesetz gelehrt. Da sprach der Hohe Rat: Rabbi Levi, hast du die Wahrheit gesprochen? Und er erwiderte: Ich habe die Wahrheit gesprochen.

Der Hohe Rat sendet Boten nach Galiläa.

17 Da beschlossen die Ältesten, Priester und Leviten: Wohlan, wir wollen Boten nach Galiläa senden zu den drei Männern, die uns berichtet haben, wie Jesus lehrte und in den Himmel emporgehoben wurde. Und allen gefiel dieser Beschluß. Und sie sandten wiederum gen Galiläa dieselben drei Männer wie zuvor und sprachen zu ihnen: Sagt dem Rabbi Adas und dem Rabbi Phinees und dem Rabbi Haggai: Friede sei mit euch und allen, die bei euch sind! Siehe, der Hohe Rat forscht mit Eifer in einer Sache von höchster Bedeutung. Darum wurden wir zu euch gesandt, um euch ins heilige Jerusalem zu rufen.

Also zogen die Boten nach Galiläa und fanden sie, wie sie saßen und das Gesetz studierten, und grüßten sie in Frieden. Und die galiläischen Männer antworteten ihnen: Friede sei ganz Israel! Und fragten: Weshalb seid ihr zu uns gekommen? Da antworteten die Abgesandten: Der Hohe Rat lädt euch in die heilige Stadt Jerusalem. Und als die Männer hörten, daß der Hohe Rat sie suche, beteten sie zu Gott und setzten sich zu Tisch mit den Boten und aßen und tranken. Dann standen sie auf und zogen in Frieden hin nach Jerusalem.

Verhandlung vor dem Hohen Rat; Jesu Auferstehung wird allgemein anerkannt; Warnung vor falscher Anbetung; Sitzungsschluß mit Dankgebet.

18 Und am folgenden Tag versammelte sich der Hohe Rat in der Synagoge, und sie befragten die Männer aus Galiläa: War es wirklich Jesus, den ihr auf dem Berg Mamilch gesehen habt, wie er seine Jünger lehrte und in den Himmel emporgehoben wurde? Da antworteten ihnen die Männer und sprachen: Die Wahrheit haben wir gesprochen, und was wir sahen, haben wir euch berichtet.

Da sprach Hannas: So scheidet sie denn voneinander! Wir wollen sehen, ob ihre Berichte übereinstimmen. Und sie schieden sie voneinander und riefen zuerst den Adas und fragten ihn: Wie wurde Jesus in den Himmel emporgehoben? Und Adas antwortete ihnen: Es saß Jesus auf dem Berge Mamilch und lehrte seine Jünger. Da kam eine Wolke und überschattete ihn und seine Jünger, und sie führte ihn in den Himmel und die Jünger lagen am Boden auf ihrem Angesicht; das habe ich gesehen. Und sie riefen den Priester Phinees und fragten auch ihn: Wie wurde Jesus in den Himmel emporgehoben? Und Phinees sagte das gleiche, und ebenso tat Haggai, als sie ihn fragten.

Da sprach der ganze Hohe Rat: In dem Mund zweier oder dreier Zeugen soll die Sache bestehen.* Und der Lehrer Abuthem sagte: So steht es geschrieben im Gesetz: Henoch wandelte mit Gott, und Gott nahm ihn hinweg, und er ward nicht mehr gesehen.** Und der Lehrer Jairus fügte hinzu: Wir wissen wohl vom Tod des Mose, doch wissen wir nicht, wie er starb. Denn im Gesetz des HERRN steht geschrieben: Also starb Mose der Knecht des HERRN, nach dem Wort des HERRN. Und niemand hat sein Grab erfahren, bis auf den heutigen Tag.*** Und Rabbi Levi sprach: Was hat Rabbi Simeon gemeint, als er Jesus sah und sprach: Siehe, dieser wird gesetzt zu einem Fall und Auferstehen vieler in Israel und zu einem Zeichen, dem widersprochen wird†? Und Rabbi Isaak sprach: Es steht im Gesetz geschrieben: Siehe, ich sende einen Engel vor dir her, der dich behüte auf dem Wege, und mein Name ist in ihm.††

* 5.Mos. 19,15 ** 1.Mos. 5,24 *** 5.Mos. 34,5 u. 6
† Luk. 2,34 †† 2.Mos. 23,20 u.21

Da antworteten Hannas und Kaiphas und sprachen: Wahr gesprochen habt ihr über den Tod des Mose und des Henoch, wie es geschrieben steht im Gesetz. Jesus aber mußte sich verantworten vor Pilatus, und wir haben gesehen, daß er geschlagen wurde und daß ihm ins Gesicht gespien wurde, und die Soldaten haben ihm eine Dornenkrone aufgesetzt. Und er wurde gegeißelt, wir haben es gesehen, und von Pilatus verurteilt und an dem Ort gekreuzigt, der da heißet Schädelstätte. Und sie haben ihn mit Essig und Galle getränkt, und der Soldat Longinus durchbohrte seine Seite mit einer Lanze. Und unser verehrter Vater Joseph hat sich den Leichnam erbeten* und berichtet uns nun, daß Jesus auferstanden sei, und die drei Schriftgelehrten aus Galiläa sagen: Wir haben gesehen, wie er in den Himmel emporgehoben wurde, und Rabbi Levi zeugt für ihn mit den Worten des Rabbi Simeon: Siehe, dieser wird gesetzt zu einem Fall und Auferstehen vieler in Israel und zu einem Zeichen, dem widersprochen wird.

* Vgl. Mat. 27,11-58; Mar. 15,1-43; Luk. 23,1-52; Joh. 28, 19-38. – Der Lanzenstich nur bei Joh. 19,34

Und alle Schriftgelehrten sprachen zum ganzen Volk des HERRN: Gewiß, diese Lehre kam von Gott und was geschehen ist, ist wunderbar. Doch du, Haus Jakobs, sollst nicht vergessen, daß geschrieben steht: Verflucht ist jeder, der am Holze hängt.* Und es steht geschrieben: Die Götter, die den Himmel und die Erde nicht gemacht haben, werden vergehen.† Und es sprachen die Priester und Leviten zueinander: Wenn man nach fünfzig Jahren Jesu noch gedenkt, dann wird er auf immer herrschen und sich ein neues Volk schaffen. Und dann ermahnten die Ältesten, Priester und Leviten ganz Israel und sprachen: Verflucht sei, wer ein Werk von Menschenhand anbetet; verflucht sei auch, wer Geschöpfe neben dem Schöpfer anbetet. Und das Volk antwortete: Amen, Amen!

* Vgl. 5.Mos. 21,23 † Vgl. Jer. 10,11

Und das ganze Volk pries Gott den HERRN und sang: Gelobet sei der HERR, der seinem Volk Israel Ruhe gegeben hat, wie er geredet hat. Es ist nicht eins dahingefallen aus allen seinen guten Worten, die er geredet hat durch seinen Knecht Moses. Der HERR unser Gott sei mit uns, wie er gewesen ist mit unsern Vätern. Er verlasse uns nicht und ziehe die Hand nicht ab von uns, zu neigen unser Herz zu ihm, daß wir wandeln auf allen seinen Wegen und halten seine Gebote, Sitten und Rechte, die er unsern Vätern geboten hat.* Und der HERR wird König sein über alle Lande. Zu der Zeit wird der HERR nur einer sein und sein Name nur einer.** Unser HERR ist unser König; der hilft uns!*** Dir, HERR, ist niemand gleich, du bist groß, und groß ist dein Name!**** Heile uns, HERR, und wir sind heil; rette uns, und wir sind gerettet†. Denn wir sind dein Teil und Erbe.†† Wir sind das Volk des HERRN, und der HERR wird sein Volk nicht verlassen um seines großen Namens willen.††† Und nach diesem Lobgesang gingen sie heim, ein jeder in sein Haus, und priesen Gott. Denn sein ist die Ehre von Ewigkeit zu Ewigkeit! Amen!

* 1.Kön. 8,56ff. ** Sach. 14,9 *** Jes. 33,22 **** Jer. 10,6 † Jer. 17,14
†† Vgl. Ps. 16,5 ††† 1.Sam. 12,22

Auferstandene berichten dem Hohen Rat.

19 Da der Hohe Rat versammelt war, redete Joseph vor ihnen und sprach: Was wundert ihr euch über die Erweckung Jesu? Viel wunderbarer ist doch, daß er nicht allein auferweckt worden ist, sondern daß er selbst viele andere auferweckt hat; die sich vielen in Jerusalem gezeigt haben. Und diese kennt ihr nicht, doch ihr kennt Simeon, den Lehrer des Levi, der Jesus als Kind in seine Arme nahm. Und er hatte zwei Söhne, die euch wohlbekannt sind, und die Jesus hat auferstehen lassen. Denn diese Söhne haben wir vor kurzem begraben, doch jetzt stehen ihre Gräber offen und sind leer, und die beiden weilen in Arimathia. Da schickte der Hohe Rat Männer aus, und sie fanden die Gräber offen und leer. Und Joseph sprach: Laßt uns also nach Arimathia gehen und sie dort befragen.

So zogen die Hohenpriester Hannas und Kaiphas sowie Joseph, Nikodemus, Gamaliel und andere nach Arimathia und fanden die Söhne des Simeon, den Karinus und den Leukius. Und sie begrüßten einander und beteten gemeinsam. Darauf gingen sie mit ihnen nach Jerusalem und brachten sie in die Synagoge und verriegelten die Tore. Und die Hohenpriester legten die Heilige Schrift der Juden in die Mitte des Raumes und sprachen zu den beiden: Wir bitten euch, schwört auf den Gott Israels und Adonai und sagt uns die Wahrheit, wie ihr auferstanden seid und wer euch von den Toten erweckt hat. Und als die Auferstandenen das hörten, da machten sie auf ihrem Gesicht das Zeichen des Kreuzes und sprachen zu den Hohenpriestern: Gebt uns Papier, Tinte und Rohr. Man brachte es ihnen und sie setzten sich und schrieben. Und dies waren ihre Worte:

Johannes der Täufer verkündet den Toten in der Unterwelt die baldige Ankunft des Messias.

20 HErr Jesus Christus, Auferstehung und Leben der Welt, erleuchte uns, daß wir deine Auferstehung erzählen und all die wunderbaren Taten, die du im Hades bewirkt hast! Den Leib hatten wir verlassen und weilten in der Unterwelt gemeinsam mit allen, die vom Anfang der Zeit an verstorben waren. Und Mitternacht war es, da drang in die Finsternis etwas wie Sonnenlicht und glänzte und der Raum wurde hell und wir sahen einander. Und unser Vater Abraham und die Patriarchen und Propheten wurden von Freude erfüllt, und sie sprachen zueinander: Wahrlich, dieses Leuchten kommt von einem großen Licht! Und der Prophet Jesaja sprach: Dieses Leuchten kommt vom Vater, Sohn und Heiligen Geist. Da ich noch lebte, habe ich es prophezeit: Land Sebulon und Land Naphthali*: Das Volk, das im Finstern wandelt, sieht ein großes Licht.**

* Vgl. Jes. 8,23 ** Vgl. Jes. 9,1

Da trat ein anderer in die Mitte, und war anzusehen wie ein Asket aus der Wüste. Und die Patriarchen fragten ihn: Wer bist du? Er aber sprach: Ich bin Johannes, der letzte der Propheten. Ich habe dem Sohn Gottes den Weg bereitet und dem Volk Buße gepredigt, auf daß seine Sünden vergeben werden.* Und siehe, der Sohn Gottes kam zu mir. Und als ich ihn von ferne sah, sprach ich zum Volk: Siehe, das ist Gottes Lamm, welches der Welt Sünde trägt!** Und ich taufte ihn mit eigener Hand im Jordan und sah den Heiligen Geist wie eine Taube auf ihn herabkommen und hörte auch die Stimme Gottvaters; der sprach also: Dies ist mein lieber Sohn, an dem ich mein Wohlgefallen habe.† Und deswegen hat mich Gott zu euch gesandt, damit ich euch eine baldige Ankunft des eingeborenen Sohnes hier verkünde, auf daß, wer an ihn glaubt, gerettet, und wer nicht an ihn glaubt, gerichtet werde. Und so sage ich euch allen: Betet ihn an, sobald ihr ihn seht. Tut Buße, denn jetzt ist die Zeit dafür, bereut, daß ihr in der Oberwelt Götzen angebetet und daß ihr gesündigt habt! Zu einer anderen Zeit werdet ihr es nicht mehr können!

* Vgl. Mar. 1,3f.; Joh. 1,22f. ** Joh. 1,29 † Mat. 3,16f.

Seth berichtet über die Verheißung an Adam.

21 Und da Johannes die Toten in der Unterwelt also belehrte, hörte das unser aller Stammvater Adam und sprach zu seinem Sohn Seth: Mein Sohn, tritt vor und berichte den Vorvätern und Patriarchen, wohin ich dich in meiner Sterbestunde gesandt habe. Und Seth trat vor und sprach: So hört,

ihr Propheten und Patriarchen! Als mein Vater, der Ahnherr, auf dem Totenbett lag, sandte er mich in die Nähe des Tores zum Paradies. Und er gab mir auf, zu Gott zu beten, daß mich ein Engel zum Baum des Erbarmens führen möchte, damit ich von ihm Öl nähme und meinen Vater salbte, so daß er wieder gesund würde.

Und siehe, nach dem Gebet kam ein Engel des HERRN und fragte mich: Seth, was wünschst du? Wünschst du das Öl, um deinen kranken Vater zu heilen? Oder willst du den Baum des Erbarmens, aus dem das Öl fließt? Beides ist jetzt unmöglich. Gehe darum zu deinem Vater und sage ihm, daß er jetzt sterben müsse, wie alle seiner Art. Doch einst wird der eingeborene Sohn Gottes in die Unterwelt steigen. Und er wird deinen Vater mit dem heiligen Öl salben und ihn und seine Nachkommen mit Wasser und dem Heiligen Geist reinigen, und sie werden alle von jeglicher Krankheit geheilt sein und auferstehen. Und das wird geschehen, wenn seit der Erschaffung der Erde 5500 Jahre vergangen sein werden; jetzt aber ist es unmöglich. Und als die Patriarchen und Propheten das hörten, freuten sie sich sehr.

Streit zwischen Satan und Hades.

22 Und da die Verstorbenen alle jubelten, kam Satan, der Erbe der Finsternis, und sprach zu Hades: Du unersättlicher Allesfresser, höre mich an! Da gibt es einen aus dem Volk der Juden, Jesus ist sein Name, und er nennt sich Sohn Gottes. Doch ist er nur ein Mensch wie alle, und auf mein Betreiben haben ihn die Juden gekreuzigt. Halte dich bereit, daß wir ihn jetzt, da er tot ist, hier einsperren! Ich weiß gar wohl, daß er nur ein Mensch ist, denn ich habe ihn in Todesangst klagen hören: Meine Seele ist betrübt bis an den Tod.* Als er noch mit den Sterblichen zusammen in der Oberwelt wandelte, hat er mir viel Böses angetan. Wo auch immer er meine Knechte aufspürte, hat er sie ausgetrieben, und alle Menschen, die ich bucklig, blind, lahm oder aussätzig gemacht habe, die hat er durch ein bloßes Wort geheilt, und andere, die ich schon für das Grab bereitet hatte, hat er wieder ins Leben zurückgerufen.

* Mat. 26,38

Da antwortete ihm Hades und sprach: Halt ein in deiner kecken Rede! Ist er so mächtig, daß er solches durch das bloße Wort bewirkt, wie willst du dann einem, der solches vermag, widerstehen? Mich dünkt, einem solchen ist wohl keiner gewachsen! Bist du gewiß, daß du wirklich Zeuge seiner Todesangst warst? Hüte dich vor seiner List! Vielleicht hat er nur sein Spiel mit dir getrieben und dich verspottet, entschlossen, dich mit starker Hand zu pakken. Dann aber wehe dir, wehe dir in alle Ewigkeit! Satan antwortete und sprach: Du unersättlicher Allesfresser! Mir scheint, die Kunde von unserem gemeinsamen Feind hat dich feige gemacht! Ich aber fürchte ihn nicht, vielmehr habe ich die Juden dazu gebracht, ihn zu kreuzigen und mit Galle und Essig zu tränken. Mach dich also bereit, damit du ihn mit aller Kraft festhältst, wenn er kommt.

Da antwortete ihm Hades: Erbe der Finsternis, Sohn des Verderbens, Teufel! Eben noch hast du gesagt, dieser habe viele, die du für das Grab bereitet hattest, durch die Macht seines Wortes wieder lebendig gemacht. Vergiß nicht: Unsere Macht ist der Tod! Wenn er also andere vom Grab befreit hat, dann ist er uns wohl über, und wir können ihn nicht festhalten. Erinnere dich an jenen Toten mit Namen Lazarus! Gerade hatte ich ihn verschlungen, als ihn mir einer der Lebenden durch ein bloßes Wort aus den Eingeweiden herausriß. Wahrlich, das muß jener gewesen sein, von dem du sprichst. Ich will ihn hier nicht aufnehmen; ich fürchte, daß wir sonst all die übrigen aufs Spiel setzen. Denn ich habe Schmerzen in meinem Leib und sehe, wie alle, die ich seit Weltbeginn verschlungen habe, unruhig werden. Daß mir Lazarus entrissen ward vor kurzer Frist, dünkt mich kein gutes Vorzeichen! Denn wahrlich, nicht wie ein Toter, sondern wie ein Adler flog er von mir weg. Die Erde, so scheint mir, hat ihn hinausgeschleudert. Deshalb beschwöre ich dich bei allem, was uns lieb und wert ist, Bruder Satan, bring ihn nicht hierher! Denn ich glaube, er kommt, die Toten zu erwecken. Deshalb sage ich dir im Namen der Finsternis, die uns umgibt: Wenn du ihn hierher bringst, wird er meine Macht zerstören und kein einziger von meinen Toten wird mir übrigbleiben.

Jesus sprengt die Tore der Unterwelt.

23 Und da noch Satan und Hades also miteinander stritten, ertönte eine gewaltige Stimme. Furchtbar war sie anzuhören wie Donner, und sie sprach: Öffnet eure Tore, ihr Herrscher der Unterwelt, gehet auf, ewige Pforten! Einziehen wird der König der Herrlichkeit!* Als Hades das hörte, sprach er zu Satan: So geh du hinaus, wenn du es vermagst, und leiste ihm Widerstand! Und Satan, der ewige Frevler, ging hinaus vor die Tore der Unterwelt. Hades aber befahl seinen Dienern: Verrammelt mir die ehernen Tore mit aller Kraft, schiebt Querbalken und Riegel vor, stemmt euch gegen die Tore und seid achtsam! Denn wahrlich, wenn jener hier eindringt, dann wird er Schlimmes gegen uns unternehmen.

* Vgl. Ps. 24,7 u. 9

Und als die Vorväter das hörten, begannen sie alle, Hades zu verspotten, und sprachen: Du unersättlicher Allesfresser, so öffne doch die Tore, damit der König der Herrlichkeit einziehen kann! Und der Prophet David sprach: Du Verblendeter, weißt du nicht, daß ich, als ich noch in der Welt lebte, den Ruf öffnet eure Tore, ihr Herrscher, prophezeit habe? Und der Prophet Jesaja sprach: Der Heilige Geist hat mich erleuchtet und ich habe prophezeit: Die Toten werden leben, und die in den Gräbern werden auferstehen, und die unter der Erde werden jubilieren.* Tod, wo ist dein Stachel? Hölle, wo ist dein Sieg?**

* Vgl. Jes. 26,19 * 1.Kor. 15,55

Und wieder erscholl die gewaltige Stimme: Öffnet die Tore! Und als Hades die Stimme zum zweiten Mal hörte, stellte er sich ahnungslos und fragte: Wer ist dieser König der Herrlichkeit? Da erwiderten ihm die Engel des HERRN: Es ist der HErr, stark und mächtig, der HErr, mächtig im Streit!* Und zugleich wurden die ehernen Tore zerschlagen und die eisernen Riegel zerbrochen und die Fesseln aller Toten zersprangen, auch die unseren. Und der König der Herrlichkeit zog ein, und er sah aus wie ein Mensch, doch die Finsternis des Hades erstrahlte im Licht.

* Vgl. Ps. 24,8

Satan wird gefesselt.

24 Da wehklagte Hades: Weh uns, wir sind besiegt! Doch wer bist du, daß du in solcher Macht und Kraft handelst? Wer bist du, der du ohne Sünde hierherkommst. Klein scheinst du, doch du vermagst Großes; niedrig bist du und dennoch erhaben, Knecht und zugleich Herr, Soldat und König, Herr über die Toten und die Lebendigen. Sterbliche vermochten dich ans Kreuz zu nageln und ins Grab zu legen, doch jetzt bist du frei und hast unsere Macht zerstört. Bist du Jesus, von dem der Obersatrap Satan uns erzählte, daß er durch seinen Tod am Kreuz die Macht über die ganze Welt ergreifen wird?

Doch der König der Herrlichkeit faßte den Satan, den Obersatrapen, am Schopf und übergab ihn den Engeln und sprach: Bindet mir den mit eisernen Ketten an Händen, Hals und Füßen und stopft ihm den Mund! Und dann übergab er ihn dem Hades und sprach: Nimm ihn und halte ihn hier fest bis zu meiner zweiten Ankunft!

Hades hadert mit Satan.

25 Und Hades gehorchte und ergriff den Satan und sprach zu ihm: Beelzebub, Erbe des Feuers und der Pein, Feind der Heiligen! Sieh, was du angerichtet hast! Den König der Herrlichkeit hast du kreuzigen lassen und jetzt ist er hierhergekommen und hat uns entmachtet! Blick um dich: Kein Toter ist mir geblieben, und alle, die du durch das Holz des Baumes der Erkenntnis gewonnen hast, verlierst du nun durch das Holz des Kreuzes. Worauf du stolz warst, gereicht dir nun zur Trauer. Den König der Herrlichkeit hast du töten wollen, und hast dich selbst getötet. Doch wisse, du bist nun mein Gefangener und ich will dir ein furchtbarer Herr sein! Wahrlich,

ich will dich peinigen bis ans Ende deiner Tage! O du Erzteufel, du Antrieb des Todes, du Wurzel der Sünde, du Zweck alles Bösen! Was fandest du Böses an Jesus, daß du trachtest ihn zu verderben? Warum hast du diesen Frevel begangen? Warum hast du ihn in die Unterwelt gebracht, der dich nun aller seit Urzeiten Verstorbenen beraubt hat?

Adam und seine Nachfahren werden auferweckt.

26 Und da Hades also mit Satan sprach, streckte der König der Herrlichkeit seine rechte Hand aus und ergriff den Urvater Adam und richtete ihn auf. Dann wandte er sich zu den übrigen Toten und sprach: Kommt alle zu mir, die ihr durch das Holz sterben mußtet, von dem dieser einst gekostet hat. Denn euch alle will ich durch das Holz des Kreuzes wieder erwecken. Und mit diesen Worten ließ er sie hinausgehen. Und der Urvater Adam war von Freude gerührt und sprach: Herr der Schöpfung, ewige Majestät, ich danke dir, daß du uns aus der tiefsten Unterwelt hinaufgeführt hast. Und die Heiligen und die Propheten sprachen: Christus, Heiland der Welt, wir danken dir, daß du unser Leben aus der ewigen Verderbnis hinaufgeführt hast.

Und als sie so gesprochen hatten, machte der Heiland dem Adam das Zeichen des Kreuzes auf die Stirn und segnete ihn. Und also tat er den Patriarchen, Propheten, Märtyrern und Vorvätern. Und er sammelte sie und verließ mit ihnen die Unterwelt. Und die heiligen Väter folgten ihm und stimmten den Lobgesang an: Gelobt sei, der da kommt im Namen des HERRN!* Halleluja! Ihm sei Lob und Ehre von allen Heiligen.

* Ps. 118,26

Einzug ins Paradies.

27 Und alle machten sich jetzt auf den Weg und verließen die Unterwelt und zogen glücklich ins Paradies. Und der HErr hielt den Urvater Adam an der Hand und übergab ihn und alle Gerechten dem Erzengel Michael. Und als sie durch das Tor des Paradieses einzogen, kamen ihnen zwei Greise entgegen. Und die heiligen Väter fragten sie: Wer seid ihr, daß ihr mit Leib und Seele im Paradies eure Wohnung habt? Hat euch der Tod verschont? Und der erste antwortete und sprach: Ich bin Henoch, der sich Gottes Wohlgefallen erwarb und von ihm hierher entrückt ward.* Und jener ist der Thisbiter Elia**. Beschlossen war, daß wir bis zum Ende der Tage am Leben bleiben sollen; dann aber sollen wir von Gott gegen den Antichrist entsandt und von ihm getötet werden. Doch nach drei Tagen sollen wir wieder auferstehen und in den Himmel emporgehoben werden.†

* 1.Mos. 5,24 ** Vgl. 1.Kön. 17 u. 2.Kön. 2,11 † Vgl. Off. 11,11-12

Der Schächer im Paradies.

28 Und da sie noch sprachen, kam ein unscheinbarer Mensch, der auf der Schulter ein Kreuz trug. Und die heiligen Väter fragten ihn: Wer bist du? Du siehst aus wie ein Räuber und trägst ein Kreuz auf der Schulter? Und der Mann antwortete: Auf Erden war ich ein Dieb und Räuber und deshalb faßten mich die Juden und kreuzigten mich gemeinsam mit unserem HErrn Jesus Christus. Doch als er neben mir am Kreuze hing, da verstand ich die Zeichen und Wunder rings um ihn und sprach: HErr, gedenke an mich, wenn du in dein Reich kommst! Und er antwortete mir: Wahrlich, ich sage dir: Heute wirst du mit mir im Paradiese sein.* * Luk. 23,42f.

So zog ich mit meinem Kreuz zum Paradies und fand den Erzengel Michael und sprach zu ihm: Mich sendet unser HErr Jesus, der Gekreuzigte! Führe mich denn zum Tor des Gartens Eden! Und da der Engel mit dem Flammenschwert das Zeichen des Kreuzes sah, öffnete er mir, und ich trat ein. Und der Erzengel sprach zu mir: Raste hier eine Weile! Denn bald kommt Adam, der Urvater, und mit ihm alle Gerechten, und sie werden hier eintreten. Und da ich euch sah, ging ich euch entgegen. Und als die Heiligen das hörten, riefen sie mit lauter Stimme: Groß ist unser HErr und groß ist seine Kraft!

Die Söhne Simeons schließen ihren Bericht.

29 Das alles haben wir, leibliche Brüder, gehört und gesehen. Und wir sprachen mit dem Erzengel Michael, und er sandte uns, die Auferstehung des HErrn zu verkünden. Zuvor aber hieß er uns, zum Jordan zu ziehen und uns taufen zu lassen. Und wir gingen hin und empfingen mit den anderen Auferstandenen die Taufe. Danach aber zogen wir nach Jerusalem und feierten dort das Fest der Auferstehung. Doch nun ist unseres Bleibens hier nicht länger, darum verlassen wir euch jetzt. Und die Liebe Gottes des Vaters und die Gnade unseres HErrn Jesus Christus und die Gemeinschaft des heiligen Geistes sei mit euch allen!* * 2.Kor. 13,13

Das schrieben sie und siegelten es und gaben die eine Rolle den Hohenpriestern und die andere dem Joseph und dem Nikodemus. Und alsbald waren sie entrückt zur Ehre unseres HErrn Jesus Christus.

Heulen und Zähneknirschen.

30 Da nun die erste Rolle – es hatte sie aber Karinus geschrieben – vollständig verlesen war, fielen alle, die zugehört hatten, auf ihr Antlitz und weinten bitterlich, schlugen sich an die Brust und schrien: Wehe uns!

Weshalb ist dieses Schicksal über uns gekommen? Und alle flohen. Es floh Pilatus, es flohen Hannas und Kaiphas, es flohen die Priester und Leviten und mit ihnen das ganze Judenvolk. Und sie weinten und riefen: Wehe uns, wir haben unschuldiges Blut vergossen! Und sie fasteten drei Tage und drei Nächte und mieden die Synagoge.

Am dritten Tag aber hielten sie Rat und die zweite Rolle mit dem Bericht des Leukius ward verlesen. Und er hatte nicht ein Tüttelchen anders geschrieben als Karinus. Da faßte Verzweiflung den Hohen Rat, und sie trauerten vierzig Tage und vierzig Nächte und erwarteten ihren Untergang und die Strafe des HErrn. Und der HErr war ihnen gnädig und ließ ihnen Zeit zur Buße. Doch allzu groß waren ihre Vergehen und so wurden sie am Ende nicht würdig erfunden, sich zum HErrn zu bekehren.

Dies, geliebte Brüder, ist das Zeugnis des Karinus und des Leukius über Jesus Christus und seine Taten in der Unterwelt. Ihn laßt uns alle loben und preisen in alle Ewigkeit! Amen!

Das Evangelium nach Thomas dem Zwilling

Dies sind die geheimen Worte, die Jesus der HErr sprach, und die Didymus Judas Thomas aufgezeichnet hat:

1. Und Jesus sprach: Wahrlich ich sage euch: Wer den geheimen Sinn dieser Worte findet, der wird den Tod nicht sehen ewiglich. Joh. 8,51

2. Und Jesus sprach: Wer sucht, der soll nicht ruhen, bis daß er findet; wer aber gefunden hat, der wird sich verwirren, und wenn er sich verwirrt, wird er erstaunen, und wird König werden über das All.

3. Und Jesus sprach: Wenn ihr glaubt, das Königreich sei im Himmel, dann folgt den Vögeln des Himmels, und wenn ihr glaubt, das Königreich sei im Meer, dann folgt den Fischen des Meeres. Aber das Königreich ist in eurem Inneren und außer euch.* Erkennt euch selbst, dann werdet ihr erkannt werden und werdet wissen, daß ihr die Söhne des lebendigen Vaters seid. Doch wenn ihr euch nicht erkennt, dann seid ihr in der Armut und die Armut wird in euch sein. * Vgl. Luk. 17,20f.; Spruch 112

4. Und Jesus sprach: So ein alter Mensch nicht zögert, ein kleines Kind von sieben Tagen über den Ort des Lebens zu befragen, dann wird er leben; denn viele der Ersten werden die Letzten werden*, und werden sein ein Einziger**. * Vgl. Mar. 10,31 ** Vgl. Spruch 16,23; 49; 75; 111

5. Und Jesus sprach: Erkenne, was vor deinem Antlitz ist, und was dir verborgen ist, wird dir offenbar werden; denn es gibt nichts Verborgenes, das nicht offenbar werden wird. Mark. 4,22

6. Und seine Jünger stellten ihm vier Fragen und sprachen: Sollen wir fasten? Wie sollen wir beten? Sollen wir Almosen geben? Welche Nahrung ist rein und welche ist unrein? Und Jesus antwortete ihnen und sprach: Lügt nicht und tut nicht, was ihr selbst verabscheut, denn im Angesicht des Himmels ist alles offenbar.* Wahrlich, ich sage euch: Es gibt nichts Verborgenes, das nicht offenbar werden wird, und nichts Verhülltes, das nicht enthüllt werden wird.** * Vgl. Mat. 6,1-18; Spruch 14 ** Vgl. Mar. 4,22

7. Und Jesus sprach: Selig ist der Löwe, den der Mensch ißt, und der Löwe wird Mensch werden; verflucht ist der Mensch, den der Löwe ißt, und der Löwe wird Mensch werden. Vgl. Spruch 11

8. Und Jesus sprach: Der Mensch gleicht einem klugen Fischer, der sein Netz ins Meer warf und wieder aus dem Meer zog, da es gefüllt war mit kleinen Fischen. Aber unter ihnen fand der kluge Fischer einen großen schönen

Fisch. Da warf er all die kleinen Fische wieder ins Meer und wählte den großen Fisch. Wer Ohren hat, zu hören, der höre! Vgl. Mat. 13,47-50

9. Und Jesus sprach: Siehe, es war ein Sämann, der ging aufs Feld und füllte seine Hände mit Samen und säte. Und etliches fiel auf den Weg. Da kamen die Vögel und fraßen es auf. Und etliches fiel auf den Fels und trieb nicht Wurzeln hinab in die Erde, noch Ähren empor gen Himmel. Und etliches fiel unter die Dornen und ward erstickt und vom Wurm gefressen. Und etliches fiel auf ein gutes Land und brachte gute Frucht zum Himmel empor; und etliches trug sechzigfältig und etliches hundertzwanzigfältig. Vgl. Mark. 4,3-9

10. Und Jesus sprach: Ich bin gekommen, daß ich ein Feuer anzünde auf Erden, und siehe, ich hüte es, bis es brennt. Vgl. Luk. 12,49

11. Und Jesus sprach: Dieser Himmel wird vergehen und der darüber wird vergehen; und die Toten leben nicht und die Lebenden werden nicht sterben. Da ihr den Toten aßet, machet ihr ihn zum Lebenden. Doch was werdet ihr tun, wenn ihr im Lichte seid? Nun, da ihr ein Einziges seid, wurdet ihr zwei. Doch was werdet ihr tun, wenn ihr zwei werdet?

12. Und die Jünger fragten Jesus und sprachen: Wir wissen, daß du uns verlassen wirst. Doch wer wird dann unser Oberhaupt sein? Und Jesus antwortete ihnen und sprach: Geht, wohin euch euer Weg führt, und ihr werdet auf Jakobus den Gerechten stoßen, um dessentwillen Himmel und Erde gemacht worden sind.

13. Und Jesus sprach zu seinen Jüngern: Vergleicht mich mit anderen und sagt mir, wem ich gleiche. Da antwortete ihm Simon Petrus: Du gleichst einem gerechten Engel. Und Matthäus sprach zu ihm: Du gleichst einem Menschen, der ein verständiger Weiser ist. Und Thomas sagte zu ihm: Meister, da ist keiner, mit dem ich dich zu vergleichen wage. Da antwortete ihm Jesus: Nicht ich bin dein Meister, denn du hast dich an der lebendigen Quelle berauscht, die ich hervorströmen ließ. Und er nahm Thomas beiseite und sprach zu ihm drei Worte. Als aber Thomas zu seinen Gefährten zurückgekehrt war, fragten sie ihn: Was hat dir Jesus gesagt? Thomas antwortete ihnen: Wenn ich euch nur eines der Worte sage, die er zu mir sprach, werdet ihr Steine nehmen und sie gegen mich werfen, und Feuer wird aus den Steinen kommen und euch verbrennen. Vgl. Mark. 8,27-30

14. Und Jesus sprach zu seinen Jüngern: Wenn ihr fastet, dann werdet ihr sündigen, und wenn ihr betet, dann werdet ihr verdammt werden, und wenn ihr Almosen gebt, dann werdet ihr euren Geistern Böses zufügen.* Wenn ihr also in ein fremdes Land kommt, dann eßt, was euch vorgesetzt wird**, und heilt die Kranken dort. Denn was in euren Mund eingehen wird, das wird

euch nicht verunreinigen, doch was euren Mund verläßt, wird euch beflekken!† * Spruch 6 ** Luk. 10,8; 1.Kor. 10,27 † Mat. 15,11 u. 17-20

15. Und Jesus sprach: Wenn ihr den seht, der nicht vom Weibe geboren ist, so werft euch nieder auf euer Angesicht und betet ihn an, denn er ist euer Vater.

16. Und Jesus sprach: Die Menschen mögen wähnen, daß ich gekommen sei, Frieden zu bringen auf Erden. Sie wissen nicht, daß ich gekommen bin, Zwietracht zu bringen, Feuer, Schwert, Krieg. Denn von nun an werden fünf in einem Haus uneins sein, drei wider zwei, und zwei wider drei. Es wird sein der Vater wider den Sohn, und der Sohn wider den Vater*. Und stehen** werden sie, indem sie ein Einziger† sind.

* Luk. 51ff. ** Vgl. 1.Apostelgeschichten 2 u.21 † Vgl. Spruch 4; 23; 49; 75; 111

17. Und Jesus sprach: Ich werde euch etwas geben, was noch kein Auge gesehen und noch kein Ohr gehört hat und was noch keine Hand berührt hat und was den Menschen noch nie in den Sinn gekommen ist. Vgl. Jes. 64,3

18. Und die Jünger sprachen zu Jesus: Sage uns, wie unser Ende sein wird. Und Jesus antwortete ihnen und sprach: Wer den Ursprung kennt, der braucht das Ziel nicht zu suchen, denn der Ursprung ist das Ziel. Selig, wer im Ursprung sein wird, denn er wird das Ende erkennen und den Tod nicht schmecken.

19. Und Jesus sprach: Selig, der war, ehe er ward. Wenn ihr meine Jünger werdet und auf meine Worte hört, dann werden euch die Steine dienen. Denn es stehen für euch fünf Bäume im Paradies, die wandeln sich nicht im Sommer noch im Winter, und ihre Blätter fallen nicht ab. Wer diese Bäume erkennen wird, der wird den Tod nicht schmecken.

20. Und die Jünger sprachen zu Jesus: Sage uns, womit das Himmelreich zu vergleichen ist. Und Jesus sprach: Das Himmelreich gleicht einem Senfkorn. Wenn es gesät wird aufs Land, so ist es das kleinste unter allen Samen auf Erden. Doch wenn es auf fruchtbaren Boden fällt, dann kommt aus ihm ein großer Zweig hervor, also daß die Vögel des Himmels unter seinem Schutz wohnen können. Mark. 4,30-32

21. Und Maria Magdalena fragte Jesus und sprach: Wem gleichen deine Jünger? Und Jesus sprach: Kleinen Kindern gleichen sie, die auf einem Felde hausen, das ihnen nicht gehört. Wenn die Herren des Feldes kommen, werden sie sagen: Übergebt uns unser Feld. Und die Kinder werden nackt* in ihrer Gegenwart sein, daß sie ihnen ihr Feld überlassen. * Vgl. Spruch 28

Deshalb sage ich euch: Wenn der Hausherr weiß, daß der Dieb kommt, so wird er wachen, bevor er kommt, und wird nicht zulassen, daß er eindringt und ihm seine Geräte stehle. Seid aber wachsam*, und hütet euch vor der Welt! Umgürtet eure Lenden mit großer Kraft, damit kein Räuber einen

Weg findet, zu euch zu gelangen! Denn was ihr erwartet, werden sie finden. Ach, wäre doch unter euch ein weiser Mann. Da die Frucht reifte, kam er in großer Eile, und seine Sichel war in seiner Hand, und er mühte sich ab** in der Ernte. Wer Ohren hat, zu hören, der höre!

* Vgl. Mat. 24,42ff. ** Vgl. Spruch 58; Kerinthos 7

22. Und Jesus sah Säuglinge an der Mutterbrust. Und er redete zu seinen Jüngern und sprach: Diese Säuglinge gleichen denen, die in das Königreich eingehen*. Und sie sprachen zu ihm: Werden auch wir in das Königreich eingehen, wenn wir Kinder werden? Da antwortete ihnen Jesus und sprach: Macht die Zwei zu Eins**, und macht das Innere wie das Äußere und das Äußere wie das Innere, und macht das Obere wie das Untere. Und wenn ihr aus dem Männlichen und dem Weiblichen ein Einziges macht, so daß das Männliche nicht mehr männlich und das Weibliche nicht mehr weiblich ist, und wenn ihr Augen macht statt eines Auges und eine Hand an Stelle der Hände und einen Fuß an Stelle der Füße und ein Bild an Stelle all der Bilder, dann werdet ihr in das Königreich eingehen.

* Mat. 18,3; vgl. Spruch 37 ** Vgl. Spruch 106 und 4; 16; 23; 49; 75; 111

23. Und Jesus sprach: Ich werde euch auswählen, einen aus Tausend und zwei aus Zehntausend. Und die Erwählten werden stehen* als ein Einziger.

Vgl. Spruch 4; 16; 49; 75; 111 * Vgl. Spruch 16; vgl. 1.Apostelgeschichten 2 u. 21

24. Und die Jünger sprachen zu Jesus: Zeige uns den Ort, an dem du bist, denn uns ist not, daß wir ihn suchen. Und Jesus antwortete ihnen und sprach: Wer Ohren hat, der höre! Wer erwählt ist, in dessen Inneren ist Licht, und dieses Licht erleuchtet die Welt. Und wenn dieses Licht nicht ist, dann ist Finsternis.

25. Und Jesus sprach: Liebe deinen Bruder wie deine Seele und hüte ihn wie deinen Augapfel! Vgl. 3.Mos. 19,18 u. z.B. Mat. 22,39

26. Und Jesus sprach: Was siehest du den Splitter in deines Bruders Auge, und wirst nicht gewahr des Balkens in deinem Auge! Zieh am ersten den Balken aus deinem Auge; danach siehe zu, wie du den Splitter aus deines Bruders Auge ziehest! Mat. 7,3 u. 5

27. Und Jesus sprach: Wenn ihr euch nicht der Welt enthaltet, werdet ihr das Himmelreich nicht finden. Wenn ihr den Sabbat nicht zum Sabbat macht, werdet ihr den Vater nicht sehen.

28. Und Jesus sprach: Ich stand in der Mitte der Welt und habe mich ihnen im Fleisch geoffenbart. Doch alle waren sie trunken und keiner war durstig. Da wurde meine Seele betrübt über die Menschenkinder. Blind sind sie in ihrem Herzen, und sie sehen nicht, daß sie leer in die Welt gekommen sind, und daß sie die Welt leer* verlassen werden. Doch jetzt sind sie trunken. Wenn sie ihren Wein wegschütten, dann werden sie Buße tun. * Vgl. Spruch 22

29. Und Jesus sprach: Ein Wunder ist es, wenn das Fleisch des Geistes

wegen wurde. Doch wenn der Geist des Leibes wegen wurde, dann ist es ein Wunder der Wunder. Ich aber wundere mich, wie der größte Reichtum sich niederließ in dieser Armut.

30. Und Jesus sprach: Wo drei Götter sind, da sind es Götter. Doch wo an einem Ort zwei sind oder einer, da bin ich mit ihm.

31. Und Jesus sprach: Kein Arzt heilt, die ihn kennen. Und kein Prophet ist angenehm in seiner Stadt. Vgl. Mark. 6,4

32. Und Jesus sprach: Eine Stadt, die auf einem hohen Berg gebaut und befestigt ist, kann nicht fallen, und sie wird nicht verborgen bleiben.

Mat. 5,14

33. Und Jesus sprach: Was du mit deinen Ohren gehört hast, das predige in andere Ohren auf euren Dächern*! Denn niemand zündet ein Licht an und setzt es an einen heimlichen Ort, auch nicht unter einen Scheffel, sondern auf den Leuchter, auf daß, wer eintritt oder hinausgeht, das Licht sehe**.

* Mat. 10,27 ** Vgl. z.B. Luk. 11,33

34. Und Jesus sprach: Wenn ein Blinder einen Blinden führt, fallen sie beide hinab in die Grube. Luk. 6,39

35. Und Jesus sprach: Es ist unmöglich, daß jemand gewaltsam in das Haus des Starken eindringt und seinen Hausrat raubt, es sei denn, daß er ihm zuvor die Hände binde und alsdann sein Haus beraube. Mark. 3,27

36. Und Jesus sprach: Warum sorgt ihr euch von Morgen bis Abend und von Abend bis Morgen um eure Kleidung? Vgl. Mat. 6,25-34

37. Und die Jünger fragten Jesus und sprachen: An welchem Tag wirst du dich uns offenbaren, und an welchem Tag werden wir dich sehen? Und Jesus antwortete ihnen und sprach: Wenn ihr eure Scham ablegt* und eure Kleider nehmt und unter eure Füße legt, wie die kleinen Kinder**, und sie mit Füßen tretet, dann werdet ihr den Sohn des Lebendigen sehen und werdet euch nicht fürchten. * Vgl. 1.Mos. 2,25 * Vgl. Spruch 22; Mat. 18,3

38. Und Jesus sprach: Viele Male habt ihr begehrt, diese Worte zu hören, die ich zu euch spreche. Denn ihr habt keinen anderen, von dem ihr sie hören könnt. Doch der Tag wird kommen, da ihr nach mir suchen und mich nicht finden werdet.* * Joh. 7,34

39. Und Jesus sprach: Die Pharisäer und die Schriftgelehrten empfingen die Schlüssel der Erkenntnis und haben sie weggenommen. Sie kamen nicht hinein, und die hinein wollten, haben sie nicht hineingehen lassen*. Ihr aber, werdet klug wie die Schlangen und ohne Falsch wie die Tauben!**

* Luk. 11,52; Mat. 23,13 ** Mat. 10,16

40. Und Jesus sprach: Sie pflanzten einen Weinstock außen an die Gerste, und er ist nicht befestigt. Man wird ihn ausreißen an seiner Wurzel, und er wird zugrunde gehen. Vgl. Mat. 15,13; vgl. Joh. 15,1-8

41. Und Jesus sprach: Wer da hat, dem wird gegeben; und wer nicht hat, von dem wird man nehmen, auch was er hat. Mark. 4,25

42. Und Jesus sprach: Werdet als Vorübergehende!

43. Und die Jünger fragten Jesus und sprachen: Wer bist du, daß du uns dies sagst? Und Jesus antwortete ihnen und sprach: Viel habe ich zu euch gesprochen und immer noch fragt ihr, wer ich bin! Wahrlich, ihr seid den Juden gleich geworden; denn sie lieben den Baum und hassen die Frucht und lieben die Frucht und hassen den Baum.

44. Und Jesus sprach: Wer den Vater lästert, dem wird man vergeben, und wer den Sohn lästert, dem wird man vergeben. Wer aber den heiligen Geist lästert, dem wird es nicht vergeben, weder auf Erden noch im Himmel. Mat. 12,31f.

45. Und Jesus sprach: Man liest nicht Trauben von den Dornen, auch liest man nicht Feigen vom Kameldorn, denn sie bringen keine Frucht. Ein guter Mensch bringt Gutes hervor aus dem guten Schatz seines Herzens, und ein böser Mensch bringt Böses hervor aus dem bösen Schatz seines Herzens. Denn wes das Herz voll ist, des gehet der Mund über. Luk. 6,44f.

46. Und Jesus sprach: Von Adam bis zu Johannes dem Täufer gibt es unter den von Weibern geborenen keinen, der höher steht als Johannes. Ich aber sage euch: Wer unter euch klein sein wird, der wird das Königreich erkennen und größer sein denn Johannes. Mat. 11,11

47. Und Jesus sprach: Weder ist es möglich, daß ein Mensch zwei Pferde besteigt, noch daß er zwei Bogen spannt, und kein Knecht kann zwei Herren dienen; entweder er wird den einen ehren und den anderen hassen, oder er wird einem anhangen und den andern verachten. Mat. 6,24

Und niemand ist, der vom alten Wein trinkt und wolle bald neuen. Und niemand gießt neuen Wein in alte Schläuche, damit sie nicht zerreißen. Und niemand gießt auch alten Wein in neue Schläuche, damit er nicht verderbe. Und niemand näht einen alten Flecken auf ein neues Gewand, daß ein Riß entsteht. Vgl. Luk. 5,36-39

48. Und Jesus sprach: Wenn zwei miteinander Frieden machen in ihrem Haus, dann können sie zu einem Berg sagen: Hebe dich hinweg! und der Berg wird sich hinwegheben. Mar. 11,23

49. Und Jesus sprach: Selig sind, die ein Einziger* sind, und die Auserwählten, denn sie werden das Königreich finden. Denn ihr seid aus dem Königreich, und ihr werdet wieder hineinkommen.

* Vgl. Spruch 4; 16; 23; 75; 111

50. Und Jesus sprach: Wenn sie euch fragen: Woher kommt ihr? dann antwortet ihnen: Wir kommen aus dem Licht, wir kommen daher, wo das Licht aus sich selbst entstanden ist. Und wenn sie euch fragen: Wer seid ihr?

dann antwortet ihnen: Wir sind die Söhne und die Erwählten des lebendigen Vaters. Und wenn sie euch fragen: Was ist das Zeichen des Vaters in euch? dann antwortet ihnen: Es ist Bewegung und Ruhe zugleich.*

* Vgl. Jakobus: Josephs Vision, Kap. 18f.

51. Und die Jünger fragten Jesus und sprachen: An welchem Tag wird die Ruhe der Toten eintreten, und an welchem Tag wird die neue Welt beginnen? Und Jesus sprach: Worauf ihr wartet, hat längst begonnen, doch ihr habt es nicht erkannt.

52. Und die Jünger sprachen zu Jesus: Vierundzwanzig Propheten haben in Israel gepredigt, und sie alle sprachen von dir. Da antwortete ihnen Jesus und sprach: Ihr seht den nicht, der vor euren Augen lebt, und sprecht von den Toten.

53. Und die Jünger fragten Jesus und sprachen: Ist die Beschneidung nützlich oder nicht? Und Jesus antwortete ihnen und sprach: Wäre die Beschneidung nützlich, dann hätte euch euer Vater schon beschnitten im Mutterleib gezeugt. Doch es gibt auch eine Beschneidung im Geiste und diese ist von wahrem Nutzen. Vgl. z.B. Röm. 2,25-29 u. 5.Mos. 30,6

54. Und Jesus sprach: Selig seid ihr Armen, denn das Himmelreich ist euer. Luk. 6,20

55. Und Jesus sprach: Wer seinen Vater und seine Mutter nicht hassen wird, der wird nicht mein Jünger sein können. Und wer seine Brüder und Schwestern nicht haßt, und wer nicht sein Kreuz trägt wie ich, der wird meiner nicht würdig sein. Luk. 14,26f.; Spruch 101

56. Und Jesus sprach: Wer die Welt erkannt hat, der hat einen Leichnam gefunden; und wer einen Leichnam gefunden hat, dessen ist die Welt nicht würdig. Vgl. Spruch 80

57. Und Jesus sprach: Das Königreich des Vaters gleicht einem Menschen, der guten Samen auf seinen Acker säte. Des Nachts aber kam sein Feind und säte Unkraut zwischen den Weizen und ging davon. Aber der Mensch ließ seine Knechte das Unkraut nicht ausreißen, und er sprach: Daß ihr nicht hingeht, das Unkraut auszujäten und den Weizen zugleich ausrauft. Denn am Tag der Ernte wird das Unkraut offenbar werden, daß man es ausreiße und verbrenne. Mat. 13,24-30

58. Und Jesus sprach: Selig ist der Mensch, der sich abmühte* und das Leben fand. * Vgl. Spruch 21; Kerinthos 7

59. Und Jesus sprach: Blickt auf den Lebendigen, solange ihr lebt, damit ihr nicht sterbt. Denn dann werdet ihr wohl trachten, ihn zu sehen, doch ihr werdet ihn nicht sehen können.

60. Einst sahen sie einen Samariter, der nach Judäa ging und ein Lamm trug. Und Jesus sprach: Was will er mit diesem Lamm? Da antworteten ihm

die Jünger: Er will es schlachten und dann verzehren. Und Jesus sprach: Solange es lebt, wird er es nicht essen, sondern erst, wenn es tot ist. Sie antworteten ihm: Anders ist es nicht möglich. Jesus aber antwortete ihnen und sprach: So sucht denn in euch einen Ort zur Ruhe, damit ihr nicht ein Leichnam werdet und sie euch verzehren.

61. Und Jesus sprach: Zwei werden miteinander auf einem Bett liegen und der eine wird sterben, der andere aber wird leben*. Da sprach Salome: Wer bist du, o Mensch, so voll doch der Lästerung? Du bist in meinem Bett gelegen und hast an meinem Tisch gegessen. Jesus antwortete ihr und sprach: Ich bin, der entstanden ist aus dem, was gleich und ein Einziges ist. Was mein ist, stammt von meinem Vater. Und Salome sprach: Ich will dir folgen. Da antwortete ihr Jesus und sprach: Wenn etwas gleich ist, wird es voller Licht sein, doch wenn es getrennt wird, wird es Finsternis sein. * Luk. 17,34

62. Und Jesus sprach: Ich hüte meine Geheimnisse und sage sie nur denen, die ihrer würdig sind. Laß deine linke Hand nicht wissen, was die Rechte tut!* Mat. 6,3

63. Und Jesus sprach: Es war ein Mann mit vielen Besitztümern, und er sprach: Ich will mein Vermögen mehren und will säen und ernten und meine Speicher füllen, auf daß mir nichts fehlt. Dies dachte er in seinem Herzen. Doch in der selben Nacht starb er. Wer Ohren hat, der höre!

Vgl. Luk. 12,16-21

64. Und Jesus sprach: Es war ein Mensch, der bereitete ein großes Abendmahl und lud viele dazu. Und zur Stunde des Mahles sandte er seinen Diener, die Gäste zu holen. Und der Diener ging zum ersten und sagte: Das Essen ist bereit, mein Herr lädt dich ein. Der aber antwortete: Kaufleute schulden mir Geld; sie werden heute zu mir kommen und ich werde ihnen Aufträge geben. Ich bitte dich, entschuldige mich. Da ging er zu einem anderen und sagte: Das Essen ist bereit, mein Herr lädt dich ein. Der aber antwortete: Ich habe ein Haus gekauft und muß mich darum kümmern. Ich bitte dich, entschuldige mich. Da ging er zu einem anderen und sprach: Das Essen ist bereit, mein Herr lädt dich ein. Der aber antwortete: Mein Freund wird ein Weib nehmen und ich bereite ihm das Mahl. Ich bitte dich, entschuldige mich. Da ging er zu einem anderen und sprach: Das Essen ist bereit, mein Herr lädt dich ein. Der aber antwortete: Ich habe einen Pachthof gekauft und gehe den Pachtzins einkassieren. Ich bitte dich, entschuldige mich. Da ging der Diener zu seinem Herrn und sprach: Alle, die du zum Mahl geladen hast, lassen sich entschuldigen. Da sprach der Herr zu seinem Diener: So geh hinaus auf die Straße und bringe mit, die du finden wirst. Die Käufer und die Händler werden nicht in das Reich meines Vaters eingehen.

Vgl. Luk. 14,16-24

65. Und Jesus sprach: Es war ein rechtschaffener Mann, der hatte einen Weinberg, den gab er den Winzern, damit sie ihn bearbeiteten und er die Früchte von ihnen bekäme. Und als die Zeit gekommen war, sandte er seinen Knecht zu den Winzern, daß er einen Teil von der Frucht nähme. Die Winzer aber ergriffen den Knecht und schlugen ihn, und fehlte nicht viel, so hätten sie ihn erschlagen. Und der Knecht kam und sagte es seinem Herrn. Und der sprach: Vielleicht kannte er sie nicht. So sandte er einen anderen Knecht, doch die Winzer schlugen auch den. Da sagte der Herr: Vielleicht werden sie vor meinem Sohn Scheu haben, und sandte seinen Sohn. Die Winzer jedoch, da sie wissen, daß er der Erbe des Weinberges ist, ergriffen und töteten ihn. Wer Ohren hat, der höre! Vgl. Mar. 12,1-12

66. Und Jesus sprach: Zeigt mir den Stein, den die Bauleute verworfen haben, denn dieser Stein ist der Eckstein. Mar. 12,10

67. Und Jesus sprach: Wer das All erkennt, sich selbst aber verkennt, der verfehlt das Ganze.

68. Und Jesus sprach: Selig seid ihr, wenn sie euch hassen und verfolgen, und sie werden keinen Vorwand finden an dem Ort, an dem sie euch verfolgen. Vgl. Mat. 5,11

69. Und Jesus sprach: Selig sind, die in ihrem Herzen verfolgt wurden, und die den Vater in Wahrheit erkannten. Selig sind die Hungernden, denn der Bauch dessen, der es wünscht, wird gefüllt werden. Vgl. Mat. 5,8-10

70. Und Jesus sprach: Wenn ihr in euch erzeugt den, welchen ihr habt, wird er euch retten, wenn ihr ihn aber nicht in euch habt, wird er euch töten.

71. Und Jesus sprach: Ich will dieses Haus zerstören und keiner wird imstande sein, es wieder aufzubauen. Vgl. Joh. 2,19; Mat. 26,61; 27,40

72. Ein Mensch sprach zu Jesus: Sage meinen Brüdern, daß sie das Erbe meines Vaters mit mir teilen sollen. Jesus antwortete und sprach: Mensch, wer hat mich zum Richter oder Erbschlichter über euch gesetzt?* Und er wandte sich zu seinen Jüngern und sprach: Bin ich denn ein Richter in Erbsachen? Luk. 12,13f.

73. Und Jesus sprach: Die Ernte ist groß, aber wenige sind der Arbeiter. So bittet denn den HERRN, daß er Arbeiter in die Ernte sende! Mat. 9,37f.

74. Und Jesus sprach: O HERR, es stehen viele um den Brunnen, aber es ist keiner darin.

75. Und Jesus sprach: Viele stehen vor der Tür, aber es sind die, welche ein Einziger* sind, die in das Brautgemach eintreten werden.

* Vgl. Spruch 4; 16; 23; 49; 111

76. Und Jesus sprach: Das Königreich des Vaters gleicht einem Kaufmann, der eine Warenladung besaß. Dieser Kaufmann war weise, denn da er eine Perle fand, verkaufte er die Waren und kaufte allein die Perle.* Sucht

denn auch ihr nach einem Schatz, der unvergänglich ist und den keine Motte und kein Wurm zerstören kann.** * Mat. 13,45f. ** Mat. 6,20

77. Und Jesus sprach: Ich bin das Licht der Welt.* Ich bin das All; das All ist aus mir hervorgekommen, und das All ist zu mir zurückgelangt. Spaltet ein Holz, so bin ich da; hebt einen Stein, so werdet ihr mich finden.**

* Joh. 8,12 ** Pre. 10,9

78. Und Jesus sprach: Was seid ihr hinausgegangen auf das Feld? Wolltet ihr ein Schilfrohr sehen, das der Wind hin und her weht? Oder wolltet ihr einen Menschen in weichen Kleidern sehen? Seht eure Edlen und eure Könige! Sie tragen weiche Kleider, doch die Wahrheit können sie nicht erkennen.

Mat. 11,7

79. Und es begab sich, daß ein Weib im Volk die Stimme erhob und zu Jesus sprach: Selig ist der Leib, der dich getragen hat, und die Brüste, die dich gesäugt haben. Jesus aber sprach zu ihr: Selig sind, die das Wort des Vaters gehört, und die es bewahrt haben in sich.* Denn wahrlich, der Tag wird kommen, da wird es heißen: Selig sind die Unfruchtbaren und die Leiber, die nicht geboren haben, und die Brüste, die nicht gesäugt haben.**

* Luk. 11,27f. ** Luk. 23,29; vgl. Jes. 54,1

80. Und Jesus sprach: Wer die Welt erkannt hat, der hat den Leib gefunden; wer aber den Leib gefunden hat, dessen ist die Welt nicht würdig.

Spruch 56

81. Und Jesus sprach: Wer reich geworden ist, möge König werden, und wer Macht hat, möge sie verleugnen. Vgl. Spruch 110

82. Und Jesus sprach: Wer mir nahe ist, der ist dem Feuer nahe, und wer fern von mir ist, der ist fern vom Königreich.

83. Und Jesus sprach: Die Bilder sind dem Menschen offenbar, und das Licht, das in ihnen ist, ist verborgen im Bild des Lichtes des Vaters. Er wird geoffenbart werden, und sein Bild ist verborgen durch sein Licht.

84. Und Jesus sprach: Ihr freut euch, wenn ihr eure Ebenbilder seht. Doch werdet ihr es ertragen, wenn ihr eure Ebenbilder seht, die vor euch existierten und weder starben noch sich offenbarten?

85. Und Jesus sprach: Adam ist aus einer großen Kraft hervorgekommen und aus einem großen Reichtum, und er war euer nicht würdig; denn wenn er würdig gewesen wäre, dann hätte er den Tod nicht geschmeckt.

86. Und Jesus sprach: Die Füchse haben Höhlen und die Vögel unter dem Himmel haben Nester; aber des Menschen Sohn hat nicht, da er sein Haupt hinlege und sich ausruhe. Mat. 8,20

87. Und Jesus sprach: Unselig ist der Leib, der an einem Leibe hängt, und unselig ist die Seele, die an diesen beiden hängt. Spruch 112

88. Und Jesus sprach: Die Engel samt den Propheten werden zu euch

kommen und euch geben, was ihr habt. Gebt ihnen alles, was in euren Händen ist, und fragt euch heute schon: Wann werden sie kommen, um zu empfangen, was ihnen zusteht?

89. Und Jesus sprach: Was wascht ihr die Außenseite des Bechers? Wißt ihr nicht, daß der die Innenseite geschaffen hat, auch die Außenseite gemacht hat? Vgl. z.B. Mat. 23,25

90. Und Jesus sprach: Kommt zu mir, denn mein Joch ist sanft und meine Herrschaft ist mild und ihr werdet Ruhe finden für eure Seelen.

Mat. 11,28-30

91. Etliche kamen und sprachen zu ihm: Sage uns, wer du bist, damit wir an dich glauben. Und Jesus sprach: Über des Himmels und der Erde Antlitz könnt ihr urteilen, und was in eurer Gegenwart ist, erkennet ihr nicht, und diese Zeit erkennt ihr nicht, daß ihr über sie urteilt. Vgl. Mat. 16,1-3

92. Und Jesus sprach: Suchet und ihr werdet finden!* Ihr habt mich viel gefragt in diesen Tagen, und ich habe euch nicht geantwortet; jetzt gefällt es mir zu sprechen, doch ihr fragt mich nicht. * Mat. 7,7

93. Und Jesus sprach: Gebt nicht das Heilige den Hunden, damit sie es nicht auf den Mist werfen! Und werft eure Perlen nicht vor die Säue, damit sie sie nicht zertreten. Vgl. Mat. 7,6

94. Und Jesus sprach: Wer da sucht, der wird finden, und wer hineingehen will, dem wird aufgetan. Vgl. Mat. 7,8

95. Und Jesus sprach: Wenn ihr Geld habt, verleiht es nicht gegen Zinsen, sondern gebt es dem, der es euch nicht wiedergeben wird. Vgl. Mat. 5,42

96. Und Jesus sprach: Das Königreich des Vaters gleicht einer Frau. Sie gab ein wenig Sauerteig in den Teig und machte so große Brote. Wer Ohren hat, zu hören, der höre! Mat. 13,13

97. Und Jesus sprach: Das Königreich des Vaters gleicht einer Frau, die einen Krug voll Mehl trägt. Sie geht einen weiten Weg. Und der Krug hatte einen Riß und das Mehl fiel hinter ihr auf den Weg. Doch die Frau merkte es nicht, sie wußte nichts von dem Schaden. Und als sie in ihr Haus kam, da stellte sie den Krug zu Boden und fand ihn leer.

98. Und Jesus sprach: Das Königreich des Vaters gleicht einem Menschen, der einen Mächtigen töten will. Er nahm sein Schwert und durchbohrte damit die Wand in seinem Haus, um die Stärke seiner Hand zu prüfen. Dann ging er hin und tötete den Mächtigen.

99. Die Jünger sprachen zu ihm: Siehe, deine Mutter und deine Brüder stehen vor dem Haus. Und Jesus sprach: Die an diesen Orten den Willen meines Vaters tun, sind meine Mutter und meine Brüder; sie werden in das Königreich des Vaters eingehen. Mark. 3,31-35

100. Die Jünger zeigten ihm ein Goldstück und sprachen zu ihm: Die Die-

ner des Kaisers verlangen Steuern von uns. Und Jesus antwortete ihnen und sprach: Gebt dem Kaiser, was des Kaisers ist. Gebt Gott, was Gottes ist. Und was mein ist, gebt mir. Vgl. Mark. 12,13-17

101. Und Jesus sprach: Wer nicht seinen Vater und seine Mutter hassen wird wie ich, der kann nicht mein Jünger sein. Und wer nicht seinen Vater und seine Mutter lieben wird wie ich, der kann nicht mein Jünger sein.* Denn jeder hat Eltern im Fleisch und Eltern im Geiste, und diesen schuldet er sein Leben. Vgl. Mat. 10,37; vgl. Spruch 55

102. Und Jesus sprach: Wehe den Pharisäern, denn sie gleichen einem Hund, der sich in den Rindertrog legt! Weder frißt er, noch läßt er die Rinder fressen. Vgl. Mat. 23,13

103. Und Jesus sprach: Selig der Hausherr, der weiß, wann die Diebe kommen werden, damit er sich erhebe, seine Knechte rufe und sich die Lenden gürte, bevor sie kommen.

104. Und die Jünger sagten zu ihm: Komm, laß uns heute beten und fasten! Und Jesus sprach: Habe ich etwa gesündigt oder wurde ich besiegt? Erst wenn der Bräutigam aus der Kammer hervorgehen wird, mögt ihr fasten und beten. Vgl. Mat. 9,14f.

105. Und Jesus sprach: Selbst den, der Vater und Mutter kennt, werden sie Sohn einer Hure nennen. Vgl. z.B. Nikodemus 2

106. Und Jesus sprach: Wenn ihr die Zwei zu Einem* macht, werdet ihr Söhne des Menschen werden. Und wenn ihr sprecht: Berg, hebe dich hinweg, dann wird er sich hinwegheben. * Vgl. Spruch 22

107. Und Jesus sprach: Das Königreich gleicht einem Hirten, der hundert Schafe hat. Und eins von ihnen, das größte, verirrte sich. Da verließ er die neunundneunzig und suchte das eine, bis er es fand. Und nachdem er sich so abgemüht hatte, sprach er zu dem einen: Ich liebe dich mehr als die neunundneunzig. Vgl. Mat. 18,12-14

108. Und Jesus sprach: Wer von meinem Mund trinken wird, der wird werden wie ich. Ich selbst werde er werden und das Verborgene wird ihm geoffenbart werden.

109. Und Jesus sprach: Das Königreich gleicht einem Menschen, in dessen Acker ein verborgener Schatz liegt, doch er weiß nichts davon, und als er starb, vererbte er den Acker seinem Sohn. Und auch der wußte nichts von dem Schatz und verkaufte das Feld. Der Käufer aber pflügte es und fand den Schatz*, und er nahm ihn und begann, Geld gegen Zinsen zu verleihen denen, die er wollte. * Vgl. Mat. 13,44

110. Und Jesus sprach: Wer die Welt gefunden hat und reich geworden ist, der möge die Welt verleugnen. Vgl. Spruch 56; 80; 81

111. Und Jesus sprach: Der Himmel und die Erde werden sich auftun vor

euch. Doch der Lebendige, der aus dem Lebendigen stammt*, wird weder den Tod noch die Angst schauen. Und Jesus sprach: Wer sich finden wird als ein Einziger**, dessen ist die Welt nicht würdig.

* Vgl. Spruch 61 ** Vgl. Spruch 4; 16; 23; 49; 75

112. Und Jesus sprach: Wehe dem Fleisch, das an der Seele hängt! Wehe der Seele, die am Fleische hängt! Spruch 87

113. Und seine Jünger fragten ihn und sprachen: An welchem Tage kommt das Königreich? Und Jesus sprach: Das Königreich kommt nicht, wenn man es erwartet. Keiner wird sagen können: Siehe, hier ist es, oder, siehe, dort ist es. Denn das Königreich des Vaters ist ausgebreitet über die Erde und die Menschen sehen es nicht. Luk. 17,20ff.

114. Simon Petrus sprach zu ihnen: Maria Magdalena möge fortgehen von uns, denn die Frauen sind des wahren Lebens nicht würdig. Und Jesus sprach: Wahrlich, ich sage euch, ich werde sie führen, um sie männlich zu machen, damit auch sie ein lebendiger Geist wird, vergleichbar den Männern. Denn jede Frau, die sich männlich machen wird, wird eingehen in das Himmelreich. Vgl. Spruch 22

Das Evangelium nach Bartholomäus

Die erste Frage des Bartholomäus. Hölle und Tod sind besiegt. Vgl. Nikodemus 17ff.

Und es geschah in der letzten Zeit vor der Passion unseres HErrn Jesus Christus, daß die Apostel sich um ihn versammelten. Da baten sie ihn und sprachen: HErr, offenbare uns die Geheimnisse des Himmels.

Jesus aber erwiderte ihnen: Solange ich im Fleische bin, kann ich euch nichts kundtun.

Und es kam die Zeit seines Martyriums und seiner Auferstehung. Doch nun wagte es keiner der Apostel, ihn zu befragen, denn sein Aussehen hatte sich geändert und offenbarte die Fülle seiner Gottheit.

Bartholomäus aber trat an ihn heran und sprach: HErr, ist es möglich, so möchte ich mit dir reden.

Und Jesus antwortete ihm und sprach: Wahrlich, liebster Bartholomäus, ich kenne dein Herz und weiß, was dich bedrückt. Stelle also deine Fragen und ich werde sie dir beantworten. Selbst die Geheimnisse, an die du nicht zu rühren wagst, werde ich dir enthüllen.

Da sprach Bartholomäus zu ihm: HErr, als du dich ans Kreuz schlagen ließest, folgte ich dir von ferne* und sah, wie du ans Kreuz geschlagen wurdest, und wie die Engel vom Himmel herabstiegen und dich anbeteten.

* Vgl. Luk. 23,49

Und da es finster ward*, blickte ich auf das Kreuz und sah, daß du verschwunden warst; allein den Ton deiner Stimme vernahm ich aus der Unterwelt, und ich hörte, wie dort ein gewaltiges Heulen und Zähneknirschen anhob. So künde mir denn, o HErr, wohin du vom Kreuz gingst.

* Vgl. z.B. Mat. 27,45

Da antwortete ihm Jesus und sprach: Gesegnet bist du, mein geliebter Bartholomäus, daß du dieses Geheimnis geschaut hast. Jetzt aber will ich dir alles kundtun, wonach du mich fragst.

Da ich vom Kreuz verschwand, stieg ich also in die Unterwelt, um Adam und alle Patriarchen, Abraham, Isaak und Jakob, herauszuführen. Der Erzengel Michael hatte es geboten.

Und da ich nun mit meinen Engeln in die Unterwelt hinabstieg, die erzenen Riegel zu zerbrechen* und die Pforten der Unterwelt gewaltsam zu öffnen, da sprach Hades zum Satan: Wahrlich, ich sehe Gott ist auf die Erde herabgestiegen.

* Vgl. Ps. 107,16

Und die Engel riefen den Gewaltigen zu: Machet die Tore weit, denn der König der Herrlichkeit ist in die Unterwelt hinabgestiegen. Und Hades erwiderte und sprach: Wer ist der König der Herrlichkeit, der zu uns herabgestiegen ist? Vgl. Ps. 24,7f.

Und da ich fünfhundert Stufen hinabgestiegen war, begann Hades gewaltig zu zittern und sprach: Wahrlich, ich glaube, Gott ist zu uns herabgestiegen. Sein mächtiger Atem geht vor ihm her. Ich kann ihm nicht standhalten.

Doch der Teufel sprach zu ihm: Ergib dich nicht, sondern sammle deine Kräfte. Gott ist nicht herabgestiegen.

Und da ich zum andern Mal fünfhundert Stufen hinabgestiegen war, riefen die starken Engel mit lauter Stimme: Öffnet euch, ihr Pforten eures Fürsten, tut euch auf, ihr Tore! Denn siehe, der König der Herrlichkeit ist hinabgestiegen. Und zum andern Mal sprach Hades zu dem Teufel: Wahrlich, ich fühle den Atem Gottes; du aber sprichst: Gott ist nicht herabgestiegen.

Antwortet ihm Beelzebub: Fasse Mut! Der da kommt, ist ein Prophet. Was sagtest du, er sei Gott? Und hat sich Gott gleich gemacht. Lasset uns ihn ergreifen und zu denen werfen, die da meinen, nun in den Himmel aufzusteigen.

Und Hades sprach: Welcher der Propheten ist es? Ist es Henoch, der die Gerechtigkeit schrieb? Doch es steht geschrieben, daß Gott ihn erst werde zur Erde zurückkehren lassen, wenn die sechstausend Jahre vollendet sind. Oder meinst du, es sei Elia, der Rächer? Doch es steht geschrieben, daß er nicht vor dem Ende der Tage zurückkehren wird. Weh mir, es ist das Verderben von Gott. Unser Ende ist da. Die Zahl der Jahre ist erfüllt.

Da erkannte auch der Teufel, daß das Wort des HERRN zur Erde herabgestiegen war, und sprach: Fürchte dich nicht, o Hades, sondern sichere deine Tore und verdopple deine Riegel. Es ist nicht Gott selbst, der zu uns herabgestiegen ist.

Hades aber antwortete und sprach: Nicht will ich hören auf deine glatten Worte, denn wahrlich, mein Bauch grimmt mir und meine Eingeweide stehen auf wider mich. Es ist nicht anders. Gott ist herabgestiegen. Wo verbergen wir uns vor dem Antlitz Gottes, des großen Königs?

Und ich rief und sprach: Laß ab, widersetze dich nicht länger, denn ich bin vor dir erschaffen worden.

Und die Engel zerbrachen die ehernen Tore und die eisernen Riegel. Und ich trat ein und ergriff ihn und schlug ihn hundertfach und band ihn mit unlöslichen Fesseln. Und ich führte die Patriarchen hinaus und kehrte zurück zum Kreuz.

Die zweite Frage des Bartholomäus. Das Geheimnis des Martyriums.

2 Und Bartholomäus sprach zu ihm: HErr, ich sah, da du wiederum am Kreuz hingst, wie alle Toten auferstanden und dich anbeteten. Sage doch, HErr, wer war jener riesengroße Mensch, den die Engel auf ihren Armen zu dir trugen? Und was redetest du mit ihm, daß er so schwer erseufzte?

Und Jesus antwortete dem Bartholomäus: Adam war's, der Erstgeschaffene, um dessentwillen ich vom Himmel auf die Erde herabkam. Und ich sprach zu ihm: Um deinetwillen und deiner Kinder habe ich mich ans Kreuz schlagen lassen. Und als Adam das hörte, da seufzte er und sprach: So hast du also zu tun geruht, o HERR. Vgl. 1.Mos. 3,15

Die dritte Frage des Bartholomäus. Gottes Strafe für Israel.

3 Und Bartholomäus sprach zu ihm: HErr, ich sah wie die Engel vor Adam hinaufstiegen und ein Loblied anstimmten. Doch war einer unter den Engeln, der war um vieles größer als die anderen und wollte nicht hinaufsteigen. Und er trug in seiner Hand ein feuriges Schwert und blickte auf dich.

Und alle Engel baten ihn, mit ihnen hinaufzusteigen, doch er weigerte sich. Als du es ihm aber befahlst, sah ich eine Flamme aus seinen Händen hervorgehen, und sie reichte bis zu der Stadt Jerusalem.

Und Jesus sprach zu ihm: Gesegnet bist du, Bartholomäus, mein Geliebter, daß du diese Geheimnisse gesehen hast. Dieser Engel war einer der Racheengel, welche vor dem Thron meines Vaters stehen. Und diesen Engel sandte er zu mir.

Und der Engel wollte nicht emporsteigen, denn es war sein Auftrag, die Macht dieser Welt zu vernichten. Und als ich ihm befahl hinaufzusteigen, da trat eine Flamme aus seinen Händen hervor und er zerriß den Vorhang im Tempel* und teilte ihn in zwei Stücke, um Zeugnis zu geben den Kindern Israel für das Leid, das sie mir zugefügt haben. * Vgl. z.B. Mat. 27,51

Jesus enthüllt die Geheimnisse des Paradieses.

4 Und nachdem Jesus solches offenbart hatte, sprach er zu den Aposteln: Auf ein kurzes will ich euch verlassen. So wartet also auf mich an diesem Ort, denn heute wird im Paradies ein Opfer dargebracht, daß ich es nach meiner Ankunft empfange.

Bartholomäus aber sprach zu ihm: HErr, was ist das für ein Opfer im Paradies? Und Jesus antwortete ihm: Wenn die Seelen der Gerechten den Leib verlassen, dann ziehen sie zum Paradies, doch so ich nicht komme, finden sie keinen Einlaß.

Da sprach Bartholomäus: HErr, wie viele Seelen verlassen täglich diese Welt? Und Jesus antwortete und sprach: Dreißigtausend.

Und Bartholomäus forschte weiter und sprach: Hast du, HErr, auch in der Zeit, als du unter uns lebtest, die Opfer im Paradies empfangen?

Und Jesus antwortete ihm und sprach: Wahrlich, ich sage dir, mein Geliebter, auch als ich unter euch lehrte, saß ich zur Rechten des Vaters und empfing die Opfer im Paradies.

Und Bartholomäus sprach: Sage mir nun, o HErr, wie viele der dreißigtausend Seelen, die täglich diese Welt verlassen, finden den Eingang ins Paradies? Und Jesus antwortete ihm: Es sind ihrer nur drei.

Und Bartholomäus sprach: Sage mir, HErr, wie viele Seelen werden täglich in der Welt geboren? Und Jesus antwortete ihm: Um eine mehr, als die Zahl derer ist, die die Welt verlassen.

Und da er dieses sprach, segnete er sie und verschwand.

Bartholomäus fragt Maria nach dem Geheimnis der Empfängnis.

5 Es waren aber die Apostel in Chritir bei Maria. Und Bartholomäus trat zu Petrus, Andreas und Johannes und sprach zu ihnen: Laßt uns Maria, die Begnadete, fragen, wie sie den Unfaßbaren empfing, und wie sie den Untragbaren trug, und wie sie ihn gebar in all seiner Größe. Doch sie scheuten sich, Maria solches zu fragen.

Da wandte sich Bartholomäus an Petrus und sprach: Vater Petrus, du bist unser Oberster, tritt du an sie heran und frage sie. Doch der Petrus wandte sich an Johannes und sprach: Johannes, du bist ein keuscher Jüngling von untadeligem Ruf; an dir ist es, Maria zu fragen.

Da sie nun alle sich scheuten und hin und her überlegten, wandte sich Bartholomäus mit heiterem Antlitz an Maria und sprach: Du Unbefleckte, du Begnadete, du Zelt des Höchsten! Ich will dir im Namen der Apostel eine Frage stellen. Sag uns, wie du den Unfaßbaren empfingst, und wie du den Untragbaren trugst, und wie du ihn geboren hast in all seiner Größe.

Maria aber entgegnete ihm: Fragt mich nicht nach diesem Geheimnis! Denn wenn ich davon zu sprechen beginne, wird Feuer aus meinem Mund treten und die Erde verzehren.

Doch die Apostel drangen in sie. Und da sie ihren Bitten sich nicht verschließen wollte, sprach sie zu ihnen: Wir wollen uns zum Gebet aufstellen.

Und die Apostel stellten sich hinter sie. Da sprach sie zu Petrus: Petrus, Oberster der Apostel, Fels des HErrn, stehst du hinter mir? Hat nicht der HERR geboten: Christus ist eines jeglichen Mannes Haupt, der Mann aber ist des Weibes Haupt.* So tretet nun zum Gebet vor mich!

* 1.Kor. 11,3

Da sprachen die Apostel zu ihr: In deinem Leib hat der HErr geruht, sein Zelt aufzuschlagen; du warst es, die ihn umfaßt hat. Dir steht es eher zu als an uns, das Gebet zu leiten.

Sie aber entgegnete: Ihr seid die leuchtenden Sterne, von denen der Prophet gesagt hat: Ich hebe meine Augen auf zu den Bergen, von welchen mir Hilfe kommt*. Ihr seid die Berge, also müßt ihr beten. * Ps. 121,1

Aber die Apostel entgegneten ihr: Du bist die Mutter des himmlischen Königs, also mußt du beten.

Und Maria antwortete und sprach: Nach eurem Bild gestaltete Gott die Sperlinge und sandte sie in alle vier Ecken der Welt. Vgl. Thomas der Israelit 2

Doch die Apostel sprachen: Er, den die sieben Himmel kaum fassen, hat geruht, sich von dir umfassen zu lassen.

Da stellte sich Maria vor sie, hob ihre Hände zum Himmel und begann zu beten: O Gott, du überaus großer und Allwissender, du König der Äonen, du Unbeschreibbarer, du Unaussprechbarer, der du die Weiten des Himmels durch dein Wort geschaffen hast, du Schöpfer der Ordnung der Gestirne, der du die Materie geformt und das vereinigt hast, was getrennt war, der du das Dunkel der Finsternis vom Licht geschieden und die Gewässer aus dem gleichen Quellgrund hast strömen lassen, vor dem die Wesen des Äthers zittern, und den die irdischen Wesen fürchten, der du der Erde ihren festen Sitz gegeben und sie bewahrt hast vor dem Vergehen durch das Geschenk des Regens, mit dem du für die Nahrung aller sorgst, du ewiger Logos des Vaters!

Sieben Himmel vermochten dich kaum zu umfassen, doch du geruhtest, dich von mir umfassen zu lassen, ohne mir Schmerzen zu bereiten, du, der vollkommene Logos des Vaters, durch den alles geschaffen wurde!* Verherrliche deinen Namen und laß mich zu deinen heiligen Aposteln sprechen!

* Vgl. Joh. 1,3

Und da sie geendet hatte, sprach sie zu ihnen: Lasset uns niedersitzen auf der bloßen Erde. Du, Petrus, Oberster der Apostel, setze dich zu meiner Rechten und lege deine linke Hand unter meine Achsel. Und du, Andreas, tue das gleiche auf der anderen Seite. Du aber, jungfräulicher Johannes, halte meine Brust. Und du, Bartholomäus, drücke deine Knie an meine Schultern und presse meinen Rücken zusammen, damit sich nicht meine Glieder lösen, wenn ich zu sprechen beginne.

Und als alle getan hatten, wie sie es von ihnen verlangt hatte, hob sie an und sprach: Als Kind lebte ich im Tempel Gottes und empfing aus der Hand eines Engels meine Speise.* Da erschien einer, dessen Gestalt war wie die eines Engels, und er trug nicht Brot noch Becher, und sein Antlitz war unbeschreibbar. * Vgl. Jakobus 8

Da zerriß der Vorhang des Tempels, und die Erde bebte gewaltig, und ich stürzte zu Boden, weil ich seinen Anblick nicht ertrug.

Doch der Engel richtete mich auf mit seiner Hand. Und ich blickte gen Himmel. Da kam eine Wolke Taus und benetzte mich vom Kopf bis zu den Füßen*, und er trocknete mich mit seinem Gewand. * Vgl. Nikodemus 13

Und er sprach zu mir: Gegrüßet seist du Holdselige*, du auserwähltes Gefäß! Und er klopfte auf die rechte Seite seines Gewands und es kam ein gewaltig großes Brot hervor, das legte er auf den Altar des Tempels, und er aß davon und gab dann auch mir. * Vgl. Luk. 1,28

Und dann klopfte er auf die linke Seite seines Gewands, und ich sah einen mit Wein gefüllten Becher. Und auch diesen stellte er auf den Altar und trank dann davon und gab dann auch mir zu trinken. Und siehe, es fehlte nichts am Brot, und der Becher war voll wie zuvor.

Und er sprach zu mir: Du bist dazu bestimmt, der Welt das Heil zu bringen. In drei Jahren werde ich meinen Logos senden, und du wirst meinen Sohn empfangen, und durch ihn wird die ganze Welt gerettet werden. Friede sei mit dir, du Begnadete, mein Frieden wird auf dir ruhen immerdar.

Und da er so gesprochen hatte, verschwand er, und der Tempel war wie vorher.

Da sie aber also sprach, trat Feuer aus ihrem Mund, und die Welt wollte schier in Flammen vergehen. Und Jesus kam eiligen Schrittes und sprach zu ihr: Sprich nicht weiter, sonst wird noch heute meine ganze Schöpfung zugrunde gehen. Da fürchteten sich die Apostel, Gott möchte ihnen zürnen.

Jesus zeigt den Aposteln den Abgrund.

6 Und Jesus führte sie auf den Berg Moria und setzte sich in ihre Mitte. Sie waren aber voll Furcht und scheuten sich, ihn zu fragen.

Und Jesus ermunterte sie und sprach: Fraget mich, auf daß ich euch belehre und euch die Wahrheit weise. Denn es sind noch sieben Tage, bis ich eingehe zu meinem Vater, und danach werde ich in dieser Gestalt nicht mehr vor eure Augen treten.

Da sprachen sie zögernd zu ihm: So zeige uns denn den Abgrund, wie du es uns einst verheißen hast.

Und Jesus antwortete ihnen: Wahrlich, es ist nicht gut für euch, den Abgrund zu sehen. So ihr's aber begehrt, werde ich mein Versprechen halten. Kommt denn, folget mir und schaut!

Und er führte sie an einen Ort, der Cherubim genannt wird, und das heißt Ort der Wahrheit.

Und er winkte den Engeln des Westens. Und die Erde ward aufgerollt wie eine Papyrusrolle, und vor den Augen der Apostel enthüllte sich der Abgrund.

Da sie ihn aber sahen, fielen sie auf ihr Antlitz. Jesus aber sprach zu ihnen: Habe ich euch nicht gesagt, daß es nicht gut für euch ist, den Abgrund zu sehen? Und er winkte den Engeln und der Abgrund wurde verdeckt.

Ein Disput zwischen Petrus und Maria.

7 Und er führte sie auf den Ölberg. Petrus aber sprach zu Maria: Begnadete, bitte den HErrn, daß er uns die Geheimnisse des Himmels kundtut.

Und Maria entgegnete dem Petrus: Hat nicht auf dir, du in der Höhe behauener Fels, der HErr seine Kirche gebaut? An dir ist es, zu gehen und ihn zu fragen.

Entgegnete Petrus: Du bist zum Zelt des höchsten Gottes geschaffen worden. An dir ist es, ihn zu fragen.

Da antwortete ihm Maria und sprach: Du, Petrus, bist das Abbild Adams; er aber wurde zuerst geschaffen und erst danach Eva. Siehe die Sonne! Sie glänzt nach der Art Adams. Siehe den Mond! Voller Schmutz ist er, weil Eva das Gebot übertrat. Denn Gott setzte den Adam in den Osten, die Eva aber in den Westen, und befahl den beiden Gestirnen, so zu leuchten, daß die Sonne mit ihrem feurigen Glanz dem Adam den Osten erhellen solle, der Mond aber mit seinem milchigen Schimmer der Eva im Westen als Licht dienen solle. Doch Eva besudelte das Gebot des Herrn, und deshalb wurde der Mond schmutzig und sein Licht hat jeden Glanz verloren. Da nun aber du das Abbild Adams bist, ist es an dir, den HErrn zu fragen. In mir aber nahm der HErr seine Wohnung, damit ich die Würde der Frauen wiederherstelle.

Der Widersacher erscheint.

8 Da sie auf den Gipfel des Ölbergs gekommen waren, trennte sich der HErr ein wenig von den Aposteln. Und Petrus sprach zu Maria: Du hast den Fehltritt Evas wiedergutgemacht und ihren Jammer in Freude verwandelt, an dir ist es zu fragen.

Doch als Jesus wieder erschien, sprach Bartholomäus zu ihm: HErr, zeige uns den Widersacher der Menschen, damit wir sehen, von welcher Art sein Wesen ist, welches sein Werk, und von woher er stammt, und welche Macht er hat, daß er nicht einmal dich schonte, sondern dich ans Kreuz schlagen ließ.

Und Jesus blickte ihm in die Augen und sprach: O du verwegenes Herz! Was du nicht schauen kannst, danach fragst du!

Da erschrak Bartholomäus und fiel Jesus zu Füßen und sprach: Du ewiges Licht, HErr Jesus Christus, du Unvergänglicher, der du denen, die dich lieben, Gnade für die ganze Welt verliehen hast, der du ewiges Licht geschenkt hast durch dein Erscheinen auf Erden, der du dich auf Geheiß des ewigen Vaters deines Daseins mit dem Vater entäußertest*, der du die Trauer des Adam in Freude verwandelt hast und den Jammer Evas durch deine Geburt aus der jungfräulichen Mutter Maria überwunden hast! Zürne mir nicht und gib mir das Recht, zu fragen.

* Vgl. Phi. 2,5-11

Und da er so sprach, hob Jesus ihn auf und sprach: So willst du wirklich den Widersacher der Menschen sehen, Bartholomäus? Denn wahrlich, ich sage dir, wenn du ihn siehst, wirst du und mit dir die Apostel und Maria zu Boden fallen, und ihr werdet sein wie die Toten.

Doch alle antworteten ihm: HErr, zeige uns den Widersacher der Menschen!

Und er führte sie vom Ölberg hinab und bedrohte die Engel der Unterwelt und gab Michael ein Zeichen, er solle in der Höhe des Himmels seine gewaltige Posaune ertönen lassen. Und da bebte die Erde und der Widersacher der Menschen erschien, und sein Name war Beliar und war mit feurigen Ketten gebunden, und sechshundertundsechzig Engel hielten ihn. Er war aber eintausendsechshundert Ellen hoch und vierzig Ellen breit. Und sein Antlitz war wie ein feuriger Blitz und seine Augen wie Funken, und aus seinen Nüstern kam ein stinkender Rauch. Sein Maul war wie ein Felsspalt und jeder seiner Flügel maß achtzig Ellen.

Und als die Apostel ihn sahen, fielen sie zu Boden und wurden wie die Toten.

Aber Jesus trat zu ihnen und richtete sie auf und gab ihnen die Kraft. Und er sprach zu Bartholomäus: Tritt an ihn heran, und setze deine Füße auf seinen Nacken, dann wird er dir bekennen, was sein Werk ist und wie er die Menschen betrügt.

Jesus aber stand mit den Aposteln von ferne.

Da sprach Bartholomäus mit gehobener Stimme: O Mutterschoß, geräumiger als eine Stadt! O Mutterschoß, weiter als der Himmelsraum! O Mutterschoß, der du den umfaßt hast, den die sieben Himmel nicht fassen! Du aber faßtest ihn ohne Schmerzen und hieltest ihn, der sein Wesen ins Geringste gewandelt hatte, an deinem Busen. O Mutterschoß, der du im Leib verborgen den weithin sichtbaren Christus geboren hast! O Mutterschoß, der du geräumiger wurdest als die ganze Schöpfung!

Und er wurde von Furcht ergriffen und sprach: HErr Jesus, gib mir einen Zipfel von deinem Gewand, damit ich mich an ihn heranwage.

Doch der HErr entgegnete ihm: Keine Erfüllung ist deiner Bitte, und ich kann dir keinen Zipfel von meinem Gewand geben, denn es ist nicht mehr jenes Gewand, das ich vor der Kreuzigung trug.

Da sprach Bartholomäus: HErr, ich fürchte mich! Denn er schonte auch deiner Engel nicht und er wird mich verschlingen.

Antwortete ihm Jesus und sprach: Ist nicht durch mein Wort und nach dem Plan meines Vaters das All geschaffen worden? Selbst Salomon waren die Geister untertan. So geh denn hin und frage ihn in meinem Namen alles, was du wissen willst!

Der Widersacher muß seine Namen preisgeben und die der Engel.

9 Da trat Bartholomäus zu Beliar und setzte ihm den Fuß in den Nacken und stieß sein Gesicht bis zu den Ohren auf die Erde.

Und er fragte ihn und sprach: Sage mir, wer du bist und wie du heißest!

Und er antwortete ihm: Gewähre mir etwas Erleichterung, dann will ich dir sagen, wer ich bin und wie ich wurde und was mein Werk ist, und wie groß meine Macht ist.

Da gewährte ihm der Bartholomäus Erleichterung und sprach: Sage alles und verschweige nichts.

Und der Beliar hob an und sprach: Dies ist die Geschichte meines Namens: Zunächst nannte man mich Satanael, und das heißt Engel Gottes. Doch als ich das Abbild Gottes verwarf, da nannte man mich Satan, und das heißt Höllenengel.

Dann aber schwieg er, doch Bartholomäus drang in ihn und sprach: Erzähle weiter und verbirg mir nichts!

Da fuhr der Beliar fort: Ich schwöre dir bei der gewaltigen Herrlichkeit Gottes, daß ich dir nichts verbergen kann, selbst wenn ich es wollte; denn neben dir steht, der mich überführen kann. Denn wahrlich, hätte ich die Macht, ich würde euch alle verderben, wie es mir mit einem* von euch gelungen ist.

* Vgl. Mar. 14,10

Geschaffen ward ich als der erste und oberste Engel; denn da Gott die Himmel schuf, nahm er eine Hand voll Feuer und formte zuerst mich.

Den Michael aber, den Anführer der himmlischen Heerscharen, schuf er als zweiten, und als dritten den Gabriel, den Uriel als vierten, dann den Raphael als fünften, den Nathanael als sechsten und noch sechstausend Engel, deren Namen ich nicht nennen kann. Und es sind geschaffen die Racheengel, die neben dem Throne Gottes stehen. Und sie tragen Ruten und peitschen mich siebenmal des Tages und siebenmal des Nachts und lassen mich in nichts gewähren und zerstören meine ganze Macht. Diese alle gehören zu den Engeln, die als erste erschaffen wurden.

Und nach ihnen wurde die ganze Fülle der Engel geschaffen: Hundert Myriaden für den ersten Himmel und ebenso viele für jeden anderen der sieben Himmel. Und außerhalb der sieben Himmel zieht sich die erste Sphäre, das Firmament, hin. Und die Mächte weilen dort, die auf die Menschen einwirken.

Und vier Engel gibt es, die über die Winde gesetzt sind. Der erste waltet über dem Boreas aus dem Nordwesten und sein Name ist Chairum und er trägt in seiner Hand einen feurigen Stab und steuert der großen Feuchtigkeit dieses Windes, auf daß die Erde nicht vertrockne.

Der zweite waltet über dem Aparktias aus dem Nordosten und sein Name ist Oertha. Er trägt eine feurige Fackel und steuert der großen Kälte dieses Windes, auf daß die Erde nicht erfriere.

Der dritte waltet über dem Südwind und sein Name ist Kerkutha und er bricht das große Ungestüm dieses Windes, auf daß die Erde nicht erschüttert werde.

Der vierte Engel aber waltet über dem Südwestwind und sein Name ist Naeis Naoutha. In seiner Hand trägt er einen Stab von Eis, den legt er an seinen Mund und löscht so das Feuer, das aus seinem Mund kommt. Denn täte er das nicht, so würde es die ganze Welt in Brand setzen.

Und ein weiterer Engel waltet über dem Meer, und er erregt es mit seinen Wogen.

Mehr kann ich dir nicht erzählen, denn der neben dir steht, duldet es nicht.

Der Widersacher erzählt seine Werke.

10 Da fragte ihn Bartholomäus und sprach: In welcher Weise züchtigst du die Seelen der Menschen?

Und Beliar antwortete: Welche Züchtigung soll ich dir nennen? Die der Heuchler, der Verleumder, der Possenreißer, der Habsüchtigen, der Ehebrecher, der Zauberer, der Wahrsager, derer, die an uns glauben, oder die all derer, die ich jage?

Da antwortete ihm Bartholomäus: Sag mir alles, doch fasse dich kurz!

Da schlug Beliar seine Zähne aufeinander, und ein Rad tauchte aus dem Abgrund auf mit einem Schwert darauf, und das Schwert hatte Rinnen und strahlte Feuer aus.

Da fragte ihn Bartholomäus: Was ist das für ein Schwert?

Und Beliar antwortete: Dieses Schwert ist für die Schlemmer bestimmt. In diese Rinne werden sie gelegt, weil sie in ihrer Schlemmerei zu jedem Laster neigen. In die zweite Rinne aber kommen, die ihre Nächsten heimlich verleumden. Die dritte Rinne ist für die Heuchler und für alle jene, die ich zu Fall bringe.

Sprach Bartholomäus: All das vollbringst du selbst?

Er aber antwortete: Vermöchte ich selbst ausgehen, würde ich alle Welt binnen dreier Tage ins Verderben stürzen. Doch ich und sechshundert meiner mächtigsten Gefolgsleute sind gefangen. Aber es stehen uns behende Diener zur Seite, denen wir Aufträge geben. Wir rüsten sie mit einer Angel aus, die reich an Widerhaken ist, und schicken sie auf die Jagd nach Menschenseelen. Denn durch mannigfache Lockungen sind die Menschen verführbar: Trunksucht, Gelächter, Verleumdung, Heuchelei, Vergnügungen, Hurerei und alles, was die Menschen schwach macht.

Laß mich dir auch die Namen meiner Gefolgsleute nennen: Mermeoth ist der Engel des Hagels, und er trägt den Hagel auf seinem Haupt und meine Diener senden ihn, wohin sie wollen. Und andere walten über dem Schnee und über dem Blitz und über dem Donner, und sooft ein Geist aus unserer Mitte ausgehen will, sei es über Land oder über Wasser, dann senden diese Engel feurige Steine und setzen unsere Glieder in Brand.

Da sprach Bartholomäus: Verstumme, Drache des Abgrunds!

Doch Beliar sprach weiter: Ich werde dir noch vieles über die Engel mitteilen. Einige durchziehen miteinander die himmlischen, irdischen und unterirdischen Bezirke und ihre Namen sind Mermeoth, Onomatath, Duth, Melioth, Charuth, Graphathas, Hoethra, Nephonos und Chalkatura.

Doch da unterbrach ihn Bartholomäus und sprach: Verstumme du und falle in Ohnmacht, damit ich zu meinem HErrn flehen kann.

Der Widersacher zeugt von der Schöpfung und seinem Fall und vom Sündenfall.

11 Und Bartholomäus fiel auf sein Antlitz, streute Erde auf sein Haupt und hob an zu beten: HErr Jesus Christus, großer und glorreicher Name. Alle Chöre der Engel preisen dich, HErr. Auch ich, dessen Lippen nicht würdig sind, preise dich HErr. Höre mich, deinen Knecht, den du berufen hast aus dem Zollhaus und so mein Leben gerettet hast, höre mich HErr, und erbarme dich, der Sünder!

Da antwortete ihm der HErr: Stehe auf und wende dich zu dem bösen Feind, der da liegt und stöhnt, denn ich will dir das übrige verkünden.

Da hob Bartholomäus den Satan auf und sprach zu ihm: Zieh in dein Reich und nimm deine Engel mit dir, denn der HErr hat Erbarmen mit der ganzen Welt.

Der Teufel aber sprach: Laß mich dir zuletzt noch erzählen, wie ich in diese Lage gekommen bin, und wie Gott den Menschen schuf.

Da ich durch die Welt wanderte, sprach Gott zu Michael: Bringe mir Erde von den vier Enden der Welt und Wasser aus den vier Flüssen des Paradieses. Und als Michael ihm das gebracht hatte, da formte er im Osten den Adam, indem er gestaltlose Erde gestaltete und gab ihm Sehnen und Adern und eine makellose Gestalt. Und weil der neue Mensch ein Abbild seiner selbst war, erwies er ihm Verehrung und Michael tat desgleichen.

Da ich aber heimkehrte von den Enden der Welt, sprach zu mir Michael: Siehe, jenen hat Gott nach seinem Ebenbild geschaffen, bete ihn an!

Ich aber antwortete ihm und sprach: Ich bin Feuer vom Feuer und bin als erster Engel geschaffen worden, und nun soll ich Lehm und Materie anbeten?

Michael sprach: Bete ihn an, auf daß Gott nicht zornig werde auf dich! Da entgegnete ich ihm: Gott wird nicht zornig werden auf mich, doch ich will in den Himmel steigen und meinen Stuhl über die Sterne Gottes erhöhen und gleich sein dem Allerhöchsten. Jes. 14,13f.

Da ergrimmte Gott und ließ die Ausgänge des Himmels öffnen und warf mich hinunter.

Und er fragte die sechshundert Engel, die mir unterstanden, ob sie Adam anbeten wollten. Sie aber antworteten: Wir wollen tun, was unser Führer tat! Wir beten keinen an, der geringer ist als wir.

Und so stürzten wir alle auf die Erde und lagen in tiefem Schlaf über vierzig Jahre. Und da die Sonne siebenmal heller leuchtete als jedes Feuer erwachte ich und sah die übrigen sechshundert schlafend.

Und ich weckte meinen Sohn Salpsan und beriet mich mit ihm, wie wir dem Menschen schaden könnten, um dessentwillen ich aus dem Himmel geworfen ward.

Und ich faßte einen Plan und nahm eine Schale in meine Hand und strich den Schweiß von meiner Brust und den Achselhöhlen hinein und wusch sie an der Quelle der vier Flüsse des Paradieses. Und Eva trank davon und Begierde erfaßte sie. Wahrlich, hätte sie das Wasser nicht getrunken, dann hätte ich sie niemals betrügen können.

Bartholomäus erhält einen Auftrag und gibt sich als Autor zu erkennen.

12 Da befahl ihm Bartholomäus, in den Hades zurückzukehren. Er selbst aber ging zu Jesus und sprach unter Tränen: Abba, du unerforschbarer Vater, du Logos des Vaters, den sieben Himmel kaum faßten, der sich aber im Leib einer Jungfrau leicht und schmerzlos umfassen ließ, daß die Jungfrau nicht merkte, daß sie dich trug, während du alles nach deinem Sinn bereitetest, der du uns unser täglich Brot gibst, ohne daß wir dich darum bitten!

Eine Dornenkrone hast du getragen, um uns reuigen Sündern die kostbare Himmelskrone zu verschaffen, ans Kreuz hast du dich hängen lassen, um uns zu beschämen, und deine Seite hast du mit einer Lanze durchstechen lassen, um uns mit deinem Leib und deinem Blut zu sättigen! Den vier Flüssen, die die Erde nähren, hast du ihre Namen gegeben: Den ersten hast du Phison genannt, das ist verdolmetscht Quelle des Glaubens, wegen des Glaubens, den du nach deinem Erscheinen auf Erden verkündet hast. Den zweiten hast du Geon genannt, das heißet Erdenquelle, darum daß der Mensch aus Erde gebildet ist. Den dritten hast du Tigris genannt, das heißet Strom der Dreifaltigkeit, um uns an die Dreifaltigkeit zu erinnern, und den vierten Euphrat, das ist Freudenwasser, weil durch dein Erscheinen auf der Erde jede Seele durch die Kunde von ihrer Unvergänglichkeit erfreut wurde.

Mein Gott, großer Vater und König, rette uns Sünder!

Und da er also gebetet hatte, sprach Jesus zu ihm: Bartholomäus, der Vater nannte mich Christus, das ist der Gesalbte, damit ich auf die Erde herabsteige und jeden, der zu mir kommt, mit dem Öl des Lebens salbe. Jesus, das ist der Heilende, aber nannte er mich, damit ich die Sünde der Unwissenden heile und den Menschen die Wahrheit Gottes schenke.

Da fragte ihn der Bartholomäus: HErr, soll ich diese Geheimnisse allen Menschen enthüllen?

Und Jesus antwortete ihm: Geliebter Bartholomäus, vertraue diese Geheimnisse allen an, die gläubig sind und sie für sich behalten können. Manche sind ihrer würdig, doch gibt es auch andere, denen man sie nicht anvertrauen darf. Solche Unwürdige sind Aufschneider, Trunkenbolde, Hochmütige, Unbarmherzige, Götzendiener, Verführer zur Unzucht, Verleumder, Lügner und Übeltäter.

Halte die Geheimnisse auch vor jenen verborgen, die sie nicht fassen können. Denn alle, die sie fassen können, werden an ihnen teilhaben. Dich aber und deine Wahlverwandtschaft will ich glücklich preisen, weil euch diese Kunde anvertraut ward, und weil euch Gnade werden wird in den Zeiten des letzten Gerichts.

Und ich, Bartholomäus, schrieb dies alles in mein Herz und frohlockte und faßte die Hand des Menschenfreundes und sprach: Ehre sei dir, HErr Jesus Christus, der du uns mit deiner Gnade beschenkt hast. Halleluja! Ehre sei dir, o HErr, du Leben der Sünder! Ehre sei dir, der du den Tod überwunden hast! Ehre sei dir, HErr, du Schatz der Gerechtigkeit! Wir preisen dich als Gott!

Und als Bartholomäus so gesprochen hatte, legte Jesus seinen Umhang ab und nahm den Gebetsschal vom Nacken des Bartholomäus und sprach voll Freude: Gut bin ich zu euch, Halleluja! Milde und Freundlichkeit ist in mir, Halleluja! Ehre sei dir, HERR! Ich schenke mich allen, die mich wollen, Halleluja! Ehre sei dir, HERR, in alle Ewigkeit! Amen, Halleluja!

Und als er geendigt hatte, küßten ihn die Apostel und er gab ihnen den Frieden der Liebe.

Letzte Belehrungen.

13 Bartholomäus sprach zu ihm: Belehre uns HErr, welches die schwerste Sünde ist?

Und Jesus antwortete ihm: Wahrlich, ich sage dir, die schwersten Sünden sind die Heuchelei und die Verleumdung. Denn ihretwegen steht geschrieben: Darum bleiben die Gottlosen nicht im Gericht, noch die Sünder in der Gemeinde der Gerechten.* Und so wird es den Gottlosen im Gericht meines Vaters gehen. Ich aber sage euch: Alle Sünde und Lästerung wird den Menschen vergeben, aber die Sünde wider den Geist wird den Menschen nicht vergeben.**

* Ps. 1,5 ** Mat. 12,31

Und Bartholomäus sprach: Worin besteht die Sünde wider den Heiligen Geist?

Und Jesus antwortete ihm: Jeder, der gegen einen vorgeht, der meinem Vater dient, hat gegen den Heiligen Geist gelästert. Denn wer Gott ehrfürchtig dient, der ist des Heiligen Geistes würdig, und wer etwas Böses gegen ihn sagt, dem wird das nicht vergeben werden.

Wehe dem, welcher beim Haupte Gottes schwört, auch wenn er die Wahrheit spricht! Denn Gott, der Höchste, hat zwölf Häupter! Er ist die Wahrheit selbst und fern von Lüge und Meineid.

Ihr also, gehet hin und verkündet aller Welt das Wort der Wahrheit. Du aber, Bartholomäus, verkünde dieses geheime Wort jedem, der es hören will, und alle, die daran glauben, werden das ewige Leben empfangen.

Da sprach Bartholomäus: Wenn einer aus Fleischeslust sündigt, wie wird ihm das vergolten?

Und Jesus antwortete ihm: Es ist gut, wenn der Getaufte seine Taufe ohne Tadel bewahrt. Doch alle Sterblichen reizt die Fleischeslust. Züchtigem Wesen entspricht die einmalige Ehe. Doch wahrlich, ich sage dir: Wer nach der dritten Ehe noch sündigt, der ist Gottes unwürdig.

Zieht hin und verkündet dies allen! Denn ich lasse euch nicht allein und verleihe ich euch den Heiligen Geist.

Und Bartholomäus pries Gott vor ihm und mit ihm die Apostel und sprach: Ehre sei dir, heiliger Vater, nie erlöschende Sonne, Unbegreiflicher, Strahlenreicher. Dir sei Ruhm, dir sei Ehre und Anbetung in alle Ewigkeit! Amen!

Das Evangelium nach Barnabas

Der Zweck dieser abweichenden Darstellung.

Ich, Barnabas, schreibe an gegen die Verwirrung in dieser Welt, die ein Werk des Feindes, des Satan ist. Denn ich war Zeuge des Lebens und des Endes Jesu von Nazareth, jenes heiligen Mannes, den manche den Sohn Gottes nennen. Und sie meinen damit dem HERRN zu dienen. Doch ihre Lehre macht die Menschen stumpf für den, der einst wirklich kommen wird, wie es geweissagt ist.

In jenen Tagen, da Jesus noch unter uns weilte, war eine große Sehnsucht nach dem Messias unter den Juden. Doch die Zeit, da die Schrift sich erfüllen sollte, war noch nicht gekommen. Und der Mann Jesus predigte Geduld und wirkte Zeichen und Wunder, um die Menschen vorzubereiten auf den Tag, an dem der wahre Gesandte kommen sollte. Es kamen zu Jesus jedoch solche, die ihn den nannten, dessen Ankunft die Schrift verkündet. Und immer wieder wies der heilige Mann sie sanft zurecht.

Aber die Kräfte Satans zogen umher und verleumdeten Jesus seiner Wunder wegen und behaupteten, er nenne sich selbst Messias. Da waren die Priester und Schriftgelehrten erzürnt und der Hohe Rat gab den Befehl, Jesus zu ergreifen. Und sie brachten ihn vor den Hohenpriester, und Jesus stärkte sich durch ein Gebet zu Gott dem HERRN.

Jesus spricht mit dem Hohenpriester.

2 Und als er sein Gebet vollendet hatte, fragte ihn der Hohepriester Kaiphas mit lauter Stimme: Sag an, Jesus, um des Friedens unseres Volkes willen: wer bist du? Und Jesus antwortete ihm: Ich bin Jesus von Nazareth, der Sohn des Josephs und der Maria, aus dem Hause David. Ein Sterblicher bin ich wie du und fürchte Gott den HERRN und diene seiner Ehre und seinem Ruhm. Und der Hohepriester sprach: In den Büchern des Mose steht geschrieben, daß Gott der HERR einst den Messias senden wird. Und der da kommen soll, wird die Wahrheit verkünden und Gnade bringen. Darum frage ich dich: Bist du der Messias, den wir erwarten?*

* Vgl. Joh. 18,19

Und Jesus antwortete ihm und sprach: Wahrlich, so steht es geschrieben, doch ich bin nicht der, welchen der HERR verheißen hat, denn er wurde lange vor meiner Zeit geschaffen. Da sprach der Hohepriester: Aus allen Wundern und Zeichen, die du getan hast, wissen wir, daß du ein Prophet bist und ein Erwählter des HERRN. Darum beschwöre ich dich im Namen des HERRN, uns zu verkünden, wann und wie der Messias kommen wird.

Da antwortete ihm Jesus: Im Namen des HERRN sage ich dir abermals: Ich bin nicht der Messias, auf den die Völker der Erde warten und den Gott der HERR dem Abraham prophezeite. Denn er hat dem Abraham verheißen, ihn zu segnen und ihn zu verfluchen und in ihm alle Völker der Erde zu segnen.* Doch der Teufel in seiner unermeßlichen Arglist hat eine Verschwörung gegen die Wahrheit angezettelt. Und mit all seiner verfluchten Macht trachtet er danach, die Gottlosen zu verführen und die Welt glauben zu machen, ich sei der Sohn Gottes. Und wenn Gott mich einst abberufen wird, dann wird der Böse meine Lehre und die Geschichte meines Lebens verfälschen. Und er wird die Menschen glauben machen, daß ich der Messias war, und die Lüge wird sich ausbreiten und am Ende wird man kaum dreißig Gerechte auf der Erde finden können. Doch dann wird Gott der HERR, der alles geschaffen hat, Mitleid zeigen mit den Menschen und wird seine Boten auf die Erde senden. Und vom Süden kommend wird er mit Gewalt alle Götzendiener vernichten und die Macht des Satan über die Menschen brechen. Jenen aber, die ihm treu waren, wird er das Heil und die Gnade des HERRN bringen. Darum sage ich euch: Gesegnet seien die, die auf den wahren Messias vertrauen! Mir, der ich unwürdig bin, ihm die Schuhe zu binden, wurde die Gnade zuteil, ihn zu sehen.

* Vgl. 1.Mos. 12,3

Jesus verkündet den wahren Messias.

3 Da sänftigten ihn die Mitglieder des Hohen Rates und der Hohepriester und sprachen: Fürchte dich nicht, du heiliger Mann, denn in unserer Zeit wird der Satan scheitern. Gleich wollen wir an den Senat nach Rom schreiben, damit ein kaiserliches Dekret erlassen werde. Und dieses Dekret soll die Wahrheit verkünden und verbieten, daß einer dich Gott oder Sohn Gottes nennt. Doch Jesus antwortete ihnen voll Verzweiflung: Ach, ihr Juden, euer Beschluß tröstet mich nicht. Ihr trachtet nach dem Licht, doch ich weiß, daß aus eurem Handeln Dunkelheit entstehen wird. Mein einziger Trost sind die Boten des HERRN, die alle Irrlehren über mich widerlegen werden. Und dann erst wird das Gesetz des HERRN allen Völkern verkündet werden, wie es geweissagt wurde dem Vater Abraham.

Da fragte ihn der Hohepriester: Wird es nach der Ankunft des Messias noch andere Propheten geben? Und Jesus antwortete ihm und sprach: Keine wahren Propheten wird der HERR senden, doch viele falsche Propheten werden kommen.* Und wahrlich, ich bin betrübt über sie, denn Satan wird sie verführen, doch das wird im Namen des HERRN geschehen, und diese Verfluchten werden sich meiner Lehre bedienen.

* Vgl. Mar. 13,22

Da fragte ihn der Hohepriester: Sag mir, ist der Ratschluß des HERRN, die Erde durch solche Bösewichte zu verwirren, wirklich gerecht? Und Jesus antwortete ihm: Gerecht ist es, daß einer, der nicht an die Wahrheit im Namen seines Heils glaubt, einer Lüge im Namen seiner Verdammnis glaubt. Denn die Irdischen verachten das Gute und glauben an das Böse*, und jeder liebt, was ihm ähnelt. Das haben schon Micha und Jeremia verkündet.

* Mi. 2,8

Und der Hohepriester sprach: Sage uns den Namen des Messias und wie seine Ankunft bekannt werden soll. Da sprach Jesus: Wunderbar ist der Name des Gesandten des HERRN, und er selbst hat ihn damit benannt, nachdem er seine Seele geschaffen hat und ihr in der himmlischen Herrlichkeit einen Platz gegeben hat. Und Gott hat zu ihm gesprochen: Wahrlich dir zu Ehren will ich das Paradies und die Welt schaffen und alle die Völker. Und gesegnet soll sein, wer dich ehrt; doch wer sich gegen dich erhebt, der erhebt sich auch gegen mich. Und ich will dich in die Welt senden als den Verkünder meiner Heilsbotschaft und als den Propheten der einzig wahren Lehre. Und mögen auch Himmel und Erde fehlen, so werden sie doch niemals gegen dein Gesetz verstoßen. Und jetzt will ich euch das Geheimnis eröffnen und euch den Namen des Messias verkünden: Sein heiliger Name ist Mohammed. Da hoben alle ihre Stimmen zum Himmel und riefen: HERR, erbarme dich unser und sende uns deinen Botschafter Mohammed und sende ihn sofort, der Welt zum Heile.

Die Verwandlung des Judas.

4 Jesus aber blieb ungetröstet ob der Rede und zog heim zu den Seinen. Und Judas, der Verräter, kam zu dem Haus, darin Jesus und die Seinen wohnten. Und als er Stimmen hörte, ging er in den Raum, wo die Schüler Jesu schliefen. Gerade zu dieser Zeit sah Gott der HERR in seiner Gnade die Verzweiflung seines Dieners Jesus und sandte seine Engel Gabriel und Michael und Rafael und Azrael, daß sie ihn von dieser Erde wegbrächten. Und die Engel eilten herbei und nahmen ihn auf und trugen ihn durch das Fenster, das nach Süden blickt, und brachten ihn in den dritten Himmel. Und an dem Platz wird er weilen und Gott preisen in der Gesellschaft der Engel bis ans Ende der Tage.

Judas aber legte sich an den Ort, da Jesus geruht hatte. Und Gott der HERR wirkte ein Wunder und gab Judas das Aussehen und die Sprache des

Jesus. Da wir nun erwachten, meinten wir, er sei unser Meister, und fragten ihn: HErr, wen suchst du? Und jener sprach: Mir scheint, ihr seid nicht bei Sinnen und erkennt mich nicht, mich, den Judas Ischariot.

Das Martyrium des Verräters Judas.

5 Und es betraten Soldaten den Raum, und da sie Judas sahen, der dem Meister gleich sah, legten sie Hand an ihn und fesselten ihn. Da jammerte der Verräter Judas, daß er nicht Jesus sei, und wahrlich, dies sagte er zu Recht. Doch die Soldaten verspotteten ihn und sprachen: HErr fürchte dich nicht, denn wir sind gekommen, um dich zum König von Israel zu krönen! Und wir haben dich gebunden, weil du dein Königtum zurückgewiesen hast.

Da schrie Judas: Verrückt seid ihr! Ich bin gekommen, um euch Jesus zu zeigen, auf daß ihr ihn ergreift; doch ihr habt mich gefesselt, der ich doch auf eurer Seite stehe. Da wurden die Soldaten ungeduldig und schlugen und stießen ihn und schleppten ihn nach Jerusalem. Und sie brachten ihn auf den Kalvarienberg, wo die Verbrecher hingerichtet werden. Dort nahmen sie ihm seine Kleider, um ihm zu schmähen, und kreuzigten ihn. Er aber rief zum Himmel: Mein Gott, mein Gott, warum hast du mich verlassen?* Unschuldig sterbe ich und der wahre Übeltäter ist entkommen. * Mat. 27,46

Und ich sage euch, er glich Jesus so sehr an Gestalt und Stimme, daß wir alle glaubten, er sei unser Meister. Nur Petrus verstand alles und verleugnete den Judas.

Viele aber begannen die Lehre Jesu zu bezweifeln, denn er hatte verkündet, daß er bis ans Ende der Welt leben würde. Und auch die treu zur Lehre standen, waren voll des Kummers, da sie ihn sterben sahen, den sie für Jesus hielten. Wahrlich, ich sage euch, sie hatten den wahren Sinn seiner Lehre mißverstanden. Und so waren sie alle gemeinsam mit seiner Mutter Zeugen beim Tod des Verräters Judas.

Und ein reicher Mann aus Arimathia mit Namen Joseph ließ zum Landpfleger senden und bat um den Leichnam des Judas. Also nahmen sie ihn vom Kreuz und salbten ihn, wickelten ihn in frisches Linnen. Dann legten sie ihn in das neue Grab des Joseph und klagten gar sehr. Vgl. z.B. Mat. 27,57-60

Irrgeleitete stehlen den Leichnam des Judas.

6 Dann aber zogen sie heim, jeder in sein Haus, und ich, Barnabas, ging mit Jakob, Johannes und der Mutter des Meisters nach Nazareth. Doch es waren etliche Schüler des Meisters, die seiner Lehre nicht wahrhaft trauten. Und diese Unseligen stahlen den Leichnam des Verräters Judas und ver-

bargen ihn. Dann gingen sie hin und verbreiteten das Gerücht, der Meister sei wiederauferstanden; und so verwirrten sie das Volk.

Da gab der Hohepriester den strengen Befehl, daß keiner über Jesus sprechen solle, und es gab eine große Verfolgung und manche wurden verbannt, manche gefoltert und andere gar getötet. Denn es waren viele, die da trauerten und wollten über den Tod des Meisters sprechen.

So kam die Nachricht von der Wiederauferstehung des Meisters auch nach Nazareth. Und ich, Barnabas, der dies geschrieben hat, bat die Mutter Jesu, in ihren Klagen innezuhalten. Und Maria sprach: Laßt uns nach Jerusalem ziehen und prüfen, ob das Gerücht die Wahrheit spricht. Wenn ich meinen Sohn noch einmal sehe, dann will ich zufrieden sterben.

Und so zog die Jungfrau nach Jerusalem, und Jakob und Johannes und der Schreiber dieser Zeilen zogen mit ihr. Es war das aber an jenem Tag, da das Dekret des Hohenpriesters ausging. Und die gottesfürchtige Jungfrau wußte wohl, daß das Dekret nicht gerecht war, doch bat sie ihre Begleiter, nicht über ihren Sohn zu sprechen.

Wer vermag zu beschreiben, was auf dem Weg in uns vorging? Nur Gott, der die Herzen der Menschen kennt, vermag wohl zu verstehen, wie wir nahezu starben in der Trauer um den Tod des Judas, den wir für Jesus gehalten hatten, und der Vorfreude darauf, ihn wiederzusehen.

Die Wiederkehr Jesu.

7 Am dritten Tage aber begaben sich die Engel, die Maria geleiteten, in den Himmel und erzählten Jesus, was geschehen war. Und er erbarmte sich seiner Mutter und flehte Gott an, ihn auf die Erde zu seinen Schülern zu lassen. Da hatte auch Gott Erbarmen und hieß seine Lieblingsengel, den Meister zur Erde und in sein Haus zu geleiten. Drei Tage sollte er auf der Erde weilen, doch hatten die Engel Befehl, daß nur jene ihn sehen sollten, die an seine Lehre glaubten.

Und so stieg der Meister vom Himmel herab im Strahlenkranz und betrat das Haus der Jungfrau. Dort aber weilten Martha und Maria und Lazarus und Johannes und Jakobus und Petrus und der dies geschrieben hat. Und als wir den Meister sahen, fielen wir mit den Gesichtern wie tot zu Boden. Da hob uns Jesus auf und sagte: Fürchtet euch nicht, denn ich bin bei euch! Hört auf zu weinen, denn ich lebe! Und alle waren wir erstaunt, denn wir hatten ihn für tot gehalten.

Die Engel bezeugen die Geschichte Jesu.

8 Da weinte Maria und sprach: Ach, mein Sohn! Gott gab dir die Kraft, den Tod zu überwinden. Doch warum ließ er zu, daß du schmachvoll getötet wurdest und deiner Familie und deinen Freunden Schande zugefügt hast? Und warum hast du uns verlassen und deiner Lehre damit Schaden zugefügt? Da umarmte Jesus seine Mutter und sprach: Glaube mir, denn ich will dir die Wahrheit sagen! Ich bin nicht gestorben, denn Gott der HERR hat mich aufgespart für das Ende der Welt! Und dann hieß er die Engel sichtbar werden und sie erschienen vor uns wie vier Sonnen.

Da fielen wir abermals zu Boden, denn wir waren von ihrer Anwesenheit überwältigt. Und Jesus gab jedem von uns, damit ein jeglicher sich bedecke, daß wir der Rede der Engel lauschen könnten.

Der Meister aber sprach zu seiner jungfräulichen Mutter: Diese sind die Diener des HERRN. Der die Geheimnisse des HERRN kennt, heißt mit Namen Gabriel; und Michael ist es, der seine Feinde bekämpft; Asrafiel führt die Seelen zum Gericht und Azrael vollstreckt das Urteil. Und dann erzählten die Engel, wie sie auf Befehl des Herrn den Meister in den Himmel gebracht und den Judas verwandelt hatten, auf daß er selbst die Strafe erleide, die er Jesus zugedacht hatte.

Jesus beauftragt Barnabas, ein Evangelium zu schreiben.

9 Und da faßte ich mir ein Herz und fragte den Meister: Ist es mir gestattet, in derselben Art zu dir zu sprechen, wie ehedem? Und Jesus antwortete und sprach: Sag an, Barnabas, was dein Begehren ist. Da fragte ich ihn: HErr, sag mir, warum hat Gott uns das angetan? Ach Meister, große Schmerzen haben uns gequält! Denn wir meinten, du habest all dies erlitten. Fast tötete uns die Furcht, daß der HERR dich verstoßen habe, weil er dich an ein Kreuz zwischen zwei Räuber hängen ließ.

Da antwortete mir Jesus und sprach: Glaub mir, Barnabas, Gott unser HERR straft auch kleine Sünden streng, denn jede Sünde ist eine Kränkung seiner Majestät. Jene Liebe, die meine Mutter und meine Schüler zu mir verspürten, war sündhaft, denn es war eine irdische Liebe. So hat es Gott in seiner Gnade gefallen, sie mit ihrer Trauer schon auf Erden zu bestrafen und ihnen damit die Strafe im ewigen Feuer erspart. Und auch ich muß den Spott der Menschen ertragen, damit ich am Tag des Gerichts vom Spott der Teufel verschont bleibe. Denn ich trage keine Schuld daran, daß mich die Menschen den Sohn Gottes und Gott nennen. Und dennoch wird mir durch den Tod des Judas dieser Spott auf der Erde anhaften, und erst die Ankunft Mohammeds, des wahren Boten Gottes, wird dem ein Ende machen. Denn erst Mohammed wird den Gläubigen die Augen öffnen. Wahrlich, HERR, du bist gerecht und Ruhm und Ehre gebühren nur dir.

Und weiter sprach der Meister zu mir: Du aber, Barnabas, gehe hin und schreibe ein Evangelium, in dem du alles berichtest, was mir auf Erden widerfahren ist, auf daß den Gerechten die Augen geöffnet werden. Und ich antwortete dem Meister: O Jesus, ich will tun, was du mir aufgetragen hast im Namen des HERRN; doch ich habe nicht alles gesehen, was mit Judas Ischariot geschehen ist. Da antwortete mir Jesus und sprach: Hier stehen Petrus und Johannes, die alles gesehen haben und dir getreulich berichten werden.

Und dann hieß er den Jakobus und den Johannes jene sieben Apostel rufen, die abwesend waren. Und er sandte auch nach Nikodemus und Joseph von Arimathia und nach anderen von den zweiundsiebzig Schülern, die abwesend waren. Und als sie kamen, speiste er mit ihnen.

Am dritten Tage aber hieß er sie mit seiner Mutter den Ölberg besteigen, denn die Zeit seiner Rückkehr in den Himmel war gekommen. Und mit Ausnahme von fünfundzwanzig der zweiundsiebzig, die voll Furcht nach Damaskus geflohen waren, folgten alle. Und während des Mittagsgebetes kamen Jesus und die Engel im Strahlenkranz, und ihr Anblick war uns unerträglich und wir fielen mit dem Gesicht zu Boden. Da hob uns Jesus auf und sprach: Fürchtet euch nicht! Gedenket der Wohltaten, die euch der HERR erwiesen hat. Euer Meister nimmt jetzt Abschied von euch und empfiehlt euch Gott, dem HERRN! Möge er euch beistehen! Und mit diesen Worten verschwand er mit allen seinen Engeln und ließ uns verwirrt und traurig zurück. Amen.

Das Erste Buch der Apostelgeschichten

Der Kampf des Petrus gegen den Magier Simon, den Begründer der Gnostischen Irrlehre.

Das Vorleben Simons.

Bald schon drohte die Lehre des HErrn Gefahr durch Simon, den Magier, und die Irrlehre, die er predigte. Er war ein Samaritaner aus dem Dorfe Githa, das sechs Meilen von der Hauptstadt entfernt ist, und sein Vater war Antonius genannt, seine Mutter aber hieß Rachel.

Und als er in Ägypten weilte, studierte er die frevlerische Philosophie der Griechen und die geheimen Lehren der Magie. Doch dies leugnete er und nannte sich selbst eine Kraft Gottes des HERRN.

Und manchmal ging sein Frevel so weit, daß er sich Messias nannte und behauptete, der wahre, unsterbliche Christus zu sein. Auch leugnete er, daß Gott der HERR, der die Erde schuf, der Höchste sei, und zweifelte an der Auferstehung der Toten.

Das Gesetz aber verdrehte er und deutete es nach eigenem Ermessen.

Zwar sprach er gelegentlich vom zukünftigen Gericht, doch zweifelte er wohl daran, daß Gott ihn zur Verantwortung ziehen würde. Denn wahrlich, hätte er an das Gericht geglaubt, so hätte er es nicht gewagt, sich gegen Gott den HERRN zu stellen.

So aber verführte der Frevler viele Toren und zog sie in die Verdammnis und raubte ihnen die Früchte der Wahrheit.

Der Kampf zwischen Simon und Dositheos.

2 Simon war einst ein Jünger des Täufers Johannes gewesen, von dem geschrieben steht, daß er der Vorgänger unseres HErrn Jesus Christus ist.

Und es hatte der HErr zwölf Apostel um sich geschart, wie es der Zahl der Sonnenmonate entspricht, der Täufer aber hatte dreißig Jünger, wie es der Berechnung des Mondmonats entspricht. Und dem Johannes galt Simon als der Erste und Bedeutendste unter den Jüngern.

Doch als Simon in Ägypten weilte, um die Magie zu studieren, wurde Johannes getötet und der ehrgeizige Dositheos verbreitete die Lüge vom Tod des Simon. Da machten ihn die Gläubigen zum Leiter der Gemeinde.

Als nun Simon heimkehrte, hütete er sich, von Dositheos seinen Platz zu fordern, denn nach der Regel kann der Leiter der Gemeinde gegen seinen Willen nicht abgesetzt werden. Vielmehr heuchelte er Freundschaft mit ihm und gab sich scheinbar mit dem zweiten Platz in der Gemeinde zufrieden.

Doch wenn er alleine mit den anderen Jüngern zusammentraf, sprach er böse über den Dositheos und verleumdete ihn. Und es war nicht sein Lebenswandel, den er verleumdete, sondern mit heuchlerischer Besorgnis tadelte er die Art, wie Dositheos die Lehren weitergab. Am Ende warf er ihm gar vor, aus Unwissenheit und Mangel an Erleuchtung Falsches zu lehren.

Und als Dositheos merkte, daß die Menge wegen der Verleumdungen des Simon begann, an ihm zu zweifeln, und ihn nicht mehr für den Stehenden* hielt, da nahm er seinen Stock und schlug im Zorn auf den Simon ein. Doch siehe, der Stock ging durch den Leib des Magiers hindurch, als wäre er Rauch.

* Vgl. Thomas der Zwilling, Spruch 23

Da erschrak Dositheos und rief: So du der Stehende bist, will auch ich dir huldigen. Und als Simon dies heuchlerisch bejahte, da begriff Dositheos, daß er selbst nicht der Stehende war. Also warf er sich zu Boden und huldigte Simon und wies auch die anderen Jünger an, solches zu tun.

Von nun an hielt die Gemeinde Simon für den Stehenden; Dositheos aber war zu Fall gekommen und starb einige Tage danach.

Die Ennoia und Simons Lehre.

3 Unter den dreißig Jüngern des Johannes befand sich auch eine Frau, Helena genannt, auf daß nach dem Willen des Täufers auch hier eine sinnvolle Ordnung herrsche. Denn da die Frau doch nur die Hälfte des Mannes ausmacht, ist die Zahl dreißig durch sie unvollständig geblieben, genau wie beim Mond, dessen Umlauf die Dauer eines Monats nicht ganz ausfüllt.

So war es also der Ordnung entsprechend, daß sich eine Frau unter den Jüngern befand. Doch Helena selbst war keine Reine, sondern eine Sünderin, die Simon einst in einem Bordell in Tyrus in Phönizien freigekauft hatte. All sein Sinnen und Trachten erfüllt sie und seine Irrlehren handeln von jener Hure, die er die Erste Ennoia, den Urgedanken, seines Geistes nennt.

Seine Jünger aber nennen sie die Große Mutter, mit deren Hilfe der Simon in seinem Geist die Engel und die Erzengel erschaffen hätte. Sie lehren auch, die Ennoia sei aus dem Simon getreten und hätte die Wünsche des Vaters erkannt. Und dann sei sie zu den Mächten der Unterwelt hinabgestiegen und hätte die Engel und die schöpferische Kraft erzeugt. Doch die Engel hätten sich gegen die Ennoia erhoben und sie festgehalten und ihr vielerlei Schmach zugefügt.

Das Gesetz und die Lehre über die Schöpfung, so behauptet Simon, beruhe auf einer großen Lüge, denn sie leugnen die Emanation aus der großen Mutter Helena. Am Ende aber hätten die Engel die große Mutter Helena in einen menschlichen Körper eingeschlossen. Und sie sei von einem Körper in den anderen gegangen und ihretwegen sei der Trojanische Krieg entstanden und zahlreiche Demütigungen hätte sie erlitten und am Ende hätte man sie in ein Bordell gebracht.

So ist also die Helena das verlorene Schaf* und die letzte Hoffnung. Denn die Engel regieren die Welt schlecht, weil jeder von ihnen nach der Vorherrschaft strebt. Darum, so lehrt Simon, solle jeder auf ihn und Helena seine Hoffnung gründen, sonst aber solle er sich nicht um die Engel kümmern, sondern als freier Mensch tun, was er wolle. Denn Gnade komme nur von ihm, dem Simon, der herabgestiegen sei, um die Welt zu retten.

* Vgl. Mat. 18,12

Doch tatsächlich leben die Priester seiner Lehre in Hurerei und treiben Magie. Und sie bereiten denen, die ihnen anhängen, Liebestränke und deuten ihre Träume. Und all der Unfug, der sich nennt Gnosis, und das heißt Erkenntnis, hat von ihnen ihren Anfang genommen.

Ein Verbrechen des Simon.

4 Und jener Simon frevelte nicht nur in der Lehre, sondern er hatte auch Blutschuld auf sich geladen. Denn, wie er selbst seinen Freunden zu erzählen pflegte, hat er im Inneren seines Hauses, dort, wo sich seine Lagerstatt befindet, die Seele eines Knaben verwahrt. Und jene Seele hat er mit Hilfe geheimer Beschwörungen vom Körper des Knaben getrennt und hat ein Bild von ihm gemalt, um ihn so festzuhalten.

Und er behauptete, diesen Knaben einst mit göttlicher Kraft aus Luft gebildet, dann seine Erscheinung im Bild festgehalten und ihn schließlich wieder in Luft verwandelt zu haben.

Der Menschengeist nämlich, so lehrte er, strebe nach dem Warmen und ziehe die ihn umgebende Luft an und sauge sie ein; und diese Luft verwandle sich im Inneren des Menschengeists in Wasser. Dort aber verwandle es sich wieder in Blut, und wenn das Blut gerinne, werde es zu Fleisch. Und das Fleisch verdichte sich und am Ende bilde sich ein Mensch, der nicht von der Erde komme, sondern von der Luft.

Und Toren fand er, die ihm glaubten, er habe so einen neuen Menschen bilden können. Und wo er konnte, suchte Simon Streit mit den Aposteln.

Die Ankunft des Simon in Rom.

Einst tat der Apostel Paulus eine Reise und verließ Rom. Und einige Tage nach seiner Abreise entstand in der Gemeinde große Unruhe. Denn es kamen etliche, die sagten, sie hätten einen Menschen namens Simon gesehen, der weile in Aricia und tue große Wunder.

Und folgendes berichteten sie und sprachen: Er sagt, er sei die große Kraft Gottes und tue nichts ohne Gott. Ist es möglich, daß er der wiederauferstandene Christus ist? Wir glauben an Christus, den uns Paulus verkündigt hat. Doch haben wir gesehen, daß jener Tote erweckt und viele Kranke geheilt hat. Es scheint, daß er über eine große Kraft verfügt; doch sucht er auch den Streit mit uns.

Einig waren wir bisher in der Lehre und war ein Gott und eine Gemeinde, doch dagegen begehrt er auf. Viel Volk hängt ihm an und bald wird er Rom betreten. Denn gestern huldigte ihn die Menge und schrie: Herr, du bist in Italien, du Heiland der Römer! Eile so schnell wie möglich nach Rom. Er aber sprach zu den Volksmassen mit zarter Stimme: Morgen um die siebente Stunde werdet ihr mich über das Tor der Stadt fliegen sehen in dem Gewand, das ich jetzt trage. Darum Brüder, laßt uns zum Stadttor ziehen und sehen, ob an der Sache etwas Wahres ist.

Und so eilten sie alle miteinander zum Tor der Stadt. Und siehe, um die siebente Stunde wurde von der Ferne eine Staubwolke sichtbar, vergleichbar dem Rauch, den die Strahlen des Feuers erhellen. Und als die Wolke am Tor angelangt war, verschwand sie plötzlich und Simon stand in der Mitte des Volkes.

Und das Volk erkannte, daß er der war, der Tags zuvor zu ihnen gesprochen hatte, und daß er auch das gleiche Gewand trug, und betete ihn an. Und auch die Brüder gerieten in große Anfechtung, zumal Paulus nicht bei ihnen war und auch nicht Timotheus und Barnabas, die Paulus nach Makedonien geschickt* hatte.

* Vgl. Apg. 19,22

Keiner war da, die Gemeinde in ihrem Glauben zu stärken, und viele von ihnen waren erst jüngst in der Lehre unterwiesen worden. Und täglich wuchs das Ansehen Simons im Volk und manche begannen, den Paulus einen Zauberer oder gar einen Gaukler zu nennen.

Und bald waren alle von den Gläubigen abspenstig geworden, mit Ausnahme des Presbyters Narcissus und zweier Frauen in der Herberge der Bithynier und vier kranke Männer, welche das Haus nicht mehr verlassen konnten. Und die Sieben schlossen sich ein und beteten Tag und Nacht zum HERRN, er möge Paulus schnell zurückführen oder einen anderen senden, damit er ihnen beistehe. Denn der Teufel hatte durch seine Nichtswürdigkeit die Gemeinde abtrünnig gemacht.

Der HErr sendet Petrus nach Rom.

6 Doch während die letzten Gerechten beteten und fasteten, bereitete Gott den Petrus schon auf die Zukunft vor.

Es waren nämlich die zwölf Jahre vollendet, die er auf Jesu Geheiß in Jerusalem bleiben sollte, und so sandte ihm der HErr ein Gesicht und sprach: Petrus, jener Simon, den du einst als Magier entlarvt* und aus Judäa vertrieben hast, ist euch abermals zuvorgekommen und weilt jetzt in Rom. Und mit der Hinterlist und der Kraft des Satans hat er mir alle jene abtrünnig gemacht, die an mich geglaubt haben. Zögere also nicht! Zieh morgen nach Caesarea, dort wirst du ein Schiff finden, das nach Italien fährt.

* Vgl. Apg. 8,18-25

Und Petrus zog nach Rom und nahm Quartier im Haus des Presbyters Narcissus. Und schnell verbreitete sich das Gerücht in der Stadt, daß Petrus auf Geheiß des HErrn gekommen sei, um Simon zu entlarven. Und auch die abtrünnigen Brüder kamen, um zu sehen, wie der Apostel die Gemeinde auf Christus gründen würde.

Die erste Predigt des Apostels in Rom.

7 Und als die Menge sich am ersten Tag der Woche versammelte, den Apostel zu sehen, da hob Petrus an zu predigen und sprach: Törichte, die ihr einst auf Christus gehofft und euch nun vom Satan habt in Versuchung führen lassen, merket auf! Hat nicht Gott seinen Sohn in die Welt gesandt und hat ihn die Jungfrau Maria nicht hervorgebracht, allein um euch der Gnade teilhaftig werden zu lassen. Denn Gott der HERR wollte euch retten aus der Macht des Satans und wollte seine Kraft zunichte machen.

Ehe denn das Licht unseres HErrn Jesus Christus in der Welt leuchtete, hatte der Satan die Oberhand. Doch Gott hat seinen Sohn in die Welt gesandt, um die Menschen vor ihrer tödlichen Schwäche und Unwissenheit zu bewahren.

Zeichen und Wunder hat der Messias getan und über dem Wasser* ist er gewandelt und all dies habe ich mit eigenen Augen gesehen. * Mat. 14,25

Und dennoch, liebe Brüder, habe ich unseren HErrn verleugnet, nicht nur einmal, sondern dreimal. Denn ein schwacher Mensch bin ich und Gefahr war um mich. Doch der HErr in seiner Gnade hat mir verziehen: Er hat sich mir zugewandt und sich der Schwachheit meines Fleisches erbarmt. Da habe ich bitterlich geweint und meine Schwäche betrauert und dem Teufel geflucht, daß er mich den HErrn verraten ließ. Vgl. Mar. 14,66-72

Jetzt aber sage ich euch, Geliebte, die ihr im Namen Jesu Christi zusammengekommen seid: Es ist Satan, der Betrüger, der auf euch seine Pfeile richtet, auf daß ihr vom Wege abweicht! Also werdet nicht abtrünnig, Brüder, fallt nicht im Geist, sondern seid stark, stehet fest und zweifelt nicht.

Denn wahrlich, es ist dem Satan gelungen, mich, den der HErr so in Ehren hielt, zu verführen. Und ich verleugnete das Licht meiner Hoffnung und ließ mich zu Boden zwingen und dachte an Flucht. Ihr aber, Freunde, seid Neubekehrte und der Satan und sein Diener Simon haben leichtes Spiel mit euch. Und sein Ziel ist es, euch aus der Bahn des Heils zu werfen und euch zu Feinden des Reichs Gottes zu machen und euch durch Irrlehren ins Verderben zu stürzen.

Darum bekehrt euch, ihr Brüder, die der HErr erwählt hat, und vertraut auf Gott, den HERRN, den keiner je gesehen hat, es sei denn, er glaubte wahrhaft an ihn. Seht endlich, woher jene Versuchung stammt, die euch übermannt hat! Denn wahrlich, ich bin nicht gekommen, um euch mit Worten von Christus zu überzeugen, sondern durch Taten! Doch jetzt ermahne ich euch an ihn zu glauben, an Jesus Christus, den die Juden geschmäht haben, den Nazarener, der gekreuzigt wurde und am dritten Tage wieder auferstanden ist von den Toten.

Und die Brüder waren voll Reue und baten Petrus, den Simon zu überwinden, damit er nicht länger das Volk verwirre.

Der sprechende Hund.

8 Also verließ Petrus die Versammlung und eilte zum Haus des Marcellus, denn auch dieser war abtrünnig geworden und hatte dem Simon Quartier gegeben. Und eine Menge von Christen und Neugierigen begleitete Petrus.

Und als er zur Haustür kam, rief er den Türhüter und sprach zu ihm: Melde dem Simon: Jener Petrus, der dich aus Judäa vertrieben hat, erwartet dich am Tor.

Da antwortete der Türhüter: Herr, ich weiß nicht, ob du Petrus bist. Doch Simon weiß, daß du in der Stadt bist, und er hat mir einen Auftrag gegeben und gesprochen: Wann er auch immer kommen mag, sag ihm, daß ich nicht zu Hause sei!

Da antwortete ihm Petrus und sprach: Abgewiesen hast du mich, doch trifft dich keine Schuld, denn er hat dich gezwungen. Und der Apostel wandte sich an das Volk und sprach: Gebet acht, denn ich will ein großes und wunderbares Zeichen tun.

Und er blickte um sich und sah einen großen Hund, der an einer schweren Kette angebunden war, und ging auf ihn zu und band ihn los. Da sprach der Hund mit menschlicher Stimme: Du Diener des unaussprechlichen, lebendigen Gottes, was befiehlst du mir zu tun? Und Petrus sprach zu ihm: Geh hinein und sag dem Simon inmitten seiner Gesellschaft: Komm heraus unter das Volk! Denn deinetwegen bin ich, Petrus, nach Rom gekommen, daß ich dich banne, du gottloser Verführer schlichter Seelen!

Und der Hund gehorchte auf der Stelle und drang in die Gesellschaft des Simon ein und hob seine Vorderfüße und sprach mit lauter Stimme: Höre Simon, Petrus, der Diener des HErrn, steht an der Haustüre und läßt dir sagen: Komm heraus unter das Volk! Denn deinetwegen bin ich nach Rom gekommen, du gottloser Verführer schlichter Seelen.

Und als Simon das hörte und die unglaubliche Erscheinung sah, verschlug es ihm die Rede, und alle, die mit ihm waren, staunten sehr. Marcellus aber eilte vor das Haus und warf sich dem Apostel zu Füßen und bat um Vergebung für seine Sünde. Und Petrus hob ihn auf und sprach: HErr, du guter Hirte, nimm dieses Schaf wieder in deine Herde auf. Dulde nicht, daß Marcellus noch länger in Irrtum und Unwissenheit verharrt, siehe seine Tränen und verzeih ihm!

Die zerbrochene Kaiserstatue.

9 So sprach Petrus und umarmte den Marcellus. Doch es war einer in der Menge, der lächelte böse und stolz, denn es steckte ein arger Dämon in ihm. Das sah der Apostel und sprach: Wer du auch bist, zeige dich offen allen Umstehenden!

Und der Jüngling stürzte in die Vorhalle des Hauses und schrie und warf sich gegen die Wand und sprach: Petrus, höre, was ich sehe. Zwischen deinem Sendboten, dem Hund, und Simon tobt ein gewaltiger Streit. Denn Simon hat dem Hund befohlen: Sag dem Petrus, daß ich nicht hier bin! Und auch der Hund spricht mehr, als du ihm aufgetragen hast, und Geheimnisvolles geht vor zwischen den beiden. Der Hund aber wird bald zu deinen Füßen sterben.

Da sprach der Apostel: Du Dämon, wer auch immer du seist, fahre aus dem Jüngling heraus, ohne ihm zu schaden, und zeige dich der Menge. Und als der Jüngling dies hörte, begann er zu rasen und packte eine große Marmorstatue, die in der Vorhalle stand, und warf sie zu Boden und schlug sie mit gewaltigen Fußtritten in Trümmer. Es war dies aber eine Statue des Kaisers.

Da Marcellus dies sah, fürchtete er sich und schlug sich auf die Stirn und sprach zu Petrus: Weh mir, eine große Schandtat hat sich hier zugetragen! Denn wenn die Obrigkeit durch einen heimlichen Kundschafter davon hört, wird man mich schwer bestrafen. Petrus aber tadelte ihn und sprach: Wahrlich, schnell ändert sich dein Sinn! Gerade noch wolltest du dein ganzes Hab und Gut hergeben, um deine Seele zu retten. Doch wenn du wirklich Buße tun willst und aus ganzem Herzen an Christus glaubst, dann nimm Wasser aus diesem Brunnen und schütte es im Namen des HErrn auf die Trümmer; dann wird die Statue unversehrt sein, wie sie es vorher war.

Und Marcellus zweifelte nicht, sondern glaubte aus ganzem Herzen und streckte seine Hände gen Himmel und sprach: Ich glaube an dich, HErr Jesus Christus! Darum nehme ich Wasser in meine Hände und besprenge diese Statue in deinem Namen, auf daß sie wieder so werde, wie sie war. Wenn es dein Wille ist, HErr, daß ich diese Schandtat überlebe und keine Strafe erleiden soll, dann mach diese Statue wieder heil.

Und er sprengte Wasser über die Steine und die Statue war wieder wie vorher.

Da war Petrus glücklich, weil der Marcellus nicht gezweifelt hatte. Und auch Marcellus freute sich, denn unter seinen Händen war ein Wunder geschehen. Und von nun an glaubte er aus ganzem Herzen an Gott, bei dem alle Dinge möglich sind.

Der Tod des sprechenden Hundes.

10 Im Haus aber sprach Simon derweilen zu dem Hund: Geh hinaus und sage dem Petrus, ich sei nicht hier. Der Hund aber entgegnete ihm: Du Schamloser und Unbelehrbarer! Du Feind aller Menschen, die guten Willens sind! Der HErr hat dir ein stummes Tier gesandt und es spricht zu dir mit Menschenstimme und entlarvt dich so als Betrüger. Doch alles, was dir einfällt, ist der törichte Satz: Sag dem Petrus, ich sei nicht hier. Eine schwere Sünde hast du begangen, als du gegen den Apostel des HErrn gesprochen hast, und sie ist dem, der mir befohlen hat, zu dir zu sprechen, nicht verborgen geblieben. Und er hat mich zu dir gesandt, um derentwillen, die du verführt hast und ins Verderben schicken wolltest. Du aber sei verflucht, du Feind der reinen Lehre, du Hindernis auf dem Weg zu Christus. Im ewigen Feuer wirst du deine Bosheiten büßen und in der äußersten Finsternis wirst du leiden bis ans Ende der Zeiten.

Und nachdem der Hund so gesprochen hatte, lief er davon. Die Menge folgte ihm und Simon blieb allein zurück.

Der Hund aber ging zu Petrus und berichtete ihm alles und sprach: Wahrlich, Petrus, du Bote und Apostel des wahren Gottes, einen schweren Kampf wirst du austragen müssen gegen Simon, den Feind Christi und seiner Anhänger. Aber dein wird der Sieg sein und viele, die er verführt hat, wirst du zum wahren Glauben bekehren und der HErr wird dich belohnen.

Und nach diesen Worten fiel der Hund vor den Füßen des Apostels nieder und gab seinen Geist auf.

Marcellus wirft Simon aus seinem Haus.

11 Und dank der Gnade des HErrn und der Zeichen, die Marcellus gesehen hatte, wurde dieser täglich fester im Glauben. Also fiel er über Simon her, der in seinem Haus im Speisezimmer saß, und beschimpfte seinen Gast: Du abscheulicher und verkommener Mensch, du Verderber meines Hauses, der du mich abtrünnig machen wolltest von Christus, meinem HErrn und Erlöser!

Dann legte er Hand an ihn und ließ ihn durch seine Sklaven aus dem Haus werfen. Und weil er den Sklaven Macht über ihn gegeben hatte, überhäuften sie ihn mit Schmähungen. Die einen schlugen ihm ins Gesicht und die anderen prügelten ihn und bewarfen ihn mit Steinen; wieder andere gossen Gefäße voll Unrats über sein Haupt, denn sie hatten im Auftrag des Simon ihren Herrn beleidigt und waren ihm lange Zeit untertan gewesen.

Jene Sklaven aber, zu denen er Schlimmes über den Marcellus gesprochen hatte, beschimpften ihn und sprachen: Gott hat sich unser und unseres Herrn erbarmt, dir soll jetzt dein Lohn werden im Namen des HErrn.

Also wurde Simon übel zugerichtet und aus dem Haus geworfen. Doch unbelehrbar war der Frevler und eilte zum Haus des Presbyters Narcissus, wo Petrus wohnte, und stellte sich an die Tür und rief: Hier bin ich, komm herab, Petrus, dann werde ich dir beweisen, daß der, an den du glaubst und den du Sohn Gottes nennst, ein einfacher Jude und Sohn eines Zimmermanns war.

Der sprechende Säugling.

12 Das ward dem Apostel gemeldet. Und der sandte dem Simon eine Frau mit einem Säugling und trug ihr auf: Geh schnell vor das Haus und du wirst einen sehen, der mich sucht. Doch gib ihm keine Antwort auf seine Frage, bleibe stumm und höre, was der Säugling, den du auf dem Arm trägst, zu ihm spricht.

Und die Frau tat, wie geheißen. Der Säugling aber war erst sieben Monate alt. Doch als er den Simon sah, richtete er sich auf und bekam eine männliche Stimme und sprach: O du Scheusal vor Gott und den Menschen, du Feind der Wahrheit, du Same des schlimmsten Verderbens, du selbst unfruchtbare Frucht der Natur. Dir ist nur mehr kurze Zeit gegeben, dann harrt deiner die ewige Verderbnis.

Du Kretin eines schamlosen Vaters, Sumpfpflanze du, Ungläubiger, den jegliche Hoffnung verlassen hat! Ein Hund hat dich widerlegt und du bist kühl geblieben und nun werde ich, ein Säugling, von Gott gezwungen zu reden, und du errötest auch jetzt nicht vor Scham. Doch am kommenden Sabbat wird dich ein anderer gegen deinen Willen auf das Forum bringen, und dort wird sich weisen, was in dir ist.

Geh weg von dieser Tür, an der die Spuren des Heiligen haften. Du bist durchschaut und wirst keine unschuldigen Seelen mehr verderben. Bald wird sich deine von Grund auf schlechte Natur allen offenbaren! Ich aber sage dir im Namen unseres HErrn Jesus Christus: Es soll dir die Rede verschlagen durch die Kraft meines Namens und du sollst Rom verlassen bis zum kommenden Sabbat.

Und Simon verstummte und fühlte die Macht des HErrn und verließ Rom und lebte in einem Stall bis zum nächsten Sabbat. Die Frau aber kehrte mit ihrem Säugling zu Petrus zurück und berichtete ihm und den anderen, was das Kind gesprochen hatte. Und alle priesen Gott, den HERRN, der den Menschen ein Zeichen gegeben hatte.

Der Kampf am Julischen Forum.

13 Und die Römer hatten am Forum ein Gerüst aufgebaut und die Brüder versammelten sich dort am Sabbat. Und es kamen auch Senatoren, Präfekten und Beamte und viel Volk und jeder zahlte ein Goldstück für seinen Platz.

Da stellte sich Petrus in ihre Mitte und die Menge rief: Petrus! Sei uns gegrüßt! Zeige uns nun, wer dein Gott ist oder welche Macht dir dein Selbstvertrauen gegeben hat. Zeige uns Römern, was du kannst, denn wir lieben das Schauspiel. Simon hat uns Proben seiner Macht gegeben, jetzt wollen wir deine kennenlernen. Ihr beide, gebt euch Mühe und beweist uns, wem wir glauben können!

Und während sie so redeten, trat auch Simon hinzu. Doch jetzt war der Frevler verwirrt und blickte schweigend auf den Petrus.

Auch Petrus schwieg eine Zeit. Dann sprach er zur Menge: Wohlan denn, ihr Römer, ihr sollt uns Richter sein. Ich behaupte, daß mein Gott der wahre und einzige ist, und ich werde euch Proben vorführen, wie ich es schon oft getan habe. Jener dort schweigt, denn er fürchtet mich, weil ich ihn schon einmal überführt und aus Judäa vertrieben habe. Gib zu, Simon, du Kind des Teufels, daß du einst mir und dem Paulus zu Füßen gefallen bist, als du uns heilen sahst, und sagtest: Ich bitte euch, nehmt all mein Geld und lehrt mich die Hand aufzulegen und solche Wunder tun, wie ihr es vermögt. Doch als wir dich solches sprechen hörten, haben wir dich verflucht und geantwortet: Glaubst du etwa, du könntest uns mit Geld in Versuchung führen?* Doch jetzt wagst du es und trittst hier keck gegen mich auf! * Vgl. Apg. 8,18ff.

Wahrlich, mein Name ist Petrus und ich bin der Fels, den der HErr gewürdigt hat! Denn hinter mir steht der wahre Gott, mit dessen Hilfe ich deine Zauberei entlarven werde.

Da antwortete ihm Simon und sprach: Wahrlich, du erfrechst dich von dem Nazarener Jesus zu sprechen, einem Zimmermann und Sohn eines Zimmermanns*! Höre, Petrus, diese Römer hier sind verständige Männer und keine Toren! * Mar. 6,3

Und er wandte sich an das Volk und sprach: Sagt mir, ihr Römer: Wird ein Gott geboren? Wird er gekreuzigt? Wer einen HERRN über sich hat, der ist kein Gott! Und da waren viele, die da schrien: Simon, du hast recht!

Petrus legt den Römern die Schrift aus.

14 Da hob Petrus an zu sprechen: Fluch deinen Worten gegen Christus! Denn du hast die Frechheit gehabt, so zu reden, obwohl geschrieben steht: Wer wird die Abstammung des Messias beschreiben können? Und verleugnet hast du, was ein anderer Prophet geschrieben hat: Wir sahen ihn, doch hatte er weder Gestalt noch Schönheit.* * Jes. 53,2

Und es heißt in der Schrift: In der Endzeit wird ein Knabe vom heiligen Geist geboren werden; seine Mutter kennt keinen Mann und keiner darf sich sein Vater nennen. Und es heißt bei den Propheten: Sie hat geboren und nicht geboren. Und es steht geschrieben: Siehe, eine Jungfrau ist schwanger und wird einen Sohn gebären.* * Jes. 7,14

Und ein anderer Prophet sagt, um den Vater zu ehren: Wir haben weder ihre Stimme gehört, noch ist eine Hebamme dazugekommen. Und es heißt auch: Er ist nicht aus der Gebärmutter eines Weibes geboren, sondern vom Himmel herabgestiegen. Und die Schrift sagt: Ein Stein ist herabgerissen worden ohne Hände und hat alle Reiche zertrümmert.* * Dan. 2,34

Und ebenso steht geschrieben: Der Stein, den die Bauleute verworfen haben, der ist zum Eckstein geworden.* Und diesen Stein nennt die Schrift einen bewährten und köstlichen!** Und den ich anbete, hat der Prophet auf einer Wolke kommen sehen, wie einen Menschensohn!†

* Mar. 12,10 ** Jes. 28,16 † Dan. 7,13

Was soll ich euch noch erzählen! O Ihr Römer! Wer die prophetischen Schriften nicht kennt, dem kann ich meinen Glauben und die heilige Lehre nicht verkünden. Denn vieles muß geheim bleiben, damit sich das Reich Gottes vollende. Doch einst wird euch alles offenbar werden.

Du aber, Simon, handle so, wie du handeltest, als du die Leute verführtest! Und ich will dein Wirken durch meinen HErrn Jesus Christus zunichte machen.

Da wurde Simon frech und sprach zum Präfekten: Herr, bring jenen, der so viel spricht, zum Schweigen und gestatte mir, ein Wunder zu tun.

Simon tötet, Petrus erweckt zum Leben.

15 Der Präfekt aber entschloß sich, in diesem Streit ein unparteiischer Richter zu sein, und er brachte einen seiner Jünglinge zu den beiden und sprach zu Simon: Nütze deine Kunst und bringe ihn zum Tode! Zu Petrus aber sprach er: Danach sollst du ihn erwecken. Und er wandte sich ans Volk und sprach: Ihr aber, Bürger von Rom, sollt entscheiden, welcher von jenen Gott gefälliger ist, der tötet, oder der erweckt.

Und Simon sagte dem Knaben ein geheimes Wort ins Ohr und schweigte ihn damit und er starb.

Als aber der Präfekt den toten Jüngling sah, sprach er zu Petrus: Petrus, nun liegt es an dir. Siehe, hier liegt der tote Jüngling, ein Liebling des Kaisers, und ich habe ihn nicht geschont. Einen anderen hätte ich wählen können, doch weil ich dir vertraute und dem Gott, den du verkündest, habe ich diesen gewählt.

Und Petrus antwortete ihm und sprach: Wahrlich, ich sage dir, Gott der HERR läßt sich nicht versuchen oder gering achten. Doch jene, die ihn aus vollem Herzen verehren und seiner Liebe wert sind, läßt er nicht im Stich. Und weil es so ist, daß Gott der HERR und sein Sohn Jesus Christus hier versucht werden, darum wird sich jetzt hier ein Zeichen und Wunder ereignen zur Bekehrung der Sünder. Darum, HERR, flehe ich dich an: Erwecke jenen, den der Simon durch seine Magie getötet hat, durch deine Kraft wieder zum Leben!

Und Petrus wandte sich an den Präfekten Agrippa und sprach zu ihm: Komm her, nimm die rechte Hand des Knaben und er wird leben und mit dir ziehen können! Und der Herr des Jünglings trat hinzu und nahm die Rechte des Knaben und erweckte ihn.

Und als das Volk das sah, jubelte es und rief: Es gibt nur einen Gott und der ist der Gott des Petrus. Und alle bewunderten die Kraft des Apostels und wurden im Geist gekräftigt.

Die Mutter eines Senators bittet den Apostel um Hilfe.

16 Und das Gerücht von der Kraft des Petrus verbreitete sich in der Stadt. Da drängte sich die Mutter eines Senators, der soeben gestorben war, durch die Menge und warf sich dem Apostel zu Füßen und sprach: Alle sagen, daß der Gott, dem du dienst, barmherzig ist und allen hilft, die ihn darum bitten. Ich bin nur eine Frau, doch bitte ich dich aus ganzem Herzen! Wende dich nicht ab von mir, hilf mir und erwecke meinen Sohn.

Da sprach der Petrus zu ihr: Glaubst du an meinen Gott, glaubst du, daß er deinen Sohn erwecken wird? Und unter Tränen rief die Frau mit lauter Stimme: Ich glaube, ja, ich glaube! Und das Volk rief: Hilf dieser Mutter und gib ihr ihren Sohn zurück!

Da sprach Petrus zur Mutter: Lasset den Leichnam vor die Menge bringen. Und er wandte sich zur Menge und sprach: So wisset denn, ihr Bürger Roms, daß ich bloß einer von euch bin, ein sündhafter Mensch aus Fleisch und Blut. Doch der HErr hat mich begnadet, und was ich tue, geschieht nicht aus eigener Kraft, sondern dank seiner Gnade. Denn einzig der HErr Jesus Christus ist der Richter über die Lebenden und die Toten. Und weil ich an ihn glaube und von ihm gesandt bin, wage ich es, ihn anzurufen und Tote zu erwecken. Darum gehe hin, Mutter, und bringe deinen Sohn, auf daß ich ihn erwecke.

Der Leichnam des Nicostratus wird herbeigebracht.

17 Und das Weib drängte sich durch die Menge und eilte heim. Großer Glaube war in ihrem Herzen und sie ließ den Leichnam durch ihre Diener zum Forum bringen. Und die Diener trugen ihre Mützen auf dem Kopf und alles, was für die Beerdigung des Sohnes bestimmt war, trugen sie vor der Bahre, damit sie das Herz des Apostels rührten.

Ein Zug von klagenden Menschen trug den Leichnam zum Forum und ihnen folgte eine Schar von Senatoren und vornehmen Frauen, die die Wundertaten Gottes sehen wollten. Denn der Verstorbene Nicostratus war ein angesehener Mann gewesen, den alle Senatoren geliebt hatten.

So brachten sie denn den Leichnam und legten ihn vor Petrus nieder.

Simon vollführt an dem Leichnam ein Zauberkunststück.

18 Und Petrus hieß die Menge schweigen und sprach mit lauter Stimme: Nun wohlan, ihr Römer, jetzt soll entschieden werden, wer dem wahren Gott anhängt, Simon oder ich! Gelingt es ihm, diesen Leichnam zu erwecken, dann glaubt an ihn als einen Engel Gottes. Doch wenn er schei-

tert, dann werde ich meinen Gott anrufen und werde der Mutter ihren Sohn zurückgeben. Dann aber sei ein für alle Mal entschieden, daß ihr einem Magier und Verführer Gastfreundschaft gewährt habt!

Und alle hörten diese Worte und befanden sie für recht. Also ermahnten sie den Simon und riefen: Nun denn, zeig was du kannst! Jetzt gilt es! Einer von euch beiden wird dem Spott preisgegeben werden. Rege dich also und handle!

Und während alle ihn bedrängten, schwieg Simon eine Zeit. Dann erhob er seine dünne Stimme und sprach: Ihr Römer, sagt mir: Wenn ich euch diesen Toten erwecke, werft ihr mir dann den Petrus aus der Stadt? Da schrie die Menge: Wenn dir das gelingt, dann wollen wir ihn zur selben Stunde dem Feuer übergeben.

Da triumphierte Simon und trat zum Kopf des Toten und verneigte sich dreimal und richtete sich dann wieder auf. Und siehe, auch der Tote neigte sich zu Simon und schlug die Augen auf. Da begann die wankelmütige Menge Holz zu sammeln, um den Apostel zu verbrennen.

Petrus schilt die wankelmütigen Römer.

19 Doch der HERR gab Petrus die Kraft und er erhob seine Donnerstimme und schrie: Unrecht tue ich dir, Volk von Rom, wenn ich dich albern und töricht nenne, denn deine Augen, deine Ohren und dein Herz sind verblendet! Dein Sinn ist umnachtet und dein Herz ist behext! Ja siehst du denn nicht, daß sich jener Tote gar nicht erhoben hat? Wahrlich, Volk von Rom, der Tod schreckt mich nicht; stumm will ich sterben und euch dem Blendwerk des Satans überlassen. Doch ich denke an die Strafe des ewigen Feuers!

So ihr noch Augen habt, zu sehen, und Ohren habt, zu hören, soll jener Tote sprechen, aufstehen, seine Kinnbinde lösen, seine Mutter rufen und dann euch Lärmenden zuwinken und fragen: Was lärmt ihr so? Doch damit ihr sehen könnt, daß jener immer noch tot ist, soll sich der Hexenmeister Simon von der Bahre entfernen. Dann wird der Tote so daliegen, wie er gebracht wurde, und ihr werdet sehen, wie hohl die Kraft des Schurken ist, der euch überredet hat, Jesus den HErrn zu verlassen!

Da konnte der Präfekt Agrippa nicht mehr an sich halten, und er erhob sich und schlug den Simon mit beiden Händen. Und siehe, da lag der Tote wieder so da, wie er vorher gewesen war. Und das Volk wandte sich voll Wut von Simon ab und schrie: Höre, Präfekt, wenn der Tote sich nicht erhebt, dann soll Simon an Stelle des Petrus verbrannt werden.

Da streckte Petrus seine Hand aus und sprach: Habt Geduld, ihr Römer!

Es ist nicht der Wille Gottes, daß Simon nach der Erweckung des Nicostratus verbrannt werde.

Da schrie die aufgebrachte Menge: Wir werden ihn verbrennen, auch gegen deinen Willen!

Aber der Apostel entgegnete ihnen fest und sprach: Wenn ihr darauf beharrt, dann wird der Tote sich nicht erheben. Denn es ist nicht die Lehre des HErrn, Böses mit Bösem zu vergelten. Wahrlich, ich sage euch, liebet eure Feinde* und betet für eure Verfolger. Besser wäre es, wenn dieser Buße täte, denn Gott ist gnädig und verzeiht. Laßt ihm den Weg zum Lichte Christi offen! Doch wenn er nicht bereuen kann, dann möge er das Erbteil seines Vaters, des Satans, besitzen. Doch ihr hütet euch davor, eure Hände mit seinem Blut zu beflecken!

* Mat. 5,44

Petrus erweckt den toten Senator.

20 Und der Apostel wandte sich zur Mutter des Nicostratus und sprach: All diese Jünglinge hast du zur Ehre deines toten Sohnes freigelassen. Wahrlich, eine Schande und eine Kränkung wäre es, müßten sie ihm nach seiner Erweckung wieder dienen. Freie sollen sie bleiben und nähren sollst du sie wie ehedem; denn dein Sohn wird auferstehen, und dann sollen sie mit ihm zusammen sein.

Und er blickte sie fest an und wartete auf ihre Entscheidung. Sie aber sprach: Deine Rede ist gerecht. Darum will ich hier vor dem Präfekten erklären: Alles, was für die Bestattung bestimmt war, soll diesen Freigelassenen gehören.

Da freute sich Petrus von Herzen und sprach: Barmherziger HErr, Jesus Christus, hilf deinem Diener Petrus! In Gegenwart all dieser, die die Freiheit erlangt haben, damit sie von nun an dir dienen können, bitte ich dich: Laß Nicostratus auferstehen! Und der Apostel berührte den Senator an der Seite und sprach: Stehe auf! Da erhob sich dieser und löste seine Kinnbinde und bat um andere Kleider und stieg von der Bahre und sprach zu Petrus: Bring mich zu unserem HErrn Jesus Christus. Denn ich sah dich mit ihm sprechen und er wies auf mich und sagte dabei: Bring mir diesen, denn er ist mein!

Da fühlte sich Petrus stark im Herzen durch die Hilfe des HErrn, und er sprach zum Volk: Ihr Römer, so geht es zu, wenn Tote erweckt werden, so sprechen sie und so gehen sie einher und leben solange, wie es Gott gefällt. Ihr seid zu einem Schauspiel zusammengekommen, doch wenn ihr euch jetzt bekehrt und eure bösen Taten bereut und den falschen Göttern abschwört, dann werdet ihr in Gemeinschaft mit Christus das ewige Leben erlangen.

Und die Römer zollten ihm Beifall, und von nun an verehrten sie ihn wie einen Gott.

Letzte Schandtaten Simons.

21 Doch Simon, der Zauberer, gab nicht nach und versuchte weiterhin, Petrus zu überführen, daß er an einen falschen Gott glaube. Und er vollbrachte viele Gaukelstücke, doch die Jünger, die fest im Glauben waren, verlachten ihn. Denn alles, was er konnte, war, Geisterwesen zu zeigen, die ohne Wirklichkeit waren.

Nicht viel ist über ihn zu berichten. Wen er heilte, der war nur kurze Zeit gesund, und wen er erweckte, der bewegte sich nur ein wenig, wie Nicostratus. Und Petrus folgte ihm und widerlegte ihn jedesmal. So wurde Simon zum Gespött, und keiner traute mehr seinen leeren Worten.

Da versuchte er es ein letztes Mal und sprach zu den Römern: Ihr Römer glaubt, daß Petrus mächtiger ist als ich, und haltet zu ihm. Ihr täuscht euch. Darum will ich euch Gottlose morgen verlassen und zum HERRN heimkehren, dessen Kraft ich bin, wenn auch eine geschwächte. Denn immer noch gilt: Ihr seid gefallen und ich bin der Stehende.* Darum will ich zum Vater ziehen und will ihm sagen: Auch mich, deinen stehenden* Sohn, wollen sie zu Fall bringen. Doch ich habe ihre Gesellschaft vermieden und bin zu mir selbst zurückgekehrt.

* Vgl. Kap. 2; vgl. Thomas der Zwilling, Spruch 16 u. 23

Das Ende des Simon.

22 Also versammelte sich am nächsten Tag ein großer Volkshaufen, um Simon fliegen zu sehen. Doch dem Petrus hatte der HERR ein Gesicht gesandt und er kam hin, damit er Simon auch hier widerlege. Denn als Simon in Rom eingezogen war, hatte er das Volk durch seinen Flug verwirrt, und der Apostel war noch fern von Rom.

Und Simon stand auf einer Anhöhe, und da er Petrus erblickte, begann er zu sprechen: Jetzt, da ich mich anschicke zum Himmel zu steigen, möchte ich dir, Petrus, ein letztes sagen: Den Gott, an den du glaubst, haben die Juden getötet, und auch euch, seine Apostel, haben sie mit Steinen beworfen*. Dies ist die letzte Gelegenheit für deinen Gott, seine Macht zu zeigen, denn ich will zum Himmel steigen und dem ganzen Volk meine Macht zeigen.

* Apg. 14,19

Und siehe, er wurde in die Höhe gehoben und alle sahen, wie er über der Siebenhügelstadt Rom schwebte.

Da blickten alle Gläubigen auf Petrus. Und Petrus sah das Unfaßbare und schrie in tiefer Not zum HErrn Jesus Christus: So du diesen vollenden läßt, was er begonnen hat, o HErr, werden alle, die an dich glauben, angefochten werden und werden die Zeichen und Wunder bezweifeln, die ich mit deiner Hilfe getan habe. Darum sei gnädig, o HErr, und lasse ihn herabstürzen. Doch möge er nicht sterben, sondern bloß unschädlich gemacht werden und sich den Schenkel an drei Stellen brechen.

Und Simon stürzte vom Himmel und brach sich den Schenkel an drei Stellen.

Da warfen alle Steine auf ihn und gingen heim und vertrauten von nun an Petrus.

Ein Freund Simons aber, mit Namen Gemellus, kam kurz darauf des Weges und sah ihn daliegen und sprach: Sag mir Simon, wenn die Kraft Gottes zerbrochen ist, ist dann nicht auch der Gott, dessen Kraft du bist, als Blendwerk entlarvt? Und dann lief er davon und schloß sich Petrus und der Gemeinde des HErrn an und sagte zu ihm: Von nun an will ich allein an Christus den HErrn glauben.

Und Petrus antwortete ihm und sprach: Friede herrsche von nun an zwischen uns! Komm und bleib bei uns!

Simon aber, der so ins Unglück geraten war, fanden einige und brachten ihn des Nachts auf einer Tragbahre von Rom nach Aricia. Dort blieb er bei einem Mann namens Kastor, den sie der Zauberei wegen nach Terracina verbannt hatten. Und ein Arzt operierte ihn und so endete das Leben des Simon, der ein Engel des Teufels war.

Das Zweite Buch der Apostelgeschichten

Lehren der Apostel die irdische Liebe betreffend

Der Apostel Thomas bittet den HErrn, einem Brautpaar den Weg zum Heil zu weisen.

Einst weilte der Apostel Thomas in Andrapolis und tat dort ein Wunder. Und da der König dies vernahm, kam er zu ihm und sprach: Steh auf und komm mit mir und bete für meine Tochter. Denn sie ist mein einziges Kind und ich will sie heute verheiraten.

Es wollte der Apostel aber nicht mit ihm gehen, denn der HErr hatte sich ihm in jener Stadt noch nicht geoffenbart. Doch der König zwang ihn und brachte ihn in das Brautgemach, auf daß er für die Brautleute bete. Also betete der Apostel und sprach: Mein HErr und mein Gott! Du Begleiter deiner Knechte, Wegweiser und Führer derer, die an dich glauben, du Zuflucht und Erquickung der Bedrängten, Hoffnung der Armen und Befreier der Gefangenen, Arzt der kranken Seelen, Heiland jeder Kreatur! Du machst die Welt lebendig und gibst den Seelen Kraft und hast das Wissen um die Zukunft und vollbringst sie durch uns! HErr, du bist es, der die verborgenen Geheimnisse offenbart und die geheimen Worte bekannt macht, und du bist es, der den guten Baum pflanzt, und deine Hände sind es, die alle guten Werke erzeugen!

Du bist in allem, HErr, und alles ist in dir und alle Werke geschehen durch dich und machen dich offenbar. O Jesus Christus, Sohn der Barmherzigkeit, vollkommener Heiland, unerschrockene Macht, die den Satan niedergeworfen hat, du Stimme, die von allen Fürsten gehört wird, du Bote, der du von der Höhe gesandt wurdest und bis in den Hades gelangtest, wo du die Türen öffnetest und die Eingeschlossenen befreitest und ihnen den Weg zum Heil wiesest, ich bitte dich, HErr Jesus Christus, mit diesem Gebet, daß du auch diesen jungen Leuten den Weg zum Heil weist. Und dann legte er dem Brautpaar seine Hände auf und sprach: Der HErr sei mit euch!

Jesus Christus nimmt das Aussehen des Apostels an und verhindert den Vollzug der Ehe.

2 Und er ließ sie stehen und entfernte sich. Da nun auch der König und die Brautführer das Gemach verließen, wollte der Bräutigam den Vorhang des Brautgemachs heben, um sich mit der Braut zu vereinigen. Doch da sah

er den HErrn Jesus Christus, der das Aussehen des Apostels Judas Thomas hatte, der sie kurz zuvor gesegnet hatte. Und er sprach mit der Braut.

Da fragte ihn der Bräutigam: Wie kommt es, daß du noch hier bist? Hast du nicht als erster von allen das Brautgemach verlassen? Und der HErr antwortete ihm: Ich bin nicht Judas, der auch Thomas genannt wird, ich bin sein Bruder.

Mit diesen Worten setzte er sich auf das Bett und hieß sie auf den Sesseln Platz nehmen und sprach: Ihr Kinder, denkt an das, was euch mein Bruder gesagt hat, und wem er euch anempfohlen hat. Ihr seid dazu bestimmt, heilige Tempel zu werden, rein und frei von Heimsuchungen und Schmerzen, von offenbaren und von versteckten. Hütet euch also vor der schmutzigen ehelichen Gemeinschaft, dann wird euch nicht Sorge aufgebürdet werden um Leben und Kinder, deren Ende Verderben ist.

Denn wenn ihr Kinder zeugt, dann werdet ihr ihretwegen zu Räubern und Habsüchtigen, die die Waisen schinden und sich an den Witwen bereichern. Schlimme Strafen drohen euch dann! Denn unnütz sind die meisten Kinder, von bösen Geistern besessen, von sichtbaren und von unsichtbaren. Manche sind mondsüchtig und manche sind ausgezehrt, andere wieder sind verkrüppelt oder taub oder stumm oder gelähmt oder blöde. Am schlimmsten aber sind die Gesunden, denn sie werden unnütze und abscheuliche Werke vollbringen und man wird sie bei Ehebruch ertappen oder bei Mord, bei Diebstahl oder bei Unzucht – in jedem Fall werden sie euch Kummer bereiten.

Wenn ihr aber mir gehorcht und eure Seelen rein haltet im Namen Gottes, dann werden euch lebendige Kinder werden, die rein sind und euch nicht bekümmern werden. Und ihr werdet ohne Sorge leben in der Erwartung jener unvergänglichen und wahren Hochzeit, bei der ihr als Brautführer in das Brautgemach treten werdet, das voll ist mit Unsterblichkeit und Licht.

Als aber das Brautpaar dies hörte, glaubte es dem HErrn und übergab sich ihm und enthielt sich der schmutzigen Begierde und verbrachte so die Nacht. Der HErr aber verließ sie und sprach zum Abschied: Die Gnade Gottes wird mit euch sein.

Das Glück des jungen Paares.

3 Und da der Morgen herangekommen war, deckte der König den Tisch und brachte ihn vor das junge Paar. Die aber saßen einander gegenüber und das Gesicht der Braut war unverhüllt und der Bräutigam lächelte glücklich.

Da trat die Mutter zur Braut und sprach: Was sitzt du hier unverhüllt,

Kind, und schämst dich nicht und tust so, als ob du schon lange mit deinem Manne zusammengelebt hättest? Und der Vater fragte sie: Ist die Liebe zu deinem Mann so groß, daß du dich deswegen nicht einmal mit einem Schleier bedeckst?

Da antwortete ihnen die Braut und sprach: Wahrlich, geliebte Eltern, meine Liebe ist groß und ich bete zu meinem HErrn, daß sie mir erhalten bleibt, und daß ich jenen Mann gewinne, der mich in dieser Nacht besucht hat. Ich brauche mich nicht mehr zu verschleiern, weil der Spiegel der Schande von mir genommen wurde und ich mich der schlimmen Tat, die mir Scham gemacht hätte, enthalten habe. Kein Grund zum Schrecken ist mehr in mir und ich lebe in Heiterkeit und Freude, weil ich der sinnlichen Begierde entsagt habe. Denn anstelle des Verkehrs mit einem irdischen Manne, an dessen Ende bloß Sinneslust und Bitternis der Seele steht, habe ich mich mit dem wahrhaftigen Manne, mit Jesus, unserem HErrn, vermählt.

Und nachdem die jungfräuliche Gattin so gesprochen hatte, erhob sich der Gatte und sprach: Ich danke dir, HErr, der du uns durch den fremden Manne verkündet wurdest und dich dann selbst eingefunden hast. Denn du hast uns vor dem Verderben bewahrt und den Keim zum wahren Leben in uns gesät und hast uns befreit von der unheilbaren Krankheit der Sinneslust. Du hast uns unseren Zustand geoffenbart und uns von den Ketten der Vergänglichkeit befreit und hast unserer Kleinheit deine Größe zur Seite gestellt. Und an Stelle der fleischlichen Vereinigung hast du uns die Vereinigung mit dir angeboten und hast uns gelehrt, uns selbst zu suchen und zu erkennen, wer wir waren. Und nun, da wir wissen, wer wir waren, wollen wir wieder werden, was wir gewesen. Wir kannten dich nicht, doch du suchtest uns auf, und jetzt können wir dich nicht mehr vergessen und die unbeschreibbare Liebe zu dir braust in uns. Wenig kann ich sagen über deine Herrlichkeit, doch hoffe ich, daß du es mir nicht als Schuld anrechnen wirst. Denn was ich sage, sage ich aus Liebe.

Und da der König diese Rede des jungen Paares gehört hatte, zerriß er sein Gewand und sprach zu seinen Dienern: Macht schnell und haltet Nachschau in der Stadt nach jenem Giftmischer, der Unglück über mein Haus gebracht hat. Weh mir, ich Tor, ich selbst habe ihn in mein Haus gebracht! Wer ihn mir findet, den will ich reich belohnen!

Und alle gingen in die Stadt und suchten Thomas, doch sie fanden ihn nicht, denn er war mit dem Schiffe abgereist. Und als das Gerücht verbreitet wurde, daß er nach Indien gereist sei, da folgten ihm seine Anhänger.

Andreas macht dem Ägeates seine Frau abspenstig.

4 Als der Apostel Andreas in Paträ weilte, da fragte ihn Maximilla, die Frau des Prokonsuls Ägeates, nach dem Weg zum Heil. Und der Apostel riet ihr, sich von nun an dem Wunsch ihres Gatten nach fleischlichem Umgang zu verweigern. Und die Gattin gehorchte und der Gatte ergrimmte und ließ den Apostel ins Gefängnis werfen, wo ihn täglich die Gemeinde besuchte.

Doch eines Tages, während eines Prozesses, erfaßte den Prokonsul die Begierde nach seiner Ehefrau. Also eilte er in sein Haus und umarmte Maximilla und versuchte sie zu küssen. Sie aber verweigerte sich ihm, und da sprach er: Geliebte, deine Eltern hielten mich der Ehe mit dir für würdig und gaben dich mir zur Frau. Und wahrlich, dies geschah nicht wegen meines Reichtums, noch wegen meiner edlen Abkunft, noch wegen meines Ruhmes, sondern wegen meiner wahren Liebe zu dir. Und dieser Liebe wegen will ich dir keine Vorhaltungen machen und meine Verdienste nicht rühmen. Schweigen also will ich von den Wohltaten, die deine Eltern von mir erfahren haben, und von dem Guten, das ich dir getan habe. Nur eines will ich dich fragen und bitte dich um eine verständige Antwort. Bist du noch jene, die du einst warst, und die du mit mir lebtest und schliefst und Kinder mit mir zeugtest? Sagst du ja, dann will ich in jeder Weise gut an dir handeln und auch jenen Fremden, der im Gefängnis liegt, freilassen. Sagst du nein, dann werde ich dir nichts Schlimmes antun, denn das vermag ich nicht, doch jenen Fremden, den du mehr liebst als mich, werde ich quälen. So überlege meine Frage, Maximilla, und gib mir morgen Antwort! Wisse aber, ich bin zu allem entschlossen.

Andreas rät zur ehelichen Keuschheit, weil so die Erbsünde wiedergutgemacht wird.

5 Und nach dieser Rede verließ er sie, Maximilla aber begab sich ins Gefängnis zu Andreas. Und sie legte seine Hände an ihr Gesicht und küßte sie und beichtete ihm das Begehren des Ägeates.

Da antwortete ihr der Apostel und sprach: Mein Kind, ich verstehe deine Erregung über das Begehren deines Mannes. Denn schließlich hast du beschlossen, der Lockung des geschlechtlichen Umgangs zu widerstehen und dich von der abscheulichen und schmutzigen Lebensweise des Ägeates fernzuhalten. Dein Inneres hat dir diesen Rat gegeben und jetzt willst du noch meine Meinung hören.

So höre denn, Maximilla! Ich beschwöre dich bei Jesus Christus unserem HErrn: Tu nicht, wozu dich dein Gatte auffordert! Gib seinen Drohungen nicht nach, laß dich nicht von seinen Schmeichelkünsten überwältigen! Bleib standhaft, auf daß du nicht ein Opfer seiner schändlichen Pläne wirst! Vor allem aber: Kämpfe gegen deinen eigenen Wunsch, dich seinen schmutzigen Zauberkünsten auszuliefern! Ertrage seine Quälereien und halte dich an uns, die Gerechten.

Du wirst sehen, wie dein Gatte bald erlahmen wird und wie er allmählich dich und die, welche dir wesensverwandt sind, verlassen wird. Denn wisse, du hast einen göttlichen Auftrag, den ich dir verkünden will: Ich sehe in dir Eva, die Buße tut und in mir den Adam bekehrt! Denn jene Sünde, die Eva unwissend beging, wird dadurch, daß du wissend das Gegenteil tust, wiedergutgemacht.

Schweren Schaden hat der Geist der Eva in ihrem Abstieg erlitten und die Herrschaft über sich selbst hat er verloren. Doch durch jene Tat, die du hier mit mir setzt, erhält dein weiblicher Geist wieder seine alte Macht. Denn die Sünde der Eva hast du gemacht, und ich habe den Geist zur Vollkommenheit geführt, indem ich meine Zuflucht bei Gott nahm. Und dort, wo die Eva ungehorsam war, warst du gehorsam, und worin Adam einwilligte, das fliehe ich. Das, wovon sich Adam und Eva täuschen ließen, haben wir beide durch die Gnade des HErrn durchschaut. Denn wahrlich, jeder soll seinen eigenen Fehltritt in Ordnung bringen.

Was ich gesprochen habe, habe ich gesprochen, doch hätte ich auch sagen können: Gesegnet seist du, Natur, die du trotz deiner Schwäche gerettet wirst, ohne dich verbergen zu müssen! Wohl dir, Seele, die du laut ausrufst, was du erlitten und gefehlt hast, und so zu dir selbst zurückkehrst! Wohl dir, Mensch, der du erkennst, was nicht das deine ist, und dich nach dem deinen sehnst!

Gesegnet seist du also, Maximilla, daß du auf die Verkündigung gehört hast. Denn wahrlich, du bist größer als die, die dich zu vergewaltigen schienen, und du bist herrlicher als die, die dich in Schande stürzten, und mächtiger als die, die mich in Gefangenschaft führten. Denn du hast begriffen, was der Mensch erst begreifen muß, um wirklich Mensch zu werden, daß du mit dem Stofflichen nichts zu schaffen hast, daß du heilig bist und durchsichtig und daß du dem Geist nahestehst und dem Licht.

Also hast du mit dem Fleisch nichts zu schaffen, denn du bist der Welt überlegen und den Gewalten überlegen und stehst über ihnen. Denn das einzige, was den Menschen von den höheren Wesen unterscheidet, ist das Wissen von ihrer Beschaffenheit. Du aber hast dieses Wissen und hast dein Antlitz in deinem Wesen erblickt und deine Ketten gesprengt.

Und ich spreche nicht nur von den Ketten, die mit der Entstehung zusammenhängen, sondern auch von jenen gewaltigen Ketten, die mit dem Leben selbst verbunden sind, und die wir nicht benennen können. Darum sehne dich danach, jenen zu erkennen, der sich dir geoffenbart hat, und den du bald einzig erkennen wirst.

Von deinem Heil spreche ich, Maximilla, doch wisse: Wie Adam einst auf Grund seiner sündhaften Übereinstimmung mit Eva in ihr starb, so lebe ich jetzt in dir, die du das Gebot des HErrn befolgst und zur wahren Würde deines Wesens gefunden hast. Verachte also die Drohungen des Ägeates, denn du weißt, daß wir einen Gott haben, der sich unser erbarmt. Laß Dich durch seine leeren Reden nicht beunruhigen, sondern bleibe keusch! Mag er mich auch fesseln lassen oder den wilden Tieren vorwerfen oder verbrennen lassen – was macht das aus? Mein Leib ist ihm wesensverwandt – mit ihm mag er tun, was er will.

Darum rate ich dir, Maximilla, gib dich dem Ägeates nicht preis! Sei standhaft gegenüber seinen Ränken! Denn ich hatte eine Vision. Ich sah den HErrn und er sprach zu mir: Andreas, dich wird der Vater des Ägeates aus dem Gefängnis befreien, doch jener ist der Teufel. Halte dich also keusch und rein, heilig und unbefleckt, lauter und züchtig, laß ab vom ehelichen Verkehr und schenke den verführerischen Reden des ewigen Feindes kein Gehör! Laß dich nicht zermürben oder beugen oder niederwerfen, schaffe kein Bündnis mit den Werken Kains!

Wenn du, Maximilla, dich dem Ägeates nicht hingibst, dann werde auch ich zur Ruhe gelangen, denn er wird mich zwingen, dieses Leben für dich aufzugeben, und mir so zum ewigen Heil verhelfen. Durch dich kann ich ein Beispiel setzen und anderen dir verwandten Seelen helfen!

Wenn ich aber von hier vertrieben werde und du dich durch die Schmeicheleien des ruchlosen Ägeates und seines Vaters, der Schlange, verführen läßt und dich wieder deinem früheren sündhaften Treiben zuwendest, dann werde ich um deinetwillen bestraft werden, wie einst der Adam. Dann aber wirst du erkennen, daß ich das Leben um einer Seele willen von mir geworfen habe, die dessen nicht würdig war.

Darum bitte ich dich, sei standhaft im Herzen und im Verstand! Liebe Jesus und unterwirf dich nicht dem Bösen! Und hilf auch mir, denn ich flehe dich an, hilf mir, daß ich vollkommen werde.

Habe Mitleid mit meinem Leiden, denn wenn du erkennst, was ich erleide, dann wirst du dem Leiden entfliehen! Du sollst sehen, was ich sehe, und wahrlich, es wird dich blenden! Halte dich an das, was geschehen muß, und was nicht geschehen muß, das übersieh! Höre, was ich sage, und was du nicht gehört hast, das verwirf!

Der Entschluß der Maximilla.

6 Und die Kraft dieser Worte stärkte Maximilla, und sie entschied sich für das Heil und das ewige Leben. Also begab sie sich festen Schrittes in das Richthaus, denn es war ihr Entschluß, dem fleischlichen Leben abzusagen.

Und als Ägeates ihr schmeichelte und von seiner Begierde sprach und ehelichen Umgang mit ihr pflegen wollte, da wies sie ihn ab.

Da beschloß der Ägeates, den Andreas zu töten, und sann über die Todesart nach. Und als er beschlossen hatte, ihn kreuzigen zu lassen, ging er davon, um mit seinen Freunden eine Mahlzeit zu halten.

Die Abschiedsrede des Andreas.

7 Maximilla aber begab sich wieder in das Gefängnis. Und es hatten sich da viele Brüder und Schwestern versammelt, denen Andreas predigte. Und er sprach: Liebe Brüder, Gott der HERR hat mich als Apostel in diese Gegend gesandt und mich ihrer für wert gehalten. Und hier bin ich nun, nicht um die Menschen zu belehren, sondern um jene, die der heiligen Lehre nahestehen, daran zu erinnern, daß sie ihr Leben mit vergänglichen Dingen ausfüllen.

Und ich habe euch ermahnt, den schädlichen Einbildungen auszuweichen und das Vergängliche zu meiden und euch dem Bleibenden zuzuwenden. Denn wahrlich, Geliebte, alles wandelt sich, auch der Mensch, und die Seele ist noch nicht erzogen und hat sich bloß verirrt in der Natur, statt sie zu beherrschen.

Glücklich ist allein, der die Verkündigung gehört hat und durch sie die Geheimnisse der Natur zu verstehen vermag und die Ursache aller Dinge. Darum bitte ich euch, liebe Kinder, baut euer Haus auf dem Fundament, das ich gelegt habe! Denn wahrlich, es ist unerschütterlich und der Böse kann ihm nichts anhaben. Hier fasset Wurzel!

Stärkt euch in der Erinnerung an alles, was ihr erlebt habt, während ich mit euch gewandelt bin. Denn was ich in eurer Gegenwart getan habe, muß euch überzeugen, und die Zeichen, die geschehen sind, machen selbst die stumme Natur schreien.

Hört die Worte recht, die ich zu euch gesprochen habe, wie sie gehört werden sollen! Ihr habt gehört, ihr habt gesehen, ihr habt teilgenommen – das möge euch festigen!

Und Gott, an den ihr glaubt, wird sich euer erbarmen und wird euch mit Wohlgefallen vor sich stellen und euch die ewige Ruhe gewähren.

Und laßt euch von meinem Schicksal nicht schrecken! Denn es ist nicht ungewöhnlich, daß ein Diener Gottes, den der HErr durch seine Gnade ausgezeichnet hat, von einem bösen Menschen aus dem irdischen Leben getrieben wird. Und das wird nicht nur mir widerfahren, sondern vielen, die den HErrn lieben, an ihn glauben und sich zu ihm bekennen.

Denn der Teufel in aller seiner Bösartigkeit wird seine Kinder bewaffnen gegen uns, damit wir uns ihm unterwerfen. Doch wahrlich, ich sage euch, er wird scheitern!

Und nun will ich euch enthüllen, warum der Teufel niemals ablassen wird von seinen Versuchen. Von allem Anfang an und schon, als der keinen Anfang hat, hinabgestiegen ist und sich unter die ewige Herrschaft stellte, kämpft der Böse. Denn er ist der Feind des Friedens und versucht alle schwachen Menschen, die ihm nicht angehören und auf dem rechten Weg sind, abzudrängen, damit sie nicht die völlige Klarheit erreichen.

Denn wahrlich, wer Gott nicht kennt, der kennt auch den Teufel nicht. Und so gelingt es dem Teufel, den Schwachen zu täuschen und die Feindschaft*, die da besteht auf ewig, zu verdecken und Freundschaft zu heucheln.

* Vgl. 1.Mos. 3,15

Und der Teufel verspricht viel und schafft Bilder und diese Bilder stacheln die Sinneslust an. Der Schwache in seiner Torheit meint, es seien seine eigenen Bilder, doch es sind die Bilder, mit denen ihn der Teufel beherrscht! Hütet euch also vor den Bildern in euch und seid wachsam, denn der Böse tritt euch nie als Feind gegenüber, sondern er spielt euren verstehenden Freund! Und weil er das seit dem Anfang tut, vertraut ihm heute der Schwache.

Doch mit der Ankunft Jesu wurde das Geheimnis der Gnade offenbar und die Bestimmung der Schöpfung zur ewigen Ruhe. Und es hat sich das Licht des Wortes kundgetan und das Menschengeschlecht hat begonnen, gegen die fleischlichen Lüste zu kämpfen. Und es ist dem bösen Feind der Kampf angesagt worden durch die Barmherzigkeit des HErrn.

Da begannen die Menschen den Bösen zu verachten und ihn auszulachen. Doch seither schmiedet er haßerfüllt Pläne gegen uns. Denn er will nicht von uns ablassen, bis er uns von Gott getrennt hat.

Ehedem war der Böse sorglos und täuschte Freundschaft mit uns Menschen vor und meinte, unser sicher zu sein. Doch seit das Licht des Heils leuchtet, ist seine Feindschaft offenbar geworden und wir haben seine wahre Natur erkannt. Darum, Brüder, seid wachsam und kämpft und haltet euch an das Wort und erwartet freudig das Ende.

So sprach der Apostel die ganze Nacht zu den Brüdern. Am nächsten Tag aber wurde er auf Befehl des Ägeates gekreuzigt.

Das Dritte Buch der Apostelgeschichten

Wundertaten des Apostel Johannes

Das Unglück des Lykomedes.

Einst hatte der Apostel Johannes ein Gesicht. Er hörte eine Stimme vom Himmel, und sie sprach zu ihm: Johannes, ziehe nach Ephesus, denn dort wirst du Gott dem HERRN Ansehen verschaffen und viele bekehren.

Und der Apostel gehorchte, und als er sich der Stadt näherte, kam ihm Lykomedes entgegen, ein reicher Mann und Hauptmann der Epheser, und warf sich ihm zu Füßen und sprach: Bist du der, den sie Johannes nennen? Der Gott, den du verkündigst, hat dich zu mir gesandt, meine Frau zu heilen. Seit sieben Tagen schon liegt sie unheilbar gelähmt darnieder! Hab Erbarmen mit mir und heile sie, deinem Gott zum Ruhme.

Denn als ich mich aus Verzweiflung töten wollte, hatte ich einen Traum. Und es erschien mir ein Gesicht und sprach: Lykomedes, laß ab von deinem verderblichen Unterfangen! Gib ihm nicht nach, denn ich habe mich deiner Gattin, meiner Magd Kleopatra, erbarmt und meinen Diener Johannes nach Ephesus gesandt, der sie erwecken und sie dir gesund wiedergeben wird. Du aber säume nicht, Knecht des unbekannten Gottes, sondern eile zu meiner Frau, die in den letzten Zügen liegt.

Da eilte Johannes mit den Brüdern, die ihn begleiteten, zum Haus des Lykomedes. Und da sie in das Gemach der Frau traten, warf sich Lykomedes dem Apostel zu Füßen und sprach: Einst glich meine unglückliche Frau einer Blüte, die ganz Ephesus entzückte, doch sieh nun, Herr, wie ihre Schönheit vergangen ist.

Einst hat man mich um diese Frau beneidet, und ich habe Demütigungen erlitten ihretwegen. Doch ich habe niemandem ein Unrecht getan, sondern mich geschützt, damit mich das Schicksal nicht strafen möge.

Doch weh mir, was hat mir diese Sorgfalt genützt? Kein Lohn ist mir daraus geworden, daß ich bis heute als frommer Mann gegolten habe. Schlimmeres als die gerechte Strafe eines Gottlosen leide ich, da ich meine Kleopatra so hier liegen sehe!

Wenn mich Kleopatra verläßt, will ich die Sonne nicht mehr sehen.

Ach Kleopatra, ich will dir zuvorkommen und mich selbst töten. Denn wahrlich, diesen Selbstmord kann ich vor der Göttin der Gerechtigkeit rechtfertigen.

Doch zweifle ich, ob ich mich vor ihr rechtfertigen muß: Gerecht habe ich ihr gedient, sie aber behandelt mich ungerecht! An mir ist es, von ihr Rechenschaft zu fordern.

Als Schatten will ich vor die Göttin treten und zu ihr sprechen: Gemordet hast du mich, indem du mir Kleopatra entrissen hast! Meinen Teil an der Hoffnung hast du mir genommen und hast mich gezwungen, gegen die Vorsehung zu handeln. Und noch mehr von dieser Art jammerte Lykomedes am Bett der Kleopatra stehend.

Doch der Apostel zog ihn zur Seite und sprach: Hör auf zu klagen, und laß ab von deiner unpassenden Rede! Ein Gesicht hast du gehabt und es ziemt dir nicht, ungläubig zu sein. Ich will dir deine Gattin zurückgeben. Tritt nun zu uns und bete mit uns zu dem Gott, der sich dir geoffenbart hat.

Doch Lykomedes hörte nicht auf zu jammern und da rief der Apostel: Was ist dir, Lykomedes? Wirf den tiefen Schlaf von dir und öffne deine Seele! Bitte den HErrn um Gnade für deine Gemahlin, dann wird er sie erwecken.

Der Apostel zweifelt.

2 Doch Lykomedes warf sich zu Boden und jammerte und lag plötzlich da wie ein Toter. Da sprach Johannes unter Tränen: Weh mir, war denn mein Gesicht ein Trugbild! O du verdammter Versucher; o neue List des ewigen Feindes! War das die Absicht der Stimme des HErrn? Hier stehe ich nun inmitten der Bürger von Ephesus und der Hauptmann Lykomedes liegt wie tot neben mir, daß sie sich an mir rächen möchten. HErr, wie sind deine Wege? Hast du deine Gnade von mir abgezogen? HErr, ich bitte dich, laß nicht ihn fröhlich tanzen, der sich an fremdem Unglück erfreut! Laß nicht zu, daß der Böse mich verhöhnt! Hilf mir kraft deines heiligen Namens und deiner Barmherzigkeit! Erwecke diese beiden, bevor ihr Tod über mich kommt.

Johannes heilt die Kleopatra.

3 Es war da aber viel Volks von Ephesus vor dem Haus des Lykomedes versammelt, denn es ging das Gerücht von seinem Tod in der Stadt um. Und da der Apostel die gewaltige Menge sah, sprach er zum HErrn: Sei mir Erquickung und Zuversicht, o HErr! Hilf mir Ermatteten, du Arzt, der umsonst heilt! Schütze mich, damit mich jene nicht verspotten! Tu ein Zeichen, damit diese Menge zu dir, dem Gebieter des Alls, findet!

Hab Erbarmen mit dem Elend! Sieh hier die beiden Toten! Hilf ihnen und hilf auch der Menge, daß sie dein heiliges Werkzeug werde als Zeugen deiner Wunder!

Hast du doch selbst gesagt: Bittet, so wird euch gegeben.* Und darum bitte ich dich, HErr, nicht um Gold und Silber und nicht um Schätze oder um anderen irdischen Tand, sondern um die Seelen der zwei, die hier liegen. Und durch diese Gabe wirst du andere bekehren und sie werden auf deinem Weg wandeln und auf dich ihre Zuversicht setzen.

* Mat. 7,7

Denn wenn sie deine Macht erkannt haben, werden sie in sich gehen und gerettet werden. Stärke sie in der Hoffnung auf dich! Und hilf mir, wenn ich jetzt zu Kleopatra trete und sie in deinem Namen aufstehen heiße.

Und er trat zu der Sterbenden und berührte ihr Antlitz und sprach: Höre Kleopatra, denn zu dir spricht der HErr! Und ihn fürchten sie alle, jeder Machthaber und jede Kreatur, das Hohe und das Tiefe, der Tod und die Auferstehung, die Höhe der Himmel und die Krümmungen der Hölle – sie alle fürchten den, der nun zu dir spricht: Steh auf, Kleopatra, mach dich nicht zum Vorwand für jene, die nicht glauben wollen, und zur Bedrängnis für jene, die auf die Rettung hoffen.

Da rief Kleopatra mit lauter Stimme: Ich stehe auf, Gebieter! Errette deine Magd. Und da sie aufgestanden war, nach sieben Tagen, geriet die Stadt der Epheser in Erregung über den unbegreiflichen Anblick.

Johannes heilt Lykomedes.

4 Und Kleopatra fragte nach ihrem Mann Lykomedes. Und Johannes antwortete ihr und sprach: Fasse dich und sei stark in deiner Seele und vertraue meinem Gott, dann wird er dir deinen Gatten Lykomedes lebend wieder schenken. Jetzt aber folge mir in dein anderes Schlafgemach, und du wirst ihn liegen sehen wie einen Toten, doch durch die Kraft meines Gottes wird er wieder auferstehen.

Und Kleopatra folgte dem Johannes, doch da sie Lykomedes sah, der um ihretwillen wie ein Toter da lag, verlor sie die Stimme und knirschte aus Verzweiflung mit den Zähnen und biß sich auf die Zunge, und sie brach in Tränen aus und wandte sich dem Apostel zu und war voll Vertrauen.

Und Johannes hatte Mitleid mit ihr, und als er sah, daß sie nicht außer sich geriet, rief er den HErrn an und sprach: HErr Jesus Christus, du siehst ihre Bedrängnis und ihre Not, du hörst den schweigenden Aufschrei ihrer Seele, du merkst, wie sie das unerträgliche Rasen in sich verschließt. Ich weiß, daß sie des Lykomedes wegen sterben will. Und Kleopatra sprach leise zu Johannes: Gewiß, das habe ich im Sinn.

Da trat der Apostel an die Lagerstatt, auf der Lykomedes lag, ergriff

Kleopatras Hand und sprach: Kleopatra, um des Volkes willen, das umhersteht*, und um deiner Verwandten willen, die hinzugekommen sind, sprich mit lauter Stimme zu deinem Gemahl: Steh auf und preise den Namen Gottes, denn er schenkt den Toten die Toten. * Joh. 11,42

Und sie tat, wie er ihr befohlen hatte, und erweckte so ihren Gatten. Der aber stand auf und warf sich zu Boden und küßte die Füße des Johannes. Doch der Apostel hob ihn auf und sprach: Nicht meine Füße küsse, Mensch, sondern die des Gottes, durch dessen Macht ihr beide auferstanden seid.

Der Apostel begegnet einem Vatermörder.

5 Eines Morgens zog der Apostel mit den Brüdern in ein Dorf. Da war aber ein Landmann, den bedrängte die Frau seines Genossen, er solle sie nehmen, sonst würde sie sich töten. Und auch ihn gelüstete nach ihr. Sein Vater aber wollte ihn an seinem ruchlosen Vorhaben hindern, da schlug er ihn, daß er tot da lag.

Und diesen traf der Apostel, und da er ihn sah, sprach er in seinem Inneren: HErr, wegen diesem Menschen hast du mich hierher gesandt!

Und der Jüngling, da er seinen Vater tot liegen sah, fürchtete er, ergriffen zu werden, und riß die Sichel aus seinem Gürtel und stürzte hastig davon.

Doch Johannes trat ihm entgegen und sprach: Bleib stehen, du ruchloser Dämon, und sage mir, was du vorhast mit dieser blutgierigen Sichel.

Da ließ der Jüngling das Eisen aus der Hand fallen und sprach: Wahrlich, die unmenschlichste aller Taten habe ich begangen und habe mich verurteilt, mir ein gewaltsameres und grausameres Übel anzutun und mich zu töten. Stets hat mich mein Vater ermahnt, ein keusches und ehrbares Leben zu führen, doch ich habe seine Mahnungen nicht ertragen und ihn getötet. Jetzt aber will ich zu jener Frau eilen, um derentwillen ich zum Vatermörder geworden bin, und will sie töten und ihren Mann und dann mich selbst. Denn ich leide die Vorstellung nicht, daß er zusieht, wenn der Henker mich zu Tode bringt.

Da antwortete der Apostel und sprach: Der Böse hat dich fest in seinen Klauen, und wenn ich dich nicht rette, wird er über dich triumphieren. So komm und zeig mir den Ort, wo der Leichnam deines Vaters liegt. Denn ich will ihn erwecken und dir helfen, von jener Frau loszukommen, die dir so gefährlich geworden ist.

Da antwortete ihm der Jüngling: Wenn du mir meinen Vater wieder erweckst, dann will ich von allem Übel ablassen.

Die Rettung des Greises.

6 Und während sie so sprachen, gelangten sie zu der Stätte, da der alte Mann tot lag, und viel Volks stand um ihn.

Da sprach Johannes zu dem Jüngling: Elender, nicht einmal die weißen Haare deines Vaters hast du geschont! Und der Jüngling weinte und schlug sich auf die Brust und bereute.

Da sprach der Apostel im Namen des HErrn: Allwissender, der du mich hierhergesandt hast mit einem Auftrag, Allmächtiger, der du mich schon viele Wunder hast vollbringen lassen, gib mir deine Kraft, daß ich diesen alten Mann wieder belebe. Denn siehe, sein Sohn will sich zum Richter über sich selbst machen. Schone also ihn, der seinen eigenen Vater nicht schonte und ihn wegen eines trefflichen Rates erschlug.

Und er trat an den Greis heran und sprach: Gott der HERR wird sich deiner erbarmen und wird seine Kraft aussenden. So stehe nun auf und lege Zeugnis ab für die Macht Gottes. Und der Greis sprach: HERR, ich stehe auf.

Und siehe, er stand auf, doch er sprach mit zweifelnder Stimme: Alle die Freveltaten und Lieblosigkeiten meines Sohnes hatte ich zu ertragen und sein Verbrechen hatte mich von einem schrecklichen Leben befreit. Du Mann des lebendigen Gottes, ich frage dich: Wozu hast du mich zurückgerufen in dieses Jammertal?

Doch Johannes entgegnete ihm und sprach: Wenn du nur dazu auferstanden bist, dann wäre es wirklich besser, du wärest tot. Doch hab Vertrauen in Gott und erhebe dich zu einem besseren Leben. Und er nahm ihn mit sich und führte ihn in die Stadt und verkündigte ihm die Gnade Gottes, so daß der Alte glaubte.

Die Buße des Vatermörders.

7 Da nun der junge Mann die Auferstehung seines Vaters sah und seine Rettung, nahm er die Sichel und schnitt sich sein Glied ab. Und dann lief er zum Haus der Ehebrecherin und warf ihr das Glied ins Gesicht und schrie: Um deinetwillen wurde ich zum Mörder meines Vaters und beinahe hätte ich euch und mich gemordet. Da nimm also jenen Teil von mir, der meine Schuld trägt. Denn meiner hat sich Gott erbarmt und ich habe seine Macht erkannt.

Und er ging hin und berichtete dem Apostel und den Brüdern, was er getan hatte. Johannes aber tadelte ihn und sprach: O Jüngling, nicht recht hast du gehandelt. Denn wahrlich, jener, der dir eingegeben hat, der Liebhaber der Frau eines anderen zu werden und den Vater zu töten, der hat dir auch eingegeben, dein Glied abzuschneiden.

Besser hättest du gehandelt, wenn du nicht deinen Leib zerstört hättest, sondern die Gesinnung, die dich angeleitet hat. Denn nicht die Werkzeuge sind den Menschen schädlich, sondern die geheimen Quellen, die sie zu schändlichen Regungen anstacheln.

Wenn du wirklich Reue empfindest und die Listen des Satans durchschaut hast, dann bitte Gott, dir bei der Rettung deiner Seele zu helfen. Und der Jüngling bereute im stillen und zog von nun an mit dem Apostel, auf daß er Vergebung erlange für seine früheren Sünden.

Der Apostel und das Rebhuhn.

8 Einst saß Johannes und sann vor sich hin. Da kam ein Rebhuhn geflogen und ließ sich nieder und badete im Staub vor ihm. Der Apostel aber erstaunte.

Und es war ein Priester, der ihn predigen gehört hatte, und nahm Anstoß und sprach in seinem Inneren: Ist es nicht eine Schande, daß ein solcher Mann in seinem Alter Vergnügen an einem Rebhuhn empfindet, das im Staub badet?

Doch der Apostel hatte vernommen, was er im Geist gesprochen hatte und antwortete ihm: Wahrlich, es täte dir besser, wenn auch du dich an einem im Staub badenden Rebhuhn erfreuen würdest, statt dich mit häßlichen und ruchlosen Taten zu beflecken. Denn der Vater, der die Bekehrung und Umkehr aller erwartet, hat dich hierher geführt. Nicht ich bin es, der dieses im Staube badende Rebhuhn benötigt, vielmehr ist dieses Rebhuhn deine Seele.

Und da der Priester merkte, daß der Apostel seine geheimsten Gedanken durchschaut hatte, warf er sich zu Boden und rief aus: Jetzt weiß ich, daß Gott der HERR in dir wohnt, seliger Johannes! Wer dich versucht, der versucht den, der nicht versucht werden kann! Und er bat den Apostel, für ihn zu beten.

Da unterwies ihn Johannes und lehrte ihn die Regeln des Glaubens. Und dann sandte er ihn heim und pries Gott den HERRN, der über allem waltet.

Der Apostel und die Wanzen.

9 Einst nächtigten Johannes und die Brüder in einer verlassenen Herberge. Und weil es dort nur ein Bett gab, legten die Brüder ihre Mäntel darauf und luden den Apostel ein, sich niederzulegen und auszuruhen. Sie aber schliefen auf dem Fußboden.

Doch in dem Bett hausten Wanzen, die dem Apostel arg zusetzten. Und da sie immer lästiger wurden und es schon nach Mitternacht war, sprach er mit lauter Stimme: Ich sage euch, ihr Wanzen, seid einsichtig, zieht aus für eine Nacht und haltet euch fern von den Dienern des HERRN.

Die Brüder lachten darüber und plauderten noch eine Weile, der Apostel aber schlief ein. Da sprachen sie nur mehr leise, und siehe, die Wanzen waren verschwunden.

Doch als es Morgen wurde, da standen Varus und Andronikus als erste auf. Und da sie vor die Tür des Schlafgemachs traten, sahen sie eine Menge Wanzen. Und sie weckten die anderen Brüder und zeigten ihnen die Tiere.

Und da Johannes erwacht war, zeigten die Brüder auch ihm, was sie gesehen hatten. Da sprach der Apostel: Brav seid ihr gewesen und Lob verdient ihr, also kehrt nun wieder heim an euren Platz. Und nachdem er dies gesagt hatte, eilten die Wanzen von der Tür zum Bett, kletterten an den Beinen empor und verschwanden zwischen den Ritzen.

Und Johannes sprach: Dieses Getier hat nur die Stimme eines Menschen vernommen und hat gehorcht. Doch wir hören die Stimme Gottes und sind ungehorsam und leichtfertig! Darum frage ich euch: Wie lange soll das noch währen?

Der Brief des Abgar an Jesus und Jesu Antwort

Dies ist die Abschrift des Briefes, der von Abgar, dem König von Edessa, geschrieben und durch den Eilboten Ananias nach Jerusalem gebracht wurde.

Abgar Ukkama, der Herr über Edessa, grüßt Jesus, den guten Heiland, der zu Jerusalem erschienen ist! Vieles habe ich vernommen über dich und die Heilungen, die du ohne Arzneien und Kräuter vorgenommen hast. Die Blinden, so heißt es, machst du sehen und die Lahmen gehen, die Aussätzigen werden rein, unreine Geister und Dämonen treibst du aus. Selbst solche, die seit langem von Krankheiten geplagt sind, heilst du, und Tote erweckst du. Das alles habe ich vernommen, und nun frage ich, wer du wohl bist, o HErr? Und in meinem Sinn gab ich mir die Antwort, daß wohl nur eines von beiden in Betracht komme: Entweder bist du Gott selbst und bist herabgestiegen vom Himmel, daß du deine Wunder wirkst, oder du bist Gottes Sohn, der seine Wunder tut. Darum schreibe ich dir, daß ich dich bitte, du mögest geruhen, nach Edessa zu kommen, daß du heilest die Krankheit, an der ich leide. Zudem ist vor mich gekommen, daß die Juden wider dich murren und wollen dir Böses antun.

Meine Stadt ist nicht groß, doch geachtet. Sie reicht für uns beide.

Dies ist die Abschrift der Antwort, die Jesus an Abgar, den Fürsten, durch Eilboten sandte.

Selig bist du, der an mich geglaubt hat, ohne mich zu sehen. Denn es steht geschrieben von mir, daß die mich gesehen haben, nicht an mich glauben, und die mich nicht gesehen haben, glauben und werden leben. Was du mir aber geschrieben hast, und daß ich zu dir kommen möge in deine Stadt und Reich Edessa, so muß notwendig alles erfüllt werden, wozu ich gesandt worden bin, hier zu Jerusalem, und muß, wenn es erfüllt ist, emporgehoben werden zu dem, der mich gesandt hat. Wenn ich aber bin emporgehoben, will ich dir einen meiner Jünger senden, auf daß er dein Leiden heile und dir und den deinen das Leben gebe.

Der Brief des Petrus an Jakobus

Eine Anweisung des Apostels Petrus an Jakobus den Umgang mit den Heiligen Texten betreffend

Petrus an Jakobus, den Bruder und Bischof der heiligen Gemeinde: der HERR, unser Gott, und sein Sohn Jesus Christus, gebe dir allezeit Frieden.

Nur Eingeweihte dürfen dieses Buch lesen.

1 Geliebter Bruder, ich sende dir die heiligen Texte, die Sammlung meiner Predigten und die geheimen Lehren. Doch achte auf eines! Bekannt ist mir dein Eifer um unsere heilige Sache, darum beschwöre ich dich: Hüte die heiligen Texte wie dein Augenlicht! Bewahre sie sorgsam auf, daß sie keinem Heiden in die Hände fallen.

Doch hüte dich auch vor unseren Glaubensgenossen, es sei denn, du hättest sie gründlich geprüft. So einer geprüft und für würdig befunden wurde, magst du ihm die Texte übergeben. Halte dich dabei an das Beispiel des Mose und an die Weise, in der er den Siebzig* sein Lehramt übergeben hat!

* 4.Mos. 11,24ff.

Wahrlich, begründet war seine Vorsicht und ihre Früchte sind bis auf den heutigen Tag zu sehen! Sieh doch, die Angehörigen seines Glaubens halten sich alle an die gleichen Regeln wie ehedem, in der Lehre wie auch in der Lebensführung. Und all die vielen Schriften, die Abweichendes lehren, die Schriften der falschen Propheten und der schlechten Lehrer, können sie nicht verwirren.

Und wo einer, der die Überlieferung nicht kennt, gegenüber den vieldeutigen Stimmen der Propheten ratlos ist, versuchen sie, die Widersprüche der Schrift miteinander in Einklang zu bringen. Und das ist der gute Grund, warum sie keinem gestatten, zu lehren, bevor er nicht gelernt hat, wie die Schriften zu gebrauchen sind. Und daher, und nur daher, kommt es, daß bei ihnen *ein* Gott und *ein* Gesetz und *eine* Hoffnung in Geltung sind.

Die Lehre vollendet das Gesetz.

2 So soll es auch bei uns sein! Ich bitte dich daher, mein geliebter Bruder, halte die heiligen Schriften zunächst geheim. Wenn du sie aber einmal unseren siebzig Brüdern* übergibst, dann lehre auch sie, das Geheimnis zu achten.

* Luk. 10,1

Denn fällt das Geheimnis, dann wird unser Glaube gemein; dann wird unser heiliges Wort der Wahrheit in viele abweichende Meinungen zersplittert werden.

Ich spreche zu dir nicht als Prophet, sondern als einer, dem Ähnliches schon widerfahren ist. Denn es ist geschehen, daß einige Heiden meine Verkündigung des Gesetzes mißdeutet und mir die Lehre des feindlichen Menschen unterstellt haben, der da predigt die Auflösung des Gesetzes*.

* Vgl. z.B. Röm. 3,28 oder Gal. 2,16

Ach Bruder, diese Lehre ist unsinnig und wider das Gesetz! Sie aber trachten, da ich noch unter den Lebenden weile, meine Worte zu verdrehen. So behaupten sie, daß ich in Wahrheit die Auflösung des Gesetzes lehre, ohne dies zuzugeben.

Gal. 2,11-14

Das sei ferne! Wahrlich, ich sage dir: Keiner handle wider das Gesetz, das durch Mose kundgetan und durch unseren HErrn in seiner ewigen Dauer bestätigt wurde! Denn er sprach: Bis daß Himmel und Erde zergehe, wird nicht zergehen der kleinste Buchstabe, noch ein Tüttel vom Gesetz, bis daß es alles geschehe*.

* Mat. 5,18

Und der HErr sprach dies, damit wir danach handeln. Und dennoch gibt es solche, die vorgeben, meine Gedanken besser zu verstehen als ich, solche, die meinen, sie könnten meine Worte besser auslegen als ich, der ich sie gesprochen habe.

Sie lehren ihre Schüler etwas als meine Ansicht, woran ich nie gedacht habe. Welche Toren! Sie wagen das heute, während ich noch lebe; was werden sie erst wagen, wenn ich gestorben bin!

Die Glaubenssätze dürfen nicht verwirrt werden.

3 Bruder, geliebter Bruder, hab acht, daß solches nicht geschieht! Ich bitte dich inständig, die Bücher meiner Predigten, die ich dir sende, keinem Fremden und keinem Stammesgenossen vor Ablauf einer Probezeit zu überlassen.

Wenn du aber jemanden geprüft und für würdig befunden hast, dann übergib ihm die Schriften in der Weise, in der Moses den Siebzig das Lehramt übergeben hat.

Siehe darauf, daß die Neubekehrten die Glaubenssätze nicht verwirren, daß sie alles entsprechend der Überlieferung deuten und nicht durch Unwissenheit und Zweifel der Seele in den Irrtum hinabgezogen werden.

Denn jeder irrende Lehrer reißt andere in den Abgrund des Verderbens mit. Vgl. Sprüche 4,16

Ich habe dir angezeigt, was geschehen muß. Achte auf meine Worte und erfülle sie!

Der Friede des HErrn sei mit dir.

Der Brief des Jakobus an den Sohn des Kerinthos

Jakobus schreibt an den Sohn des Kerinthos:
Geliebter Bruder! Aus dem Frieden komme der Friede zu dir und aus der Liebe die Liebe und aus der Gnade die Gnade und aus dem Glauben der Glaube und aus dem heiligen Leben das Leben.

Du hast mich gebeten, dir jene geheimen Lehren zu verkünden, die mir und Petrus von Jesus Christus, unserem HErrn, geoffenbart wurden. Doch gibt es Dinge, über die zu sprechen sich nicht schickt.

Da ich aber deine Bitte nicht abschlagen wollte, sende ich dir die Lehre in hebräischer Schrift. Ich sende sie dir, weil du ein treuer Diener an der Erlösung der Heiligen bist; doch sende ich sie dir und keinem anderen!

Darum sei sorgsam und hüte dich, diese geheime Lehre einem Unwürdigen mitzuteilen! Denn diese Lehre wollte der Erlöser nicht einmal allen von uns, seinen zwölf Jüngern, mitteilen. Sei denen Heil, die erlöst werden durch den Glauben an diese Lehre.

Vor zehn Monaten habe ich dir eine andere rätselhafte und geheime Lehre gesandt, die mir der Erlöser offenbart hat. Lies und versteh die neue Lehre so, wie sie mir, Jakobus, offenbart worden ist. Hüte dich aber vor Mißverständnissen!

Auch ich habe die neue Lehre noch nicht gänzlich verstanden. Nun, da sie dir und den deinen offenbart wird, sollt ihr in euch gehen und ihren Sinn suchen.

Nur so wirst du die Erlösung erreichen. Und wahrlich, wenn du einst verstanden haben wirst, dann sollst du auch offenbaren!

Eine neue Auferstehung des HErrn.

2 Und es waren alle zwölf Jünger versammelt und gedachten, was der Erlöser jedem von ihnen verkündet hatte, sei es im geheimen oder öffentlich, und ordneten es zu Büchern.

Ich aber schrieb derweilen diese Geheimlehre nieder; und siehe, da erschien der Erlöser. Es waren aber schon fünfhundertundfünfzig Tage vergangen, seit er von uns gegangen war, und wir hatten fünfhundertundfünfzig Tage auf ihn gewartet.

Und wir fragten ihn: HErr, hast du dich für immer von uns entfernt? Und Jesus antwortete uns und sprach: Nein, doch bald werde ich vor den treten, der mich gesandt hat. Und wer von euch mir folgen will, der folge mir!

Da antworteten ihm alle und sagten: Wenn du uns rufst, dann wollen wir dir folgen.

Doch da sprach der HErr: Wahrlich, ich sage euch: Es wird keiner jemals in das Himmelreich eingehen, nur weil ich ihn rufe. Nur der wird ins Himmelreich eingehen, der erfüllt ist. So überlaßt mir denn den Jakobus und den Petrus, damit ich sie erfülle.

Und da er die beiden gerufen hatte, nahm er sie beiseite. Den übrigen aber trug er auf, weiter zu tun, was sie bisher getan hatten; jeder das Seine.

Der Herr fordert die beiden Apostel auf, erfüllt zu werden.

3 Der Erlöser aber sprach zu mir, dem Jakobus, und zu Petrus: Der Vater hat euch die Gnade erwiesen, meine Worte zu hören. Doch hütet euch! Denn die übrigen Jünger haben meine Worte in ihre Bücher geschrieben und sie dennoch nicht verstanden, darum hütet euch!

Unverständig haben sie sich bemüht, darum hütet euch! Wie die Toren haben sie gehört und wie die Tauben haben sie nicht verstanden, darum hütet euch!

Wollt ihr denn nicht erfüllt werden? Ist auch euer Verstand trunken? Wollt ihr denn nicht nüchtern werden? Darum schämet euch, schämet euch, wenn ihr schlaft, und schämet euch, wenn ihr wach seid!

Ihr habt den Menschensohn gesehen, ihr habt mit ihm gesprochen und ihr habt auf ihn gehört.

Wehe denen, die den Menschensohn gesehen haben! Heil denen, die ihn nicht gesehen haben, die nicht mit ihm zusammen waren, die nicht mit ihm gesprochen haben, die nie etwas von ihm gehört haben! Euer ist das Leben.

Er hat euch geheilt, als ihr krank wart, damit ihr herrscht.

Wehe denen, die von ihrer Krankheit gesundet sind! Denn sie werden wieder in die Krankheit zurückfallen.

Heil denen, die niemals krank waren und die Ruhe erkannt haben, bevor sie krank wurden! Euer ist das Himmelreich.

Darum sage ich euch: Werdet erfüllt und laßt keinen Raum in euch leer. Wer eindringt, der wird über euch lachen können.

Die erste rätselhafte Lehre.

4 Darauf antwortete Petrus und sprach: Siehe, dreimal hast du zu uns gesagt: Werdet erfüllt! Aber wir sind erfüllt.

Da antwortete ihm der Erlöser: Noch einmal sage ich euch, werdet erfüllt, damit ihr nicht an Fülle abnehmet. Denn die da abnehmen, werden nicht erlöst werden. Also ist das Erfülltwerden gut, und das Abnehmen ist schlecht.

Doch ist es auch gut, daß du abnimmst, und schlecht, daß du statt dessen erfüllt wirst. Denn in diesem Fall nimmt die Fülle ab und das Mangelhafte nimmt nicht zu; dann kann das Mangelhafte aufgefüllt werden und die Fülle kann bis zum letzten Maß vollendet werden.

Ihr müßt also abnehmen, während ihr euch füllen könnt, und füllen, wie ihr abnehmen könnt, damit ihr das Heil erlangt.

Erfüllt euch also durch den Geist! Doch nehmt ab im Verstand, denn auch der Verstand gehört zur Seele.

Der Platz des Satans im Heilsplan.

5 Da antwortete ich und sprach zu ihm: HErr, wenn du es willst, dann werden wir dir gehorchen. Siehe, wir haben unsere Väter, unsere Mütter und unsere Dörfer verlassen und sind dir nachgefolgt. So schütze uns nun, auf daß wir nicht vom Satan versucht werden.

Und der HErr antwortete und sprach: Träge seid ihr und wollt euch das Heil nicht selbst verdienen! Denn worin liegt euer Verdienst, wenn ihr zwar vorgebt, den Willen des Vaters zu erfüllen, gleichzeitig aber von der Versuchung durch den Satan verschont bleibt? Vgl. Sir. 2,1

Wenn ihr vom Satan bedrängt und verfolgt werdet und ihm endlich seinen Willen erfüllt, dann, so sage ich euch, wird er euch lieben. Er wird an euch fürsorglich denken und wird euch mir gleich machen. Denn auch der Satan liebt euch, wie es vorgesehen ist, in dem Maß, in dem ihr Erwählte seid.

So hört auf, das Fleisch zu lieben und euch vor dem Leiden zu fürchten! Habt ihr vergessen, daß es eure Bestimmung ist, mißhandelt, ungerecht angeklagt, verurteilt und eingesperrt zu werden? Denkt daran, daß ich grundlos gekreuzigt und in Schande begraben ward!

Denkt an die Macht des Bösen!

Was trachtet ihr danach, das Fleisch zu schonen, ihr, die der Geist wie eine Mauer umgibt? Betrachtet die Welt, wie sie ist, wie sie schon vor eurer Zeit war, und wie sie noch lange nach eurer Zeit sein wird! Merkt ihr nicht, daß euer Leben ein einziger Tag und euer Leiden eine einzige Stunde ist?

Fürwahr, die Furchtsamen werden nicht in die andere Welt kommen. Verachtet darum den Tod und sorgt euch um das Leben! Gedenket meines Kreuzes und meines Todes und ihr werdet leben!

Der Tod führt zum ewigen Leben.

6 Da antwortete ich ihm also: HErr, verkündige uns nicht das Kreuz und den Tod, denn dein ist das Leben!

Und Jesus entgegnete mir und sprach: Wahrlich, ich sage euch: Keiner wird erlöst werden, der nicht an mein Kreuz glaubt! Das Reich Gottes gehört nur denen, die an mein Kreuz glauben. Trachtet ihr also nach dem Tod, wie die Toten, die nach dem Leben trachten! Denn das, wonach sie suchen, wird sich ihnen offenbaren.

Was kann ihnen Sorge bereiten?

Wendet euch dem Tod zu, dann werdet ihr als Erwählte leben! Wahrlich ich sage euch: So einer den Tod fürchtet, wird er nicht erlöst werden, denn das Reich Gottes gehört denen, die getötet werden. Macht euch dem Sohn des Heiligen Geistes gleich; werdet besser als ich!

Die zweite rätselhafte Lehre.

7 Und ich sprach zu ihm: HErr, wie können wir denen prophezeien, die uns auffordern, zu prophezeien? Denn zahlreich sind sie, die uns drängen, daß wir ihnen Prophezeiungen verkünden.

Und der HErr antwortete und sprach: Habt ihr denn vergessen, daß das Haupt der Prophetie mit Johannes abgeschlagen wurde?

Da antwortete ich ihm: HErr, sage mir, ist es denn möglich, das Haupt der Prophetie abzuschlagen. Und der HErr gab mir das Geschenk seiner Lehre: Denkt daran, was das Wort Haupt bedeutet; denkt auch daran, daß die Prophetie aus dem Haupt hervorgeht, dann werdet ihr verstehen, was das heißt: Das Haupt der Prophetie wurde abgeschlagen, ihr Toren!

Früher habe ich zu euch in Gleichnissen geredet, und ihr habt nicht verstanden. Jetzt rede ich offen zu euch und ihr versteht immer noch nicht.

Unter all den Gleichnissen seid ihr mit eurem Unverstand selbst zum Gleichnis geworden, in der offenen Rede werdet ihr zum sichtbaren Beispiel.

Beeilt euch, erlöst zu werden, ohne daß ihr aufgefordert werdet. Betreibt eure Erlösung mit Eifer; wenn es euch möglich ist, dann trachtet, mich zu übertreffen. Dann wird euch der Vater lieben!

Haßt die Heuchelei und die böse Gesinnung! Die böse Gesinnung erzeugt nämlich die Heuchelei, und die Heuchelei ist von der Wahrheit weit entfernt.

Laßt das Himmelreich nicht welken. Denn das Himmelreich gleicht einer Dattelpalme, deren Früchte um sie herum zu Boden gefallen waren. Und die Früchte bildeten Wurzeln und trieben aus, doch als sie wuchsen, ließen sie die Mutterpflanze vertrocknen.

Auch gleicht das Himmelreich der Frucht, die aus derselben Wurzel hervorkam. Erst wenn du sie gepflanzt hast, wird sie mit viel Mühe Früchte hervorbringen. Kannst du diese Pflanzen großziehen, dann wird es dir möglich sein, das Himmelreich zu finden.

Vergeßt auch nicht, daß ich vor der Zeit verherrlicht wurde. Was haltet ihr mich jetzt auf, da ich mich eile, zu gehen?

Ihr habt mich gezwungen, nach meinem Leiden achtzehn Monate bei euch zu bleiben, der Gleichnisse wegen.

Die aber auf die Lehren achteten, haben mich verstanden. Sie wissen, was ich meine, wenn ich von den Hirten* spreche, vom Säen*, vom Bauen*, von den Lampen der Jungfrauen*, dem Lohn der Arbeiter* und den Groschen und der Frau*. Darum sage ich euch: Seid eifrig bemüht um die Lehre! Denn das Wort hat drei Seiten. Und seine erste Seite ist der Glaube, die zweite die Liebe und die dritte sind die Werke. Den Werken aber entstammt das Leben.

* Vgl. z.B. Joh. 10,12-18 (Hirte); Mat. 13,3-9 (Säen); Luk. 14,28ff. (Bauen); Mat. 25,1-13 (Lampen); Mat. 20,1-16 (Lohn) und Luk. 15,8-10 (Groschen)

Denn das Wort gleicht einem Weizenkorn. Der es säte, schenkte ihm seinen Glauben. Und da es wuchs, liebte er es, weil er statt eines Korns viele Körner sah. Und da er das Werk vollbracht hatte, wurde er erlöst, nachdem er Speise zubereitet hatte. Doch brauchte er die Ernte nicht auf, sondern ließ etwas zur Aussaat übrig.

So könnt auch ihr das Himmelreich empfangen. Doch wenn ihr das Himmelreich nicht durch Gnosis empfangt, dann werdet ihr es niemals finden.

Darum sage ich euch, werdet nüchtern! Laßt ab vom Irrtum!

Erinnere dich, o Jakobus, wie oft ich dir und den anderen gesagt habe, ihr möget euch erlösen.

Ich habe dir aufgetragen, daß du mir nachfolgen sollst, und ich habe dich belehrt über das Verhalten vor den Herrschern.

Seht, ich bin herabgestiegen und ich habe mich abgemüht* und ich habe meine Last getragen, damit ich euch erlöse. Und ich bin herabgestiegen, auf daß Gemeinschaft sei, zwischen mir und euch und zwischen euch und mir. Doch ich fand, daß eure Häuser ohne Dach waren, und so wohnte ich in den Häusern derer, die mich aufnehmen konnten.

* Vgl. Thomas der Zwilling, Spruch 21 u. 58

Habt Vertrauen zu mir, o meine Brüder! Versteht, was das große Licht ist!

Es ist nicht der Vater, der meiner bedarf. Denn kein Vater bedarf seines Sohnes, sondern der Sohn bedarf des Vaters.

Ich bin auf dem Weg zum Vater. Doch wahrlich, ich sage euch: Auch euer bedarf der Vater nicht. Darum hört auf das Wort. Versteht die Gnosis! Liebt das Leben!

Keiner wird euch verfolgen, keiner wird euch quälen – es sei denn, ihr quält euch selbst!

O ihr Elenden, o ihr Unglücklichen, o ihr Vortäuscher der Wahrheit! O ihr Lügner gegen die Gnosis! O ihr Frevler gegen den Geist! Was hört ihr mir immer noch zu, die ihr dazu bestimmt seid, zu reden!

Ihr trägen Toren, was besteht ihr darauf zu schlafen, da doch das Himmelreich nur die Wachen aufnimmt?

Wahrlich, ich sage euch: Leichter ist es, daß ein Reiner in Unreinheit oder ein Lichtwesen in die Finsternis fällt, als daß ihr zur Herrschaft gelangt – oder nicht gelangt.

Ich gedenke der Stunde, da ihr geweint habt und waret traurig und betrübt. Das war vor langer Zeit. Doch jetzt, da ihr außerhalb des Vatererbes seid, laßt ab von der unnötigen Trauer und seid dort betrübt, wo es nötig ist.

Geht hin und verkündet die frohe Botschaft, daß der Sohn in gebührender Weise emporsteigt!

Wahrlich, ich sage euch: Ich bin zu denen gesandt worden, die da auf mich hören. Hätte ich nur mit ihnen reden sollen, so wäre ich niemals zur Erde herabgestiegen. Darum hütet euch künftig vor ihnen.

Ich will nicht länger bei euch bleiben, wie auch ihr es nicht wollt, und ich werde mich von euch entfernen und hinaufsteigen. Eilt, mir zu folgen.

Euretwegen bin ich herabgestiegen. Ihr seid die Geliebten. Und eure Saat wird reiche Frucht tragen.

Betet zum Vater! Bittet Gott vielmals und er wird euch geben! Und jeder sei gesegnet, der euch bei sich gesehen hat.

Sein Name wird verkündigt werden unter den Engeln und verherrlicht unter den Heiligen.

Euer ist das Leben. Freut euch und jubelt als Kinder Gottes.

Achtet den Willen des Vaters, auf daß ihr erlöst werdet.

Vernehmt meinen Tadel, denn er wird euch zum Segen gereichen.

Ich will beim Vater für euch bitten und er wird euch erlösen.

Der HErr tadelt die Furchtsamkeit der Apostel.

8 Und da wir dies hörten, wurden wir froh. Denn zuvor hatte uns eine große Traurigkeit erfaßt über das, was er uns gesagt hatte.

Doch da der HErr sah, daß wir uns freuten, wurde er zornig und sprach: Wehe euch, daß ihr einen Fürsprecher* nötig habt! Wehe euch, daß ihr der Gnade bedürft! Heil denen, die offen geredet haben und sich selbst die Gnade erwirken.

* Vgl. Röm. 8,34

Denkt an die Fremden und daran, wie sie vor eurer Stadt leben.

Warum seid ihr so unruhig, wenn ihr eure Stätte verlaßt? Wenn ihr euren Wohnort verlaßt, dann macht ihr denen Platz, die darauf warten, in ihm zu wohnen.

Erwählte seid ihr und dennoch flieht ihr! Wehe euch, man wird euch ergreifen.

Meint ihr denn, daß der Vater menschenfreundlich sei, sich durch Flehen umstimmen läßt oder Gnade verschenkt oder gar einen erhört, der ihn um etwas bittet? Der Vater kennt den Willen und das, woran es dem Fleisch mangelt.

Begehrt das Fleisch denn nicht nach der Seele? Wahrlich, ohne die Seele kann der Leib nicht sündigen, wie die Seele nicht ohne den Leib erlöst werden kann.

Wenn aber die Seele erlöst wird vom Bösen und auch der Geist erlöst wird, dann wird der Leib von Sünden frei. Denn es ist der Geist, der die Seele lebendig macht. Der Leib aber tötet sie. Und das heißt: sie selbst tötet sich.

Wahrlich, ich sage euch: Der Vater wird weder die Sünde einer Seele vergeben, noch die Schuld des Fleisches. Denn keiner von denen, die das Fleisch getragen haben, wird erlöst werden.

Ja meint ihr denn, daß viele das Himmelreich gefunden haben? Heil dem, der sich als vierter im Himmelreich gesehen hat.

Die dritte rätselhafte Lehre.

9 Und da wir dies hörten, wurden wir traurig. Da der HErr aber sah, daß wir traurig waren, sprach er: Dieses sage ich euch, damit ihr euch selbst erkennt.

Denn wahrlich, das Himmelreich gleicht einer Ähre, die auf einem Feld wuchs. Und da sie reif war, streute sie ihre Frucht aus und füllte das Feld aufs neue mit Ähren für ein weiteres Jahr.

So eilt denn, eine Lebensähre zu ernten, damit ihr durch das Korn gefüllt werdet. Und solange ich bei euch weile, sehet auf mich und gehorcht mir!

Wenn ich mich aber von euch entferne, dann gedenkt meiner. Und dies sei der Grund eures Gedenkens: Ich war bei euch und ihr habt mich nicht erkannt.

Heil denen, die mich erkannt haben. Wehe denen, die gehört und nicht geglaubt haben!

Heil denen, die nicht gesehen und doch geglaubt haben!

Wahrlich, ich spreche zu euch, damit ihr mich endlich hört. Ich offenbare mich euch, damit ich ein Haus baue. Und dieses Haus soll euch zum Nutzen gereichen, und es soll euch Schatten spenden und das Haus eurer Nachbarn stützen, wenn es einzustürzen droht.

Wahrlich, ich sage euch: Wehe denen, derentwegen ich zu diesem Ort herabgesandt wurde. Und Heil denen, die hinaufsteigen werden zum Vater.

Euch, die ihr seid, tadle ich. Macht euch gleich denen, die nicht sind, auf daß ihr zusammen seid mit denen, die nicht sind!

Gebt acht, daß nicht das Himmelreich in euch veröde!

Seid nicht hochmütig, weil ich euch erwählt habe, sondern denkt daran, daß eurem Licht die Erleuchtung fehlt.

Seid untereinander, wie ich zu euch war. Denn ich habe den Fluch auf mich genommen, damit ihr erlöst werdet.

Die letzten Worte des HErrn auf der Erde.

10 Da antwortete ihm Petrus und sprach: HErr, ich verstehe dich nicht. Du lädst uns ins Himmelreich ein, und du weist uns ab. Du überredest uns zum Glauben und versprichst uns das Leben, doch dann stößt du uns wieder vom Himmelreich zurück.

Da antwortete ihm der HErr und sprach zu uns: Oft habe ich euch den Glauben dargelegt und dir, o Jakobus, habe ich mich darüber hinaus geoffenbart, doch ihr habt mich nicht verstanden.

Jetzt zeigt ihr mir eure Freude über die Verheißung des Lebens. Doch zugleich seid ihr traurig und betrübt, wenn ihr über das Reich belehrt werdet.

Vergeßt nie, daß ihr das Leben dem Glauben und der Gnosis verdankt. So lacht denn über die Zurückweisung und jubelt über die Verheißung!

Wahrlich, ich sage euch: Wer das Leben empfangen wird und an das Reich glaubt, der wird es niemals verlassen, selbst dann nicht, wenn der Vater seinen Zorn gegen ihn richtet.

Doch mehr will ich euch nicht sagen, denn jetzt will ich zurückgehen zu dem Ort, von dem ich zu euch gekommen bin.

Was habt ihr an mir vollbracht?

Da ich eilte, zu gehen, habt ihr mich hinausgeworfen, und anstatt mich zu begleiten, habt ihr mich verfolgt.

Doch sehet auf die Herrlichkeit, die mich dort erwartet! Richtet euer Herz nach oben und öffnet es, dann werdet ihr die Lobgesänge des Himmels hören! Denn noch heute muß ich den Platz zur Rechten Hand des Vaters einnehmen.

Nun aber will ich mich von euch trennen. Schon hat die Kraft begonnen, mich hinaufzutragen. Und ich beginne mich auszuziehen, um mich anzuziehen.

Heil denen, die den Sohn angekündigt haben, bevor er herabkam, auf daß sein Schicksal sich erfüllet! Und Heil denen, deren Kommen der Sohn prophezeite, auf daß ihr Anteil an ihnen bekommt.

Und da er das gesagt hatte, verschwand er.

Die Kommenden bringen das Heil.

11 Wir aber, Petrus und ich, knieten uns nieder und dankten ihm und sandten unsere Herzen zum Himmel. Und wir hörten mit unseren Ohren und sahen mit unseren Augen den Lärm von Kriegen und Trompetenklang und große Aufregung.

Und da unsere Herzen weiter nach oben gelangten, sandten wir unseren Verstand noch höher hinauf. Und wir sahen mit unseren Augen und hörten mit unseren Ohren die Lobgesänge, die Dankeslieder und den Jubel der Engel und aller Großen im Himmel.

Da jubelten wir mit ihnen.

Dann aber wollten wir unseren Geist bis zum höchsten Punkt hinaufsenden. Doch da wir uns weiter nach oben begaben, war nichts mehr zu sehen und zu hören.

Und die anderen Jünger riefen nach uns und fragten uns: Was hat er euch gesagt, und wohin ist er gegangen?

Da antworteten wir ihnen: Er ist hinaufgegangen. Doch hat er uns ein Versprechen gegeben und hat uns das Leben verheißen und hat uns die Kinder geoffenbart, die nach uns kommen werden, und uns befohlen, sie zu lieben, weil wir ihretwegen erlöst würden.

Und da die anderen Apostel dies hörten, glaubten sie an die Offenbarung, doch zürnten sie denen, die nach uns kommen sollten.

Und da ich ihnen keinen Anlaß zur Sünde geben wollte, sandte ich einen jeden an einen anderen Ort.

Ich aber zog nach Jerusalem, um dort zu beten und mich mit den Geliebten zu vereinigen, die noch in Erscheinung treten werden.

Jetzt aber bete ich, daß mit dir ein Anfang gesetzt werde. Denn so kann ich einst erlöst werden, wie jene erleuchtet werden durch mich, durch meinen Glauben und durch einen anderen, der stärker ist als meiner.

Denn wahrlich, ich hoffe auf die Kommenden, deren Glauben stärker sein wird als der meine. Du aber trachte danach, so zu werden wie jene, und bete, um dich mit ihnen zu vereinigen!

Denn außer dem, was ich aufgezeichnet habe, hat uns der Erlöser keine Offenbarung hinterlassen, die sie betrifft. Doch das bleibt uns zu verkünden: Die Ankunft derer, die der HErr als seine Kinder angenommen hat, und die Vereinigung mit ihnen. So sei es.

Die Briefe des Seneca und des Paulus

Seneca grüßt Paulus:
So wisse denn, lieber Paulus, daß gestern einige deiner Brüder im Glauben bei mir zu Gast waren Da saßen wir also mit dem Lucilius in den Gärten des Sallust und sprachen über die geheimen Lehren und den rechten Glauben und wünschten, du wärest mit uns. Wahrlich, all die Ermahnungen zum sittlichen Leben, die du an die Korinther und an die Epheser, an die Philipper, an die Kolosser und an die Thessalonicher gerichtet hast, haben uns im Geist erquickt. Durch dich sind diese Lehren ausgesprochen worden, lieber Paulus, doch stammen sie nicht aus dir. Denn der Glaube, den du verkündest, ist so erhaben und so edel, daß es Generationen dauern wird, bis die Menschheit ihn annehmen und durch ihn vollendet wird. Ich wünsche dir Wohlergehen, Bruder.

2 Den L. Annaeus Seneca grüßt Paulus:
Den Brief, den du mir gestern gesandt hast, habe ich mit großer Freude in Empfang genommen. Verzeih mir, daß ich ihn nicht sofort beantwortet habe, doch der junge Mann, den ich dir als Boten senden wollte, stand mir nicht zur Verfügung. Nicht aus Nachlässigkeit habe ich also mit meiner Antwort gezögert, sondern aus Sorgfalt um einen zuverlässigen Kurier. Du schreibst, daß meine Briefe euch angenehm berührt haben. Wisse, daß mich ein solches Urteil, gesprochen von einem aufrichtigen Mann, glücklich macht. Denn ich meine, daß ein Kritiker, Philosoph und Lehrer eines bedeutenden Fürsten, ein Mann, auf den die Öffentlichkeit hört, solches nicht sagen würde, wenn er es nicht für wahr hielte. Mein Gruß mit meiner Paulus-Hand! Gnade sei mit dir. Amen.

3 Seneca grüßt Paulus:
Vernimm, was ich jüngst unternommen habe: Ich habe einige Texte mit Lehren das sittliche Leben betreffend neu geordnet und bin nun entschlossen, sie dem Kaiser vorzulesen. Hoffen wir auf ein günstiges Geschick! Zeigt der Kaiser neues Interesse an den Lehren, dann wirst vielleicht auch du zugegen sein. Andernfalls will ich dir einen Tag nennen, an dem wir gemeinsam das

neue Werk einsehen können. Doch nein: Ich kann dem Kaiser diese Schrift nicht eher vorlegen, als ich dich gesehen habe und dein Urteil vernommen habe. Auch kannst du nur so sicher sein, daß man dich nicht übergeht. Doch zweifle ich, daß ein Treffen zwischen uns ohne Schaden für dich möglich ist. Leb wohl, teuerster Paulus!

4 Den Annaeus Seneca grüßt Paulus:
Sooft ich deine Briefe höre, denke ich an deine Gegenwart. Und ein einziger Wunsch ist in mir, daß du jederzeit bei uns seist. So komme denn, sobald du kannst, dann werden wir einander im Fleische sehen. Gnade sei mit dir!

5 Seneca grüßt Paulus:
Dein allzu langes Fernbleiben macht mir angst. Was ist geschehen? Was hält dich fern? Fürchtest du den Unwillen der Herrin, weil du dich von deinem alten Glauben abgewandt hast, der auch der ihre ist? Sei nicht kleinmütig, das Geschick wird dir die Gelegenheit geben, sie zu überzeugen, daß du aus Überlegung und nicht aus Leichtfertigkeit gehandelt hast. Leb wohl.

6 Den Seneca und den Lucilius grüßt Paulus:
Viel hast du mir geschrieben, aber nur über Dinge, die man nicht mit Tinte und Feder beschreiben kann. Denn die Tinte macht alles zu offenkundig, die Feder aber macht es zu deutlich. Vor allem aber weiß ich, daß in eurer Mitte Leute sind, die mich auch ohne Geschriebenes verstehen. Darum rate ich euch: Seid ehrfürchtig zu allen, vor allem zu jenen, in denen der Zorn brodelt. So wir nur Geduld mit ihnen haben und es Menschen sind, die zur Reue bereit sind, werden wir sie am Ende überwältigen. Lebt wohl!

7 Annaeus Seneca grüßt Paulus und Theophilus:
Das Herz war mir leicht, als ich deine Briefe an die Galater, an die Korinther und an die Achäer gelesen hatte. Wahrlich, unser Leben sollte so sein, wie du es beschrieben hast. Denn aus dir spricht der Heilige Geist, durch deinen erhabenen Mund bringt er hohe und durchaus ehrwürdige Gedanken zum Ausdruck. Ach Bruder, es ist ein Jammer, daß der Erhabenheit deiner Gedanken die schöne Form der Rede fehlt! Fern sei es mir, dir einen Triumph vorzuenthalten und damit mein Gewissen zu belasten. So

höre denn, Bruder, daß deine Gedanken auf den Augustus großen Eindruck gemacht haben. Nachdem ich ihm den Beginn deines Briefes über die Kraft*, die in dir wirkt, vorgelesen hatte, erklärte er, es sei gar verwunderlich, daß ein Mensch, der nicht die herkömmliche Bildung besitze, solcher Gedanken fähig sei. Da antwortete ich ihm: Es sei nicht ungewöhnlich, daß die Götter durch den Mund der Unschuldigen redeten und nicht durch den Mund solcher, die sich auf ihre Gelehrsamkeit wunder was einbilden. Und ich nannte ihm als Beispiel jenen Vatienus, einen ganz ungebildeten Menschen, dem einst im Gebiet von Reate zwei Männer erschienen, die man später Castor und Pollux genannt hat. Und damit weiß der Kaiser alles, was es zu wissen gibt. Leb wohl!

* Vgl. Röm 1,16

8 Den Seneca grüßt Paulus:
Vergiß nie, lieber Freund, daß es leicht ist, den Caesar Nero in jenem ihn so quälenden Zustand der Mutlosigkeit zu beeindrucken. Auch gestattet er es, daß man ihn ermahnt, doch niemals, daß man ihn kritisiert. Und so meine ich, daß du unklug gehandelt hast, ihm Lehren vorzutragen, die seinem Glauben widersprechen. Denn jener verehrt die heidnischen Götter aus ganzem Herzen. Darum verstehe ich nicht, warum du ihm von meinem Glauben gesprochen hast – es sei denn, du hättest aus allzu großer Liebe zu mir gehandelt. Teurer Bruder, unterlasse solches in Zukunft! Hüte dich davor, aus Liebe zu mir die Herrin Poppäa vor den Kopf zu stoßen. Denn ihre Gnade wird der Sache ebensowenig nützen, wie ihre Ungnade ihr schaden wird, und nicht als Königin wird sie Unwillen empfinden, sondern als Frau.

9 Seneca grüßt Paulus:
Warum hat dich mein Schreiben über eine Ausgabe meiner Briefe für den Kaiser so erregt? Es scheint mir, daß du nicht deinetwegen so zornig warst, sondern wegen der Natur der Dinge, die den Sinn der Menschen von allen Künsten und aller richtigen Gesinnung fernhält. Darüber bin ich nicht erstaunt, denn ich kenne die Welt. Laß uns also aufs neue ans Werk gehen, und wenn ich in der Vergangenheit irrig gehandelt habe, dann verzeihe mir. Ich habe dir ein Buch De Verborum Copia gesandt. Leb wohl, teuerster Paulus!

10 Den Seneca grüßt Paulus:
Du weißt, daß ich jedermann allerlei geworden bin, auf daß ich allenthalben etliche selig mache*. Daher begehe ich jedesmal, wenn ich dir schreibe und meinen Namen hinter den deinen setze, einen schweren Fehler, der mit meiner Stellung als geistlicher Hirte unvereinbar ist. Darum muß ich mir nach Durchlesen des Briefes die letzte Stelle wählen; sonst könnte ich nur mit Verlegenheit und Schande das durchführen, was meinem eigenen Urteil entsprochen hätte. Leb wohl, mein hochverehrter Lehrer! Gegeben am 27. Juni unter dem 3. Konsulat des Nero und dem Messala.

* Vgl. 1.Kor. 9,22 u. 10,33

11 Seneca grüßt Paulus:
Lieber Freund, gestatte mir die folgenden Worte: Was du lehrst hat Macht, doch sind deine Sätze rätselhaft. Darum sage ich dir: Es wäre deiner Aufgabe dienlich, wenn deine Texte nicht nur durch besondere Worte, sondern auch durch eine gewisse Verfeinerung geschmückt würden. Gewiß, viele, die solches erstreben, haben die Gedanken verdorben und die Kraft des Stoffes entmannt – doch fürchte dich nicht! Denn ich bitte dich ja nur um ein Zugeständnis: Achte auf die Latinität und wende für schöne Worte auch die äußere Form an, so daß du deine edle Aufgabe auch würdig durchführen kannst. Leb wohl! Geschrieben am 6. Juli im Konsulatsjahr des Lurco und Sabinus.

12 Paulus grüßt Seneca:
Der Heilige Geist hat dir die Gnade erwiesen und dir Dinge enthüllt, die er bisher nur wenigen zugestanden hat. Ich weiß, daß ich hier auf einem ertragreichen Boden säe; und wahrlich, mein Same ist kräftig und kann nicht verderben, denn er ist das Wort des HErrn, das ich dir verkündige, und dieses Wort bleibt in Ewigkeit. Was du weißt, das weißt du – vor allem, daß man die Äußerlichkeiten der Heiden und der Israeliten vermeiden muß. Also antworte ich auf deine Kritik: Mach du dich zum neuen Herold des HErrn Jesus Christus und gib der Weisheit des HErrn den Glanz deiner Rede. Ich meine, bester Freund, daß du dieses Ziel beinahe erreicht hast. Es wird dir leicht fallen, dem König und seinen Dienern und Freunden den Zugang zur Wahrheit zu eröffnen. Doch wisse, daß ihnen deine Überzeugung hart und unfaßbar vorkommen wird, und daß nur wenige von ihnen ausgewählt sind! Denn das eingeträufelte Wort Gottes will einen neuen Menschen schaffen, einen Menschen ohne Verderbnis, eine unvergängliche Seele, die von hier zu Gott eilt.

Leb wohl, du uns so teurer Seneca! Geschrieben am 1. August im Konsulatsjahr des Lurco und des Sabinus.

13 Seneca grüßt Paulus:
Sei gegrüßt, mein teuerster Paulus! Gott liebt dich; daß unsere Namen miteinander verbunden sind, ist das höchste Glück deines Freundes Seneca. Der Scheitel und der höchste Gipfel aller Berge bist du; daß ich dir so sehr der Nächste bin, daß ich als dein zweites Ich gelte, gereicht deinem Seneca zur Freude. Es würde dir wohl zukommen, in den Briefen als erster genannt zu werden; ansonsten könnte der Eindruck entstehen, daß du – selbst ein römischer Bürger – mich eher versuchen als loben wolltest. Denn wahrlich, ich wünsche, daß du so bist wie ich; denn ich bin wie du. Gegeben am 23. März unter dem Konsulat des Apronianus und Capito.

14 Seneca grüßt Paulus:
Sei gegrüßt, mein teuerster Paulus! Glaube mir die Betrübnis darüber, daß an euch Unschuldigen immer noch die Todesstrafe vollzogen wird. Glaube mir die Verzweiflung darüber, daß das ganze Volk von eurer Grausamkeit und verbrecherischen Schädlichkeit überzeugt ist, daß man alles Unheil in der Stadt euch zuschreibt. Doch laßt uns dieses Schicksal mit Gleichmut tragen und auf günstigere Umstände hoffen, bis das unbesiegbare Glück den Übeltätern ein Ende bereitet. Denn wahrlich, die Alten haben zu ihrer Zeit den Makedonier, Philipps Sohn, ertragen und all die Cyrusse, Darius und Dionys. Und unsere Zeit ertrug den Caligula, Männer, denen alles erlaubt war, was ihnen beliebte. Jeder weiß, wer der Urheber der Feuersbrunst war! Doch Finsternis regiert die Stadt und keiner wagt es zu reden. Und nun sind Christen und Juden als Brandstifter hingerichtet worden – Gott hat es zugelassen. Doch wahrlich, jenem, der am Morden Vergnügen findet und die Lüge als Deckmantel benützt, ist schon seine Zeit bestimmt! Und so, wie jeweils der Beste als ein Haupt für viele geopfert wird, so wird auch dieser Verfluchte für alle im Feuer verbrannt werden. 132 Paläste und 4 000 Mietshäuser sind in sechs Tagen niedergebrannt, erst der siebente Tag brachte eine Pause. Ich wünsche dir gute Gesundheit, Bruder. Geschrieben am 28. März unter dem Konsulat des Frugi und Bassus.

Der Brief des Abtalion

Wehe Jerusalem, denn sie hat Jesus Christus unseren HErrn getötet! Doch dreimal Wehe Gadara, denn der HErr hat sie gesegnet, und sie ist lau geblieben! Verflucht sei Jerusalem, doch was sie tat, war im Plan des Heils, und darum sei Jerusalem gepriesen, weil der HErr Jesus Christus in ihr sein Schicksal vollendet hat. Doch dreimal verflucht sei Gadara, denn sie war außerhalb des ewigen Willens und darum wird der Fluch ob ihrer Sünde auf ihr lasten und sie drücken in alle Ewigkeit!

Abtalion und seine Ahnen.

1 Hier also sitze ich und schreibe die Geschichte, wie unser HErr Jesus Christus meinen Ahnen Kudrus gerettet und sich der Stadt Gadara geoffenbart hat in all seiner Macht, und wie Gadara ihn verkannte.

Und Kudrus erzählte diese Geschichte seinem erstgeborenen Sohn Phinees Anechpas und trug ihm auf, sie weiterzugeben. Und Phinees Anechpas erzählte die Geschichte seinem Sohn Josua Phaskas und trug ihm auf, sie weiterzugeben.

Und Josua Phaskas erzählte die Geschichte Jesus Amechan und trug ihm auf, sie weiterzugeben. Und Jesus Amechan erzählte die Geschichte seinem erstgeborenen Sohn Jesus Amin und trug ihm auf, sie weiterzugeben.

Und Jesus Amin erzählte die Geschichte seinem erstgeborenen Sohn Joseph Akesaris und trug ihm auf, sie weiterzugeben. Und Joseph Akesaris erzählte die Geschichte dem Theodosios und trug ihm auf, sie weiterzugeben.

Und Theodosios erzählte die Geschichte seinem erstgeborenen Sohn Eupolemos und trug ihm auf, sie weiterzugeben. Und Eupolemos war mein Vater und erzählte mir die Geschichte und trug mir auf, sie weiterzugeben.

Und mein Name ist Abtalion.

Abtalion legt Zeugnis ab wider Gadara.

2 Es war Gadara einst gesegnet unter den zehn Städten und sie blühte, und Menschen aller Völker lebten in ihr und waren glücklich. Doch es kam der Tag der Sünde, und Gadara hat sich die Schande zugezogen und ist nicht mehr wert, genannt zu werden unter den Städten des HErrn.

Denn es war zu Gadara, daß der HErr schüttelte den Staub von seinen Füßen; und wahrlich, ich sage euch: Dem Lande der Sodomer und Gomorrer wird es erträglicher gehen am Jüngsten Gericht denn solcher Stadt.

Vgl. Mat. 10,14f.

Dreimal hat Petrus den HErrn verraten, doch Petrus hat gebüßt und ist zum Fels geworden, auf den der HErr seine Kirche baute. Gadara aber ist stolz geblieben und trägt ihre Schande und ist unbelehrbar, und der HErr hat ihr Herz verhärtet.

Und darum schreibe ich dies, auf daß ich Zeugnis ablege wider die Hoffart und die Unbelehrbarkeit dieser ruchlosen Stadt. Und mein Zeugnis soll bewahrt werden bis zum Tag des Gerichts und dann soll es geworfen werden in die Waagschale und Gadara soll verdammt sein in alle Ewigkeit.

Die Plage der Stadt Gadara. Vgl. z.B. Mar. 5,1-5

3 Gadara blühte, doch Gott der HERR in seiner unergründlichen Weisheit hatte der Stadt eine Plage gesandt, um sie zu erproben. Es hatte nämlich ein Dämon meinen Ahn Kudrus ergriffen und ihm die Reinheit des Geistes geraubt, so daß er nicht unter dem Dach eines Hauses ruhen konnte, sondern seine Wohnung in den Gräbern hatte, und er hatte sein Gewand von sich geworfen. Und Kudrus war sehr grimmig und gewalttätig und keiner konnte dieselbe Straße mit ihm wandeln.

Denn mein Ahn schrie, schlug um sich und warf mit Steinen und schreckte die Frauen und die Kinder und störte die Geschäfte der Männer. Und dies ging so lange Zeit und viele trachteten ihn zu überwinden, doch keiner vermochte es.

Oft war der Kudrus mit Fesseln und Ketten gebunden gewesen, doch hatte er die Ketten abgerissen und die Fesseln zerrieben.

Jesus treibt den Dämon aus. Vgl. z.B. Mar. 5,6-21

4 Und es kam der Tag unserer Schande, da es Jesus Christus dem HErrn in seiner Gnade gefiel, nach Gadara zu kommen. Gesegnet war Gadara, denn es war die erste Stadt der Heiden, deren Boden der Fuß des HErrn betrat, und er kam, um sich auszuruhen.

Und als er aus dem Schiff trat, lief ihm alsbald der Kudrus entgegen, denn sein Dämon zwang ihn, dem Herrn Geleit zu geben nach dem Gesetz. Also warf er nicht mit Steinen, sondern warf sich zu Boden und schrie: Laß ab von mir, du Sohn des Allerhöchsten, denn meine Zeit ist noch nicht gekommen*.

* Mat. 8,29

So war Kudrus also im Plan des Heils, denn er erkannte den HErrn, wenn auch auf Befehl seines bösen Geistes. Und darum ist er gesegnet und wird gestellt werden als Schaf zur Rechten* am Tag des Gerichts. * Mat. 25,33

Verflucht aber seien die anderen, die den schönen Worten ihrer Dämonen gehorchten und den Messias verkannten!

Damals also schrie mein besessener Ahn. Jesus Christus aber schwieg und blickte ihn nur an. Da wurde Kudrus ganz sanft wider seine Natur und sprach: Herr, ich bitte dich, quäle mich nicht!

Da fragte ihn der HErr und sprach: Wie ist dein Name, du unsauberer Geist. Und mein Ahn, der Besessene, gab sich einen neuen Namen und antwortete und sprach: Viele sind unser, also ist mein Name Kudrus und das heißt Legion.

Da sprach der HErr: So fahre aus, du unsauberer Geist!

Und es war daselbst an den Bergen eine große Herde Säue an der Weide, zweitausend Stück an der Zahl. Da bat der Dämon den HErrn: HErr, meine Zeit ist noch nicht gekommen, also laß mich in die Säue fahren.

Und der HErr gestattete es ihm, und er vervielfältigte sich und fuhr in die Säue.

Doch die Säue trugen ihn nicht, wie ihn mein Ahn getragen hatte, und erhoben ein Geschrei und begannen zu rasen und rannten zu einem Abhang und stürzten sich in den See und ersoffen.

Da erschraken die Sauhirten und eilten in die Stadt und berichteten alles dem Hohen Rat. Und der sammelte sich und zog vor die Stadttore und traf dort Jesus Christus unseren HErrn.

Und neben dem HErrn saß mein Ahn Kudrus und hatte sich gereinigt und trug ein neues Gewand und war sanft und vernünftig.

Da waren alle verstört und zogen sich zurück in die Stadt.

Eine Versammlung des Hohen Rates.

5 Und große Verwirrung entstand in der Stadt und die einen sprachen so, die anderen aber sprachen dagegen. Denn es hatten die Einwohner Gadaras schon viel von den Wundertaten des HErrn gehört und von seiner Lehre, doch hatte ihn keiner von Antlitz gesehen.

Groß war das Zeichen, das der HErr getan hatte, doch nur wenige waren, die es verstanden, und die waren aus den Weibern der Juden.

Die Rede des Josua Phisbas.

6 Und da sich der Hohe Rat versammelt hatte, erhob sich Josua, der galt unter den Juden als ein Weiser der Schrift, und sprach: Er ist ein Frevler, denn er tut, was sich nicht ziemt am Sabbat zu tun. Also erhebe ich Anklage gegen ihn.

Dreimal verflucht sei der Josua. Doch die Versammlung hörte nicht auf ihn ob der geringen Anzahl der Juden in der Stadt.

Die Rede des Jonathan Jairus.

7 Da erhob sich ein anderer Jude, dessen Name war Jonathan Jairus, und er war jung an Jahren, und sein Ansehen war gering und er sprach: Laßt uns ihn anbeten, denn er ist der Verheißene, der geliebte Sohn des HERRN, an dem er Wohlgefallen hat.

Trefflich hat er gesprochen, und gesegnet sei er unter allen Einwohnern Gadaras. Doch der Rat mißachtete seine Weisheit und hörte nicht auf ihn.

Einzig die Weiber, die sich vor dem Rathaus versammelt hatten, hörten ihn und riefen: Er spricht recht, laßt uns vor die Stadt ziehen und Jesus verehren!

Die Rede des Phinees Pharsan.

8 Da erhob sich einer, der war sehr angesehen und sein Name war Phinees Pharsan. Und dieser dreimal Verfluchte sprach: Ich kenne ihn, und ich kenne seine Lehre.

Nicht will ich sprechen gegen seinen Gott, denn ich spreche gegen keinen Gott.

Zeus wächst, bis er alle Dinge in sich aufgebraucht hat. Doch alles ist Zeus und kehrt wieder in Zeus zurück gemäß dem ewigen Gesetz.

Also steht mir alles an, o All, was dir ansteht; nichts kommt zu früh, nichts zu spät, was für dich zur rechten Zeit kommt.

Vollkommen ist die Schöpfung, doch das Sein ist mangelhaft und es zu meistern bedarf es der Gerechtigkeit, der rechten Vernunft, der Mäßigkeit und der Tapferkeit.

Gerecht war Romulus, denn er gründete die ewige Stadt und vereinte den eigenen Nutzen mit dem der anderen. Doch ist jener Jesus gerecht?

Und ich frage euch: Hat er Tugend? Ist doch der Tugendhafte für das tätige Leben geschaffen; er aber arbeitet nicht und gleicht den Vögeln unter dem Himmel und sät nicht und erntet nicht und sammelt nicht in die Scheuern.

Vgl. Mat. 6,26

Ich sage noch mehr: Hat er Großes in Wissenschaft, Kunst und Bildung geleistet? Gewiß, er hat einen Wahnsinnigen geheilt, doch ist sein eigener Wahnsinn nicht der größere? Denn was er lehrt, entbehrt der Vernunft, und wer der Vernunft entsagt, der entsagt der Gemeinschaft.

Im Kreis der Familie, der Freunde, der Gemeinde und des Vaterlandes handelt der Tugendhafte und gleicht in seinem Glücke Gott. Er aber lehrt, daß ihr ihn mehr lieben sollt als Vater und Mutter, und daß ihr alles verlassen sollt um seinetwillen.

Gewiß, er lehrt euch, den Tod zu überwinden. Doch achtet auf seine Gründe! Manche lehren, den Tod gering zu achten, weil Totsein Nichtssein heißt und das Nichts nicht beklagt werden kann; doch das ist nicht seine Lehre. Manche wieder lehren, den Tod gering zu achten, weil das Leben nur unvollkommenen Anteil an der ungeheuren Vollkommenheit des Alls hat; doch das ist nicht seine Lehre.

Vielmehr gaukelt jener euch die Möglichkeit der Unsterblichkeit vor, so ihr ihm folgt, und macht euch damit den Tod fürchten.

Darum rate ich euch, vertraut auf euch selbst und folgt nicht jenem.

Und der Teufel hatte die Zunge des Phinees gesalbt, und viele hatte er überzeugt.

Die Rede des Lucillus.

9 Da erhob sich ein anderer und sein Name war Lucillus und dreimal sei er verflucht ob seiner Rede, denn er sprach: Die Lust ist der Anfang und das Ende eines glückseligen Lebens, die höchste Lust aber liegt in der Vermeidung der Unlust durch ein unerschütterliches Gemüt.

Was den Menschen schreckt, ist in seiner Seele, er hat es geschaffen und er kann sich davon befreien. Doch dieser Jesus verkündet eine Religion und vernebelt die Hirne mit Gespenstern und macht angst vor überirdischen Gewalten. Ja, glaubt ihr wirklich, die Götter in ihrer Größe mischten sich in die Angelegenheiten der Sterblichen?

Kein Lohn ist und keine Strafe, nicht Überwelt, nicht Unterwelt und es stirbt die Seele mit dem Leib.

Nicht ist es unsere Sache, zu sorgen, was vor uns war, und was nach uns sein wird. Doch wer da meint, es gebe überirdische Gewalten, der läßt sich beunruhigen und neigt zu scheußlichen Verbrechen wie der Opferung der jungfräulichen Iphigenie.

Darum rate ich euch: Hört nicht auf diesen Mann und meidet seine Lehre.

Und weil das Ansehen des Lucillus groß war und der Teufel ihm die Zunge leicht gemacht hatte, hörten viele auf ihn.

Die Rede des Dositheos.

10 Da erhob sich einer, und sein Name war Dositheos, und schmachten möge er in der Hölle in alle Ewigkeit und sprach: Drei Fragen sind es, die der Weise im Zweifelsfall zu stellen hat: Wie sind die Dinge beschaffen; wie haben wir uns zu ihnen zu verhalten; welchen Gewinn ziehen wir daraus?

Es scheint, daß uns jener seine Macht gezeigt hat, doch seine Macht ist unklar und es gibt keine Gewißheit über sie.

Kann er tatsächlich die Krankheit des Kudrus heilen? Kann er es, dann soll er uns sein Wissen verraten, daß wir es nützen; kann er es nicht, dann soll er sich nicht rühmen.

Doch er will, daß wir uns ihm unterwerfen, und daß wir glauben. Doch glauben wir, dann übergeben wir uns ihm und geben uns selbst auf.

Ich aber sage euch, ihr Bürger von Gadara: Nicht dieser Jesus schafft den Sinn unserer Stadt, denn unsere Stadt trägt ihren Sinn in sich.

Ungewiß ist unser Leben, doch darin liegt sein Wert und seine Freiheit. Er aber nimmt unserem Leben diesen Wert und sieht es nur als Augenblick zwischen der langen Zeit des Nicht-Seins und der ewigen des Werdens. Ein Äußeres also ist er, das uns verwirren will mit falscher Gewißheit.

Nicht urteilen wollen wir also über ihn, sondern ihn fortsenden und in Zurückhaltung unseren Seelenfrieden wiederfinden.

Die Einwohner von Gadara bitten Jesus fortzuziehen.

11 Und diese ruchlose Rede fand Gefallen im Rate von Gadara und sie zogen vor die Stadt, und die Einwohner zogen mit ihnen und einhellig baten sie Jesus Christus, unseren HErrn, sie zu verlassen.

Nur Kudrus, mein Ahn, bat den HErrn, daß er bei ihm bleiben dürfe. Doch Jesus sprach zu ihm: Gehe wieder heim und sage, welch große Dinge dir Gott getan hat. Luk. 8,39

Und Kudrus ging heim und verkündete in den zehn Städten, welch große Wohltat ihm Jesus erwiesen hatte. Mar. 5,20

Jesus aber stieg aufs Schiff und fuhr über das Meer, in das sich die Säue gestürzt hatten.

Die Füchse haben Gruben und die Vögel unter dem Himmel haben Nester, aber des Menschen Sohn hat nicht, da er sein Haupt hinlege.

Mat. 8,20

Und als der HErr in Gadara ruhen wollte, da sandte ihn die Stadt hinweg und einzig ein Besessener und sein Dämon erkannten seine Macht.

Mahnung an Gadara.

12 Darum rufe ich dir zu, Gadara, du Stolze und Unbelehrbare: Laß ab von deinem sündigen Treiben, und gehe in dich und tue Buße! Denn wahrlich, nicht erkannt hast du den HErrn, als er dich suchte. Doch am Tag der Rache wird der HErr dich nicht erkennen und warten wird auf dich die Strafe der ewigen Verdammnis. Amen.

Die Offenbarung des Petrus

Die Apostel fragen nach den Zeichen der Wiederkehr des HErrn.

Da wir mit Jesus Christus, unserem HErrn, auf dem Ölberg versammelt, traten wir zu ihm und flehten ihn an und sprachen: HErr, tu uns den Zeitpunkt deiner Wiederkunft und des Jüngsten Gerichts kund! Denn es tut not, daß wir, deine Diener, die Zeichen deiner Wiederkunft kennen und unsere Nachfolger darin unterweisen, wenn wir ihnen das Evangelium predigen, auf daß sie sich in acht nehmen und gerüstet sind am Tag deiner Wiederkehr.

Da antwortete uns der HErr und sprach: Sehet zu, daß da nicht einer kommt und euch verführt* und daß ihr nicht Zweifler werdet und anderen Göttern dienet! Denn es werden viele kommen unter meinem Namen und sagen: Ich bin Christus**.

* Mat. 24,4 ** Mat. 24,5

Traut ihnen nicht und meidet sie! Denn meine Wiederkunft wird nicht geoffenbart werden, sondern gleichwie der Blitz ausgeht vom Aufgang und scheint bis zum Niedergang*, so werde ich vom Himmel kommen mit großer Kraft und Herrlichkeit**.

* Mat. 24,27 ** Mar. 13,26

Und vor mir wird das Kreuz schweben und ich werde siebenmal so hell wie die Sonne leuchten, begleitet von all meinen Heiligen und allen Engeln. Und auf dem Haupt werde ich die Krone des Vaters tragen, damit ich richte die Lebendigen und die Toten* und jedem vergelte** nach seinem Tun.

* 1.Pet. 4,5 ** Mat. 16,27

Das Gleichnis vom Feigenbaum.

2 Und der HErr sprach zu mir: Erinnere dich, o Petrus, an das Gleichnis des Feigenbaums: Wenn seine Zweige saftig werden und Blätter gewinnen*, dann wird das Ende der Welt eintreten.

* Mark. 13,28

Da war ich verwirrt und sprach: Dunkel ist deine Rede, o HErr, und was du vom Feigenbaum sagst, verstehe ich nicht.

Denn der Feigenbaum sproßt alle seine Tage hindurch und jedes Jahr trägt er Blätter und zeigt so den Sommer und trägt Früchte und erfreut seinen Herrn nach der Ordnung der Natur. Doch auf welche Weise zeigt der Feigenbaum das Ende der Welt an?

Und Jesus antwortete mir und sprach: So ein Mann in seinem Garten einen Feigenbaum gepflanzt hat, der keine Frucht trägt, wird er zum Hüter des Gartens sagen: Grab mir diesen Baum aus, damit er mir nicht das ganze Land unfruchtbar macht! Und da wird der gute Diener seinem Herrn antworten: Ich will das Unkraut rings um diesen Baum entfernen und will den Boden umgraben und ihn wässern. Trägt er dann keine Frucht, so will ich ihn umhauen und seine Wurzeln ausgraben. Luk. 13,6-9

Wahrlich, ich sage dir: Dieser Feigenbaum gleicht dem Haus Israel. Und das Ende der Tage wird kommen und seine Zweige werden saftig; dann aber werden viele kommen, die sich als Christus ausgeben werden, und sie werden viele verführen und ihre Hoffnungen erwecken. Mark. 13,22; Mat. 24,5

Und die Menschen werden den Lügnern trauen und werden ihnen folgen und werden den Vater im Himmel ebenso verleugnen, wie sie einst seinen Sohn kreuzigten.

Doch alle diese Lügner sind nicht der wahre Christus! Und manche der Kinder Israels werden diese Frevler durchschauen, doch man wird sie töten, und es wird viele Märtyrer geben.

Und Henoch und Elia werden auf die Welt gesandt werden, um die Menschen zu warnen, doch auch sie werden scheitern.

Doch dies verkünde ich dir zum Trost: Die ihr Blut vergießen und Zeugnis ablegen werden für den HErrn, werden die Seligkeit erben in alle Ewigkeit.

Die Betrübnis der Sünder am Tag des Gerichts.

3 Und der HErr zeigte mir auf seiner rechten Handfläche die Seelen aller Menschen und das Bild vom Tag des Jüngsten Gerichts.

Und ich sah, wie die Gerechten von den Sündern geschieden werden und wie es jenen ergehen wird, die rechten Herzens waren, und wie die Übeltäter in alle Ewigkeit bestraft werden.

Und ich sah die Trauer und die Betrübnis der Sünder am Tag des Jüngsten Gerichts und war darob erschüttert.

Und ich weinte und alle, die das sahen, weinten, die Gerechten und die Engel und auch der HErr selbst.

Da fragte ich ihn: HErr, wäre es nicht besser gewesen, jene Sünder gar nicht erst zu schaffen? Und der HErr wies mich zurecht und sprach: Wie kannst du sagen, daß es für einen besser wäre, daß er nie geboren wäre?* Du streitest wider Gott den HERRN! * Mar. 14,21

In seiner Gnade hat der HERR sie geschaffen, doch sie haben diese Gnade verwirkt. Du bist betrübt über das Leid der Sünder, doch ich will dir zeigen, wie sie sich am HERRN versündigt haben.

Die Prophezeiung des Jüngsten Tages.

4 Und der HErr sprach zu mir: Ich will dir verkünden, was den Sündern geschehen wird in den letzten Tagen vor dem Gericht des HERRN: Da werden sich alle versammeln vom Westen bis zum Osten vor meinem Vater, dem ewig Lebendigen, und er wird der Hölle gebieten, daß sie ihre stählernen Riegel öffnet und alles was in ihr ist zurückgibt.

Und den wilden Tieren und den Aasfressern wird er gebieten, daß sie alles Fleisch, das in ihnen ist, zurückgeben, auf daß alle Menschen wieder sichtbar werden. Denn für Gott geht nichts zugrunde und nichts ist ihm unmöglich, da alles sein ist.

Er hat die Welt erschaffen nach seinem Willen und was geschehen ist, war sein Wille, und der wird sich am Tag des Gerichts vollenden. Dann aber wird er wieder die Gebeine ordnen und das Fleisch auf sie setzen und es mit Haut und Haaren bedecken. Und der große Uriel wird den Körpern Geist und Seele einhauchen, denn dies ist sein Auftrag bei der Auferstehung der Toten am Tag des Gerichts.

Seht die Samenkörner, die trocken und seelenlos in die Erde gesät werden. Doch sie leben auf und tragen Frucht und werden am Ende wieder zu Erde.

Und auch der Mensch ist ein Same, der in die Welt gesät wird und lebendig wird. Und auch der Mensch wird wieder zu Erde werden, doch am Tag des Gerichts wird er auferweckt werden, und die Erde wird alles wiedergeben, denn auch sie wird an jenem Tag gerichtet werden und der Himmel mit ihr.

Ein Tag der Freude aber wird der Tag denen sein, die an den HErrn glaubten und die er erwählte. Doch auf die, die von Gott abgefallen sind und in Sünde gelebt haben, wartet die Strafe: Dunkel und Finsternis werden die Erde einhüllen und alles Wasser wird sich verwandeln in glühende Kohlen und das Meer wird zu Feuer werden.

Und ein Strom glühender Lava wird zum Gericht des Zornes fließen. Und die Gebirge der Erde werden dahinschmelzen und selbst die Sterne am Himmel werden verdampfen, als ob es sie nie gegeben hätte.

Doch die furchtbaren Blitze des Himmels werden dazwischen aufleuchten und werden die Welt erschrecken. Und die ganze Schöpfung wird sich auflösen und Schrecken wird unter den letzten Menschen herrschen.

Wer im Westen lebt, der wird gen Osten fliehen, und wer im Osten lebt, der wird gen Westen fliehen, und die im Süden werden trachten, sich im Norden zu retten, und die im Norden werden es im Süden versuchen.

Doch überall wird sie der schreckliche Zorn des Feuers treffen. Und die unverlöschliche Flamme wird die in den Feuerbach zwingen und der wird sie zum Ort des Gerichts bringen, und es wird sein Heulen und Zähneklappern.

Jesus prophezeit seine Wiederkehr.

5 Und der HErr sprach zu mir: Dann aber werde ich auf einer strahlenden Wolke erscheinen, begleitet von den Engeln Gottes und sitzend zur Rechten Hand Gottes des himmlischen Vaters. Mat. 26,64

Und der Vater wird mir eine Krone aufs Haupt setzen und alle Geschlechter auf Erden werden heulen.* Der Vater aber wird sie alle in den Feuerbach senden und wird die Taten jedes Einzelnen bewerten. Und jeglichem wird vergolten werden nach seinen Werken.** * Mat. 24,30 ** Mat. 16,27

Die Erwählten, die Gutes getan haben, wird das ewige Feuer schonen. Doch die Bösewichter, die Sünder und die Heuchler werden im Feuer stehen und die Engel werden ihre Werke herbeitragen und sie werden bestraft werden.

Und die Seelen aller, die der HERR in der Sintflut strafte, wird der große Uriel, der Engel Gottes, herbeibringen. Und die Statuen und die Bilder all der falschen Götter wird er herbeibringen und sie mit jenen, die ihnen anhingen, ins Feuer werfen.

Denn alle diese werden auf ewig bestraft werden.

Die Hölle und die ewigen Strafen.

6 Und der HErr zeigte mir den furchtbaren Ort, an dem die ewigen Strafen vollstreckt werden. Und in ihm herrschte Dunkelheit und alle, die dort weilten, die strafenden Engel und die Verurteilten, waren dunkel gekleidet. Und jeglichem war sein Ort und seine Strafe zugewiesen.

Da waren etwa etliche, die waren an ihrer Zunge aufgehängt und unter ihren Füßen loderte das ewige Feuer und quälte sie. Und das waren die, die den Weg der Gerechtigkeit gelästert hatten.

Und da war ein See voll glühendem Schlamm, und in ihm litten ewige Qualen, die sich von der Gerechtigkeit abgewandt hatten.

Und über dem glühenden Schlamm waren Weiber an ihren Haaren aufgehängt, das waren solche, die sich zum Ehebruch geschmückt hatten. Die Männer aber, die sich mit ihnen zur Hurerei niedergelegt hatten, waren an den Füßen aufgehängt und steckten mit ihren Häuptern in der Glut. Und da schrien sie Weh! über ihre ewige Pein.

Da sah ich auch eine Schlucht voll giftigen Gewürms. Und dies Gewürm plagte und quälte die Mörder und ihre Mitwisser. Und der Engel Azrael bringt die Seelen der Ermordeten herbei, daß sie sehen die Qual ihrer Mörder und preisen die Gerechtigkeit des HERRN.

Und ich sah eine andere Schlucht, voll von stinkendem Eiter und Ausfluß der Gequälten. Und darin saßen viele Weiber, denen der Eiter bis zum Halse ging und die großen Schmerz erlitten. Das waren die ihre Kinder abgetrieben und das Werk Gottes verdorben haben.

Und ihnen gegenüber war ein anderer furchtbarer Ort, und dort saßen ihre ungeborenen Kinder und weinten und baten den HErrn um Hilfe. Und aus ihren Augen fuhren Blitze und bohrten sich in die Augen ihrer verräterischen Mütter.

Und nicht weit entfernt standen nackte Männer und Weiber, das aber waren böse Eltern. Und ihnen gegenüber standen viele Kinder an einem Ort des Entzückens.

Und die Kinder seufzten und schrien und klagten ihre Eltern bei Gott an: Jene haben uns vernachlässigt und so deine Gebote übertreten! Und sie haben uns das Licht, das für alle bestimmt ist, vorenthalten und dem Engel, der uns geschaffen hat, geflucht und uns geschlagen und getötet.

Da floß aus den Brüsten der schlechten Mütter stinkende Milch und verwandelte sich in fleischfressende Tiere, die die bösen Eltern quälten in alle Ewigkeit nach dem Willen des HERRN. Die Seelen der Kinder aber wird man dem Engel Temlakos geben, und er wird sie retten.

Und Azrael, der Engel des Zornes, brachte Männer und Frauen und stellte sie bis zur Leibesmitte in den Flammensee und peitschte sie und ließ ihre Eingeweide von nimmermüdem Gewürm zerfressen. Das waren aber solche, die Gerechte verfolgt und der Obrigkeit ausgeliefert hatten.

Und neben ihnen standen andere, die kauten ihre eigene Zunge, und die Engel der Strafe stießen ihnen glühende Eisen in die Augen. Das waren aber solche, die den HErrn gelästert oder an seiner Gerechtigkeit gezweifelt hatten.

Und anderen hatten die Engel die Lippen abgeschnitten und ihnen glühende Kohlen in den Mund gelegt. Das waren die falschen Zeugen.

Und ich sah einen anderen Ort voll glühender Steine, schärfer denn ein Schwert. Die Männer und Frauen, die dort weilten, wälzten sich auf ihnen in ihrer Qual. Das waren solche, die reich gewesen waren und wider das Gebot des HERRN sich nicht der Witwen und Waisen erbarmt hatten.

Und es war ein See gefüllt mit stinkender Jauche und in ihm standen Männer und Frauen und litten die ewige Qual. Das waren aber solche, die Geld gegen Zinsen verliehen hatten.

Und ich sah einen Abhang und auf ihm viele Männer und Frauen, die einander von der Höhe hinunterstießen. Doch wenn sie unten angelangt waren, trieben sie Dämonen wieder hinauf, und so werden sie gequält in alle Ewigkeit.

Und von den Männern waren es solche, die ihre Leiber befleckt hatten und sich wie Weiber hingegeben hatten. Die Weiber unter ihnen aber hatten untereinander verkehrt wie Mann und Frau.

Und nahe dem Abhang hatte der Engel Azrael alle goldenen und silbernen Götzenbilder gesammelt. Und die Männer und Frauen, welche die falschen Götter angebetet hatten, standen dort und schlugen einander mit glühenden Ruten. Und alle, die den Dämonen gefolgt waren, wurden im Feuer gebacken und gewendet.

Und nahebei war noch ein Hügel und Männer und Frauen rollten herab in das Feuer und flüchteten hinauf und so fort in alle Ewigkeit. Das waren aber solche, die Vater und Mutter nicht geehrt und sich freiwillig ihrer enthalten hatten.

Und zu ihnen brachte der Engel Azrael Kinder und Jungfrauen, das waren solche, die ihren Eltern ungehorsam gewesen und die Lehren der Väter mißachtet hatten und nun bestraft wurden.

Den Mädchen aber, die ihre Jungfrauenschaft nicht bis zur Ehe bewahrt hatten, wurde das Fleisch auseinandergerissen. Und Sklaven, die ihren Herren ungehorsam waren, müssen auf ewig ihre eigene Zunge zerkauen und werden dabei mit Feuer gequält.

Und neben diesen standen weiß gekleidete Männer und Frauen, und die waren blind und stumm. Das waren solche, die wohl Almosen gegeben hatten, doch dabei ihre eigene Gerechtigkeit gepriesen hatten.

Und ich sah Feuerräder, die der Feuerbach wie ein Mühlrad antrieb. Und an ihnen hingen die Zauberinnen und Zauberer und litten gar sehr.

Der Himmel und seine Wonnen.

7 Und Jesus verkündete mir die Freuden des Himmels und sprach: Die vollkommen sind in meiner Gerechtigkeit werden von Engeln auf den Händen getragen und werden bekleidet sein mit den Gewändern des ewigen Lebens. Und ihr Auge wird Lust finden* beim Anblick der Qual meiner Feinde.

* Ps. 54,9

Denn jeder von ihnen wird in Ewigkeit leiden nach seinen Taten. Und alle, die da in der Qual sind, werden klagen: Erbarme dich unser, denn jetzt haben wir das Gericht Gottes erkannt, an dem wir zweifelten, wiewohl es uns verkündet ward.

Doch der Engel Tatirokos wird sie mit noch größerer Qual züchtigen und mit Donnerstimme zu ihnen sprechen: Ruchlose, jetzt habt ihr Reue! Doch euer Leben ist vorbei und damit die Zeit der Reue! Und alle Verdammten werden rufen: Gerecht ist das Gericht Gottes! Jetzt haben wir erkannt, daß wir nach unserem Tun bestraft werden.

Ich aber werde meine Erwählten und Gerechten in die elysischen Gefilde geleiten und ihnen dort die Taufe und das Heil geben, um das sie mich gebeten haben.

Die Engel werden die Gerechten mit Blumen schmücken und ich werde mich an ihrem Anblick erfreuen. Und ich werde die Völker in das ewige Reich eintreten lassen und ihnen dort die ewigen Freuden erweisen, auf die sie gehofft haben. Und der himmlische Vater wird mit uns sein.

Das habe ich dir verkündet, o Petrus. Darum zieh nun hin in den irdischen Weinberg und verkünde aller Welt meine Botschaft in Frieden. Denn du bist auserwählt in der Hoffnung, welche ich in deine Seele gesät habe.

Der HErr zeigt den Aposteln zwei Selige.

8 Und der HErr sprach: Lasset uns auf den Berg gehen und beten. Da folgten wir ihm und baten ihn, er möge uns einen unserer gerechten Brüder zeigen, der jenseits der irdischen Welt lebt.

Denn wir wollten sehen, von welcher Gestalt er wäre. So hofften wir, Mut zu schöpfen und die Menschen, die uns hören, mit Mut zu erfüllen. Und der HErr erfüllte unsere Bitte.

Und da wir noch beteten, erschienen zwei Männer vor dem HErrn. Und siehe, von ihrem Antlitz ging ein Glanz wie von der Sonne aus und ihr Rock war weiß wie der Schnee, daß kein Färber auf Erden es hätte machen können. Vgl. Mar. 9,3ff.

Ihre Kleider aber waren von unbeschreibbarer Herrlichkeit, und wir waren außerstande, ihr Antlitz zu betrachten, dessen Schönheit kein menschlicher Mund beschreiben und kein menschliches Herz erdenken kann.

Entsetzen erfaßte uns, denn ihre Leiber waren weißer als der frische Schnee und röter als jede Rose, und die Farben waren in einer Weise vermischt, die von unausdenkbarer Schönheit war.

Und das Haar der beiden war gelockt und anmutig und lag über ihrem Haupt wie ein Regenbogen über dem Wasser. Auf den Schultern und der Stirn aber trugen sie einen Kranz von Narde, ein Flechtwerk von bunten Blumen.

Wahrlich, Schöneres hatten wir noch nie gesehen. Und entsetzt von ihrer Schönheit trat ich zum HErrn und sprach: HErr, wer sind diese beiden? Da antwortete mir der HErr und sprach: Das sind eure gerechten Brüder Mose und Elia, deren Gestalt ihr sehen wolltet.

Da sprach ich: Wo befinden sich alle diese Gerechten und wie ist der Äon beschaffen, in dem diese Herrlichen ihre Zeit verbringen?

Und der HErr zeigte mir einen großen Garten jenseits dieser Welt. Und ein wunderbares Licht erhellte den Ort, und er war voll wunderbarer Bäume und ewig blühender Blumen, deren Duft bis zu uns reichte. Und die Bewohner des Gartens trugen ein leuchtendes Engelsgewand nach Art jener Blumen.

Engel wandelten unter ihnen und alle hatten den gleichen Glanz, und mit gleicher Stimme priesen sie den HERRN und erfreuten sich an ihrem Garten.

Da sprach der HErr zu uns: Blicket um euch, denn dies ist das Paradies der gerechten Menschen. Da erfüllte sich mein Herz mit Freude und ich begriff die Schrift. Und ich sprach zu Jesus: HErr, hier ist gut sein; willst du, so wollen wir drei Hütten machen, dir eine, Mose eine und Elia eine*.

* Mat. 17,4

Doch der HErr sprach: Es ist der Satan, der gegen dich Krieg führt und dein Denken verschleiert hat! Das Streben nach den Gütern dieser Welt hat dich besiegt! Ich habe dich hierhergeführt, damit sich deine Augen öffnen und deine Ohren auftun. Dies alles ist das Werk meines himmlischen Vaters und kein Platz für eine Hütte, geschaffen von Menschenhand.

Da erfüllte Freude unser Herz. Und siehe, da kam eine Stimme vom Himmel und sprach: Dies ist mein geliebter Sohn, an welchem ich Wohlgefallen habe, den sollt ihr hören!* Und eine weiße Wolke kam vom Himmel und nahm ihn auf** und Mose und Elia mit ihm. * Mat. 17,5 ** Apg. 1,9

Da erbebte ich und entsetzte mich und blickte gen Himmel und sah, wie er sich öffnete. Und die Engel versammelten sich, auf daß erfüllt werde das Wort der Schrift: Machet die Tore weit, daß der König der Ehren einziehe!*

* Ps. 24,9

Und Menschen gingen im Fleische und begrüßten unseren HErrn und Mose und Elia. Und das Wort der Schrift erfüllte sich: Das ist das Geschlecht, das nach ihm fraget, das da suchet dein Antlitz, Gott Jakobs.* * Ps. 24,6

Und der Himmel schloß sich vor unseren Augen. Und wir beteten und stiegen vom Berg herab und priesen Gott den HERRN, der die Namen der Gerechten in das Buch des Lebens eingeschrieben hat.

Supplement

Decretum Gelasianum de Libris Recipiendis et non Recipiendis

Eine frühkirchliche Verurteilung der Leser dieses Buches und seines Autors.

Die übrigen Schriften, welche von Häretikern oder Schismatikern zusammengeschrieben oder verkündet worden sind, nimmt die Katholische und Apostolische Römische Kirche keinesfalls an; von diesen glaubten wir einige, die überliefert sind und die von Katholiken zu meiden sind, unten anführen zu müssen:

Itinerar unter dem Namen des Apostels Petrus, das genannt wird 9 Bücher des Heiligen Clemens	Apokryph
Akten unter dem Namen des Apostels Andreas	Apokryph
Akten unter dem Namen des Apostels Thomas	Apokryph
Akten unter dem Namen des Apostels Petrus	Apokryph
Akten unter dem Namen des Apostels Philippus	Apokryph
Evangelium unter dem Namen des Matthias	Apokryph
Evangelium unter dem Namen des Barnabas	Apokryph
Apokryphevangelium unter dem Namen des Jakobus des Jüngeren	Apokryph
Evangelium unter dem Namen des Apostels Petrus	Apokryph
Evangelium unter dem Namen des Thomas, welches die Manichäer benutzen	Apokryph
Evangelium unter dem Namen des Bartholomäus	Apokryph
Evangelium unter dem Namen des Andreas	Apokryph
Buch, das Buße Jamnes und Mambres genannt wird	Apokryph
Buch, das Lose der Apostel genannt wird	Apokryph
Buch, das Spiele der Apostel genannt wird	Apokryph
Buch, das Canones der Apostel genannt wird	Apokryph
Das Buch Physiologus, von Häretikern zusammengeschrieben und mit dem Namen des Seligen Ambrosius bezeichnet	Apokryph
Die Geschichte des Eusebius Pamphili	Apokryph
Werke Tertullians	Apokryph
Werke des Lactantius oder des Firmian oder des Afrikaners	Apokryph
Werke des Postumian und des Gallus	Apokryph

Werke des Montanus, der Priscilla und der Maximilla	Apokryph
Werke des Manichäers Faustus	Apokryph
Werke des Commodian	Apokryph
Werke des anderen Clemens, von Alexandrien	Apokryph
Werke des Thascius Cyprian	Apokryph
Werke des Arnobius	Apokryph
Werke des Tichonius	Apokryph
Werke des Cassian, des Presbyters in Gallien	Apokryph
Werke des Victorin von Pettau	Apokryph
Werke des Faustus von Riez in Gallien	Apokryph
Werke des Frumentius Caecus	Apokryph
Brief Jesu an Abgar	Apokryph
Brief des Abgar an Jesus	Apokryph
Passio des Cyricus und der Iulitta	Apokryph
Passio des Georg	Apokryph
Schrift, welche Beschwörung Salomos heißt	Apokryph
Alle Amulette, welche nicht, wie jene erdichten, im Namen der Engel, sondern vielmehr der Dämonen zusammengeschrieben sind	Apokryph

Dieses und das, was ihm ähnlich ist, was Simon Magus, Nikolaus, Kerinth, Markion, Basilides, Ebion, Paul von Samosata, Photin und Bonosus, die an ähnlichem Irrtum krankten, auch Montanus mit seinen ekelhaften Anhängern, Apollinaris, Valentinus der Manichäer, Faustus der Afrikaner, Sabellius, Arius, Macedonius, Eunomius, Novatus, Sabbatius, Calixtus, Donatus, Eustatius, Iovanius, Pelagius, Iulianus von Eclanum, Caelestius, Maximian, Priscillian aus Spanien, Nestorius von Konstantinopel, Maximus der Kyniker, Lampetius, Dioscur, Eutyches, Petrus und der andere Petrus, von denen der eine Alexandrien, der andere Antiochien befleckte, Acacius von Konstantinopel mit ihren Genossen, und was auch alle Schüler der Häresie und der Häresien oder Schismatiker gelehrt haben oder zusammengeschrieben haben, deren Namen wir kaum behalten haben, das bekennen wir, daß es nicht nur verworfen sei, sondern von der ganzen Römischen Katholischen und Apostolischen Kirche ausgeschlossen sei und mit seinen Verfassern und den Anhängern der Verfasser unter der unauflöslichen Fessel des Anathema in Ewigkeit verdammt sei.

Dossier

Zu den Texten der *Anderen Bibel*

Altes Testament

Ephraim (Seite 23)

Wir benützen hier den ersten Teil der aus der Schule des heiligen Ephraims des Syrers stammenden Schrift *Die Schatzhöhle*.

Adam und Eva (Seite 35)

Das *Leben des Adams und Evas*, von Tischendorf (1866 – vgl. Literatur- und Quellenverzeichnis S. 417) auch als *Apokalypse des Moses* bezeichnet, liegt in verschiedensprachigen Fassungen vor, die auf ein jüdisches, hebräisch oder aramäisch geschriebenes Original zurückgehen, das christlich überarbeitet wurde. Im christlichen Mittelalter war die Schrift weit verbreitet.

1. Abraham (Seite 45)

Diese sogenannte *Apokalypse Abrahams* aus einer aramäisch geschriebenen Quelle dürfte Essenerkreisen entstammen. Sie enthält zwei Teile, deren ersten wir hier verwendet haben. Der ausgelassene zweite Teil enthält Offenbarungen über die Bestimmung von Abrahams Nachkommen.

2. Abraham (Seite 51)

Das sogenannte *Testament Abrahams* steht – etwa wegen der Betonung der Gastfreundschaft – offensichtlich in der Tradition der Essener. Die Ursprache des Textes war semitisch, heute liegt er griechisch in zwei Rezensionen vor. Wegen des Fehlens des eigentlichen Teufels nimmt Rießler (1928) einen vorchristlichen Ursprung der in einer Version christlich überarbeiteten Schrift an.

1. Joseph (Seite 61)

Ein Auszug aus der *Testamente der zwölf Patriarchen* genannten Textsammlung. Diese pseudepigraphische Schrift ist dem Testament Jakobs (1. Mos. 49) nachgebildet und wohl ursprünglich jüdischen Ursprungs, enthält aber christliche Einschübe. Auch ein essenischer Einfluß ist nachweisbar.

2. Joseph (Seite 67)

Ein Auszug aus einem meistens *Joseph und Asenath* genannten Text, eine ursprünglich wohl ebenfalls essenische Schrift.

Artapanus (Seite 85)

Der Dichter und Historiker Artapanus war ein in Ägypten lebender Jude. Seine Umdichtung der jüdischen Geschichte war schon Alexander Polyhistor (80–40 v. Chr.) bekannt.

Testament Hiobs (Seite 93)

Diese Variante des kanonischen Hiob-Buchs ist ein ursprünglich hebräisch geschriebener Midrasch, dessen Entstehungszeit vermutlich in das erste vorchristliche Jahrhundert fällt. Der Text selbst datiert sich auf Grund der Erwähnung des Perserkönigs (vgl. Kap. 5) wohl in die Arsakidenzeit (Pakorns 40 v. Chr.). Im kanonischen Hiob-Buch sind es die Chaldäer, die raubend einfallen (vgl. Hiob 1,17). Die Betonung der Gastfreundschaft, der Geduld und die hohe Wertschätzung der Jungfräulichkeit lassen auf den essenischen Ursprung des Textes schließen.

Salomo (Seite 115)

Textgrundlage für alle Kapitel bis auf das dritte ist das sogenannte *Testament Salomos*, eine christliche Überarbeitung einer alten jüdischen Schrift. Das dritte Kapitel ist die nur wenig veränderte Version des neunten Kapitels aus dem deuterokanonischen *Buch der Weisheit Salomos*, das in allen katholischen Bibeln enthalten ist, sowie in den Lutherbibeln, die zwischen Altem und Neuem Testament die »Apokryphen« abdrucken.

Judith (Seite 125)

Dieses wohl bekannteste Apokryphon ist als einziges unserer Auswahl in allen katholischen sowie in den Lutherbibeln abgedruckt, die zwischen Altem und Neuem Testament die »Apokryphen« enthalten. Wegen seiner Schönheit wollten wir auf diese »hebrew political romance« nicht verzichten, drucken aber eine von Luthers Version ein wenig abweichende Variante. Man nimmt an, daß dieser ursprünglich hebräisch geschriebene Text in der Zeit der Makkabäer (2. Hälfte 2. Jh. v. Chr.) entstanden ist.

Alexandriner (Seite 149)

Der Titel, unter dem dieser Text in der Regel abgedruckt wird, nämlich *Das dritte Makkabäerbuch*, ist irreführend. Von den Makkabäern ist in ihm nicht die Rede. Vielmehr werden hier Ereignisse aus der Regierungszeit des letzten Ptolemäers, Ptolemäus IV. Philopator (221–204 v. Chr.), behandelt. Die im Text angesprochene Niederlage des Antiochus ereignete sich 217 v. Chr. Im Gegensatz zum ersten und zweiten Makkabäerbuch dürfte die Glaubwürdigkeit des Textes – und damit sein Charakter als historische Quelle – gering sein, und er gilt allgemein als eine im ersten vorchristlichen Jahrhundert entstandene Dichtung, die allerdings sicherlich in der Geschichte des jüdischen Volkes gewisse Anknüpfungspunkte hat.

Lieder (Seite 167)

Diese Auswahl aus den ursprünglich achtzehn, häufig so genannten *Liedern Salomos* (auch »Oden« oder »Psalmen Salomos«) ist im ersten vorchristlichen Jahrhundert entstanden. Ihre theologische Bedeutung liegt darin, daß sie uns ein relativ getreues Bild von der religiösen Grundstimmung der pharisäischen Partei liefert. Die im Text als »Fromme« oder »Gerechte« Angesprochenen sind wohl die mit dem Gang der Ereignisse seit dem makkabäischen Aufstand äußerst unzufriedenen und den Untergang der hasmonäischen Herrschaft feiernden Pharisäer, ihre als »Gottlose« oder »Frevler« apostrophierten Gegner sind wohl die Sadduzäer.

Sprüche (Seite 177)

Diese Sammlung sittlicher und religiöser Grundsätze wird dem 219 n. Chr. gestorbenen Rabbi Juda, dem Fürsten (oder Heiligen), zugeschrieben, der um 200 n. Chr. die Endredaktion der ganzen Mischna leitete. Er ist immer gemeint, wenn in den *Sprüchen der Väter* von »Rabbi« ohne Namenszusatz die Rede ist. Das sechste Kapitel wurde später angefügt, die Sprüche der anderen Kapitel stammen aus der Zeit des dritten vorchristlichen bis dritten nachchristlichen Jahrhunderts. Die Sammlung selbst ist ein Traktat (Massecheth) der Mischna.

Jüngstes Gericht (Seite 197)

Mehrere Quellen sprechen von einem *Zweiten Buch des Ezechiel*, so z.B. Flavius Josephus, *Antiquitates Iudaicae* X, 5,1. Erhalten sind uns nur vier Bruchstücke, die Rießler (1928) als »Probe des apokalyptischen Schrifttums, das seit der Eroberung Palästinas durch Pompejus 67 v. Chr. im Judentum entstanden ist«, bezeichnet.

Baruch (Seite 199)

Neben einer syrischen Baruch-Apokalypse ist auch eine griechische Version erhalten, die allerdings unvollständig überliefert ist. Das Original dieser detaillierten Zukunftsschau mit ihrer Verheißung des Messias hat wohl beide Briefe an die exilierten Juden enthalten, von denen der Text spricht. Unsere Fassung, die der syrischen folgt, hat auch den einen überlieferten Brief ausgelassen. Die Schrift ist aus verschiedenen vorchristlichen Quellen zusammengestellt, dürfte aber nach 70 n. Chr. in pharisäischen Kreisen entstanden sein: Vor dem Hintergrund der Zerstörung Jerusalems durch die Römer diente sie mit ihrer Version von einer friedlichen und triumphalen Zukunft des jüdischen Volkes dessen Trost.

Neues Testament

Jakobus (Seite 241)

Das sogenannte *Protevangelium des Jakobus* ist uns in zahlreichen Versionen überliefert. Neben syrischen, georgischen, lateinischen, armenischen, arabischen, koptischen und äthiopischen sind über hundert griechische und noch mehr kirchenslawische Handschriften bekannt. Vor allem im östlichen Bereich war dieser Text also weit verbreitet. Der als Urheber genannte Jakobus soll wohl der Herrenbruder Jakobus sein (vgl. den *Brief des Jakobus an den Sohn des Kerinthos*, S. 369), doch hält Oscar Cullmann dem entgegen, daß »in Wirklichkeit (...) das Buch nicht vor 150 geschrieben sein (kann)« (in: *Neutestamentliche Apokryphen* ..., Bd. 1, S. 377). Im Zentrum des Textes steht die Person der Jungfrau Maria, vor allem die Frage ihrer Jungfräulichkeit. Der von Heiden und Juden aufgestellten Behauptung, daß Jesus der außereheliche Sohn eines gewissen Panthera gewesen sei, wird damit gezielt widersprochen.

Thomas der Israelit (Seite 255)

Die einem Autor namens Thomas zugeschriebene Sammlung von Geschichten aus der frühesten Kindheit Jesu hat eine komplizierte Überlieferungsgeschichte. Es gibt zahlreiche handschriftliche Versionen, darunter syrische, griechische, lateinische, georgische und altbulgarische Fassungen. Der Autor Thomas ist bis heute nicht identifiziert. Der – so Oscar Cullmann (in: *Neutestamentliche Apokryphen* ..., Bd. 1, S. 352) – »volkstümliche, von keinerlei theologischem Interesse belastete Stoff« (eine mehr als gewagte Behauptung) weist zahlreiche Parallelen zu indischen Märchen, Buddha- und Krishnalegenden und Erzählungen über Osiris und Harpokrates auf. Michaelis (1956, S. 97) nennt als Abfassungszeit die erste Hälfte des zweiten Jahrhunderts, Cullmann datiert den Text mit Ende des zweiten Jahrhunderts.

Nikodemus (Seite 265)

Das sogenannte *Nikodemus-Evangelium* trägt diesen Titel erst seit der Zeit Karls des Großen, früher war es unter dem heute noch häufig verwendeten Namen *Pilatus-Akten* bekannt. Die Verfasserschaft ist ebenso fingiert wie die Angaben des Vorworts, die allerdings bei der Datierung (425/26 nach den

Angaben des Verfassers) eine wichtige Rolle spielen. Dennoch geht die Forschung heute davon aus, daß die Anfänge dieses Textes, der ja im dritten Teil (der erste variiert kanonisches Material) Höllenfahrtsmythen und sonstige Motive aus anderen Religionen verarbeitet, bis ins zweite Jahrhundert zurückreichen.

Thomas der Zwilling (Seite 293)

Die Überlieferung kennt ein *Evangelium des Thomas* (das mit dem Kindheitsevangelium des Thomas, in unserer Ausgabe S. 241, nichts zu tun hat) seit dem dritten Jahrhundert. Die Legitimation des Textes in der Überlieferung liegt darin, daß in dem pseudepigraphischen Text *Pistis sophia* Jesus nach seiner Auferstehung Philippus, Matthäus und Thomas beauftragt, seine Lehren festzuhalten. Der Text wird als ketzerische Schrift manichäischen Ursprungs in der Überlieferung oft erwähnt, aber erst seit den Nag-Hammadi-Funden liegt im 2. Traktat des Codex II eine koptische Fassung vor. Man nimmt an, daß diese Spruchsammlung, die sich aus verschiedenen Quellen speist, Mitte des zweiten Jahrhunderts in Syrien entstanden ist. Beate Blatz (in: *Neutestamentliche Apokryphen* ..., Bd. 1, S. 97) vermutet, daß manche Teile schon im ersten Jahrhundert verfaßt wurden.

Bartholomäus (Seite 307)

Über den Ursprung und die originale Gestalt des *Bartholomäus-Evangeliums* hat die Forschung bis heute keine Einigkeit erzielen können. Wir besitzen eine Unzahl von Texten, die als Autor einen gewissen Bartholomäus nennen, die aber ohne Zweifel aus verschiedenen Kulturen und Perioden stammen. Scheidweiler, Schneemelcher und A. de Santos-Otero, deren Rekonstruktion (in: *Neutestamentliche Apokryphen* ..., Bd. 1) wir hier benützen, stehen ihrer Arbeit skeptisch gegenüber. Sie vermuten als Entstehungszeit der Urfassung das dritte Jahrhundert.

Barnabas (Seite 321)

Die Herkunft des *Barnabas-Evangeliums* ist von Mysterien umgeben – über die Vorgeschichte der aus dem 16. Jahrhundert stammenden umfangreichsten Fassung des Textes in italienischer Sprache mit arabischen Anmerkungen sind nur Spekulationen möglich. Das die apostolische Autorität des Barnabas beanspruchende »Evangelium« gibt weniger Aufschlüsse über die Frühgeschichte des Christentums als vielmehr die des Islam. (Vgl. die vollständige Neuausgabe von Saffiya M. Linges).

1. Apostelgeschichten (Seite 329)

Alle drei *Apostelgeschichten* sind Montagen verschiedener Texte aus verschiedenen Zeiten und Kulturen. Das *Erste Buch*, das den Kampf des Petrus gegen den Magier Simon schildert, montiert Fragmente aus der Schrift des Irenäus *Gegen die Häretiker* und aus den *Pseudo-Clementinen*. Es wird angenommen, daß diese Sammlung von Schriften, in deren Zentrum das Leben des heiligen Clemens von Rom steht, in der ersten Hälfte des dritten Jahrhunderts in Syrien entstanden ist. Kapitel 5–22 stammen aus den auf Simon Bezug nehmenden Teilen der *Petrus-Akten*, die wahrscheinlich Ende des zweiten Jahrhunderts in Kleinasien entstanden sind.

2. Apostelgeschichten (Seite 347)

Kapitel 1–3 benützen Fragmente aus den *Thomas-Akten*, einer Spielart der hellenistisch-orientalischen Romanliteratur rund um die Apostel. Kapitel 4-7 stammen aus den wahrscheinlich in Kleinasien Anfang des dritten Jahrhunderts entstandenen *Andreas-Akten*.

3. Apostelgeschichten (Seite 355)

Eine Auswahl aus den *Johannes-Akten*, die wahrscheinlich ihrer Rezeption durch die Manichäer ihre Bekanntheit verdanken.

Abgar (Seite 363)

Tatsächlich regierte zu Zeiten Jesu in Edessa, dem heutigen Urfa, König Abgar V. mit dem Beinamen Ukkama, »der Schwarze«. Der Text galt zunächst als echt. Der große und frühe Kirchenhistoriker Eusebius von Caesaraea (260–339) berichtet, er habe die beiden syrisch geschriebenen Briefe im edessäischen Archiv eingesehen und Wort für Wort für seine *Kirchenge-*

schichte ins Griechische übertragen. Dagegen halten allerdings Hieronymus und Augustinus übereinstimmend, daß Jesus nichts Schriftliches hinterlassen habe. Im *Decretum Gelasianum* wird der Briefwechsel bereits als apokryph verdammt. Dennoch hat die Abgarsage mit dem Briefwechsel im syrischen, armenischen, griechischen, lateinischen, arabischen, persischen, slawischen und koptischen Sprachgebiet weite Verbreitung gefunden. Wahrscheinlich stammen die Dokumente aus christlich-rechtgläubigen, antimanichäischen Kreisen in Edessa zu Anfang des 4. Jahrhunderts.

Petrus (Seite 365)

Dieser fingierte Brief ist ein Bestandteil der *Kerygmata Petri*. Der Text entstammt offensichtlich dem judenchristlich-gnostischen Milieu (so G. Strecker in: *Neutestamentliche Apokryphen* ..., Bd. 2, S. 68) und ist vermutlich um 200 im Orient entstanden.

Kerinthos (Seite 369)

Hinter dem nicht identifizierbaren Verfasser dieses »Briefes« verbirgt sich wohl Jakobus, der Bruder Jesu (vgl. z. B. Gal. 1,19). Dankwart Kirchner vermutet in seinem Kommentar allerdings, daß die vorliegende Sammlung von gnostischen Geheimlehren ursprünglich ohne Briefrahmen existiert hat (in: *Neutestamentliche Apokryphen* ..., Bd. 2, S. 234 ff.). Der Text ist im legendären Codex Jung enthalten, einem Bestandteil der im Dezember 1945 in der Nähe von Nag Hammadi gefundenen Schriftrollen, der aus Ägypten herausgeschmuggelt und von der C.G. Jung Stiftung in Zürich erworben wurde. Die in einem koptischen Dialekt überlieferte Schrift liegt – wie die anderen Nag-Hammadi-Texte – in einer Abschrift aus der ersten Hälfte des 4. Jahrhunderts vor. Der Urtext war wohl griechisch verfaßt und dürfte zwischen 125 und 150 in Ägypten entstanden sein; Kirchner räumt auch die Möglichkeit ein, daß der Text in der zweiten Hälfte des ersten Jahrhunderts entstanden ist.

Seneca (Seite 379)

Die Frage »Seneca und das Christentum« (vgl. dazu die Bibliographie von J. Haußleiter, in Bursians *Jahresberichte über die Fortschritte der klassischen Altertumswissenschaft* 281, 1943, S. 172–175, sowie die Ergänzungen in:

Neutestamentliche Apokryphen ..., Bd. 2, S. 84) hat zahlreiche spekulative Antworten gefunden. Der vorliegende Text hat lange Zeit für echt gegolten – der Kirchenvater Hieronymus etwa kommentierte ihn 392 so: »L. Annaeus Seneca aus Corduba ... führte ein sehr enthaltsames Leben. Ich würde ihn nicht in das Verzeichnis der Heiligen aufnehmen, wenn mich nicht jene Briefe dazu veranlaßten, die von sehr vielen gelesen werden, des Paulus an Seneca bzw. des Seneca an Paulus; in diesen Briefen erklärt er, der doch der Lehrer Neros und der einflußreichste Mann jener Zeit war, er wünsche, daß er bei den Seinigen jenen Platz einnehme, den Paulus bei den Christen innehabe. Dieser (Seneca) wurde zwei Jahre vor dem glorreichen Martyrium des Petrus und Paulus von den Heiden getötet.« Die inhaltlich in diesem Briefwechsel verkündeten Lehren sind farblos im Vergleich zu der intensiven Phantasie von einer Vereinigung des kulturellen Typus des Christen und des Rhetors. Die Forschung ist sich über den Zeitpunkt der Entstehung des Briefwechsels uneinig, die Angaben schwanken zwischen dem 3. Jahrhundert und dem Zeitraum kurz vor 392.

Abtalion (Seite 385)

Die Austreibung der Dämonen aus einem bzw. zwei Besessenen wird in Mat. 8, Luk. 8 und Mark. 5 berichtet. Einigkeit herrscht unter den Evangelisten über die Lokalisierung des Wunders im heidnischen Gebiet, ansonsten werden verschiedene Orte genannt: Matthäus spricht von Gergesa, dem heutigen Kurse, Markus und Lukas von Gadara. Unser Text datiert sich durch die Ahnenreihe des Erzählers ins dritte nachchristliche Jahrhundert, dürfte aber weitaus jünger sein. Vor allem die zahlreichen sprechenden Namen (z. B. Phinees Anechpas, gräzisiert aus Pinchas ha-Nichpäh = Pinchas der Epileptiker; Josua Phaskas, wahrscheinlich gräzisiert aus Joschua ben Päscha = Josua der Sohn der Sünde; Jesus Amechan, gräzisiert aus Jeschu ha-Amkan = Jeschu der Tiefsinnige; Jesus Amin, gräzisiert aus Jeschu ha-Min = Jeschu der Sektierer; Joseph Akesaris, gräzisiert aus Joseph ha-Achsari = Joseph der Rücksichtslose; Phinees Pharsan, gräzisiert aus Pinchas ha-Parschan = Pinchas der Erklärer; Josua Phisbas, wahrscheinlich gräzisiert aus Joschua ha-Pischpasch = Joschua die Wanze) lassen darauf schließen, daß diese exemplarische Konfrontation von christlichem und antikem Gedankengut eine wesentlich jüngere Fälschung zu didaktischen Zwecken ist.

Offenbarung (Seite 393)

Die *Offenbarung des Petrus* ist wohl in der ersten Hälfte des zweiten Jahrhunderts entstanden; manches deutet darauf hin, daß sie aus Ägypten stammt. Auf jeden Fall hat dieser Text weite Verbreitung gefunden und war prägend für die christlichen Vorstellungen von Himmel und Hölle. Trotz des Hinweises auf die orphisch-pythagoräischen Mysterien dominiert in diesen Vorstellungen wohl orientalisches Gedankengut.

Supplement

Decretum Gelasianum (Seite 403)

Das sogenannte *Decretum Gelasianum* ist wahrscheinlich südgallischer Herkunft und stammt aus dem 6. Jahrhundert, einzelne Teile gehen auf Papst Damasus zurück. Es enthält im zweiten Teil ein Verzeichnis des Kanons, das alle 27 Bücher des Neuen Testaments nennt. Der fünfte Teil enthält das hier abgedruckte Verzeichnis der Apokryphen und anderer Schriften, die zu verwerfen sind.

Literatur- und Quellenverzeichnis

Adam, Alfred: *Die Psalmen des Thomas und das Perlenlied als Zeugnisse vorchristlicher Gnosis*, Berlin: Töpelmann 1959 (= Zeitschrift für die Neutestamentliche Wissenschaft und die Kunde der Ältesten Kirche. Beiheft 24).

Akibon, Richard (Hg.): *Die Testamente der zwölf Patriarchen, der Söhne Jakobs und die Geschichte der Asenath, der Frau Josephs.* Aus alten verborgenen Schriften in's Deutsche übertragen, Kassel: J.C.J. Raabé & Cie. 1850.

Bauer, Walter: *Das Leben Jesu im Zeitalter der neutestamentlichen Apokryphen*, Tübingen: J.C.B. Mohr (Paul Siebeck) 1909.

Bertholet, Alfred (Hg.): Apokryphen und Pseudepigraphen. – In: Karl Budde: *Geschichte der althebräischen Literatur*, 2. Ausgabe, Leipzig: C.F. Amelang 1909 (= Die Literaturen des Ostens in Einzeldarstellungen Bd. VII, 1).

Bezold, Carl (Hg.): *Die Schatzhöhle.* Aus dem syrischen Texte dreier unedierter Handschriften ins Deutsche übersetzt und mit Anmerkungen versehen, Leipzig: Hinrichs' Verlag 1883.

Box, George Herbert (Hg.): *The Apokalypse of Abraham.* Edited with a translation from the slavonic text and notes by G.H. Box, with the assistance of J.I. Landsman, London und New York: Macmillan 1919 (= Translations of Early Documents I, 10).

– (Hg.): *The Testament of Abraham.* Translated from the greek text with introduction and notes by G.H. Box. With an appendix containing a translation from the coptic version of the testaments of Isaac and Jacob by Stephen Gaselee, London und New York: Macmillan 1927 (= Translations of Early Documents II, 8).

Brooks, Ernest Walter (Hg.): *Joseph and Asenath.* The confession and prayer of Asenath, daughter of Pentephres the priest, London und New York: Macmillan 1918 (= Translations of Early Documents II, 7).

Charles, Robert Henry (Hg.): *The Apocrypha and Pseudepigrapha of the Old Testament*, Oxford: Clarendon Press 1913.

Cirillo, Luigi (Hg.): *Barnabas Apostolus.* Évangile de Barnabé. Recherches sur la composition et l'origine par Luigi Cirillo. Texte et traduction par Luigi Cirillo et Michel Frémaux, Paris: Beauchesne 1977.

Dictionnaire des apocryphes. Par Gustave Brunet, Paris 1856–58 (= Encyclopédie théologique ou série de dictionnaires sur toutes les parties de la science religieuse, offrant en français, et par ordre alphabétique, la plus claire, la plus facile, la plus commode, la plus variée et la plus complète des théologies, publiée par M. l'abbé Jacques Paul Migne. 3. Serie, Bde. 23/24).

Diettrich, Gustav (Hg.): *Die Oden Salomos.* Unter Berücksichtigung der überlieferten Stichengliederung aus dem Syrischen ins Deutsche übersetzt und mit einem Kommentar versehen, Berlin: Trowitzsch 1911 (= Neue Studien zur Geschichte der Theologie und der Kirche 9).

Emmet, Cyril W. (Hg.): *The Third Book of Maccabees*, London und New York: Macmillan 1918 (= Translations of Early Documents II, 6).

Foerster, Werner (Hg.): *Die Gnosis*, 3 Bde., Zürich, Stuttgart und München: Artemis 1969–1980 (= Bibliothek der Alten Welt. Reihe Antike und Christentum).

Fritzsche, Otto Fridolin und Carl Ludwig Willibald Grimm: *Kurzgefaßtes exegetisches Handbuch zu den Apokryphen des Alten Testaments.* 6 Lieferungen, Leipzig: Hirzel 1851–1860.

Goldschmidt, Lazarus: s. *Sprüche der Väter.*

Haardt, Robert: *Die Gnosis.* Wesen und Zeugnisse, Salzburg: Otto Müller 1967.

Hennecke/Schneemelcher: s. *Neutestamentliche Apokryphen ...*

Holl, Karl: Das Apokryphon Ezechiel. – In: Karl Holl: *Gesammelte Aufsätze zur Kirchengeschichte.* Bd.2: Der Osten, Tübingen: J.C.B. Mohr (Paul Siebeck) 1927/28.

James, Montague Rhodes (Hg.): *The Testament of Abraham.* The greek text now first edited with an introduction and notes, Cambridge: University Press 1892 (= Texts and Studies 2, 2).

– (Hg.): *Apocrypha anecdota*, a Collection of XIII Apocryphal Books and Fragments, now first edited from manuscripts. Part II, Cambridge: University Press 1897 (= Texts and Studies 5, 1).

Kautzsch, Emil (Hg.): *Die Apokryphen und Pseudepigraphen des Alten Testaments.* Bd.1: Die Apokryphen des Alten Testaments, Bd.2: Die Pseudepigraphen des Alten Testaments, Tübingen, Freiburg i. Br. und Leipzig: J.C.B. Mohr (Paul Siebeck) 1900.

Klostermann, Erich (Hg.): *Apokrypha I.* Reste des Petrusevangeliums, der Petrus-Apokalypse und des Kerygma Petri, unveränderter Neudruck, Berlin: de Gruyter 1933 (= Kleine Texte für Vorlesungen und Übungen 3).

Leipoldt, Johannes und Hans-Martin Schenke: *Koptisch-gnostische Schriften aus den Papyrus-Codices von Nag-Hamadi*, Hamburg-Bergstedt: Herbert Reich – Evangelischer Verlag 1960 (= Theologische Forschung. Wissenschaftliche Beiträge zur kirchlich-evangelischen Lehre 20).

Mac Cown, Chester Charlton (Hg.): *The Testament of Solomon.* Edited from manuscripts at Mount Athos, Bologna, Holkham Hall, Jerusalem, London, Milan, Paris and Vienna. With introduction, Leipzig: J.C. Hinrichs 1922 (= Untersuchungen zum Neuen Testament 9).

Maier, Johann und Kurt Schubert: *Die Qumran-Essener.* Texte der Schriftrollen und Lebensbild der Gemeinde, München und Basel: Reinhardt 1973 (= Uni Taschenbücher 224).

Michaelis, Wilhelm: *Die apokryphen Schriften zum Neuen Testament*, Bremen: Schünemann 1956 (= Sammlung Dietrich 129).

Michel, Charles (Hg.): *Évangiles apocryphes.* 1. Protévangile de Jacques, Pseudo-Matthieu, Évangile de Thomas, Paris: A. Picardet 1911 (= Textes et documents pour l'étude historique du christianisme 13).

Migne, Jacques Paul: s. *Dictionnaire des apocryphes.*

Neutestamentliche Apokryphen in deutscher Übersetzung, von Edgar Hennecke begründete Sammlung. Herausgegeben von Wilhelm Schneemelcher. Bd.1: Evangelien, 5. Auflage, Tübingen: J.C.B. Mohr (Paul Siebeck) 1987. Edgar Hennecke: *Neutestamentliche Apokryphen in deutscher Übersetzung*, 4. Auflage, durchgesehener Nachdruck der 3. Auflage, herausgegeben von Wilhelm Schneemelcher. Bd.2: Apostolisches, Apokalypsen und Verwandtes, Tübingen: J.C.B. Mohr (Paul Siebeck) 1971.

Pirke Aboth: s. *Sprüche der Väter.*

Rießler, Paul: *Altjüdisches Schrifttum außerhalb der Bibel*, Heidelberg: F.H. Kerle Verlag/Wilhelm Rühling 1928.

Robinson, James MacConkey (Hg.): *The Nag Hamadi Library in English.* Translated by Members of the Coptic Gnostic Library Project of the Institute for Antiquity and Christianity, Leiden: Brill 1977.

Rost, Leonhard: *Einleitung in die alttestamentlichen Apokryphen und Pseudepigraphen einschließlich der großen Qumran-Handschriften*, Heidelberg: Quelle & Meyer 1971.

Rudolph, Kurt: *Die Gnosis.* Wesen und Geschichte einer spätantiken Religion, Göttingen: Vandenhoeck & Ruprecht 1978.

Schindler, Alfred (Hg.): *Apokryphen zum Alten und Neuen Testament*, Zürich: Manesse-Verlag 1988 (= Manesse-Bibliothek der Weltliteratur).

Sinker, Robert (Hg.): *Testamenta XII Patriarcharum.* Ad fid. cod. Cantabrig. edita: acced. lectt. cod. Oxon., Cambridge 1869.

[Pirke Aboth] oder *Sprüche der Väter*, ein Traktat aus der Mischna, übersetzt und erklärt nebst dem punktirten Text und einem vollständigen Wort-Register von Dr. Paul Ewald. Mit einem Vorwort von Dr. Georg Benad-Winer, Erlangen 1825.

– *Die Sprüche der Väter.* Ein ethischer Mischna-Traktat. Herausgegeben und erklärt von Hermann L[eberecht] Strack, 3., wesentlich verbesserte Auflage, Leipzig: J.C. Hinrichs 1901 (= Schriften des Institutum Judaicum in Berlin 6).

– [Massecheth Aboth] Der Traktat Aboth. Sprüche der Väter. – In: *[Talmud Babli] Der babylonische Talmud* nach der ersten zensurfreien Ausgabe unter Berücksichtigung der neueren Ausgaben und handschriftlichen Materials neu übertragen durch Lazarus Goldschmidt. Bd. 9, Berlin: Jüdischer Verlag 1934.

Strack, Hermann Leberecht: s. *Sprüche der Väter.*

Tischendorf, Lobegott Friedrich Constantin von (Hg.): *Acta Apostolorum apocrypha* ex 30 antiquis codicibus Graecis edidit, Leipzig: Avenarius und Mendelssohn 1851.

– (Hg.): *Evangelia apocrypha* adhibitis plurimis codicibus graecis et latinis maximam partem nunc primum consultis atque ineditorum copia insignibus edidit, Leipzig: Mendelssohn 1853.

– (Hg.): *Apocalypses apocryphae* Mosis, Esdrae, Pauli, Johannis, item Mariae dormitio addenda Evangeliorum et Actuum apocryphorum supplementa Maximam partem nunc primum edidit, Leipzig: Mendelssohn 1866.

Violet, Bruno (Hg.): *Die Apokalypsen des Esra und Baruch in deutscher Gestalt.* Herausgegeben im Auftrag der Kirchenväter-Commission der Preußischen Akademie der Wissenschaften. Mit Textvorschlägen für Esra und Baruch von Hugo Gressmann, Leipzig: J.C. Hinrichs 1923/24 (= Die griechischen christlichen Schriftsteller der ersten drei Jahrhunderte Bd. 32, 1–3).

Vouaux, Léon: *Les Actes de Pierre.* Introduction, textes, traduction et commentaire, Paris: Letouzey et Ané 1913 (= Documents pour servir à l'étude des origines chrétiennes I, 3).

Weidinger, Erich: *Die Apokryphen.* Verborgene Bücher der Bibel, Aschaffenburg: Pattloch 1985.

Weißmann, Arthur S.: *Das Buch Judith historisch-kritisch beleuchtet*, Wien: D. Löwy 1891.

Wright, William (Hg.): *Apocryphal acts of the apostles.* Edited from the Syriac manuscripts in the British Museum and other libraries. With English translation and notes, 2 Bde., London: Williams an Norgate 1871.

York, Ludwig: s. Akibon, Richard.

Zöckler, Otto: *Die Apokryphen des Alten Testaments nebst einem Anhang über die Pseudepigraphenliteratur*, München: C.H. Beck 1891 (= Kurzgefaßter Kommentar zu den heiligen Schriften des Alten und Neuen Testamentes, sowie zu den Apokryphen. Unter Mitwirkung von Bürger, Klostermann, Kübel etc. hrsg. von Herm. Strack und Otto Zöckler 9. Abteilung).

Kleine Handreichung für den interessierten Leser der *Anderen Bibel*

Texte sprechen für sich selbst; das ist in der *Anderen Bibel* nicht anders. Deshalb wird auch nichts kommentiert, und erläuternde Anmerkungen gibt es nur, wo sie zum Wortverständnis ganz unerläßlich sind (z.B. beim 23. Spruch im 3. Kapitel der *Sprüche der Väter*). Ein interessierter, mit der Lektüre von Bibeltexten aber eher unvertrauter Leser wird den Text der *Anderen Bibel* jedoch leichter verstehen, wenn er seine Akzidenzien kennt; das sind neben den Verweisungs-Siglen besonders die verschiedenen Schreibweisen des Wortes »Herr«.

Querverweise sind alte biblische Praxis. Sie wurden bereits in alttestamentarischer Zeit von Redaktoren der vorhandenen Heiligen Texte benutzt und von Autoren, die Neues hinzufügten, wie etwa den Propheten. Sie waren der Beleg dafür, daß das Neue durch das Alte, bereits Kanonisierte gedeckt war, und sie wurden direkt in den Text eingefügt. Im Neuen Testament ist diese Verweistechnik – »auf daß erfüllet werde, was geschrieben steht« ist die wohl bekannteste Wendung – eins der wichtigsten Stilprinzipien (besonders auffällig etwa im Matthäus-Evangelium).

Querverweise außerhalb des Textes durch Siglen wurden später als Hilfen zur Textauslegung benötigt, und weil die Heiligen Schriften das gesamte Alltagsleben regelten, hatte die Art der Querverweisung massivste Auswirkungen. In christlichen Bibeln etwa begründeten die Verweise vom Alten auf das Neue Testament den Führungsanspruch der neuen Religionsgemeinschaft und damit auch automatisch die Verwerfung der jüdischen Religion.

Querverweise innerhalb der *Anderen Bibel* haben wir nur sehr selten gesetzt, vor allem weil es in der *Anderen Bibel* keine Verszählung gibt (Ausnahmen: Das *Evangelium nach Thomas dem Zwilling* und die *Sprüche der Väter* zählen die Sprüche), jeder Verweis wäre deshalb so ungenau, wie das zwar noch zu Luthers Zeiten üblich war (»Matthäi am Letzten«), heute aber doch wohl sehr irritieren würde. Auf die Bibel wird viel häufiger verwiesen; allerdings auch nur, wenn der Zusammenhang zwischen der betreffenden Stelle in der *Anderen Bibel* und der Bibelstelle ohne weiteren Kommentar einsehbar ist. Solche Zusammenhänge bestehen bei

- wörtlichen Übernahmen aus der Bibel in die *Andere Bibel*,
- Nennung von Ereignissen (Sintflut, Auszug aus Ägypten ...),
- Parallelen zur Bibel (soweit sie ohne weiteres zu erkennen sind, z. B. veränderte Herrenworte, Schilderungen ...)

und wenn der Bibeltext die Stelle in der *Anderen Bibel* zu verstehen hilft (wenn z. B. im 8. Spruch des 5. Kapitels in den *Sprüchen der Väter* vom »Maul der Eselin« die Rede ist, wird auf den 28. Vers im 22. Kapitel des 4. Buchs Mose hingewiesen, denn in diesem Vers geschieht das Entscheidende. Die ganze Geschichte von Bileam und seiner Eselin, und warum ihr Gott den »Mund« – so übersetzt die Lutherbibel – auftat, erfährt der Leser, wenn er die Kapitel 22–24 des 4. Buchs Mose von Anfang bis Ende liest. – Es lohnt die Mühe).

Bei Verweisen auf abweichende oder kommentierende Stellen steht vor der Verweisungs-Sigle die Abkürzung »vgl.« (vergleiche). Während auf die Bibel immer mit Siglen verwiesen wird, stehen bei Querverweisen innerhalb der *Anderen Bibel* die voll ausgeschriebenen Kurztitel des betreffenden Buchs. So wird z.B. auf den *Brief des Jakobus an den Sohn des Kerinthos* mit »Kerinthos« oder auf *Die Sprüche der Väter* mit »Sprüche« verwiesen, auf das biblische Buch der *Sprüche Salomos* aber mit »Spr.« (s. Verzeichnis der Siglen).

Vorbild für die Textgestaltung war die Lutherbibel in mäßig modernisierter Fassung. Daraus stammen auch die von der *Anderen Bibel* übernommenen Bibeltexte, und die Art der Namensschreibung folgt diesem Vorbild. Das heißt: im Neuen Testament der *Anderen Bibel* stehen in der Regel gräzisierte Namensformen, im Alten hebraisierende.

So wird der Vater Johannes des Täufers »Zacharias«, der gleichnamige Prophet im Alten Testament aber »Sacharja« geschrieben. Dementsprechend heißt Mose auch »Mose« und nicht »Moses«, Noah »Noah« und nicht »Noe«, Josua nicht »Josue« und unter den Propheten z. B. Hesekiel, Hosea, Obadja, Habakuk, Zephanja, Haggai und Maleachi nicht »Ezechiel«, »Osee«, »Abdias«, »Abacuc«, »Sophonias«, »Aggeus« und »Malachias«. Im übrigen werden die Personen jeweils mit dem Namen genannt, unter dem sie die größte Popularität haben dürften (natürlich eine Ermessensfrage), also heißt Hiob »Hiob« und nicht »Job« oder »Ijjob«, Marias Mutter »Anna« und nicht »Hannah« (was ja korrekter wäre), und Judith behält das »h« ebenso wie Matthäus.

Die unterschiedlichen Schreibweisen von »Herr« gehen wie die Querverweise auf sehr frühe Zeiten zurück. Der in der hebräischen Bibel »JHWH« geschriebene Gottesname (es gibt daneben noch eine Reihe anderer) durfte etwa seit dem dritten vorchristlichen Jahrhundert von den Frommen nicht mehr ausgesprochen werden (deshalb ist auch nicht zu klären, ob er eher wie »Jahweh« oder »Jahuh« oder noch anders geklungen hat – die meisten sind für »Jahweh«, »Jehowah« ist fast mit Sicherheit falsch). Beim Rezitieren behalf man sich deshalb damit, statt des Namens die ehrfurchtsvolle Anredeform »Adonai« mit der Bedeutung »Großer Herr« zu wählen. Aus diesem Grund wurde auch in den vorchristlichen Übersetzungen des Alten Testaments ins Griechische (z. B. in der *Septuaginta*) der Name »JHWH« immer mit »Kyrios«, »Herr«, übersetzt.

Die typographische Auszeichnung des Wortes »Herr« (Kyrios, Dominus, Seigneur, Lord ...) setzt die alttestamentarische Tradition fort, nach der der als »Herr« ausgesprochene Gottesname ganz anders geschrieben wurde als die »Herr« bedeutende Anrede. Im Neuen Testament wurde dann auch der Christustitel »Herr« typographisch hervorgehoben.

Während neuere Bibeldrucke inzwischen auf diese typographischen Hervorhebungen verzichten, unterscheidet die *Andere Bibel* zwischen den Schreibweisen

- Herr: für die Anrede oder die Bezeichnung eines Königs, Anführers oder anders hervorgehobenen Menschen,
- HErr: für den Titel eines Gottes, in der Regel also für den Christustitel,
- HERR: für die Übersetzung des Gottesnamens »JHWH« bei hebräischen (oder aramäischen) Quellen, bei anderen auch für Anreden oder den Titel Gottes (des Vaters). In den *Sprüchen der Väter* wird der Name HERR aus frommer Scheu – außer in Bibelzitaten – überhaupt nicht mehr erwähnt. Deshalb werden in diesem Buch der *Anderen Bibel* ausnahmsweise auch andere Worte typographisch hervorgehoben, die den HERRN bezeichnen (z. B. ER, SEIN ...), sofern für arglose Leser aus dem Zusammenhang nicht unmittelbar hervorgeht, wer gemeint ist.

Zu wissen, daß sich hinter manchem wie »Herr« klingenden Wort ein »HERR« verbirgt, konnte – wenigstens in biblischer Zeit – von überlebenswichtiger Bedeutung sein. Das mußte etwa der assyrische Feldherr Holofernes am eigenen Leib erfahren, wie dem Leser der *Anderen Bibel* im *Buch Judith* – es beginnt auf Seite 125 im Alten Testament – vorgeführt wird.

Verzeichnis der Siglen für die Bücher der *Anderen Bibel*

Amos – Der Prophet Amos
Apg. – Die Apostelgeschichte des Lukas
Apo. – Die Offenbarung des Johannes
1. (2.) Chr. – Das 1. (2.) Buch der Chronik
Dan. – Der Prophet Daniel
Eph. – Der Brief des Paulus an die Epheser
Esra – Das Buch Esra
Est. – Das Buch Esther
Gal. – Der Brief des Paulus an die Galater
Hab. – Der Prophet Habakuk
Hag. – Der Prophet Haggai
Heb. – Der Brief an die Hebräer
Hes. – Der Prophet Hesekiel
Hiob – Das Buch Hiob
HL – Das Hohelied Salomos
Hos. – Der Prophet Hosea
Jak. – Der Brief des Jakobus
Jer. – Der Prophet Jeremia
Jes. – Der Prophet Jesaja
Joel – Der Prophet Joel
Joh. – Evangelium des Johannes
1. (–3.) Joh. – Der 1. (–3.) Brief des Johannes
Jon. – Der Prophet Jona
Jos. – Das Buch Josua
Jud. – Der Brief des Judas
1. (2.) Kön. – Das 1. (2.) Buch von den Königen
Kol. – Der Brief des Paulus an die Kolosser
1. (2.) Kor. – Der 1. (2.) Brief des Paulus an die Korinther
Luk. – Evangelium des Lukas
Mal. – Der Prophet Maleachi
Mar. – Evangelium des Markus
Mat. – Evangelium des Matthäus
Mi. – Der Prophet Micha

1. (–5.) Mos. – Das 1. (–5.) Buch Mose
Nah. – Der Prophet Nahum
Neh. – Das Buch Nehemia
Oba. – Der Prophet Obadja
1. (2.) Pet. – Der 1. (2.) Brief des Petrus
Phi. – Der Brief des Paulus an die Philipper
Phil. – Der Brief des Paulus an Philemon
Pre. – Der Prediger Salomo
Ps. – Der Psalter
Ri. – Das Buch der Richter
Röm. – Der Brief des Paulus an die Römer
Ruth – Das Buch Ruth
Sach. – Der Prophet Sacharja
1. (2.) Sam. – Das 1. (2.) Buch Samuel
Spr. – Die Sprüche Salomos
1. (2.) The. – Der 1. (2.) Brief des Paulus an die Thessalonicher
1. (2.) Tim. – Der 1. (2.) Brief des Paulus an Timotheus
Tit. – Der Brief des Paulus an Titus
Zeph. – Der Prophet Zephanja

Verzeichnis der Kurztitel für die Bücher der *Anderen Bibel*

Abgar – Der Brief des Abgar an Jesus und Jesu Antwort
1. (2.) Abraham – Das 1. (2.) Buch Abraham
Abtalion – Der Brief des Abtalion
Adam und Eva – Das Buch Adam und Eva
Alexandriner – Das Buch der Alexandriner
1. (–3.) Apostelgeschichten – Das 1. (–3.) Buch der Apostelgeschichten
Artapanus – Das Buch Artapanus
Barnabas – Das Evangelium nach Barnabas
Bartholomäus – Das Evangelium nach Bartholomäus
Baruch – Die Offenbarung des Baruch
Ephraim – Das Buch Ephraim
Jakobus – Das Evangelium nach Jakobus
1. (2.) Joseph – Das 1. (2.) Buch Joseph
Judith – Das Buch Judith
Jüngstes Gericht – Des Propheten Hesekiel Buch vom Jüngsten Gericht
Kerinthos – Der Brief des Jakobus an den Sohn des Kerinthos
Lieder – Die Lieder Salomos
Nikodemus – Das Evangelium nach Nikodemus
Offenbarung – Die Offenbarung des Petrus
Petrus – Der Brief des Petrus an Jakobus
Salomo – Das Testament Salomos
Seneca – Die Briefe des Seneca und des Paulus
Sprüche – Die Sprüche der Väter
Testament – Das Testament Hiobs
Thomas der Israelit – Das Evangelium nach Thomas dem Israeliten
Thomas der Zwilling – Das Evangelium nach Thomas dem Zwilling

Danksagung

Ich danke Klaus Dethloff, Adolf Holl, Gerald Hutterer und Anton Schütz für ihre fachliche Unterstützung.

Alfred Pfabigan

Inhaltsverzeichnis

Vorwort 5

Verzeichnis der Bücher des Alten Testaments

Das Buch Ephraim 23
Das Buch Adam und Eva 35
Das Erste Buch Abraham 45
Das Zweite Buch Abraham 51
Das Erste Buch Joseph 61
Das Zweite Buch Joseph 67
Das Buch Artapanus 85
Das Testament Hiobs 93
Das Testament Salomos 115
Das Buch Judith 125
Das Buch der Alexandriner 149
Die Lieder Salomos 167
Die Sprüche der Väter 177
Des Propheten Hesekiel Buch vom Jüngsten Gericht 197
Die Offenbarung des Baruch 199

Verzeichnis der Bücher des Neuen Testaments

Das Evangelium nach Jakobus 241
Das Evangelium nach Thomas dem Israeliten 255
Das Evangelium nach Nikodemus 265
Das Evangelium nach Thomas dem Zwilling 293
Das Evangelium nach Bartholomäus 307
Das Evangelium nach Barnabas 321
Das Erste Buch der Apostelgeschichten 329
Das Zweite Buch der Apostelgeschichten 347
Das Dritte Buch der Apostelgeschichten 355
Der Brief des Abgar an Jesus und Jesu Antwort 363
Der Brief des Petrus an Jakobus 365

Der Brief des Jakobus an den Sohn des Kerinthos 369
Die Briefe des Seneca und des Paulus 379
Der Brief des Abtalion 385
Die Offenbarung des Petrus 393

Supplement

Decretum Gelasianum 403

Dossier

Zu den Texten der *Anderen Bibel*
Altes Testament 407
Neues Testament 411
Literatur- und Quellenverzeichnis 417
Kleine Handreichung für den interessierten Leser der *Anderen Bibel* 421
Verzeichnis der Siglen für die Bücher der *Anderen Bibel* 425
Verzeichnis der Kurztitel für die Bücher der *Anderen Bibel* 427